DAS
UNTERNEHMEN JESUS

© 2009 Fackelträger Verlag, Köln
Projektbetreuung: Mendlewitsch + Meiser, Düsseldorf
Umschlag, Gestaltung und Satz: Kommunikationsdesign Petra Soeltzer, Düsseldorf
Gesamtherstellung: Verlags- und Medien AG, Köln
Printed in EU
Alle Rechte vorbehalten
ISBN 978-3-7716-4432-1

www.fackeltraeger-verlag.de

Leo G. Linder

DAS UNTERNEHMEN JESUS

Wahrheit und Wirklichkeit des frühen Christentums

Fackelträger

Inhalt

Hier beginnt sie, die Geschichte des Christentums, am Nordufer des Sees Gennesaret.
Und sie beginnt damit, dass ein Mann namens Jesus von Nazaret als Prediger auftritt
und die Leute aufhorchen lässt. »Denn er lehrte sie wie einer, der Vollmacht hat,
und nicht wie ihre Schriftgelehrten«, schreibt Matthäus. (Mt 7,29)

Vorwort

Jesus von Nazaret fasziniert die Menschen bis zum heutigen Tag. Weit über zwei Milliarden Menschen glauben an ihn und finden durch ihn Orientierung und Lebenssinn. Andere folgen seinem Beispiel und widmen ihm ihr ganzes Leben. Nicht selten greifen Theologen nach vielen Jahren wissenschaftlicher Forschung und Lehre noch einmal zur Feder und schreiben ein Buch über Jesus. Er war der Grund dafür, dass sie ihr Leben lang Theologie betrieben haben, und nun wollen sie ihre Erfahrungen mit ihm zusammenfassen. In meinem Bücherregal steht eine Reihe von Jesusbüchern großer Theologen. Zuletzt hat Papst Benedikt XVI. ein Werk über Jesus veröffentlicht, dessen erster Band weltweit eine Auflagenhöhe von zweieinhalb Millionen erreicht hat.

Jesus ist nach dem christlichen Glauben ganz Gott und ganz Mensch. Er ist der Mensch gewordene Gottessohn, das sichtbare Antlitz Gottes. Die Evangelisten wollten mit ihren Schriften den Gemeinden die theologische Bedeutung Jesu vermitteln und keine Biografien im heutigen, chronistischen Stil schreiben. Ihr Ehrgeiz galt nicht der Genauigkeit von Daten und Fakten – sie wollten uns das Geheimnis Jesu nahebringen. Zeiten und Orte, die Wanderungen und Begegnungen Jesu haben immer eine theologische Bedeutung, aber nur, weil sie auch eine geschichtliche Wirklichkeit sind. Die Überlieferung geschah anfangs mündlich, und dabei mag sich zunächst manches überlagert haben, einiges mag ohne Rücksicht auf die Chronologie wiedergegeben worden sein. Dennoch geht es den Evangelisten auch um den historischen Jesus. Der Lukasevangelist ist den Überlieferungen sehr kritisch nachgegangen, wie er zu Beginn seines Evangeliums schreibt. Jesus nur als Mensch zu verstehen wäre allerdings genauso verfehlt und würde seine Wirklichkeit nicht erfassen. Diese beiden Dimensionen, die menschliche wie die göttliche, wenn wir so sagen dürfen, machen das Geheimnis der Person Jesu aus. Genau das fasziniert an ihm. In ihm rühren wir an den barmherzigen und liebenden Gott selbst.

Leo Linder ist in den Orient gereist und hat die historischen Orte aufgesucht, an denen Jesus und seine Nachfolger gewirkt und gelebt haben, er ist den Wegen gefolgt, auf denen sie gegangen sind. Er klammert sich nicht an diese Fakten, doch das Umfeld ist nun einmal bedeutsam. Es ist ein Unterschied, ob man die Stellen über Jesus am See Gennesaret zu Hause im Zimmer liest oder am See selbst. Dort sagen die Texte mehr. Wir lesen dann nicht einfach mit unserem Verstand, sondern nehmen vieles andere mit auf und gelangen zu einem tieferen Verständnis. Der Horizont weitet sich buchstäblich. Das gilt ebenso im Profanen. Einen Brief Senecas zu lesen, in dem er einen Ausflug in einer Sänfte über die Via Appia schildert, klingt anders, wenn man dabei auf der Via Appia Antica steht, als wenn man in der Studierstube sitzt.

Zur Faszination Jesu gehört auch das Fortwirken seiner Gegenwart und seiner Botschaft nach seinem Tod und seiner Auferstehung. Wie konnte es sein, dass die bei seiner Kreuzigung empfundene Verzweiflung auf einmal in solch eine unerschütterliche Hoffnung umschlägt, dass dieser Glaube über die Grenzen Jerusalems hinaus bis nach Europa getragen wird? Was erfahren wir über die Jünger und ihr Wirken? Wie ist Paulus aus Tarsus vorgegangen, wie ist aus diesem Christenverfolger der Verkünder des Christentums schlechthin geworden? Wir kennen die Briefe des heiligen Paulus sowie die, die unter seinem und anderer Apostel Namen liefen. Es gilt, diesen Briefen auch ihren irdischen Ort zu geben, zu sehen, an welche Gemeinden er sich in seiner pastoralen Sorge gewandt hat, und deutlich zu machen, was Paulus überhaupt veranlasste, die von ihm gegründeten Gemeinden durch seine eifrige Korrespondenz zusammenzuhalten und zu fördern.

Es lohnt sich, über Paulus nachzudenken. Denn wir sind heute in einer ähnlichen Situation. Auch wir sind sozusagen Nachgeborene des Christentums. Auch wir haben Jesus von Nazaret nicht persönlich erlebt wie seine Jünger, sondern sind auf deren Zeugnisse angewiesen. Auch wenn wir kein solches Christuserlebnis wie Paulus hatten, so beruht unser heutiger Glaube wie der seine auf der Tradition der Apostel. Paulus hat einige theologische Schwerpunkte in seinen Briefen herausgehoben, wie Rechtfertigung und Freiheit oder das neue, christliche Leben in einer heidnischen Umwelt. Paulus stellte sich den Fragen, die er als gebildeter Pharisäer selbst hatte und die unterwegs auf ihn zukamen. In ihm wird das ehrliche Ringen eines Christen mit seinem Leben und seinem Glauben deutlich. Leo Linder ist auch diesen Spuren nachgegangen, um eine Vorstellung zu vermitteln, in welchem Umfeld Paulus gelebt und gepredigt hat.

Doch auch das wäre noch nicht genug, wenn wir dem Geheimnis Jesu nachgehen wollen. Gemeinden wurden gebildet, die Kirche wurde größer. Immer stärker wurde das Bewusstsein, dass die Botschaft von den Gemeinden verkündet und bezeugt wird und dass Jesus in den gemeinsamen Feiern und durch seinen Geist in ihnen gegenwärtig ist. Waren schon die Evangelisten und Paulus Theologen, so wuchsen nun, als die christliche Botschaft im griechischen und römischen Reich aufgenommen wurde, neue Theologen heran, man möchte sagen: Fachtheologen, die sich mit der Person Jesu erneut von ihrem Standpunkt aus auseinandersetzten. Es war der langsame Vorgang der Inkulturation. Immer wieder aber sollten wir das konkrete Umfeld, Land und Leute in Augenschein nehmen, wenn wir das Geheimnis des Entstehens und Wachsens der frühen Kirche beobachten.

Leo Linder geht bis zu denen, die »Väter« der Kirche geworden sind: Kirchenväter, Wüstenväter. Denn die Begeisterung für Jesus lässt nicht nach, viele Menschen folgen seinem Beispiel. Mit dem Tod Jesu schien das ganze »Unternehmen Jesus« zusammengebrochen zu sein. Doch entgegen aller Wahrscheinlichkeit lebte es weiter, die Botschaft seiner Person und seiner Taten beflügelte die Apostel, andere folgten ihnen, sie scheuten keine Unbilden und Qualen. Das Christentum breitete sich aus und »siegte«. Nein, nach christlichem Verständnis müssen wir sagen: Er siegte.

Es ist spannend, bei Leo Linder diese Geschichte zu verfolgen. Er fördert Überraschendes zutage und lässt dem Leser genügend Raum, sich seine eigene Meinung zu bilden. Ob man ihm zustimmen oder widersprechen möchte – anregend ist seine Darstellung allemal. Es ist ein Jesusbuch eigener Art, fasziniert nicht nur von der Gestalt Jesu, sondern auch von seinem Weiterwirken in der Geschichte, ein Buch, das seinerseits fasziniert.

Notker Wolf,
Abtprimas des Benediktinerordens

Teil 1

Aufbruch

Blick vom Berg der Seligpreisungen
über die Landschaft am See Gennesaret.

1. Sind die Evangelien wahr?

Die zwei entgegengesetzten Pole der antiken Welt – und gleichzeitig die beiden Hauptschauplätze des frühen Christentums: Rom, die Welthauptstadt, das Zentrum der Macht, und Jerusalem, die Heilige Stadt, die Hochburg des Monotheismus. Das Bild oben zeigt das Kolosseum und den Konstantinsbogen in Rom, das Bild rechts das Kidrontal und den Tempelberg mit der Stadt Jerusalem dahinter.

»Was ist Wahrheit?«, fragt der Römer Pontius Pilatus im Johannesevangelium den verhafteten Juden Jesus, erhält allerdings keine Antwort und erwartet vielleicht auch keine – auf eine Verständigung in dieser Frage bestand ohnehin wenig Aussicht.

Was ist Wahrheit?, fragen heute viele, wenn es um Jesus und die historische Substanz der Evangelien geht, erhalten aber von denen, die sich einstmals als Hüter der Wahrheit verstanden, allenfalls ausweichende Antworten. Theologen sprechen dann vielleicht von der »historischen Würde« der Bibeltexte, die doch gar nicht so entscheidend sei, oder von dem Kern der Botschaft, auf den es viel stärker ankomme. Gemeint ist damit: Wahr sind die Evangelien auch dann, wenn sie als gleichnishafte, in bewegenden Bildern redende Texte gelten müssen, mit anderen Worten reine Glaubenspropaganda sind. Wahr sind sie schon deshalb, weil dieser Glaube die – oder wenigstens eine – Wahrheit über Gott enthalte, gleichgültig, wie vertrauenswürdig oder dubios die Nachrichten sind, die wir über den Anstifter zu solchem Glauben haben. So wird oftmals als einfältige Neugier beiseitegewischt, was Gläubige wie Ungläubige eigentlich interessiert: In welcher Wirklichkeit denn die Wahrheit dieses Glaubens verankert ist. Auf welche Tatsachen sich die Glaubwürdigkeit dieses Glaubens gründet. Oder ob dieser Glaube den Köpfen euphorisierter Wanderprediger entsprungen ist wie Athene dem Haupt des Zeus, ohne nachvollziehbaren Zeugungsvorgang. Ob er sich spurlos im Nebel frommer Spekulationen verliert, angestellt von Schwarmgeistern, die ihre religiöse Fantasie nicht zu zügeln wussten – und am Ende Auferstandene sahen?

Die Theologie scheint nicht mehr die beste Adresse für solche Fragen zu sein. Und in der Tat stößt hier ja alle Wissenschaft an ihre Grenzen, denn Jesus hat keine Städte oder Paläste gebaut und keine zerstört, hat selbst nichts geschrieben, hat keine Zeile hinterlassen und zu Lebzeiten auch nicht das Aufsehen anderer Autoren erregt – in seinem Jahrhundert

findet sich allenfalls ein leises Echo auf seinen Tod bei dem großen jüdischen Historiker Josephus Flavius. Über die Gründergestalt des Christentums sowie die ganze Generation der ersten Christen kann uns allein das Neue Testament Aufschluss geben. Und das gilt längst als trügerisches Terrain, sobald es um die Frage der Echtheit von Jesusworten oder um Anhaltspunkte für die historische Wahrheit seines Schicksals geht. Denn die Evangelien wie auch die Apostelgeschichte stehen in dem Verdacht, zu verklären, wo sie zu berichten vorgeben, zu verkünden, wo sie vermeintlich Tatsachen schildern, Theologie zu betreiben, wo sie zu erzählen scheinen, in Gleichnissen zu reden, wo sie angeblich Ereignisse bezeugen. Die Evangelien wären dann reine Glaubenszeugnisse, verfasst von Leuten, denen ohnehin nichts an historisch wahren Aussagen lag. Und die Apostelgeschichte müsste als ein Fall polemischer Abspaltungsliteratur ohne größeren dokumentarischen Wert betrachtet werden. Wer dies alles für bare Münze nimmt, hätte demnach nichts verstanden.

Aber wie soll man auch etwas verstehen? Heute blicken wir irritiert auf das Hochgebirgsmassiv einer Theologie, die in den letzten zwei Jahrhunderten mit Ehrfurcht gebietendem Scharfsinn unter der Oberfläche der Texte ein ungeahntes Gewirr von Querverbindungen, Entwicklungssträngen, Parallelen, Deutungsvarianten, Widersprüchen und Traditionsschichten freigelegt – und die Evangelien dabei in Fußnoten aufgelöst hat. Kein anderer Text der Weltliteratur dürfte so gründlich durchpflügt, so geduldig entflochten und so akribisch zerlegt worden sein wie dieser, und zweifellos, unser Wissen über die enorme Komplexität des Neuen Testaments ist ins Unermessliche gewachsen – doch merkwürdigerweise ist uns nun von Jesus nur der Schemen eines mäßig originellen Wanderpredigers geblieben, den sich eine Schar schwärmerischer Anhänger nach seinem Tod so hingebogen hat, wie sie ihn vor seinem Tod gern gehabt hätte. Die Suche nach der Wahrheit kann zu unbequemen Ergebnissen führen, gewiss. Aber was ist von dem Verfahren zu halten, ein bewohntes Haus zunächst für baufällig zu erklären, es dann Stockwerk für Stockwerk abzutragen, schließlich die Fundamente freizulegen und am Ende ein Trümmergelände zu hinterlassen, das für alle Arten von Spurensuchern zwar brennend interessant sein mag, aber nicht mehr bewohnbar ist – und das ursprüngliche Gebäude kaum noch erahnen lässt?

Die Frage nach der historischen Wahrheit ist jedenfalls keine nebensächliche. Sie trifft den Kern des Christentums. Deshalb durchzieht das ganze Neue Testament wie ein ständig wiederholter Schwur die Beteuerung der Mitstreiter Jesu: Wir sind dabei gewesen. Wir haben es selbst gesehen. Wir sprechen aus Erfahrung. Wir können bezeugen, dass es sich nicht um fromme Mythen handelt. Und das ist entscheidend. Denn nach dem eigenen Verständnis der Jesusjünger steht und fällt die Glaubwürdigkeit ihrer Botschaft mit der Glaubwürdigkeit der Augen- und Ohrenzeugen. Die

Wahrheit der Botschaft ist also zunächst einmal die Wahrheit der Fakten, und nur wer aus Erfahrung spricht, ist zur Verkündigung dieser Botschaft berechtigt. Die biblischen Texte lassen daran keinen Zweifel. Die Apostelgeschichte berichtet, dass der Ersatzmann, den die verbliebenen elf Jünger für den ausgeschiedenen Verräter Judas suchen, vor allem ein Kriterium erfüllen soll: Er muss Augenzeuge sein. Der Schreiber des Petrusbriefs erklärt kurz und bündig: Wir verbreiten hier keine ausgeklügelten Märchen, sondern berichten von Vorfällen, für die wir uns als Augenzeugen verbürgen können. Und auch Paulus, der sich selbst nicht unter die Augenzeugen rechnen darf, listet im Galaterbrief eine Reihe von Augenzeugen auf, um seine Argumentation zu stützen. Derselbe Paulus gibt im Übrigen wiederholt zu bedenken: Wenn dies alles nicht wahr wäre, würde ich nicht laufend meinen Kopf dafür riskieren. Diese Leute sind offensichtlich Realisten – und keineswegs zu beschränkt, um zwischen Erfahrung und Erfindung zu unterscheiden. Der Anspruch, Mythos und Wirklichkeit auseinanderhalten zu können, zieht sich als Tenor durch ihre Verkündigung. Es spricht mithin alles dafür, dass die Wortführer des frühen Christentums die wesentlichen Begebenheiten, die ihrem Glauben zugrunde lagen, von Anfang an als Tatsachen verstanden wissen wollten.

Und deshalb halten wir mit den Gründungsurkunden des Christentums auch keine theologischen Abhandlungen in der Hand, keine Predigtsammlungen, keine Zusammenstellungen von Weisheitssprüchen und auch keine über- oder unterirdischen Götterdramen. Für die Erfahrungen der Jünger bietet sich nur eine einzige literarische Form an: Die Erzählung. Der Bericht. Also Texte mit einer durchgehenden Handlung, die den Rang von Augenzeugenberichten haben. In diesem Sinne darf man bei den Evangelien ruhig von Geschichtsschreibung reden. Sicher, ihre Autoren standen vor weit größeren Herausforderungen – davon wird später noch zu reden sein. Doch weshalb sollte Lukas zu Beginn seines Evangeliums auf seine umfangreichen Nachforschungen verweisen, wenn er sein Werk nicht auch als Geschichtsschreibung verstanden wissen wollte? Warum sollte Johannes sich am Ende seines Evangeliums ausdrücklich auf einen Augenzeugen berufen, wenn an der historischen Wahrheit seiner Darstellungen ohnehin nichts gelegen gewesen wäre? Nein – es ist doch die geradezu tollkühne Pointe dieser neuen Religion, die sich da soeben aus dem Judentum herausschält, dass sie von einem Menschen aus Fleisch und Blut handelt, für dessen Auftritt und Schicksal es Zeugen gibt, dass man Schauplätze und sogar Lebensdaten kennt. Halten wir also fest: Auch die Evangelisten schreiben – einige Jahrzehnte nach dem ersten öffentlichen Auftreten der Jünger – in der Überzeugung, ihren Papyrusrollen verlässliche, authentische Informationen anzuvertrauen. Und ihren Lesern kommt es genau darauf an. »... damit du die Zuverlässigkeit der Lehren erkennst, in denen du unterrichtet wurdest«, erklärt Lukas jenem Theophilus, dem er sein Evangelium widmet, und gibt ihm damit in knappster Form Sinn und Zweck dieses Werks zu verstehen.

Aus Sicht der nichtchristlichen Zeitgenossen spricht dieser Realismus übrigens keineswegs für das Christentum. Er ist alles andere als ein Trumpf, den man gegenüber den Götterreligionen und Mysterienkulten der antiken Welt ausspielen könnte. Paulus, der sich am tiefsten in diese Welt hineinwagt, muss zugeben: Die Griechen halten unsere Botschaft für närrisches Zeug. Später, als Gefangener, gibt derselbe Paulus vor dem römischen Gouverneur Festus eine kurze Einführung in seinen Glauben, besteht darauf, »wahr und vernünftig« zu reden, und erntet nur Kopfschütteln. Du bist von Sinnen – das ist alles, was der Römer dazu sagen kann. Tatsächlich ist eine Religion, die so taufrisch ist wie das Christentum und so konkret, so alltäglich-realistisch daherkommt, nicht nur für Griechen und Römer, sondern für alle Menschen der Antike ein Unding. Denn eine Religion muss für sie alt sein. Altehrwürdig. Ihre Entstehung muss, jeder Nachforschung entzogen, in graue Vorzeit zurückreichen. Sie darf das Geheimnis ihres Ursprungs nicht preisgeben, so wie es diese Christen mit ihren Augenzeugen und ihrem gekreuzigten Verbrecher tun. Der jüdische Historiker Josephus kann da schon eher mit Sympathie rechnen, wenn er nach der Zerstörung Jerusalems durch die Römer ein Geschichtswerk verfasst, mit dem er bei seinem römischen Publikum um Verständnis für das jüdische Volk werben will – und dabei vor allem das hohe Alter seiner Religion in die Waagschale wirft. So kann man Freunde gewinnen. Aber eine brandneue Religion? Absurd. Genauso absurd wie ein prozessaktenkundiger Gott.

Wie reagieren nun die Autoren der Evangelien auf dieses Handicap? Schließen sie Kompromisse mit dem heidnischen Zeitgeschmack? Denkbar wäre das, schließlich sollen diese Schriften nicht nur Anhänger in ihrem Glauben bestärken, sondern auch Heiden dafür gewinnen. Werfen wir also einen ersten Blick auf diese vier Erzählungen. Wir haben dabei mit der Schwierigkeit zu kämpfen, dass sie durch ihren ununterbrochenen, ehrfürchtigen Gebrauch im Gottesdienst für uns längst alles Widerspenstige, Raue, Rissige eingebüßt haben. Sie schimmern nur noch matt. Wem es dennoch gelingt, der Stimme dieser Texte ohne den Klang silberner Glöckchen im Ohr zuzuhören, der wird feststellen: So schreibt keiner, der Jesus ein möglichst glänzendes Angedenken bewahren will. So schreibt keiner, der seinen Lesern möglichst leicht verdauliche Kost vorsetzen will. Dies ist über weite Strecken die Geschichte eines kläglichen Scheiterns. Bedauern möchte man ihren merkwürdigen Helden, wenn er wieder und wieder auf Unverständnis stößt und die Leute ihm davonlaufen. Nur noch bemitleiden kann man ihn, wenn er verraten, gefangen, gefoltert und ans Kreuz genagelt wird. Wer seine Leser durch diese Biografie schickt, mutet ihnen allerhand zu. Da versteht man: Eine derart haarsträubende Geschichte kauft man keinem ab, der nicht mit seinem Namen, mit Kopf und Kragen

Statue der Göttin Artemis, ausgestattet mit den Attributen der Fruchtbarkeit und gekrönt mit einer Nachbildung des berühmten Artemistempels von Ephesus. So real die Götterbilder der Antike sind – die Götter selbst gehören nicht der Welt der Tatsachen an, sondern der zeitlosen Sphäre des Mythos. Ihre Geburt fällt mit der Entstehung der Welt zusammen. Aus griechischer und römischer Sicht kann eine Religion daher nicht in einem bestimmten historischen Augenblick entstehen, wie es beim Christentum der Fall ist; ihr Ursprung muss genauso weit zurückliegen wie der Ursprung der Götter.

für ihre Wahrheit einsteht. Verklärungswille? Verherrlichungstendenzen? Der griechische Philosoph Kelsos, der um 180 nach Christus in einer ebenso ätzenden wie geistreichen Polemik schweres Geschütz gegen das Christentum auffährt, kritisiert an dieser Religion genau das Gegenteil, nämlich die schäbige Wirklichkeit, die an ihren heiligen Texten und deren

Hauptfigur klebt. Was sind denn das für Jünger, die ihren Herrn in der Stunde der größten Gefahr kampflos seinem Schicksal überlassen? Und weshalb zeigt sich der Auferstandene nicht mit einem Siegerlächeln seinen Peinigern und Richtern? Warum schaut er nur kurz bei seinen Jüngern vorbei, statt seinen Triumph auszukosten? Kelsos beweist einen scharfen Blick für das, was sich da alles in den Netzen der Evangelisten verfangen hat, nämlich viel Menschliches und Allzumenschliches, Spannungen, Schwächen, Gefühlsausbrüche, Missverständnisse, Fehltritte und Blamagen, die Ungeduld Jesu angesichts der Begriffsstutzigkeit seiner Jünger genauso wie deren deutliches Befremden angesichts so mancher Sentenz ihres Meisters.

Vor allem die Jünger Jesu kommen nicht allzu gut weg, und bei genauerem Hinsehen gewinnt das Bild einer recht raubeinigen Truppe an Schärfe. Es scheint, dass die Jünger immer mehr in die Rolle einer Leibgarde hineinwachsen, die bei Massenveranstaltungen als Ordnungskraft auftritt und im Gedränge der mit Pilgern verstopften Gassen Jerusalems Leibwächteraufgaben übernimmt. So einfach gelangt man dann auch gar nicht zu Jesus durch – die griechischen Festpilger zum Beispiel, die ihn in Jerusalem unbedingt sprechen wollen, müssen den Dienstweg einhalten, und der läuft über eine Anfrage bei Philippus und eine Anmeldung bei Andreas. Man wird sich vorstellen dürfen, dass die Dorfweiber, die Jesus wohl in fast jeder Ortschaft aufs Neue mit ihren Kinderscharen auflauern, nicht dieselbe Vorzugsbehandlung genießen. Gegen den Ansturm der freudig erregten Frauen helfen grobe Worte, gegen den der kreischenden Kinder Steinwürfe – noch heute kann man ja in vielen Weltgegenden erleben, dass Stöcke und Steine zu den Erziehungsmitteln einer Dorfgemeinschaft gehören. Jesus, der Vielumlagerte, braucht jedenfalls einen Abschirmdienst, der hat Wichtigeres zu tun, als sich mit verlausten, halb nackten Kindern abzugeben. Diesmal irren die Jünger allerdings. In solchen Fällen greift Jesus ein, und in einer solchen Situation fällt der berühmte Satz: »Lasset die Kindlein zu mir kommen und wehret ihnen nicht, denn solcher ist das Reich Gottes«, wie Luther übersetzt. (Mt 19,14)

Und dann Petrus. Man darf ihn sich als echtes Mannsbild vorstellen, das seinem Temperament immer wieder die Zügel schießen lässt und sich bei wenigstens einer Gelegenheit sehr heftig, sehr lautstark mit seinem Meister anlegt. Doch auch den anderen Jüngern ist die Versuchung nicht fremd, die eigene Bedeutung für das »Unternehmen Jesus« besonders hoch einzuschätzen. Wer hat, nächst Jesus, die größte Autorität? Wer darf den anderen Weisungen erteilen und Jünger zweiter Klasse zu Botengängen oder Besorgungen abkommandieren? Jesus sieht sich jedenfalls nicht selten genötigt, seinen Männern den Unterschied zwischen Herrschen und Dienen klarzumachen oder schlichtend einzugreifen, wenn sich Einzelne für etwas Besseres halten und Anzeichen von Selbstherrlichkeit zeigen – »die Letzten werden die Ersten sein«, heißt es dann. Wer sich, nebenbei, an solchen Rangstreitigkeiten offenbar nie beteiligt, weil er sich wohl ohnehin für unentbehrlich hält, ist Judas, der die Einnahmen verwaltet und wahrscheinlich ziemlich eigenmächtig agieren darf, da Jesus sich um diese Seite seines Unternehmens nicht sonderlich kümmert. Und schließlich – dass in den Evangelien gelegentlich Schwerter oder wohl eher Dolche vorkommen, wird kein Versehen sein: Die Bereitschaft, sich seinen Weg zur Not mit Gewalt freizukämpfen, dürfte gegen Ende der gemeinsamen Zeit gewachsen sein, als man sich fast wie Partisanen durchs Gelände schlägt, von einem Stützpunkt zum nächsten. Aussichtslos wäre das nicht, denn immerhin sind hier doch etliche recht verwegene Männer unterwegs, sicher mehr als zwölf, sicher manchmal dreißig, vierzig, fünfzig, und wie viele davon bewaffnet sind, will Jesus vielleicht gar nicht so genau wissen. Dass eine solche Truppe den Ordnungskräften in der Hauptstadt Jerusalem einiges Kopfzerbrechen bereiten könnte, steht außer Frage.

So weit die erste Stichprobe. Sie zeigt: Wer bei den Evangelien an dem Firnis später aufgetragener Heiligkeit kratzt, entdeckt zumindest Einsprengsel handfester Wirklichkeit. Ein Ausspruch Jesu wie der von den Kindern, die man zu ihm durchlassen soll, erzählt eine ganze Vorgeschichte, die sich umso leichter einstellt, wenn man heutige Erfahrungen aus arabischen oder afrikanischen Ländern hinzunimmt. Und sonst, von der (Selbst-)Darstellung der Jünger abgesehen? Im Grunde derselbe Realismus – im Hinblick auf die Zeitumstände, das geistige Klima, die politische Situation im römisch kontrollierten, von wiederholten Unruhen erschütterten Palästina des frühen ersten Jahrhunderts. Auch im Hinblick auf die gemischte Reaktion der Zuhörer, die »Spaltung« im Volk, wie der Evangelist Johannes es nennt, die Erfahrung von begeisterter Zustimmung einerseits, spontaner Empörung oder definitiver Ablehnung andererseits. Auch im Hinblick auf die Wortgefechte, die sich Jesus mit denen liefert, die das feinste Gespür für das Anstößige und Skandalöse seiner Botschaft haben. Wir können nicht erwarten, dass diese Streitgespräche mit den intellektuellen Meinungsführern seiner Zeit, den Pharisäern und Schriftgelehrten, im Originalwortlaut überliefert sind. Aber wir dürfen davon ausgehen, dass sie in konzentrierter Form durchaus den verbalen Schlagabtausch mit jenen wiedergeben, die verständlicherweise langsam wissen wollen: Welchen Standpunkt vertritt dieser Jesus eigentlich? Oder auch: Was ist mit dem los? Was fällt dem ein? Für wen hält der sich? Wenn aber all dies – das Bild der Jünger, das geistige Panorama der Zeit, die Reaktionen des Publikums – keinen Anlass zu dem Verdacht liefert, dass hier mit größeren Mengen Blattgold gearbeitet wurde, dann kann das, was über den Anstifter und Auslöser der geschilderten Ereignisse mitgeteilt wird, nicht bloß verklärend oder verherrlichend sein. Dann wird das hier gezeichnete Porträt Jesu in seinen wesentlichen Zügen ebenfalls dem geschulten Erinnerungsvermögen der Augenzeugen entstammen.

Natürlich lassen alle vier Evangelisten des Neuen Testaments wenig Zweifel daran, dass dieser Jesus von Nazaret der Messias für sie ist, der lang ersehnte, gottgesandte Retter seines Volkes, womöglich sogar Gottes eigener Sohn. Doch das betrifft seine Rolle, seine Botschaft, nicht seine Person. Wir werden später sehen, wie wenig dieser Gottessohn – dem ungeheuerlichen Anspruch zum Trotz – einem abgeklärten Weisen oder einem vor Liebe und Güte überfließenden Heiligen ähnelt. Ungeduld, Erregung und Zorn sind ihm nicht fremd, die Geldwechsler und Schlachtviehhändler im Tempel zu Jerusalem haben es am eigenen Leibe erfahren. Aber haben wir es, aufs Ganze gesehen, nicht eben doch mit Propaganda, mit Glaubenspropaganda zu tun?

Bestimmt, wenn auch nicht im modernen Sinn des Wortes. Propaganda müsste nach unserem Verständnis alles daransetzen, zu vereinfachen, klare Verhältnisse zu schaffen, Rätselhaftes oder nur Eingeweihten Verständliches fortzulassen und jene Stellen zu übermalen, die als Kratzer am Bild des Helden verstanden werden könnten. Und tatsächlich verfahren die Evangelisten bis zu einem bestimmten Grad auch danach. So ersparen die ersten drei Evangelisten Matthäus, Markus und Lukas ihren Lesern die komplizierten Wanderwege, auf denen sich das »Unternehmen Jesus« abspielt, und pressen es darüber hinaus in den übersichtlichen Zeitrahmen eines einzigen Jahres. Etwa drei Jahre wären der Wahrheit wohl näher gekommen. Auch lässt sich Matthäus mitunter dabei ertappen, wie er raue Stellen an seinem Jesusbild glättet, und bei Lukas ist dieses Verfahren sogar durchgängig zu beobachten. Der dämpft das allzu grelle Licht, in dem Jesus bei Markus verschiedentlich auftreten muss, und arbeitet stattdessen gern mit einem Weichzeichner, ähnlich den Filmregisseuren der Dreißiger- und Vierzigerjahre. Und wenn Jesus bei Markus und Matthäus gelegentlich die Fassung verlieren darf, dann darf er das bei Lukas noch lange nicht. Grundsätzlich aber muss man sagen: Die manchmal schwer verständlichen oder schwer verdaulichen Jesusworte, seine Drohungen und Verfluchungen, seine Untergangsvisionen, alles hat in diesen Texten Platz. Es wird selten mit erläuternden Anmerkungen versehen und schon gar nicht in allgemein verständlichen Klartext übertragen. Stattdessen ist (zumindest bei den ersten drei Evangelisten) eine skrupulöse Scheu vor dem Originalwortlaut jener Quellen und Vorlagen zu spüren, die sie zur Erzählung umarbeiten müssen, stattdessen ist allenthalben ihre Absicht erkennbar, Leser oder Hörer so unmittelbar wie möglich Jesus und seiner provozierenden Art des Auftretens auszusetzen. Fast scheint es, als würden sie auf diese Weise die ursprüngliche Situation dessen zu rekonstruieren versuchen, der sich in der Menge der Zuhörer befindet, die sich um Jesus drängt. Vor diesem Hintergrund ist nur allzu verständlich, dass sie dem Leser entgegenkommen wollen, wenn sie einen derart anspruchsvollen Text nicht auch noch durch verwickelte Reiserouten und eine verwirrende Zeitstruktur belasten. Solche

Retuschen ändern jedoch nichts daran, dass der von ihnen geschilderte Jesus eine konkrete, lebendige Person ist und keinen am Schreibtisch entworfenen Idealtypus verkörpert. Propaganda sähe anders aus.

Nein, man darf sich die Eingriffe der Evangelisten in die ursprünglichen Zeugenberichte, die frühen Ausspruchsammlungen, jene älteren Aufzeichnungen eben, die ihnen als Vorlagen dienen, nicht allzu gewaltsam vorstellen. Sie haben nachweislich Respekt vor ihren Quellen. Gleichwohl stellen die Gründungsurkunden des Christentums natürlich keine simplen Nacherzählungen dar. Ihre Bilder und Geschichten hätten sonst nicht über bald zwei Jahrtausende die Vorstellungswelt von Intellektuellen und Künstlern, großen Männern und kleinen Leuten, Frommen und Unfrommen bis in die letzten Tiefen ihres Denkens und Empfindens hinein geprägt. Wie schon erwähnt: Die Evangelisten stehen vor viel größeren Herausforderungen. So nehmen sie sich zum Beispiel vor, anhand der prophetischen Schriften des Judentums den möglichst lückenlosen Beweis zu führen, dass Jesus tatsächlich der seit Langem verheißene Erlöser ist. Und obendrein wollen sie die Aufmerksamkeit ihrer Leser auf die zeitlose Bedeutung seiner Person, die zeitlose Gültigkeit seiner Worte lenken. Also nicht wie Chronisten lediglich eine bedeutende Persönlichkeit der Vergangenheit ins Gedächtnis rufen, weil deren Lebenswerk eine Würdigung verdient oder eine bestimmte Epoche ohne Kenntnis dieses Menschen nicht verständlich wäre – dass Jesus zur historischen Figur wird, genau das ist ihre größte Sorge. Ebendas wollen sie verhindern. Jesus hat in diesem Sinne ja auch nichts Bedeutendes geleistet. Er hat kein abgeschlossenes Lebenswerk zu bieten. Es verhält sich vielmehr so: Aus ihrer Sicht ist Jesus bedeutend. Und das für alle Zeiten. Sein Lebenswerk ist niemals abgeschlossen. Deshalb müssen die Evangelisten ihn als Menschen zeichnen, der gleichzeitig der Vergangenheit und einer permanenten Gegenwart angehört.

Die Verfasser der Evangelien haben sich also einiges vorgenommen. Wer traut sich nun an ein dermaßen kühnes Projekt? Wer sind die Autoren? Die Antworten moderner Theologen klingen merkwürdig vage. Viele möchten gar keine individuellen Autoren annehmen. Sie denken eher an anonyme Redaktoren, die vorhandenes Quellenmaterial bloß sortiert, in einen halbwegs sinnträchtigen Zusammenhang gebracht, vielleicht noch mit überleitenden Zwischentexten versehen und mit einer Zitatencollage aus dem Alten Testament abgerundet hätten. Oder die Evangelien werden als Produkte gemeinsamen Spekulierens verstanden: Im Treibhausklima der ersten Gemeinden hätten sich bald Wunsch und Wirklichkeit, Verklärung und beglaubigte Erinnerung unentwirrbar vermischt. Der dabei entstandene Rohstoff aus Glaubensformeln, Aussprüchen und Geschichten sei dann in diversen Durchgängen in eine leidlich literarische Form gebracht worden, und abschließend sei das Ganze im zweiten Jahrhundert

Aus der Bibliotheca Bodmeriana, Stiftung Martin Bodmer, stammt dieser Papyrus aus dem zweiten Jahrhundert. Es handelt sich um die älteste Handschrift des Johannesevangeliums. Wie damals üblich, ist der Text ohne Wortzwischenräume und Absätze geschrieben.

noch einmal einer kirchlichen Endredaktion unterzogen und so in die heutige Fassung gebracht worden. Theologen sprechen daher von Traditionsschichten, die sich in den Evangelien überlagern, und von aufeinanderfolgenden Redaktionsstufen. Und wahrscheinlich sind die Entdeckungen, die zu solchen Theorien geführt haben, im Einzelnen auch gar nicht falsch. Nur – eigentlich müsste am Ende eines so langwierigen, unkoordinierten Entstehungsprozesses doch ein seelenloses Flickwerk stehen. Und genau das sind die Evangelien nicht.

Jedes ist wie aus einem Guss. Jedes trägt seine individuelle Handschrift. Jedes weist seine eigene literarische Ausdrucksform auf. Man kann sie so wenig verwechseln, wie man Texte von Heinrich Heine, Thomas Mann und Heinrich Böll miteinander verwechseln könnte. Matthäus schreibt elegant, liebt den klaren Aufbau, komponiert in großen, schwungvollen Zügen und beweist sogar psychologisches Interesse an seiner Hauptfigur, lässt durchblicken, wie Jesus mit sich kämpft, wie er Enttäuschungen verarbeitet, wie er zu neuen Einsichten kommt. Johannes bemüht sich mehr als alle anderen, die Präzision der Erinnerung mit immer neuen Zeit- und Orts- und Namensangaben unter Beweis zu stellen. Im Übrigen kommt es ihm darauf an, Jesus als empfindsamen, einfühlsamen Menschen zu schildern, manche Passage bei ihm ist deshalb geradezu emotionsgeladen. Lukas, der feinsinnigste und gebildetste Evangelist, hinterlässt einen zwiespältigen Eindruck. Auf der einen Seite profiliert er sich als hervorragender Erzähler von klassischer Eloquenz, auf der anderen wirkt manches bei ihm wie zusammengestückelt, weil er die Texte seines Ausgangsmaterials oft in ihrer ursprünglichen, rohen Form übernimmt und damit den größten Respekt vor seinen Quellen beweist. Und Markus pflegt einen kraftvollen, alles andere als eleganten Stil, macht Tempo, lässt Jesus und den Leser kaum zu Atem kommen, hat einen manchmal schonungslos genauen Blick und leistet sich am Ende den grandiosen Kunstgriff, die Auferstehung auszusparen und sein Werk mit der Entdeckung des leeren Grabs einfach abreißen zu lassen, sodass die letzten Worte seines Evangeliums im Echoraum der leeren Grabhöhle gewissermaßen nachhallen.

Mit anderen Worten: Komposition, Erzählstil, Einsatz dramaturgischer Mittel, Charakterzeichnung – bei den Evangelien lässt sich dies alles individuellen Autoren zuordnen. Es spricht also wenig dafür, dass diese Schriften mehrfach von den unterschiedlichsten Leuten überarbeitet werden, dass sie aus einem allmählichen Entstehungsprozess hervorgehen, der sich womöglich über mehr als ein Jahrhundert erstreckt. Wahrscheinlicher ist, dass hier Menschen am Werk sind, die ihr Handwerk verstehen, die genaue Vorstellungen von den Aufgaben eines Schriftstellers haben und ihre Texte von Anfang bis Ende literarisch gestalten. Natürlich, sie sind von vielerlei Vorgaben abhängig – aber, um einen modernen Vergleich zu wagen: Auch Spielfilmregisseure haben nur einen begrenzten Einfluss auf ihre Werke, und dennoch tragen die Endprodukte den Stempel ihrer persönlichen künstlerischen Auffassung. Und in diesem Sinn darf man die Evangelien als Meistererzählungen individueller Verfasser ansehen.

Dieser Eindruck kann sich allerdings erst dann einstellen, wenn man die Perspektive wechselt und die Evangelien auch als Literatur ernst nimmt. Wenn man den rein theologischen Erkenntnisgewinn einmal hintanstellt und sie nicht in Verse und Sinneinheiten und Textgruppen zergliedert, sondern einfach liest. So liest, wie man Erzählungen eben liest, im Zusammenhang, am besten in einem Zug, und so auf sich wirken lässt, wie man Literatur auch sonst auf sich wirken lässt. Wenn wir, mit anderen Worten, in ihnen nicht nur einen unbändigen theologischen Deutungswillen am Werk sehen, sondern auch eine kunstvolle literarische Auseinandersetzung mit erlebter Wirklichkeit. Bleibt nur die Frage: Ist es dafür nicht zu spät? Wie greifbar ist denn diese Wirklichkeit überhaupt noch zu jener Zeit, als Evangelien und Apostelgeschichte entstehen? Kurz: Wann genau entstehen sie?

Die enttäuschende Antwort lautet: Das steht in keinem Fall fest. Denn ebenso wenig, wie es absolut zuverlässige Kriterien für die Echtheit oder Unechtheit von Jesusworten oder die Zuverlässigkeit von Angaben zu sei-

Darstellung des Evangelisten Lukas in der Kirche des Theklaklosters in Maalula (Syrien). Bemerkenswert ist, dass in diesem Bild neben dem Kodex, den Lukas beschreibt, auch eine Schriftrolle zu sehen ist – wohl eine Anspielung darauf, dass die Christen ihre Schriften schon bald in der modernen Buchform publizierten, während die Juden bei der herkömmlichen Schriftrolle blieben.

Die Evangelisten Matthäus und Markus im Tympanon der Klosterkirche von Saint Benoît (Frankreich, dreizehntes Jahrhundert). Neben ihnen thront Christus als Weltherrscher.

nem Leben gibt, genauso wenig lässt sich die Entstehungszeit dieser Schriften mit letzter Sicherheit festlegen. Wie schlichtweg alles in den Evangelien im besten Fall echt oder im schlechtesten unecht sein könnte, so lassen sich auch die unterschiedlichsten Ansichten über ihre Datierung aufrechterhalten. Die übliche Antwort der Theologie lautet: abgefasst zwischen 70 und 100 nach Christus, wobei Markus als Erster, Johannes als Letzter geschrieben haben soll. Der »Stichtag« wäre in diesem Fall das Jahr, in dem Jerusalem von den Römern zerstört wurde, also 70. Einzelne Theologen scheren aus dieser Front aus und geben einem Zeitraum zwischen 60 und 80 nach Christus den Vorzug. Wer die Entstehung dieser Texte ans Ende dieses Jahrhunderts verlegt, hat natürlich seine sachlichen Gründe. Zum Beispiel den, dass der Jesus der Evangelien den Untergang Jerusalems nur dann vorauszusagen vermag, wenn seine Biografen ihn zuvor erlebt haben – andernfalls müsste man ja annehmen, der reale Jesus hätte tatsächlich zutreffende Vorhersagen gemacht, und das fällt den meisten Theologen schwer. Die Spätdatierung nährt aber natürlich auch den Verdacht, dass nur noch wenig konkrete Erinnerung in die Werke der Evangelisten eingeflossen ist. Wer sie früher datiert, geht davon aus, dass es sich doch um wirklichkeitsgesättigte Texte handeln könnte. Aber wie gesagt, dies alles sind nur – begründete – Vermutungen. Fragen wir also anders: Wie könnte der Entstehungsprozess mit seinen diversen Vorstufen abgelaufen sein?

Kurz nach der Kreuzigung Jesu geschieht etwas, das für die Jünger alles davor Erlebte in ein anderes Licht taucht. Sie nennen es Auferstehung. Die zwingt sie, zu rekapitulieren. Sie rekonstruieren die gemeinsam erlebte Zeit, die Jahre der großen Hoffnung, die Tage der großen Enttäuschung,

Darstellung des Evangelisten Johannes und Anfang des Johannesevangeliums in einer äthiopischen Pergament-handschrift (vermutlich siebzehntes Jahrhundert). Bereits im vierten Jahrhundert war damit begonnen worden, die Bibel in die altäthiopische Schriftsprache Ge'ez zu übersetzen.

und suchen ihre Erinnerung auf Anzeichen und Hinweise darauf ab, dass der Weg des Messias so krumm verlaufen musste, nämlich durch die absolute Katastrophe zum unvorhergesehenen Triumph. Sie versuchen also, den göttlichen Plan hinter den Ereignissen zu entziffern. Dieser Erinnerungsprozess wird jedoch noch keine schriftlichen Spuren hinterlassen haben. Für die ersten Missionserfolge spielt diese Rekapitulation jedenfalls zunächst keine Rolle. Vorläufig konzentrieren sich die Jünger bei ihren missionarischen Aktivitäten nämlich auf die Frage: Was lässt sich aus der Gestalt Jesu für die Zukunft gewinnen? Tod und Auferstehung bilden deshalb das zentrale Thema ihrer Verkündigung – und das braucht nicht schriftlich fixiert zu werden, hier handelt es sich um einfache Tatbestände. Was aber schleunigst gesammelt und festgehalten werden muss, das sind die vom Vergessen bedrohten Aussprüche Jesu, das ist der präzise, am besten wortwörtliche Inhalt seiner Lehre und die – nicht weniger wichtige – eigentümlich vertrackte Art seiner Rede. Was notiert werden muss, sind Schlüsselwörter und Zentralbegriffe. Sie unterfüttern den Glauben, sie bieten praktische Orientierung, sie liefern die moralische Substanz für ein Leben nach dem Vorbild Jesu, sie werden – je länger, umso nötiger – für den Alltag der Gläubigen gebraucht. Eine oder mehrere schriftliche Spruchsammlungen also, vielleicht ergänzt um einen ersten Entwurf der Passionsgeschichte. Und dann? In den ersten drei Jahrzehnten nach Jesu Tod wohl nichts weiter. Das ist merkwürdig, aber nicht unerklärlich.

Denn was uns heute als Glücksfall erscheint, nämlich dass endlich doch Schriftsteller sich der verstreuten Aufzeichnungen und der mündlichen Überlieferung annehmen, dürfte von den Christen jener Tage eher als Notlösung empfunden worden sein. Als moderne Menschen trauen wir schriftlich Fixiertem selbstverständlich eher als mündlich Überliefertem, vergessen dabei jedoch, welche ungeheuren Gedächtnisleistungen bis heute Menschen erbringen, die nicht ständig alles aufzeichnen können. Und außerdem: Die Menschen der Antike schwärmen für rhetorische Meisterleistungen, sie sind in brillante Redner geradezu vernarrt – die Kirchenväter müssen später erleben, dass einer formvollendeten Predigt von der Gemeinde frenetisch applaudiert wird –, da ist alles Geschriebene und Vorgelesene nur ein ärgerlicher Notbehelf. Das Christentum ist ja eine Erfahrungsreligion, es profitiert in diesen ersten Jahrzehnten ungemein vom Einsatz jener Männer, die immer noch im Bann ihres Meisters Jesus stehen und darum vermutlich eine innere Glut ausstrahlen, der man sich kaum entziehen kann. Persönliche Überzeugungskraft aber lässt sich nicht in geschriebene Texte überführen. Die Generation der Augenzeugen ist eigentlich unersetzlich, auch deshalb, weil für die Mission das lebendige Vorbild eine mindestens ebenso große Rolle spielt wie das gesprochene Wort.

Paulus, der seine Briefe an die verschiedensten Gemeinden des Römischen Reichs verfasst, bevor noch der erste Evangelist den ersten Satz ge-

schrieben hat, verzweifelt nicht selten angesichts der Sprödigkeit des ge-
schriebenen Wortes. Am liebsten würde er überall gleichzeitig auftauchen,
den einen ins Gebet nehmen, dem anderen Mut zusprechen, den dritten
über seine fatalen Irrtümer aufklären – und muss sich dann doch schweren
Herzens darauf beschränken, seinem Sekretär alles in die kratzende Feder
zu diktieren. Auch den Evangelisten wird dieser Nachteil nur zu bewusst
sein. Allein, es bedarf nun doch einer Kompensation für den bereits einge-
tretenen oder doch absehbaren Ausfall der Augenzeugen, und so macht
sich der Erste ans Werk. Wann das ist? Jakobus, der Leiter der Urgemeinde
in Jerusalem und Bruder Jesu, wird im Jahr 62 hingerichtet. Paulus – kein
Augenzeuge, aber der maßgebliche theologische Kopf – irgendwann zwischen 62 und 67 enthauptet. Petrus, der Hauptzeuge, spätestens 68 gekreuzigt, eventuell früher. Das heißt: Ab Mitte der Sechzigerjahre drängt die
Zeit schon deshalb, weil die Leitfiguren sterben. Ganz abgesehen davon,
dass der erstaunliche Missionserfolg des unermüdlichen Paulus ohnehin
einen sozusagen reichsweiten Bedarf an Information geschaffen hat, den
reisende Augenzeugen längst nicht mehr befriedigen können. Die ersten
christlichen Gemeinden werden also noch in den Sechzigerjahren die ersten Evangelienabschriften in Händen halten – und nun wohl doch mit
einem Gefühl, das dem berauschten Staunen angesichts einer Sensation
sehr nahe gekommen sein dürfte.

Es soll nicht übergangen werden, dass in der folgenden Zeit eine em-
sige Produktion ähnlicher Schriften einsetzt, die weit mehr Evangelien als
die vier unseres Neuen Testaments zur Folge hat. Spektakuläre Funde ältester Schriften kurz nach dem Zweiten Weltkrieg in Palästina und Ägypten,
Funde gut erhaltener Papyrusrollen bis hin zu Bergen kleinster Papyrus-
schnipsel vermitteln uns heute einen nie für möglich gehaltenen Über-
blick über die Vielfalt an Schriften, die in der Frühzeit des Christentums
umlaufen. Außer den vier allgemein bekannten wird ein Thomasevange-
lium gelesen, ein Petrusevangelium, ein geheimes Markusevangelium, ein
Hebräer-, Nazaräer-, Ebionitenevangelium und so weiter. Als sich der Kirchenvater Hieronymus später, im vierten Jahrhundert, an die lateinische
Übersetzung der allesamt griechischen Texte des Neuen Testaments macht,
muss er sich zuvor durch einen regelrechten Berg von Evangelien kämpfen. Nach übereinstimmender Auskunft der Forscher enthalten aber all
diese längst vergessenen Evangelien keine sensationellen neuen Erkenntnisse über die Gründergestalt des Christentums – und können es mit den
vier bekannten nicht an Seriosität aufnehmen. Die Kirche hat sie dann
auch im vierten Jahrhundert bereits aussortiert, und alle Bibelforscher bestätigen ihr, dabei eine glückliche Hand bewiesen zu haben.

Im Übrigen wird ja in christlichen Kreisen schon längst geschrieben,
lange vor dem ersten Evangelium. Es gibt keinen auf eine einzige Gemeinde beschränkten Horizont, aber es gibt heftige und fruchtbare Diskus-

Der Apostel Paulus mit Schriftrolle, Echternacher Elfenbeinschnitzerei aus dem zehnten Jahrhundert, heute im Musée
National de l'Hôtel de Cluny in Paris. Die Schriftrolle weist
ihn als den Verfasser zahlreicher Briefe aus. Paulus ist der
Vielschreiber unter den christlichen Autoren der ersten Generation – von den siebenundzwanzig Einzeltexten des
Neuen Testaments werden allein dreizehn ihm zugeschrieben.

sionen der führenden Köpfe untereinander und einen lebhaften Gedankenaustausch von Gemeinde zu Gemeinde. Die Quellen lassen jedenfalls auf einen regen Briefwechsel spätestens seit dem Jahr 50 schließen. Und da kommen keine unbedarften Hinterwäldler zu Wort, sondern gebildete Männer oder zumindest im Umgang mit Menschen aus aller Welt erfahrene Schreiber. Paulus stammt aus Tarsus, einer kleinasiatischen Stadt, die für ihre Philosophenschule berühmt ist; sein Mitarbeiter Barnabas ist ein kluger, strategisch planender Mann aus Zypern. Alles Leute jedenfalls, die sich ausdrücken können, zur Not mit der Hilfe stilsicherer, gebildeter Sekretäre. Das junge Christentum entwickelt sich eben nicht in einem Vakuum, nicht in einer engen, abgeschotteten Welt, es ist vielmehr Bestandteil einer höchst lebendigen, streitlustigen, kommunikationsfreudigen Hochkultur. Alles ist in Bewegung. Ganz Palästina verwandelt sich zur Zeit des Königs Herodes in eine Baustelle, griechische Eleganz hält in die Welt Jesu Einzug. An hohen Feiertagen strömen hundert- oder auch zweihunderttausend Festpilger nach Jerusalem, nicht nur Juden aus allen Teilen des Römischen Reichs, sondern auch heidnische Kultur- und Vergnügungstouristen. Wer unter den Christen etwas zu sagen hat, entfaltet seinerseits eine rege Reisetätigkeit, der muss sich auf den Weltbühnen von Riesenstädten wie Antiochia, Ephesus und Rom bewähren. Er profitiert dabei von einem Netz gut ausgebauter Fernstraßen, wo er sich in der Gesellschaft von Soldatentrupps, Kaufleuten auf hochbepackten vierrädrigen Wagen, Sklavenhändlern mit ihrer aneinandergeketteten menschlichen Ware, berittenen Boten, Sänftenträgern und vergitterten Karren, vollgestopft mit Gefangenen, bewegt. Oder er nimmt auf langen Strecken das Schiff. Also, auch die Christen kommen herum; Paulus ist das bekannteste Beispiel dafür.

Segler in der Bucht von Marmaris (Türkei). Zur Entstehungszeit des Neuen Testaments wurden viele Orte an den Küsten des Mittelmeers auf festgelegten Routen und nach Fahrplan angefahren. Auf der rechten Seite die Via Appia südlich von Rom. Sie war die wichtigste Fernstraße des Römischen Reichs. Die Apostel fanden auf ihren Reisen auch in Kleinasien und Griechenland ein gut ausgebautes römisches Fernstraßennetz vor.

Drei Beispiele für die antike Welt der Kommunikation, der internationalen Verbindungen und der grenzenlosen Verständigung. Oben rechts aus dem Archäologischen Museum Thessalonich das Modell eines Handelsschiffs, das von Piraten vor Zypern versenkt wurde. Es hatte vierhundert Amphoren geladen, die in Sand gebettet waren. Solche Frachtsegler nahmen auch Passagiere auf – der Apostel Paulus war ein häufiger Gast auf derartigen Handelsschiffen. Das Bild rechts zeigt eine Mauer mit griechischer Inschrift in der Hafenstadt Patara an der kleinasiatischen Mittelmeerküste. Wer hier lebte, der musste neben der Landessprache Pamphylisch auch Latein, Phönizisch und Aramäisch verstehen. Die zahlreichen öffentlichen Inschriften in Patara sind allerdings ausnahmslos in Griechisch, der universellen Verkehrssprache zumindest im Ostteil des Römischen Reichs. Oben links ein vierrädriger Wagen mit vier vorgespannten Pferden aus dem archäologischen Museum Thessalonich, wie er für die Personenbeförderung auf den Fernstraßen des Reichs eingesetzt wurde. Die Überlandstraßen waren in der Regel so breit, dass zwei solcher Wagen aneinander vorbeikamen.

Was das Lebensgefühl der Menschen dieser Welt ganz allgemein prägt, ist der Eindruck, ein Zeitalter der Globalisierung zu erleben. Im religiösen Bereich etwa gilt, nicht anders als heute: je exotischer, desto besser. Bereits Alexander der Große findet an der ägyptischen Göttin Isis mehr Gefallen als an den einheimischen Gottheiten, römische Soldaten exportieren später den Mitraskult aus Persien in alle Teile des Reichs, und wie die Götter wechseln auch die Waren ihren Platz: Der Lieblingswein des jüdischen Königs Herodes stammt aus Italien, Pökelfisch vom See Gennesaret in Galiläa findet seinen Weg auf die Märkte der Welthauptstadt Rom, in Antiochia kommt Fischpastete vom anderen Ende des Mittelmeers, aus Andalusien, auf den Tisch – und in welchem Hafen man auch an Land geht, es erklingt dieselbe Sprache: Griechisch. Der römische Schriftsteller Minucius Felix bringt diese Erfahrungen ohne spürbares Befremden auf den Punkt, wenn er im Jahr 180 nach Christus die Überlegung anstellt: Bevor der Erdkreis dem Handel erschlossen wurde und die Völker ihre Sitten und Gebräuche austauschten, habe jedes Volk besondere Helden verehrt, mit denen es sich identifizierte. Nun aber verbänden sich sämtliche Traditionen zu einer großen, alle regionalen Konturen auflösenden Welteinheitskultur. Von Kulturmix würde man heute sprechen und von Cross-over. In den Städten, die die Christen bereisen, feiert sich diese zu einem riesigen Ganzen verschmolzene Kultur als Höhepunkt der Menschheitsentwicklung. Öffentliche Bauwerke von außerordentlicher Pracht und Größe, arkadengesäumte Boulevards und Kunstwerke von erlesener Schönheit – alles umgibt die Aura eines unerschütterlich stolzen Selbstbewusstseins.

So also ist die Welt der frühen Christen beschaffen. Und diese Wirklichkeit lässt sich heute noch erschließen, durch die Landschaften, in denen man der Person Jesu näher kommt, durch die Ruinen antiker Städte, die Petrus und Paulus beherbergt haben, durch Museen, die die Bruchstücke ihrer Zeit bewahren. Diese Wirklichkeit lässt sich aufspüren an den stillen Ufern des Sees Gennesaret und des Toten Meers, in den Schluchten des Taurusgebirges, an den felsigen Küsten der Türkei und Griechenlands, im gewaltigen Halbrund des Theaters von Ephesus, auf dem einst von Menschengetümmel erfüllten Forum der Hafenstadt Korinth, auf der unmittelbar am Meer gelegenen antiken Pferderennbahn von Cäsarea Maritima oder vor dem ältesten bekannten Leuchtturm in der Hafenstadt Patara aus der Zeit Neros. In fast allen Orten, die das Neue Testament erwähnt, haben mittlerweile Teams von Universitäten und archäologischen Instituten weltweit in aufwendigen Grabungskampagnen nach Zeugnissen dieser Glanzzeit des römischen Imperiums gesucht, Schätze geborgen und die bescheidenen oder imposanten Reste von Tempeln und Synagogen, Straßen, Marktplätzen, Badehäusern und Theatern ans Licht geholt, von denen viele seit Jahrhunderten bis zu zehn Meter tief unter Erdmassen verschüttet lagen. Wenn wir uns heute immer noch ein Bild

Dieser römische Meilenstein stand an der Via Egnatia, die quer durch Nordgriechenland verlief, von der Adriaküste nach Byzanz. Er ist zweisprachig beschriftet, in Latein und Griechisch. Die Meilenangabe bezieht sich auf die Entfernung von Rom. (Archäologisches Museum Thessalonich)

Abbildung auf der folgenden Doppelseite:
Auch auf dem Gebiet des heutigen Israel gab es schon zur Zeit Jesu moderne hellenistische Städte. Zu großen Teilen freigelegt wurde Skythopolis, heute Bet Shean – die einzige Stadt des griechischen Städtebunds Dekapolis, die westlich des Jordans liegt.

Die rekonstruierte Fassade der Celsusbibliothek in Ephesus (zweites Jahrhundert nach Christus). Mit einem Bestand von zwölftausend Papyrusrollen gehörte sie zu den bedeutendsten Bibliotheken der antiken Welt.

Die römisch-hellenistische Zivilisation griff im ersten Jahrhundert nach Christus weit nach Osten aus. Diese dicht gestaffelten korinthischen Säulen säumen die Hauptstraße der antiken syrischen Stadt Gerasa (heute Jerash, Jordanien).

dieser Zivilisation machen können, in der das Christentum entstand, ist das vor allem den bisweilen aufsehenerregenden und oft auch scheinbar ganz unspektakulären Erfolgen dieser Archäologen zu verdanken.

Ausgräber in den Ruinen der herodianischen Wüstenfestung Masada am Toten Meer. Hier wird in sengender Sonne gearbeitet – die Feinarbeit der Archäologen wird unter solchen Bedingungen zu einer harten Bewährungsprobe für Ausdauer, Geduld und Konzentrationsfähigkeit.

In welcher Wirklichkeit ist die Wahrheit des christlichen Glaubens verankert? Auf welche Tatsachen gründet sich die Glaubwürdigkeit dieses Glaubens? Im ersten Teil dieses Buchs soll eine doppelte Antwort versucht werden. Zum einen begeben wir uns auf eine Reise zu den Fundstellen und Fundstücken, die die Aussagen der Evangelien bestätigen oder illustrieren, die den historischen Rahmen absichern und die gesellschaftlichen Verhältnisse der Zeit beleuchten – dies im Zusammenspiel mit den Landschaften, die zu Schauplätzen des Neuen Testaments wurden. Und zum anderen lesen wir diese Texte einmal nicht allein durch die theologische Brille, sondern nehmen sie als Erzählungen ernst, die eine literarische Auseinandersetzung mit erlebter Wirklichkeit darstellen. Möglich, dass wir am Ende kein authentisches Bild von Jesus gewinnen – aber vielleicht doch ein zuverlässiges. Möglich, dass wir Jesus auch dann noch nicht im Originalton vernehmen – aber doch wenigstens seine Stimme hören.

Im zweiten Teil sollen die Wege nachgezeichnet werden, auf denen das Neue Testament zur Inspirationsquelle einer ganzen Kultur wurde. Ausgehend von Jerusalem, wollen wir den Reiserouten von Petrus und Paulus folgen, durch den Libanon und Syrien, die Türkei und Griechenland bis Rom, und untersuchen, wie sich das Christentum in den Zentren der antiken Kultur einnisten konnte. Im dritten Teil schließlich wird es um die ersten christlichen Jahrhunderte gehen, gewissermaßen um die Pubertät einer Religion, die zunächst das größte Misstrauen ihrer heidnischen Umwelt auf sich lenkt, unterdessen immer neue Spielarten hervorbringt – großartige wie bizarre – und sich schließlich als überzeugendste Form der Gottesverehrung durchsetzt. Um jene spannungsreiche Zeit, in der das Neue Testament zum gemeinsamen dramatischen Urstoff der Europäer wird.

2. Geboren zur Zeit des Herodes

Das Herodeion – Grabmonument und Residenz in einem. Hier ein Ausschnitt aus der Palastanlage auf der Spitze des künstlichen Bergkegels. Man blickt durch die Säulenhalle auf den Stumpf des Bergfrieds, in dessen Fundament zeitweilig das Grab des Herodes vermutet wurde.

Abbildung auf der rechten Seite:
Die Unterstadt von Jerusalem zur Zeit des Herodes, von Süden aus gesehen. Im Hintergrund rechts die Stirnwand des Tempels mit den Huldatoren. Aus dem Reservoir des Schiloachteichs im Vordergrund wurde die Stadt mit Wasser versorgt. Diese historisch getreue Rekonstruktion befindet sich heute im Israel Museum in Jerusalem.

Wie ein purpurrotes Fanal blitzt der Name Herodes am Anfang des Matthäus- und des Lukasevangeliums auf. Geboren zur Zeit des Herodes – so fängt es an, so viel ist sicher. Und es ist mehr als eine Zeitangabe. Denn dieser Herodes steht für den Missbrauch weltlicher Macht aus krankhaftem Argwohn und damit für das Übel der Welt.

So gibt er den düsteren Hintergrund ab, vor dem jener andere König der Juden auftritt, der ein Gottesreich des Friedens verkündet. Sicher tut man Herodes mit dieser Charakterisierung nicht ganz Unrecht, und wenn man für eine Geschichte starke Kontraste braucht, dann belässt man es dabei: der böse König, der dem guten nach dem Leben trachtet und darum einen Kindermord größeren Stils begeht, wie Matthäus es erzählt. Für uns aber ist Herodes aus einem anderen Grund von Wert: Über ihn ist die Vorgeschichte der Evangelien zu erschließen, das Drama des jüdischen Volks, seine innere Zerrissenheit, die auch in der Lebenszeit Jesu das geistige und politische Klima Judäas und Galiläas bestimmt und eine Atmosphäre ständiger Gereiztheit schafft. Harmlos ist unter diesen Umständen nichts, auch ein relativ unbedeutender Wanderprediger kann in diesem Klima unterschwelliger Dauerspannung schnell zum Staatsfeind werden und am Kreuz enden. Wir wollen bei der Rekonstruktion dieser Vorgeschichte die Hilfe des bereits erwähnten jüdischen Historikers Josephus (37 bis 100 nach Christus) in Anspruch nehmen, der uns in seinem Geschichtswerk »Jüdische Altertümer« mit genauen Informationen über Herodes versorgt. Überdies können wir auf die Ergebnisse der Archäologie zurückgreifen, denn Herodes hat in ganz Israel deutliche, aussagekräftige Spuren hinterlassen: die Ruinen zahlreicher Bauwerke und Städte, die er geplant und in Auftrag gegeben und vielleicht auch selbst entworfen hat. Sagen wir noch, dass Herodes von 73 bis 4 vor Christus gelebt hat, und lassen wir die Geschichte in unseren Tagen beginnen.

Modell der Felsenfestung Masada am Toten Meer. Herodes hatte die Anlage zu einer herrschaftlichen Residenz ausbauen lassen. Dieses Bild zeigt die eleganten Pavillons am nördlichen Steilhang des Masadafelsens.

Als sich der israelische Archäologe Ehud Netzer 1972 auf die Suche nach dem Grab des Herodes macht, hofft er, in absehbarer Zeit auf einen Sarkophag mit dem Skelett des Königs zu stoßen. Bis dahin gilt er als unauffindbar. Doch Netzer rechnet sich gute Chancen aus, schließlich ist er mit diesem Mann im Lauf seines Berufslebens immer vertrauter geworden, kann sich vielleicht besser als jeder andere in ihn hineinversetzen. Und sein Begräbnisort ist ja bekannt. Es ist ein künstlich aufgeschütteter, nackter Bergkegel, kreisrund, 15 Kilometer südlich von Jerusalem, fast in der Wüste gelegen: das Herodeion. Wie mit einem Schwertstreich geköpft ist die Kuppe, und dort, in einer ebenfalls kreisrunden Vertiefung, die Reste einer Burg mit Säulenhof, Wohntrakt, Bädern, Festungstürmen und einem imposanten Bergfried als Wahrzeichen. Auch die Trümmerspuren am Fuß dieses Kegels deuten darauf hin, dass der König hier mit Gästen und Gefolge gelebt und gefeiert hat. Also eine der zahlreichen befestigten Residenzen des Herodes – und gleichzeitig sein Grabmonument. Immerhin ein merkwürdiger Standort für das Mausoleum eines Königs, hier im Niemandsland dieser staubigen Einöde, von Jerusalem aus in der dunstigen Ferne nur mit Mühe auszumachen. Doch Josephus lässt keinen Zweifel daran: Irgendwo hier, in diesem Kunstberg oder seinem engsten Umkreis, wurde Herodes zur letzten Ruhe gebettet. Josephus beschreibt sogar das pompös aufgezogene Staatsspektakel am Tag seines Begräbnisses:

Die Reste des unteren Palastes, von der Spitze des Herodeions aus gesehen. Der Archäologe Ehud Netzer fand hier zahlreiche Anhaltspunkte für eine pompöse Grabanlage, nicht aber das Grab selbst. Offenbar hatte Herodes am Fuß des Herodeions tatsächlich Vorbereitungen für eine monumentale Grablege getroffen, dann aber seine Pläne geändert.

»Herodes wurde auf einem goldenen, mit vielen und kostbaren Edelsteinen verzierten Tragbett zu Grabe getragen, dessen Decke von Purpur glänzte, und auch der Leichnam selbst war mit dem Königspurpur bekleidet ... Das Tragbett umgaben des Königs Söhne und die große Menge seiner Verwandten, an welche sich die nach Völkerschaften abgeteilten und mit deren Namen bezeichneten Soldaten anschlossen, und zwar in folgender Ordnung: Zuerst schritt die Leibwache einher, dann folgten der Reihe nach Thraker, Germanen und Gallier, alle in voller Rüstung, und hieran schlossen sich die übrigen Krieger mit ihren Führern und Hauptleuten, wie zur Schlacht gerüstet. Den Schluss bildeten fünfhundert Diener, welche Spezereien trugen.« (Jüdische Altertümer, XVII, 8, 3)

Am Ausgang des Wadi Kelt bei Jericho liegt die Ruine des Winterpalasts, den Herodes um 20 vor Christus im Stil einer luxuriösen Villa anlegen ließ. Über das Bad im Vordergrund geht der Blick auf den Säulenhof.

Was für ein Leichenzug, der da Kurs auf den einsamen Hügel des Herodeions nimmt! Söldnertruppen, die aus den barbarischen Regionen Nord- und Westeuropas rekrutiert waren, und das Heer aus Landsleuten des toten Königs. Und auf dem ganzen Weg eine Spur von betörenden Düften, eine Wolke aus Wohlgeruch, bestimmt für die feine Nase des Allerhöchsten – welcher in diesem Fall der jüdische Jahwe oder der griechische Zeus oder auch der römische Jupiter sein kann, so genau wusste man das bei Herodes ja nie. Eines Tages will Ehud Netzer jedenfalls den Schädel dieses Mannes in Händen halten. Den Schädel eines unberechenbaren, zu buchstäblich allem fähigen und so gesehen faszinierenden Herrschers. Nach David und Salomo ist er der bekannteste aller jüdischen Könige, doch nur der Name Herodes verbindet sich mit der Erinnerung an eine schier endlose Folge von Auftragsmorden, Massenhinrichtungen möglicher Gegner und Ausrottungsaktionen, denen ein Großteil seiner eigenen Familie zum Opfer fällt. Die Leistungsbilanz eines notorischen Mörders. Sein Ende erscheint dann auch wohlverdient: Herodes ist zum Schluss bei lebendigem Leib verfault.

Allerdings – Ehud Netzer kennt auch eine völlig andere Seite dieses Mannes, und er kennt sie aus eigener Anschauung. Denn er beschäftigt sich seit Langem mit Herodes, oder besser: mit dem, was von den zahlreichen architektonischen Schöpfungen dieses ebenso pracht- wie machtversessenen Königs heute noch übrig ist. Die Restauration seiner Palastanlage Masada auf einem Felsplateau am Toten Meer hat er geleitet, die Winterresidenz des Herodes bei Jericho im Westjordanland ausgegraben und die Ruinen der herodianischen Hafenstadt Cäsarea erforscht, und er spricht erstaunlich respektvoll von diesem doch offenbar maßlosen Despoten. Nein, sagt Netzer, wenn man vom Charakter seiner Bauwerke auf den ihres Bauherrn schließen dürfe, dann sei Herodes zumindest alles andere als ein Größenwahnsinniger gewesen.

»Ich habe Herodes im Lauf der Zeit immer besser kennengelernt, und jede neue Grabung hat mir bewiesen: Er war ein wohlüberlegter, streng logisch denkender Kopf. Und er war durch und durch Realist. Er dachte nicht in bombastischen Größenordnungen. Er hatte ein sicheres Gespür für Maß und Stil und Harmonie. Sicher, er schreckte vor Monumentalität nicht zurück, wo er dadurch die gewünschte Wirkung erzielen konnte, aber sein Palast in Jericho etwa ist nicht viel größer als eine römische Villa in Pompeji gewesen. Und als Baumeister war er seiner Zeit sogar in einigem voraus.«

Ein Typus also, wie wir ihn aus der Renaissance kennen? Skrupellos und charmant, rücksichtslos und kultiviert, mit Lust an der ästhetisch vollendeten Selbstdarstellung und gleichzeitig bedenkenlos bei der Durchsetzung seiner politischen Ziele, hemmungslos im privaten Bereich? Es ist noch verwirrender. Ein Psychogramm des Herodes müsste noch ganz andere Widersprüche berücksichtigen. Denn Judäa blüht unter seiner Herrschaft auf. Am Toten Meer wird das wertvolle Erdpech gewonnen, ein unerlässliches

Das Reich von
Herodes dem Großen

Berytos

Chalkis
Abila
Sidon
Damaskus

PHÖNICIA

Leontes

SYRIA

Tyros

Dan
Paneas

GAULANITIS

Gischala
Hulesee
GALILÄA
Chorazin
BATANÄA
Ptolemais
Kapernaum
Betsaida
Raphana
Jotapata
Magdala
Kana
See
Genne-
saret
Hippos
Jarmuk
Kanatha
Sepphoris
Hammat
KARMEL
Nazaret
Gadara
Adraa
Naïn
Abila

MITTELMEER

Meggido
Skythopolis
Dion
Cäsarea
Ginaia
Pella
Bosra

DEKAPOLIS

SAMARIA
Amathus
Sebaste
Gerasa
Apollonia
Alexandrion
Jabbok
Jordan
Antipatris
Gadara
Jafo
Arimathäa
Efraim
Lod
Bet-El
Jericho
Geser
Philadelphia
Jamnia
Emmaus
Kypros
Heschbon
Jerusalem
Qumran
Aschdod
Betlehem
Hyrkabia
Madaba
JUDÄA
Aschkelon
Herodeion
Gaza
Hebron
Machairos

TOTES MEER

IDUMÄA
Arnon
Masada
Areopolis
Beerscheba

0   60 km

Festungen
Haupt- und Großstädte

Der Herrschaftsbereich des Herodes. Ganz im Süden das Gebiet der Idumäer, wo die Familie des Herodes beheimatet war.

Dichtungsmaterial für den Schiffbau. Allenthalben entstehen große Plantagen und landwirtschaftliche Güter. Für die Bronzeherstellung besitzt der jüdische König quasi ein weltweites Monopol. Überall im Land wird gebaut, viele kommen dadurch in Lohn und Brot – nicht ausgeschlossen, dass auch ein gewisser Joseph, Bauhandwerker und künftiger Vater von Jesus, allen Grund hat, Herodes dankbar zu sein. Und als eine Hungersnot in seinem Reich ausbricht, ist der König schnell mit staatlicher Hilfe zur Hand. Offenbar ist der Ästhet und Menschenverächter Herodes auch ein weiser Landesvater, und man kann sich gut vorstellen, dass eine so undurchschaubare, ungreifbare Gestalt den Archäologen Netzer nicht ruhen lässt.

Fünfundzwanzig Jahre lang verläuft die Suche nach dem Grab am Herodeion nämlich erfolglos, alle Spuren führen in die Irre, Netzer jedoch

Das Herodeion aus der Vogelperspektive. Im Licht des späten Vormittags gut zu erkennen sind die drei kleeblattartig

angeordneten, kleineren Festungstürme und der Stumpf des mächtigen Bergfrieds mit der vorgelagerten Säulenhalle.

Auf halber Höhe der abgewandten Hangseite entdeckte Ehud Netzer das Grab des Herodes.

gibt nicht auf. Nach jeder Unterbrechung, die die politische Situation hier im Palästinensergebiet erzwingt, setzt er erneut zu Grabungen an. Im Sommer 2006 nehmen sich seine Ausgräber den Osthang des Herodeions vor – nicht einmal Netzer selbst verspricht sich viel von den Bohrungen dort. Doch ausgerechnet hier, auf halber Höhe, stoßen sie schließlich auf den königlichen Sarkophag! Ein später Triumph – und zugleich eine Enttäuschung: Von den sterblichen Resten des Königs findet sich keine Spur. Kein Skelett, kein Schädel kommt zum Vorschein, und der Marmorsarg ist nur noch ein Scherbenhaufen. Ohne Zweifel wurde er mit schweren Hämmern oder Spitzhacken so gründlich zertrümmert, dass Netzer sich mit dem Resultat dieses Zerstörungswerks zufriedengeben muss, mit Splittern und Bruchstücken, die dicht unter der Oberfläche im Erdreich stecken. Eine lang aufgestaute Wut scheint sich an dem Toten ausgetobt zu haben, ein unversöhnlicher Hass auf den längst verstorbenen Herrscher. Wer aber waren die Täter? Und was hat sie zu ihrer Tat getrieben?

Die Schändung des Herodeions stellt, wie Ehud Netzer vermutet, nur eine symbolische Einzelaktion im Zuge des großen Gewaltausbruchs dar, der seinen furchtbaren Höhepunkt im Jüdischen Krieg gegen die Römer und der Zerstörung Jerusalems finden wird. Die Splitter des Herodesgrabs führen uns damit zu einem Drama, das sich seit Langem anbahnt. Auch Jesus wird darin eine Rolle spielen, auch sein Schicksal ist nur vor dem Hintergrund dieses Dramas zu verstehen, das den jüdischen Staat innerlich zu zerreißen droht. Gehen wir deshalb zunächst zwei Jahrhunderte zurück, zu den Wurzeln eines Konflikts, dem die übrige zivilisierte Welt einigermaßen verständnislos gegenübersteht.

Zu Beginn des zweiten Jahrhunderts vor Christus befürchten viele Juden, von dem immer mächtiger anschwellenden Strom griechischen Denkens und griechischen Lebensgefühls mit- und fortgerissen zu werden. Denn mittlerweile ist der schmale Landstreifen, den sie bewohnen, Verbindungsglied zwischen Syrien und Kleinasien im Norden und Ägypten im Süden, zu einer Enklave geworden, zu einer Insel in einem Meer griechischer Kultur. Es sind die siegreichen Feldzüge Alexanders des Großen gut hundert Jahre zuvor, die dieser Kultur riesige neue Räume eröffnet haben, bis tief nach Zentralasien und Nordafrika hinein. Zwar zerfällt sein Großreich nach kurzer Zeit in drei untereinander verfeindete Machtblöcke, doch setzen auch Alexanders Nachfolger auf die Unwiderstehlichkeit der griechischen Zivilisation und gründen allerorten Städte nach griechischem Muster, in Kleinasien, in Syrien, entlang der phönizischen Küste und in Nordafrika. Es sind hochmoderne Städte mit Theatern und Tempeln, Badehäusern, Wettkampfarenen und Pferderennbahnen, Zentren des Fortschritts von ungeheurer Ausstrahlungs- und Anziehungskraft. Eine neue Epoche bricht damit an, das Zeitalter des Hellenismus. Fortan ist man Grieche nicht mehr durch Geburt, man wird es durch Sprache, Bildung und Lebensstil,

Drei Beispiele für die Pracht der hellenistischen Stadtarchitektur: oben der monumentale Bogen an der Hauptstraße in Palmyra (Syrien), in der Mitte das antike Theater von Bosra (Syrien), unten die Hauptstraße von Gerasa (heute Jerash, Jordanien).

Statue der Artemis. Das Hauptheiligtum der griechischen Göttin der Fruchtbarkeit befand sich in der kleinasiatischen Stadt Ephesus.

mit anderen Worten: Grieche kann nun jeder werden. Und wohin man blickt, erliegen die Völker widerstandslos der Faszination dieser Kultur, selbst die Römer lassen sich von ihr gefangen nehmen. Der Hellenismus ist auf dem Weg zur Menschheitskultur, und niemand will abseits stehen.

Niemand, bis auf die Juden. Politisch zwar sind sie machtlos, entmündigt. Ihr kleines Land fällt unter den fetten Beutestücken Alexanders des Großen kaum auf; verwaltet wird es zunächst von Ägypten und dann von Syrien aus. Kulturell aber widerstehen die Juden in ihrer Mehrzahl den Versuchungen des Hellenismus. Schon die frivole Diesseitigkeit dieser Kultur kann ihnen nicht geheuer sein. Geradezu abstoßend aber muss auf sie wirken, wie der Rest der Welt unter dem Einfluss der Griechen seine Gottheiten untereinander tauscht, exportiert und importiert, sodass das Heer der Götter und Halbgötter ringsum zu einem unüberschaubaren Gewimmel anschwillt. Wenn sie sich mit Widerwillen davon abwenden, dann nicht nur, weil ihr eigener Gott Jahwe konkurrenzlos und einzig ist, sondern vor allem, weil er seinem Wesen nach vollkommen anders, mithin auch einzigartig ist. Aus griechischer Sicht lässt dieser Jahwe damit den entscheidenden Charakterzug vermissen, der den Siegeszug des Hellenismus überhaupt erst ermöglicht hat, nämlich austauschbar zu sein. Problemlos kompatibel zu sein.

Die Verschmelzung griechischer Weltsicht mit beliebigen fremden Traditionen funktioniert ja nur, weil die griechischen Götter unbegrenzt wandlungs- und anpassungsfähig sind. Da reicht es, fremden Gottheiten ein griechisches Etikett zu verleihen – aus einem syrischen Baal beispielsweise einen griechischen Zeus-Baal zu machen –, und schon sind diese Fremdlinge aufgenommen als willkommene Bereicherung des eigenen Götterhimmels, schon hat der Kult der exotischsten Gottheiten seinen Platz in der eigenen Kultur. Umgekehrt lassen sich Zeus oder Apollon genauso gut nach Syrien oder Kleinasien verpflanzen. Die Antike ist ein großes Labor der Religionen, wo mit Göttern aus aller Welt experimentiert wird. Das ist nur möglich, weil es in dieser griechischen Welt auf den einzelnen Gott im Grunde gar nicht so ankommt. Was ein Gott kann, kann ein anderer ebenfalls oder besser. Im Übrigen sind sie alle zusammen auch nicht sonderlich anspruchsvoll – sie verlangen von den Menschen nicht viel, weshalb auch die Menschen sich hüten, an diese Götter übertriebene Erwartungen zu stellen. Sie sollen das Gemeinwesen schützen, für Gesundheit sorgen und Glück in den Geschäften schenken – von den Menschen dabei stets tatkräftig unterstützt –, das ist alles. Ethisch hingegen geben diese Götter nichts her, Erlösung wird ihnen nicht abverlangt, zu einer Zerreißprobe zwischen göttlichem Anspruch und menschlicher Wirklichkeit kann es bei ihnen nie kommen. So menschenähnlich, so gut ins irdische Leben integriert sind sie, dass sie selbst auf dem Gebiet der Sexualität mitreden können. Denn letztlich stehen sie alle für bestimmte Lebenskräfte, die im Menschen selbst oder in der äußeren Natur wirksam sind – die Griechen zerbrechen sich deswegen nicht den Kopf über diese Götter und werfen sich lieber gleich auf die Erforschung des Diesseits, suchen die Ursache jedes Schicksals und aller Verhältnisse lieber auf direktem Weg in der seelischen Grundausstattung des Menschen, der Conditio humana.

Der jüdische Gott Jahwe aber verkörpert nicht irgendeine Lebenskraft. Er ist das Leben selbst. Der Urgrund allen Seins. Und deshalb ein außerordentlich anspruchsvoller, fordernder Gott. Alles kommt von ihm, und nur auf ihn kommt es an. Deshalb suchen die Juden die Ursache jedes Schicksals und aller Verhältnisse im Wesen dieses Gottes, in der Conditio divina. Wie sich die Griechen in ihrer Moral den realen Gegebenheiten anpassen, so unterwerfen sich die Juden darin dem Willen ihres Gottes. Die letzte, atemberaubende Steigerung erfährt diese Religion in der Forderung, der Mensch solle sich bis in die Tiefen seines Wesens hinein nach göttlichem Vorbild verwandeln, im Sinne des ungeheuerlichen Gotteswortes, das in den mosaischen Schriften fällt, wo es heißt: Ich bin heilig, und ihr sollt auch heilig sein! Ein höherer Anspruch an den Menschen ist nicht vorstellbar. Nie würde ein griechischer Gott so reden. Nein, dieser Jahwe ist wahrhaftig nicht kompatibel. Und so exklusiv wie sein Gott ist auch das Selbstverständnis dieses Volkes. Zwischen der jüdischen Innenwelt und der hellenistischen Außenwelt herrscht daher der denkbar größte Gegensatz: Die einen schwärmen aus, die anderen kapseln sich ab. Aus griechischer (genauso wie aus römischer) Sicht verweigern sich die Juden damit dem zivilisatorischen Konsens ihrer Zeit, lebt dieses Volk in einem Zustand starrsinnigen Widerstands gegen alles, was der gesamten vernünftigen Welt als vernünftig erscheint. Der Ruf menschenfeindlicher Sonderlinge haftet den Juden dann auch die ganze Zeit der Antike über an.

Ganz anders stellt sich die Sache aus jüdischer Sicht dar. Denn die Gottesbeziehung der Juden ist keine Frage eigenen Gutdünkens – Gott selbst hat sich dieses Volk ja ausgesucht. Er selbst hat ein Bündnis mit ihm geschlossen. Und dieses Bündnis ist selbstredend mit einer gegenseitigen Treueverpflichtung verbunden. Mit Jahwe im Bunde zu bleiben bedeutet Leben, alles andere Tod. Es wäre das Ende jüdischer Identität und jüdischer Geschichte, würde sich sein ureigenes Volk nun dem anschließen, was alle Welt für modern, für zivilisiert, für Lebensstil und Lebenskunst hält. Da geschieht Folgendes: Um das Jahr 190 vor Christus bricht der Damm. Führende Kreise in Jerusalem sind der Isolation ihrer Stadt überdrüssig. Sie wollen endlich auf der Höhe der Zeit sein, endlich die spirituelle Hochspannung der Heiligen Stadt auf ein andernorts übliches Maß reduzieren, endlich griechisch werden. Sie beginnen, Jerusalem zu modernisieren, legen eine Neustadt an und bestücken sie mit allem, was zur Ausstattung einer griechischen Stadt gehört: Theater, Kampfbahn, Gymnasion, Agora (Forum). Und diese Maßnahmen schlagen ein. Priester vernachlässigen

Relief aus dem Museum in der Zitadelle von Jerusalem. Es zeigt Juden, die sich nach dem Ende der Babylonischen Gefangenschaft (538 vor Christus) mit ihrer beweglichen Habe auf den Rückweg in ihre alte Heimat machen. Die Wiederbesiedlung der jüdischen Stammgebiete ging in Etappen vonstatten und war auch im zweiten Jahrhundert vor Christus noch nicht abgeschlossen.

den Tempeldienst, um den Sportwettkämpfen beiwohnen zu können. Die jungen Männer, die bei diesen Kämpfen – wie üblich nackt – auftreten, schämen sich plötzlich ihrer Beschneidung und lassen sie operativ rückgängig machen. An einem Ephebeninstitut wird klassische griechische Bildung vermittelt, in der ein Gott Jahwe mit keinem Wort vorkommt. Kurzum: Jerusalem öffnet sich – allem Anschein nach wie erleichtert – der heidnischen Welt.

Ab 167 vor Christus setzt der syrische König Antiochos IV. dann alles daran, dem Hellenismus in ganz Judäa zum endgültigen Durchbruch zu verhelfen. Sein Reformprogramm enthält religiöse Zwangsmaßnahmen, er verbietet die Beschneidung, er schafft den Sabbat ab, er hebt die jüdischen Speisevorschriften auf. Auf dem Altar vor dem Allerheiligsten des Tempels werden Schweine geschlachtet – für Juden die unreinen Tiere schlechthin –, womit er entweiht und für alle Zeiten unbrauchbar wird. Und schließlich der Todesstoß für das jüdische Selbstbewusstsein: Aus Jerusalem wird Antiochia. Aus Jahwe wird Zeus-Olympios. Und in der nicht länger heiligen Stadt wird das erste Götterbild aufgestellt. Wie es aussieht, beugen sich die Juden doch noch der höheren, griechischen Vernunft. Da kommt es zum Aufstand.

In den alten Zeiten sind wortmächtige Propheten eingeschritten, wenn König und Adel wieder einmal ihrem einzigen Gott untreu geworden waren. Diesmal widersetzt sich die Landbevölkerung. Ihr aufgestauter Zorn entlädt sich nun in Gewalt, die Bündnistreue gegenüber Gott macht für die Frommen den bewaffneten Widerstand unausweichlich. Der erfahrene Rebellenführer Judas Makkabäus sammelt genügend Männer aus der Bergwelt Judäas, den judäischen Wüstengegenden und der Jordanebene, um Schlachten gegen die reguläre Armee der Syrer zu gewinnen und Jerusalem tatsächlich zu befreien. Alle Anordnungen des Antiochos werden rückgängig gemacht. Jerusalem und ganz Judäa sind für Jahwe zurückgewonnen. Das Bündnis mit ihm wird fortgesetzt. Aber der Keim des Übels bleibt. Auch in Zukunft wird kein jüdischer Staatsmann eine schlüssige Antwort auf die Existenzfrage der Juden geben können: Wie kann sich ein Volk, das kulturell dermaßen aus dem Rahmen fällt, in einer offenen, religiös liberalen und damit bedrohlichen Umwelt behaupten, ohne auf Dauer doch seinen Gott zu verraten und damit seine Identität zu verlieren – oder in ständigen inneren Kämpfen an seiner eigenen Zerrissenheit zugrunde zu gehen?

Auch Herodes wird letztlich keine Antwort darauf wissen. Es bleibt einem gewissen Jesus von Nazaret vorbehalten, eine überzeugende, nämlich religiöse Lösung dafür anzubieten. Bleiben wir aber für den Augenblick noch bei Herodes, der natürlich mit anderen Mitteln, nämlich politischen und architektonischen, an dieses Problem herangeht.

Wahrscheinlich bringt der junge König, als er 37 vor Christus die Herrschaft über das jüdische Reich antritt, die wichtigste Voraussetzung dafür mit, sich in diesem brodelnden Krisenherd zu behaupten: vollkommen frei von Illusionen zu sein. Nicht nur, dass sich Herodes diese Herrschaft Schritt für Schritt, Schlacht für Schlacht erst erkämpfen muss, er dürfte auch nur allzu vertraut mit der jüngeren Geschichte seines Volkes sein. Er wird wissen, dass die Zeit der politischen Unabhängigkeit nach 140 vor Christus diesem Land unablässig Kriege, Revolten, Bürgerkriege, Bandenkriege beschert hat. Jeder Versuch seiner Priesterkönige und Adligen, einen Kompromiss zwischen jüdischen Lebensformen und hellenistischem Lebensstil zu schließen, ist von Widerstandskämpfern aus dem Volk mit Anschlägen und Aufständen beantwortet worden. Dazu kamen die Rivalitäten der Führungskräfte in Jerusalem untereinander, sodass sich schließlich, im Jahr 63 vor Christus, die Römer zum Eingreifen gezwungen sahen. Seither ist Judäa ein römisches Protektorat. Seither ersticken die Römer jeden Ansatz eines Aufruhrs in Blut, schlagen ans Kreuz, fahren mit dem Schwert dazwischen. Längst sind die Römer in Judäa gründlich verhasst. Herodes jedoch versteht sich blendend mit ihnen.

Man muss dazu wissen: In seiner Familie hat das gute Einvernehmen mit Rom Tradition. Schon sein Vater Antipatros wusste sich bei der Weltmacht beliebt zu machen. Er half Julius Cäsar bei dessen Feldzug in Ägypten großzügig mit eigenen Truppen aus und wurde daraufhin zum römischen Statthalter von Judäa ernannt. Man war einander also tief verbunden. Der junge Herodes verstand sich dann auch als Vertreter Roms, als er von seinem Vater den Auftrag erhielt, das Bandenunwesen in Galiläa zu bekämpfen. Dort griff er gnadenlos durch, richtete zahlreiche Anführer öffentlich hin, machte sich damit aber in Jerusalem Feinde, denn bei der Bevölkerung genossen die Partisanen im Bergland Galiläas das Ansehen von Freiheitshelden. Herodes sah sich gezwungen zu fliehen, wandte sich Hilfe suchend nach Rom und rannte im Zentrum der Macht offene Türen ein. Was konnten sich die Römer in einem derart turbulenten Winkel ihres Imperiums Besseres wünschen als einen so tatkräftigen, entschlossenen und obendrein ergebenen Verbündeten wie Herodes? Als König von Roms Gnaden kehrt er nach Judäa zurück, um den Platz seines ermordeten Vaters einzunehmen – und wird mit blanken Waffen empfangen. Seinen Weg nach Jerusalem muss er sich mühsam freikämpfen, drei Jahre lang. Endlich am Ziel angelangt, wird er sich die Frage stellen: Wie soll man unter diesen Bedingungen erfolgreich regieren?

Herodes darf jedenfalls sicher sein, mehr innere als äußere Feinde zu haben. Aber er weiß, welche Fehler es zu vermeiden gilt. Er weiß, dass er seinen jüdischen Untertanen gegenüber nicht zu griechisch und nicht zu römisch auftreten darf, wenn er ihnen nicht Anlass zu immer neuen Gewaltausbrüchen liefern will. Genauso allerdings ist er davon überzeugt, nicht den Hauch eines Widerstands vonseiten der Frommen dulden zu dürfen. Er wird also gleichzeitig behutsam und mit eiserner Hand vorgehen müssen. Herodes verfolgt deshalb zwei Strategien: Alles, was sich ihm auch nur ansatzweise in den Weg stellt, wird gnadenlos beseitigt – auch Verwandte, auch Mitglieder des Hohen Rats, selbst Hohepriester. Insofern liegt der Kindermord von Betlehem ganz auf der Linie seiner Politik, so wenig er sich in anderen Quellen auch nachweisen lässt. Hätte Herodes durch die Weisen aus dem Morgenland von der Geburt eines Knaben erfahren, der ihm irgendwann seinen Herrschaftsanspruch bestreiten könnte, er hätte nicht gezögert, in kluger Voraussicht ein paar Kinder umbringen zu lassen. Was jedoch das Zusammenleben von Heiden und Juden in seinem Reich angeht, verfolgt Herodes ein Friedensprogramm, das der großen Friedensvision des Propheten Micha erstaunlich nahekommt – der nämlich sah schon Jahrhunderte zuvor eine Zeit kommen, in der alle Völker, Heiden wie Juden, miteinander ausgesöhnt beieinander wohnen. (Micha 4, 1–5) Diese prophetische Vision nun lässt sich durchaus mit der Pax Romana vereinbaren, also der römischen Friedensidee eines geeinten, alles umspannenden Reichs, der sich Herodes als Freund der Römer ja mindestens ebenso verpflichtet fühlt. Man darf daher vermuten, dass er in seiner Innenpolitik geschickt Traditionelles und Hochmodernes, Jüdisches und Heidnisches

Der von König Herodes veranlasste Kindermord von Betlehem war ein Lieblingsmotiv italienischer Maler. Hier ein Gemälde von Fra Angelico (um 1387 bis 1455), auf dem Herodes von der Loggia seines Palastes aus die Ausführung seines Auftrags überwacht. (Armadio degli Argenti, ehemals in Santissima Annunziata, Florenz) Ob dieser Kindermord wirklich stattgefunden hat, lässt sich durch außerbiblische Quellen nicht bestätigen.

miteinander verbindet, um seine Ziele möglichst reibungslos zu erreichen. Bei aller Menschenverachtung im Einzelnen würde ihn das als ungewöhnlich weisen und umsichtigen jüdischen Herrscher kennzeichnen.

Ehud Netzer jedenfalls stimmt diesem Bild zu. Diese Haltung ist ihm in allen Bauwerken, die Herodes geplant und ausgeführt hat, begegnet. Und davon gibt es, wie gesagt, eine große Menge, über ganz Israel verstreut, vom Toten Meer im Süden bis zu den Golanhöhen im Norden – Herodes war in der Tat einer der produktivsten Bauherren der Antike. Der Grund für diese Vielzahl von Bauprojekten ist natürlich einmal, dass Herodes über ein Land herrschen will, das sich sehen lassen kann. Zum anderen sind öffentliche Prachtbauten in der Antike auch immer ein Mittel, das Volk bei Laune zu halten. Was aber viel mehr über Herodes sagt als die schiere Zahl, ist die Eigentümlichkeit der einzelnen Bauwerke, ihr Charakter, ihre Formensprache. Und hier zeigt sich: Dieser vermeintliche Tyrann nimmt Rücksicht auf die religiösen Empfindlichkeiten und kulturellen Aversionen seines Volks. Er will sein Land in die neue Zeit führen, die ringsumher längst herrscht, ohne die Glut feindseligen Misstrauens zu schüren. Als Bauherr gibt er sich deshalb jüdisch, wo nötig, und hellenistisch-römisch, wo möglich. Er betreibt Politik unter Einsatz von Architektur. Schauen wir uns daraufhin drei seiner architektonischen Schöpfungen einmal an: Die Hafenstadt Cäsarea am Mittelmeer, eine Art weltoffener, hellenistischer Gegenhauptstadt zu Jerusalem. Dann den Tempel in Jerusalem, den Herodes zum größten Heiligtum seiner Zeit ausbauen lässt. Und schließlich noch einmal das Herodeion, das Ehud Netzer zufolge die intimsten Einblicke in die Seele dieses außergewöhnlichen Königs erlaubt.

Wer sich Cäsarea von der Seeseite näherte, musste glauben, eine römische Küstenstadt vor sich zu haben. Das Erste, was sich im Stadtpanorama schon von Weitem deutlich abzeichnete, war nämlich die Silhouette eines großen römischen Tempels hoch über dem Hafen. Und dieser Hafen selbst gab nicht weniger Anlass zum Staunen. Es war kein natürlicher Hafen, an einer Flussmündung gelegen wie die meisten Hafenstädte des Mittelmeers, sondern ein künstlich angelegter, weiträumiger Ankerplatz im Schutz einer 800 Meter langen Hafenmole – die größte Hafenanlage des gesamten östlichen Mittelmeerraums. Bei einem Stadtrundgang hätte sich dann der Eindruck, in einer römischen Stadt gelandet zu sein, weiter verfestigt. Denn der Tempel über dem Hafen war dem Augustus geweiht, in seinem Inneren hatte der jüdische König sogar die Riesenstandbilder des Imperators Augustus und der Stadtgöttin Roma aufstellen lassen. In der ganzen Fünfzigtausend-Einwohner-Stadt wurde griechischen Schönheitsvorstellungen mit Marmorfassaden, Bodenmosaiken und Freskomalereien, römischen Ordnungsvorstellungen mit langen Säulenreihen gehuldigt. Nichts fehlte. Südlich des Hafens, unmittelbar am Meer gelegen, erstreckte sich parallel zur Küste das langgezogene Oval einer Pferderennbahn. Sonne und frischer Seewind waren hier garantiert, wahrscheinlich auch der Blick auf die tiefblaue Wasserfläche des Mittelmeers als traumhafter Hintergrund für das Spektakel des Wagenrennens. Gleich daran anschließend schob sich der Palast des Herodes auf einer Landzunge ins Meer, der sogenannte Klippenpalast. Und davon wiederum nur wenige Schritte entfernt lagen ein Theater für viertausend Zuschauer und ein Amphitheater, in dem Herodes tatsächlich Gladiatorenkämpfe und Tierhatzen ausrichten ließ. Ein römischer Besucher musste sich hier zu Hause fühlen, in einem Land, das er bisher mit Rückständigkeit und einer gewissen Sprödigkeit der Sitten in Verbindung gebracht haben dürfte.

Wer Augen hatte, verstand die Botschaft: Hier herrscht ein treuer Verbündeter Roms, ein weltoffener, moderner Monarch, und Palästina ist ein Land wie jedes andere, angebunden an das große Kommunikationssystem der Seerouten, an Handel und Austausch interessiert, an Rom orientiert. Heute, nach Jahrzehnten intensiver Ausgrabungsarbeit, geht von den Ruinen Cäsareas wieder dieselbe Wirkung aus. Obwohl der Hafen dem Ansturm des Meers nicht standgehalten hat und vollständig versunken ist, trotz der kolossalen Betonblöcke als Wellenbrecher zum Schutz der Ein-

Der unter Herodes angelegte Hafen von Cäsarea ist vollständig im Meer versunken. Erhalten geblieben sind Reste
der Hafenmauern aus der Kreuzfahrerzeit, in die Säulen
aus der antiken Stadt eingebaut wurden.

Auf diesem Modell des antiken Hafens von Cäsarea ist der
große Augustustempel am unteren Bildrand zu erkennen,
das Wahrzeichen der Stadt für alle, die sich Cäsarea seinerzeit von der See näherten.

fahrt, auch wenn der Klippenpalast das Schicksal des Hafens teilt und die
Anlage auf dem verbliebenen Rest der Landzunge nur noch zu erahnen ist.
Aber da existiert noch die gewaltige Sockelkonstruktion für den Augustustempel, das – in späterer Zeit erweiterte – Theater und etliches an Ruinen
von Badehäusern und Palästen in der Stadt selbst. Vor allem aber diese
fantastisch gelegene, gut erhaltene Pferderennbahn, die heute noch unver-
hohlen von den höchst weltlichen Vergnügen ihrer Bewohner kündet –
und von dem grauenhaften Gemetzel, das die römischen Sieger hier, an
diesem Ort, nach dem Untergang Jerusalems im Zuge ihrer Triumphfeiern
unter Tausenden von jüdischen Gefangenen anrichteten.

Wir werden jedenfalls noch mehrmals nach Cäsarea zurückkehren.
Denn kurze Zeit nach dem Ableben des Herodes wird die Stadt am Meer

![Blick auf die Säulen des römischen Statthaltersitzes in Cäsarea]

Cäsarea muss eine Stadt ganz nach dem Geschmack der römischen Beamten gewesen sein, die von hier aus Judäa verwalteten. Das Bild zeigt den herrschaftlichen Wohnsitz des römischen Statthalters gleich oberhalb des Hippodroms.

Eine Pferderennbahn durfte in keiner größeren hellenistischen Stadt fehlen. In Cäsarea fanden die Wagenrennen vor der Kulisse des Mittelmeers statt.

Der Blick vom Hafenbecken auf die massive Stützkonstruktion des Augustustempels von Cäsarea. Der Tempel selbst existiert nicht mehr.

zum Sitz des römischen Gouverneurs von Palästina, und wie seine Vorgänger verlässt wahrscheinlich auch Pontius Pilatus Cäsarea nur ungern, um an hohen jüdischen Feiertagen in Jerusalem Präsenz zu zeigen und Unruhen durch blitzartige Militäreinsätze im Keim zu ersticken. Später tauft Petrus in Cäsarea den ersten Heiden. Und wiederum Jahre später wird Paulus hier im Klippenpalast verhört, wohl auch gefangen gehalten, bevor er sich im Hafen von Cäsarea mit seiner römischen Wachmannschaft nach Westen einschifft, Richtung Rom. Jesus dagegen scheint dieser Stadt ferngeblieben zu sein. Sein Denken kreist um eine andere Stadt, und die heißt Jerusalem.

Und dort zeigt sich: Herodes mag außerhalb der Sichtweite Jerusalems in römisch-hellenistischem Prunk schwelgen – in der Heiligen Stadt selbst tritt er als Jude auf, für den der Tempel den Mittelpunkt der Welt bildet. Von 19 vor Christus an lässt er diesen Tempel völlig umgestalten, ja in großen Teilen neu errichten und dafür zunächst eine künstliche Plattform von ungeheuren Dimensionen anlegen – ihr Umfang wird schließlich über 1,5 Kilometer betragen. 30 Meter hohe Umfassungsmauern aus mächtigen Steinblöcken, bis zu 500 Tonnen schwer, schließen diese Plattform nach allen Seiten ab, sodass der Tempelbezirk von außen wie die uneinnehmbare Festung des Allerhöchsten wirkt. Allein von seinen Ausmaßen her übertrifft der Tempel von Jerusalem damit jedes andere Heiligtum der antiken Welt – nicht einmal der prächtige Baaltempel, den sich die sagenhaft reiche Wüstenstadt Palmyra einige Jahrzehnte später leistet, wird damit konkurrieren können. Das weitläufige Innenareal dieser Plattform wird an allen Ecken von Türmen eingefasst, zwischen denen über die gesamte Länge der Außenmauern Säulenhallen verlaufen. Besonders imposant dürfte die südliche Säulenhalle gewirkt haben, die sogenannte königliche Halle, eine 300 Meter lange Basilika mit vier Säulenreihen aus je vierzig Säulen. Der Rest der Plattform besteht aus offenem, ebenem Gelände, in Höfe unterteilt, die auf das eigentliche Zentrum zulaufen, den Vorhof der Priester mit dem großen Brandopferaltar und das frei stehende, alles überragende, weiß-golden schimmernde Gebäude des Allerheiligsten, die Wohnstätte Gottes auf Erden.

Dieser Tempel ist großartig, aber auf eine ganz andere Weise als Cäsarea: nirgendwo eine Freskomalerei, nirgendwo Statuen, nirgendwo Abbildungen von Lebewesen, allenfalls geometrische oder florale Muster. Herodes hält sich peinlich genau an das jüdische Bilderverbot. Auf Griechen und Römer muss diese Anlage geradezu asketisch wirken. Dennoch kommen sie in Scharen – Herodes jedenfalls bemisst den »Vorhof der Heiden« so großzügig, dass er zwei Drittel der gesamten Innenfläche einnimmt, er rechnet demnach mit Tempeltouristen aus aller Welt. Wenn der Tempel von Jerusalem also ungeachtet seiner Schmucklosigkeit eine berühmte Sehenswürdigkeit ist, dann deshalb, weil die Baumeister des Königs hier

Abbildung auf der folgenden Doppelseite:
Der Tempelberg von Jerusalem mit der Al-Aksa-Moschee links und dem Felsendom rechts. Vom Ölberg aus lässt sich das ganze Ausmaß des Tempels überblicken, den Herodes zum größten Heiligtum seiner Zeit ausbauen ließ.

Die reiche Wüstenstadt Palmyra (Syrien) leistete sich im ersten Jahrhundert nach Christus einen monumentalen Baaltempel, der in seinen Dimensionen gleichwohl hinter dem Tempel in Jerusalem zurückblieb.

Rekonstruktion des Tempels von Jerusalem nach seiner Vollendung um 60 nach Christus, im Vordergrund die Treppe, die einen direkten Zugang aus der Oberstadt gewährte. Auf diesem Weg gelangten die adligen Priester in den Tempel, ohne mit dem Volk in Berührung zu kommen. Der übliche Eingang lag auf der Südseite, wo man durch die zwei Huldatore über unterirdische Treppen in den Tempelbezirk hineingelangte. Dieser Eingang ist am rechten Bildrand zu sehen.

auf ganz andere Effekte setzen. Schon die Wahl des Steins ist wohlüberlegt: Im Morgen- und Abendlicht legt sich nämlich ein rötlicher Schimmer auf die gewaltigen Umfassungsmauern, während dieselben Mauern tagsüber wie weißer Marmor gleißen. Jeder einzelne Steinquader in dieser Mauer ist außerdem mit geometrischen Reliefmustern versehen, wodurch sich mit wandernder Sonne immer neue Licht- und Schattenwirkungen über die gesamte Mauerfläche ergeben. Kurz: Die Tempelarchitektur erzielt ihre Wirkung durch sehr viel schlichtere, aber nicht weniger eindrucksvolle Mittel als jene, auf die Herodes in Cäsarea setzt, und auch die Jünger Jesu haben ein Auge für die Grandiosität dieses Bauwerks. »Meister, schau, was für Steine und was für Bauten!«, ruft einer von ihnen bei Markus aus, und man sieht es förmlich, wie er sich beim Verlassen des Tempels noch einmal umwendet, wie er Jesus anstößt und ihn mit seiner Begeisterung anzustecken versucht.

Ein Besucher, der von Cäsarea nach Jerusalem weitergereist wäre, hätte sich auf jeden Fall in eine andere Welt versetzt gefühlt. Schon von Weitem sichtbar stand damals eine schwärzliche Rauchsäule über der Stadt, die ununterbrochen vom Brandopferaltar im Tempel aufstieg. Die engen Gassen öffneten sich auf kleine Plätze, wo Händler den Pilgern Andenken und Proviant, aber vor allem Vögel und Vieh anboten. Im näheren Umkreis des Tempels wimmelte es von Menschen, die sich ihrer Kleidung entledigten und in eines der zahlreichen Ritualbäder hinabstiegen, bevor sie sich gereinigt dem Heiligtum selbst zuwandten. Über lange Treppen stieß man nun durch das Innere des Tempelbergs bis zu den Innenhöfen vor und begab sich dort zunächst in die königliche Halle. Hier herrschte ein marktähnliches, lautes und lebhaftes Treiben: Beamte kassierten die Tempelsteuer, Geldwechsler tauschten jeden Betrag in jeder beliebigen Währung, und Viehhändler verkauften Opfertiere, vom Täubchen bis zum Kalb. Dann ging es durch das Gedränge im Vorhof der Heiden Richtung Rauchsäule, Richtung Brandopferaltar. An dem Begrenzungsmäuerchen dieses Hofs wäre für den Besucher aus Griechenland oder Rom allerdings Schluss gewesen – weiter vorzudringen war nur noch Juden gestattet, Heiden hingegen bei Todesstrafe untersagt. Aber vielleicht bekam man auch von hier aus schon mit, was sich da vorn im Schatten des Allerheiligsten tat, wie Priester und Leviten mit geübtem Griff und blutigen Händen in schnellem Rhythmus die Opfertiere töteten, Schafen die Kehle durchschnitten und Täubchen den Hals umdrehten, die Tiere ausnahmen und zerlegten und ihr Fleisch ins Altarfeuer warfen. Nun, das war wirklich eine andere Welt als die von Cäsarea, und ein moderner Reiseführer hätte wahrscheinlich von einem »Land der Kontraste« gesprochen.

So jüdisch wie nötig, so hellenistisch wie möglich also. Schafft es Herodes mit diesem Programm, sein Volk für sich zu begeistern? Kann sich dieses Volk mit seinem Balanceakt zwischen jüdischer Identität und griechischer Weltoffenheit anfreunden? Findet Herodes, mit anderen Worten, den Ausweg aus dem alten Teufelskreis, der darin besteht, dass die Nichtanpassung an die Außenwelt zur Selbstzerstörung führt, die Anpassung jedoch die Selbstauflösung nach sich zieht?

Davon kann dann doch nicht die Rede sein. Selbst mit dem Neubau des Tempels gelingt es dem König nicht, die Herzen seiner Untertanen zu gewinnen. In diesem Land ist es leicht, sich unbeliebt zu machen, und He-

In der archäologischen Zone an der Südwestecke des Tempels wurde eines der zahlreichen Ritualbäder freigelegt, wo Juden vor dem Betreten des Tempels die vorgeschriebene Reinigung vornahmen.

Die hebräische Inschrift auf diesem Quaderstein lautet: »Für den Ort, an dem Trompeten geblasen werden für ...« Offenbar markierte er den Standort des Priesters, der den Beginn des Sabbats oder der Festtage durch Hornsignale bekannt gab. Ursprünglich befand er sich in der oberen Umfassungsmauer des Tempels und wurde bei der Zerstörung Jerusalems über die Brüstung gestürzt.

rodes macht sich, bei aller Klugheit, aus vielen Gründen unbeliebt. Die Tempelaristokratie vergisst ihm seine Hinrichtungen und Auftragsmorde nicht. Den Frommen im Volk ist er schon wegen des Theaters und des Amphitheaters ein Dorn im Auge, die er ebenfalls in Jerusalem bauen lässt. Sie stören sich auch an der drohend aufragenden Festung Antonia, die er an den Nordrand des Tempelbezirks setzt, um das Geschehen dort unter Kontrolle zu haben – später werden die Römer hier eine Garnison einquartieren, die jederzeit im Handumdrehen eingreifen kann. Und alle zusammen verachten ihn genauso als Interessenvertreter Roms wie als Fremdherrscher. Denn Herodes ist Idumäer, Abkömmling eines Volks, das an der Südgrenze Judäas wohnt, und die Idumäer haben erst drei Generationen zuvor den jüdischen Glauben angenommen, sind also aus Sicht der Frommen noch lange keine echten Juden.

Nein, in Wirklichkeit ist es so: Herodes kann seines Lebens nicht sicher sein. Seine Residenzen sind eigentlich Fluchtburgen, in denen er sich immer wieder vor den eigenen Landsleuten verschanzen muss. Und deshalb kommt auch ein Mausoleum in der Hauptstadt für ihn nicht in Frage – das Grabmal des Herodes dort wäre ein ideales Ziel für Anschläge. Doch wo wäre sein Leichnam sicherer aufgehoben? Wo wäre der beste Platz für seine Gruft?

»Herodes muss mit sich gekämpft haben«, sagt Ehud Netzer. »Die Versuchung, sich eine prächtige Gedenkstätte in Jerusalem zu errichten, wird groß gewesen sein. Ich glaube daher fest, dass er einen Schwur geleistet hat: Hier, in dieser Einöde, will ich beerdigt werden. Dass er sich an diesen Ort auch dadurch binden wollte, indem er ihm seinen eigenen Namen gab.

Denn dieser Ort hatte für ihn größte Bedeutung. Dort hatte er den erschütterndsten Tag seines Lebens erlebt. Einen schicksalhaften Tag.

Es war im Jahr 40 gewesen, also einige Zeit, bevor er König wurde. In der Nacht war er mit seiner Familie und seinen Anhängern aus Jerusalem geflohen, wo ihn die Todesstrafe erwartete. Er muss wahnsinnig unter Spannung gestanden haben – wie verlässt man unbemerkt eine Stadt, deren Tore und Mauern bewacht werden? Aber er hat es geschafft. Auf der Flucht kam es dann zu einem furchtbaren Unfall: Der Wagen seiner Mutter verunglückte, und sie trug schwere Verletzungen davon. Herodes muss dermaßen außer Fassung geraten sein, dass er kurz davor gewesen sein soll, Selbstmord zu begehen. Und dann kam es am selben Tag noch zum Kampf mit seinen Verfolgern. Hätte er den verloren, wäre das sein sicherer Tod gewesen. Diese Schlacht nun fand genau hier statt, südlich von Jerusalem, an demselben abgelegenen Ort, an dem er sechzehn Jahre später die Arbeiten zum Herodeion aufnahm. Ich sehe jedenfalls eine enge Verbindung zwischen den Ereignissen dieses Tages und seiner Entscheidung für den Schauplatz dieser Ereignisse.«

Aber es gibt keine Sicherheit für ihn. Auch für den toten Herodes nicht. Auch hier draußen im Niemandsland nicht. »Ich vermute«, sagt Netzer, »dass die Zerstörung seiner Gruft in die Zeit des jüdischen Aufstands gegen die Römer fällt. Die Römer selbst scheiden dabei als Täter aus, denn als die Römer Judäa übernahmen, haben sie die herodianischen Bauten weiterhin unterhalten. Vielleicht haben sie diese Stätten nicht als Paläste genutzt, so wie Herodes – sie hatten ja einen anderen Lebensstil, sie waren Soldaten und wurden ständig ausgewechselt –, aber sie sorgten für die Instandhaltung dieser Stätten. Im Übrigen hatten die Römer ja auch kein Problem mit Herodes gehabt. Aber die Juden hassten ihn. Und als die jüdischen Aufständischen im Jahr 66 kamen und auch das Herodeion besetzten, werden sie ihren Gefühlen gegen diesen gottlosen Fremdherrscher freien Lauf gelassen haben. Die Zertrümmerung des Sarkophags war der Racheakt gegen einen, der mit den Römern paktiert hatte.«

Die Trümmerspuren seines Marmorsargs beweisen: Auch Herodes ist gescheitert. Und musste wohl auch scheitern, weil es eine politische Lösung in diesem Drama gar nicht gibt: hier der Selbstbehauptungswille der Juden, die ihrem Gott treu bleiben wollen, dort eine ganze Welt, die mit Verführungskunst und nackter Gewalt versucht, diesen Selbstbehauptungswillen zu brechen. Wenige Jahre nach Herodes' Tod nehmen die Römer die Herrschaft über Judäa in die eigenen Hände. Doch das ändert nichts. Es brodelt weiter.

Herodes wollte, dass sein Grabmonument von Weitem sichtbar wäre. Er stockte deshalb den Hügel, der den Sockel des Herodeions bildet, künstlich auf. Im Vordergrund sind Säulen der unteren Palastanlage zu sehen.

3. Porträt Jesu als junger Mann

Die Geburt Jesu in Betlehem – oben von einem italienischen Künstler des vierzehnten Jahrhunderts dargestellt (Unterkirche der Benediktinerabtei Subiaco, Italien), auf der rechten Seite von einem äthiopischen Künstler des fünfzehnten Jahrhunderts (Marienkirche in Gorgora, Äthiopien). Auffallend ist, dass Ochse und Esel für den europäischen wie für den afrikanischen Maler dazugehören. Erstaunliche Übereinstimmungen lassen sich auch in der Körpersprache von Maria und Joseph finden: Auf beiden Darstellungen hat Maria die Hände zum Gebet zusammengelegt, auf beiden schmiegt Joseph seinen Kopf grübelnd in seine Hand.

Nur anderthalb Wegstunden sind es vom Herodeion nach Betlehem, etwa sechs Kilometer. »Brothausen« würde der Ort auf Deutsch heißen, und Lukas braucht nur etwas nachzuhelfen, schon sehen wir dieses Betlehem vor uns: ein lebhaftes Hirten- und Bauernstädtchen an einer Durchgangsstraße inmitten von sprießendem Korn und saftigen Weiden, grasende Schaf- und Ziegenherden ringsumher und am Ortseingang eine Karawanserei, die schon überfüllt ist, als die hochschwangere Maria und Joseph dort müde eintreffen. Daher der Stall, daher die Krippe, daher die anbetenden und lobpreisenden Hirten, und über allem ein himmlischer Glanz, Sternengeglitzer, Engelschöre. Schön ist das, wie eine Geschichte nur schön sein kann. Zu schön, um wahr zu sein?

Schön genug jedenfalls, um der Fantasie reichliche Nahrung zu bieten. Denn nicht einmal Lukas, der Jesu Geburt als Einziger in dieser Weise schildert, erwähnt einen Stall oder Ochs oder Esel oder Heu und Stroh. Einzig von einer Futterkrippe ist bei ihm die Rede, und die gibt es in vielen Häusern Betlehems, wo die einfachen Leute mit ihren paar Ziegen oder Schafen unter einem Dach zusammenleben. Warum sollten sich Maria und Joseph nicht durchgefragt haben, nachdem die Karawanserei keinen Platz mehr bot? Leute, die einem für wenig Geld ein Nachtlager in ihrem Haus anbieten, findet man immer – und dort obendrein Frauen, die bei der Geburt helfen. Aber – mag man sich das so vorstellen? Maria und Joseph in der Heiligen Nacht in einem gewöhnlichen Raum voller Menschen, von denen einige dicht zusammengedrängt auf Matten am Boden zu schlafen versuchen, während andere sich um die gebärende Maria kümmern? So ähnlich könnte sich Lukas das in der Tat gedacht haben. Aber vielleicht deuten die anbetenden Hirten doch auf eine Stallhöhle am Ortsrand von Betlehem hin, die für gute Augen von den nächtlichen Feldern aus am Schein einer Öllampe zu erkennen ist. Und stimmungsvoller ist unsere

Blick auf den Krippenplatz und die Geburtskirche in Betlehem über der sogenannten Geburtsgrotte. Mit seiner Weihnachtsgeschichte hat Lukas der Geburt Jesu die endgültige
erzählerische Form gegeben. Für Kaiser Konstantin kam
daher kein anderer Ort als Betlehem in Frage, als er im vierten Jahrhundert daranging, die Stätten der christlichen
Heilsgeschichte mit Kirchen zu markieren.

ausgeschmückte Weihnachtsgeschichte allemal. Nur – stimmt sie auch?
Hat Lukas denn recht mit Betlehem? Ist Jesus wirklich in der bedrohlichen
Nachbarschaft des alternden Herodes zur Welt gekommen? Was sagen die
anderen Evangelisten?

Durchaus Unterschiedliches. Markus äußert sich gar nicht dazu.
Johannes ebenso wenig. Beide befassen sich mit Jesus erst von dem Tag an,
an dem er vierunddreißig Jahre später das erste öffentliche Aufsehen erregt. Als seinen Heimatort geben sie Nazaret an, ein Dorf 170 Kilometer
nördlich von Betlehem in Galiläa. Und der vierte Evangelist, Matthäus?
Der nimmt Jesu Geburt zwar in seine Erzählung auf, verlegt sie auch ebenfalls nach Betlehem, spricht aber lediglich von einem Haus als Schauplatz
der Niederkunft und lässt im Übrigen durchblicken, dass Maria und Joseph
dort eben wohnen. Betlehem wäre demnach ihre Heimatstadt, und Jesus
käme ganz einfach in seinem Elternhaus zur Welt. Davon nun wiederum
weiß Lukas nichts. Für ihn sind Joseph und Maria Reisende, die Betlehem
nur gezwungenermaßen aufsuchen, weil sie sich dort in eine Steuerliste
eintragen müssen. Was den eigentlichen Heimatort von Jesu Eltern angeht,
ist sich Lukas mit Markus und Johannes völlig einig: Das ist Nazaret. Etliches ist da unvereinbar, und man könnte sich fragen: Was stimmt denn
nun? Betlehem oder Nazaret? Stall oder Haus?

Doch diese Frage stellt sich für die Evangelisten nicht. Nicht so jedenfalls. Nicht als Frage nach den Fakten. Sie gehen nämlich davon aus, dass
historische Tatsachen allenfalls die halbe Wahrheit verraten, weil dieser

rätselhafte Jesus sich anhand von Tatsachen allein gar nicht beschreiben lässt. Sie versuchen, diese Gestalt viel gründlicher zu verstehen. Sie wollen bis zum eigentlichen Wesen dieses Menschen vorstoßen. Und deshalb greifen sie nach passenden Bildern und Assoziationen, um das Ergebnis ihrer Studien in ihre Geschichten einfließen zu lassen.

Nehmen wir Matthäus. Er kommt zu dem Ergebnis, dass Jesus mit Mose vergleichbar ist, dem Begründer der jüdischen Religion, dem Gesetzgeber und Befreier seines Volkes, der die Israeliten vor Zeiten aus Ägypten durch die Wüste ins Gelobte Land geführt hat. Deshalb lässt Matthäus – und kein Evangelist sonst – auf die Geburt in Betlehem die Flucht vor Herodes nach Ägypten folgen. Hinterher, nach seiner Rückkehr, hat Jesus dann das Herkunftsland und den Wanderweg mit Mose gemeinsam, der Vergleich mit dem Befreier Israels drängt sich jetzt auf, und der Leser seines Evangeliums ist um die Erkenntnis reicher: Was Mose in früher Vergangenheit für sein Volk geleistet hat, das leistet Jesus für die Gegenwart. Oder nehmen wir Lukas. Der will mit seiner Weihnachtsgeschichte die noch brisantere Entdeckung zur Sprache bringen, dass Gott selbst in Jesus Mensch geworden ist – und zwar nicht, um sich zu amüsieren, wie es griechische Götter bisweilen tun, ganz im Gegenteil. Das Leben dieses Mensch gewordenen Gottes wird glanzlos verlaufen und schrecklich enden, darum schon hier, gleich zu Anfang seines Evangeliums, die ärmlichen Verhältnisse, der Viehgeruch, das Provisorium der zufälligen Unterkunft.

Auf Betlehem nun verfallen beide, Matthäus wie Lukas, weil sie in den Schriften der Propheten eine Weissagung gefunden haben: Genau aus dieser Stadt Betlehem soll einst ein König kommen, der sein Volk wie ein guter Hirte regieren wird, fürsorglich und milde. »Und du, Betlehem, bist keineswegs die geringste unter den Fürstenstädten Judas; denn aus dir wird ein Fürst hervorgehen, der mein Volk Israel weiden wird«, heißt es bei Micha und Samuel. Damit ist viel über Jesus gesagt, jedoch kaum etwas über Betlehem. Denn hier geht es um viel Entscheidenderes als historische Genauigkeit. Hier geht es um einen Wechsel von der menschlichen zur göttlichen Perspektive, und der gelingt Matthäus und Lukas mit ihrer Methode tatsächlich: Gleichgültig, wie irdisch, verletzlich, schwach oder bemitleidenswert Jesus ihren Lesern im weiteren Verlauf der Geschichte vorkommen wird – nach diesem Anfang hat man verstanden, dass einer eine Lichtgestalt wie Mose sein und gleichzeitig als Verbrecher am Kreuz hängen kann. Dass einer der Sohn Gottes und gleichzeitig eine gehetzte Kreatur sein kann. Mit anderen Worten: dass Gott sich nicht in einer Machtdemonstration, sondern in einer Ohnmachtsdemonstration offenbaren kann. Und offenbaren will.

Der Arme ist reich, der Reiche arm, das Hohe niedrig, das Niedrige hoch, die Hure der Seligkeit näher als ehrbare Frauen und ein Kind klüger als alle Erwachsenen – solche Paradoxien durchziehen sämtliche Evangelien. Auf sie laufen viele Gleichnisse und Aussprüche Jesu hinaus. Sie bilden den Schlüssel zum Verständnis seines Lebens. Jesus stellt alles auf den Kopf, oder vom Kopf zurück auf die Füße. Und wenn ihre Leser das verstehen, ist für Matthäus und Lukas viel mehr gewonnen als mit einer historisch korrekten Ortsangabe. Wenn wir von der Wahrheit des Neuen Testaments sprechen, müssen wir also immer bedenken, dass es für seine Autoren neben der Wahrheit der Fakten noch eine höhere Wahrheit gibt. Im Übrigen darf man nicht von einem Evangelium allein die ganze Wahrheit erwarten. Jeder Evangelist geht anders an seinen Stoff heran, jeder findet eine eigene Beziehung zu seiner Hauptfigur, und ein Urteil über wahrscheinlich oder unwahrscheinlich kann man erst fällen, nachdem man den Plädoyers aller vier Autoren aufmerksam zugehört hat. Je sorgfältiger man ihre Texte vergleicht, desto realer werden Jesus und seine Welt. In diesem Fall spricht vieles dafür, dass Jesu Heimatort Nazaret ist und dass er dort auch zur Welt kommt. Als Kind einer Jungfrau? Der Apostel Paulus, ein Spezialist für Machtworte, äußert sich über die Umstände von Jesu Erscheinen in dieser Welt kurz und trocken. »... vom Weibe geboren«, schreibt er. (Gal 4,4) Und mehr kann man nicht wissen.

Sehr wahrscheinlich aber ist, dass der schwer kranke Herodes noch lebt, als Jesus zur Welt kommt. Man nimmt das Jahr 6 oder 7 vor Christus als sein Geburtsjahr an, sodass Jesus zwei oder drei Jahre zählt, als Herodes auf einer goldenen Bahre seinen letzten Weg in Richtung Herodeion antritt. Historisch gesichert ist, dass der Herodessohn Archelaos sein Nachfolger in Judäa wird – Matthäus erwähnt ihn als Grund dafür, dass Jesu Eltern es in Betlehem nicht länger aushalten und nach Nazaret umziehen, wo sie außerhalb seiner Reichweite sind. Denn gut bezeugt ist auch, dass dieser Archelaos eine regelrecht abstoßende Figur ist, eine lächerliche und grausame Parodie seines Vaters. Fest steht, dass das Land weiterhin nicht zu Ruhe kommt.

Die Söhne des Herodes teilen sich nun die Herrschaft. Zwei davon sollen uns interessieren: Archelaos, der Judäa erhält, und Antipas, dem Galiläa zufällt. Beide sind gleichermaßen unfähig und skrupellos. Archelaos ist kaum an der Macht, da lässt er sein Militär, Infanterie und Reiterei, gegen die Festpilger in Jerusalem vorgehen und dreitausend von ihnen abschlachten. Als die Herodessöhne kurz darauf nach Rom reisen, um sich den Segen der Weltmacht zu holen, brechen im ganzen Land Aufstände aus. Sie werden vom Statthalter Roms in Syrien, Quinctilius Varus, brutal niedergeschlagen – demselben Varus übrigens, der zwölf Jahre später im nördlichen Germanien mit drei Legionen in der sogenannten Hermannschlacht ruhmlos untergeht. In der Folgezeit führen sich Archelaos und Antipas daheim wie Willkürherrscher auf; Archelaos macht sich schließlich so unmöglich, dass die Römer ihn nach neun Jahren in die Verbannung schicken und Judäa von nun an mit eigenem Personal verwalten.

Römische Münze mit dem Porträt des Feldherrn Quinctilius Varus. 4 vor Christus schlug er erfolgreich einen Aufstand in Judäa nieder, 9 nach Christus erlitt er in Germanien eine vernichtende Niederlage. Unten ist die Vorderseite der Münze mit Kaiser Augustus, Gaius Cäsar und Lucius Cäsar abgebildet.

Im Klippenpalast des Herodes in Cäsarea richten sich römische Gouverneure ein, gut ausgestattet mit Soldaten, und prompt regt sich neuer Widerstand. Diesmal sind es Freischärler, die von ihren Schlupfwinkeln in den Bergen aus mit gezielten Anschlägen Römer und Kollaborateure zu treffen versuchen. Aufs Ganze gesehen breitet sich aber zunächst eine Art Friedhofsruhe im Land aus, bis 26 nach Christus ein gewisser Pontius Pilatus den Klippenpalast bezieht. Nach allem, was wir wissen, ist dieser Pilatus ein borierter Technokrat, der alle Juden bestenfalls für Verrückte, wahrscheinlicher aber für geborene Unruhestifter hält, für Leute eben, die nur eine Sprache verstehen: die der Gewalt. Ab jetzt weht jedenfalls ein noch schärferer Wind, und womöglich hängt es ganz direkt mit Pontius Pilatus zusammen, dass Jesus nun nach vierunddreißig Lebensjahren seine unauffällige Existenz in Nazaret aufgibt und sich in öffentlichen Auftritten an seine Mitmenschen wendet. Ein entscheidender Augenblick. Entscheidend für die Lebensgeschichte Jesu, entscheidend für die Weltgeschichte. Was genau ihn dazu bewegt, das wird später zu erörtern sein. Zunächst einmal die Frage: Was hat Jesus bis dahin eigentlich gemacht? Was hat er bisher erlebt?

Der Klippenpalast des Herodes in Cäsarea, Amtssitz der römischen Gouverneure, ist fast vollständig im Meer versunken. Letzte Reste dieses prachtvollen Gebäudekomplexes sind über der Südkurve des Hippodroms am oberen Bildrand rechts zu erkennen. Das Bild unten zeigt den Ausschnitt eines Innenhofs im Klippenpalast mit dem Hippodrom im Hintergrund.

Blick auf die Stadt Nazaret mit der Verkündigungskirche. Das moderne, hektische Nazaret unserer Tage erlaubt kaum noch Rückschlüsse auf den bescheidenen Ort, in dem Jesus seine Kindheit und Jugend verbrachte. Unten Reste von Höhlenwohnungen, Zisternen und Vorratssilos aus dieser Zeit.

Nicht viel, sollte man meinen. Denn Nazaret ist zu seiner Zeit ein winziges Dorf von zweihundert, höchstens vierhundert Einwohnern. Der Erwähnung wert ist hier nichts. Es gibt keine öffentlichen Gebäude, kein Haus, das sich als Synagoge zu erkennen gibt, keine gepflasterten Straßen, es gibt nichts als den mühevollen Alltag von Kleinbauern, die auf überschaubaren Parzellen Getreide anbauen, in ihren Obstgärten auch etliche Weinstöcke haben, dazu vielleicht noch ein paar Feigen-, Granatapfel- und Olivenbäume ihr Eigen nennen und nebenher etwas Vieh halten. Unter dem Boden der modernen, nervösen Großstadt Nazaret haben die Archäologen jedenfalls hauptsächlich in Fels gehauene Olivenpressen und Weinkeltern, Mahlsteine, die Reste von Zisternen und Getreidesilos und die Grundmauern kleiner, würfelförmiger Häuser gefunden. Ja, und Wohnhöhlen. Natürliche Grotten und künstlich angelegte Höhlen in größerer Zahl am Nordhang des Talkessels, in dem das Dorf Nazaret lag. Gut denkbar, dass Joseph und Maria mit ihren Kindern eine solche Höhle bewohnten. Eine ärmliche Kulisse für Jesu Geburt hätten die Evangelisten also auch hier finden können.

Die Einwohner Nazarets dürften sich aus wenigen Großfamilien zusammensetzen. In einem dieser Familienverbände wächst Jesus heran. Zu seiner engeren Familie zählen neben den Eltern vier Brüder, die Markus und Matthäus bei einer späteren Gelegenheit namentlich erwähnen, und eine unbestimmte Zahl von Schwestern. Und auch das wissen wir durch

Markus: Jesus übt denselben Beruf wie sein Vater Joseph aus. Nur – Zimmermann, wie Luther übersetzt, ist er nicht. Er ist »tékton«, wie es im Originaltext zweimal heißt, und dieses griechische Wort bedeutet »Bauarbeiter« oder »Baumeister«. In Verbindung mit der Vorsilbe »archi« wird daraus der »Oberbaumeister«, nämlich unser »Architekt«. Ein Zimmermann käme im holzarmen Galiläa auch kaum über die Runden, noch weniger in einem Dorf wie Nazaret, wo Stein beinahe das einzige Baumaterial ist und Möbel gänzlich unbekannt sind. Nein, ein Tékton bearbeitet alle möglichen Materialien, Stein, Metall und sicherlich gelegentlich auch Holz, und gebraucht wird er auf Baustellen. Joseph und später auch Jesus werden also im Land umherziehen müssen, als Wanderarbeiter, und wochen-, vielleicht monatelang nicht zu Hause sein – es sei denn, sie haben das Glück, auf der Großbaustelle gleich vor der eigenen Haustür Arbeit zu finden, nämlich in Sepphoris, der Hauptstadt Galiläas, ganze fünf Kilometer nördlich von Nazaret gelegen.

Sepphoris, das heutige Zippori, wird seit Jahrzehnten ausgegraben, und zum Vorschein gekommen ist eine durch und durch hellenistische Stadt mit allen Annehmlichkeiten eines solchen hochmodernen Gemeinwesens, also Prachtstraßen, einem ausgeklügelten Kanalsystem, einem Theater, öffentlichen Plätzen und städtischen Villen mit Mosaikfußböden. Der verhasste Antipas hat hier in einer Palastanlage residiert, Banken und

Sepphoris (heute Zippori) war in römischer Zeit eine der wichtigsten Städte des Landes und zeitweilig Hauptstadt von Galiläa. Das linke Bild zeigt die Bodenmosaiken einer vornehmen Villa an der Hauptstraße. Wie die Nahaufnahme darüber beweist, konnte sich der Hausherr allerdings keinen Mosaikkünstler ersten Ranges leisten – die abgebildete Bankettszene wirkt recht unbeholfen.

Auf der vorhergehenden Doppelseite:
Der ehemals überdachte Markt am Schnittpunkt der beiden Hauptachsen von Sepphoris, ebenfalls mit einem Mosaikfußboden ausgestattet.

Die Wasserversorgung von Sepphoris war auf dem modernsten Stand. Die Stadt besaß einen unterirdischen Wasserspeicher von 260 Metern Länge und einer Kapazität von 4 300 Kubikmetern. Quellwasser aus den Hügeln von Nazaret wurde über zwei Aquädukte herbeigeführt und durch Bleirohre auf die Badehäuser, Brunnen und Mikwen der Stadt verteilt.

Gerichtsgebäude werden dazu gehört haben, kurz: Sepphoris hat man sich als Miniaturausgabe von Cäsarea vorzustellen, das seinerseits eine Miniaturausgabe von Rom war. Auf zwanzigtausend wird die Einwohnerzahl von Sepphoris zu Jesu Lebzeiten geschätzt. Im großen Stil wird hier gebaut, weil Varus die Stadt bei seiner Strafaktion etliche Jahre zuvor gründlich zerstört und ihre gesamte Einwohnerschaft getötet oder versklavt hat. Antipas lässt sie nun neu erstehen, und egal, ob Jesus wirklich als Bauhandwerker daran mitwirkt oder nicht, er wird aus nächster Nähe und vielleicht mit wachsendem Staunen erleben, dass sich jüdische Frömmigkeit und hellenistischer Lebensstil sehr wohl miteinander vereinbaren lassen. Anders als in Cäsarea nämlich sind die Bürger von Sepphoris überwiegend Juden, dennoch wirkt hier alles modern, weltoffen, griechisch eben – nur dass Synagogen die Stelle heidnischer Tempel einnehmen und keine Statuen die Plätze schmücken. Ja, die Juden hier leben sogar in gutem Einvernehmen mit den römischen Unterdrückern, und da und dort tauchen die ersten Mosaiken mit der Darstellung von Tieren und Menschen auf, ohne dass es wegen dieser Verletzung des jüdischen Bilderverbots zu wilden Protesten käme! Die Leute von Sepphoris scheinen die Lektion gelernt zu haben, die Varus ihrer Stadt erteilt hat. Im furchtbaren Blutrausch des Jüdischen Kriegs wird Sepphoris dann auch zu den wenigen Orten in Palästina gehören, die von den Römern verschont werden.

Friedliche Koexistenz ist möglich! Jesus erlebt das hautnah. Was in der Theorie unvereinbar ist, muss sich nicht auch in der Praxis ausschließen. Diese Erfahrung dürfte Jesus beeindruckt und beeinflusst haben. Auf jeden Fall hat er diese Erfahrung den zornigen jungen Männern in ihren Bergorten weiter östlich und ihren Schlupfwinkeln weiter südlich voraus. Der Mann, der bald das unstete Leben eines Wanderpredigers und später eines Gejagten führen wird, hat die engen Grenzen des Denkens überwunden, er ist mit dem Bild des modernen, großstädtischen Lebens vertraut – und vielleicht sogar davon angetan. Dass Sepphoris in keinem Evangelium Erwähnung findet, muss andere Gründe haben. Sicherlich ist Jesus auch später noch hier durchgekommen – die Stadt liegt immerhin an der Hauptstraße, die sein Heimatdorf Nazaret mit seinem Stützpunkt Kapernaum verbindet. Zu befürchten hat er in Sepphoris auch nichts mehr, denn sein Landesherr Antipas ist bereits wieder umgezogen: in seine neue, ebenso hellenistisch-prächtige Hauptstadt Tiberias am See Gennesaret. Der wahre Grund wird sein, dass Jesus hier nicht gewirkt, nicht gepredigt, nicht geheilt hat. Die Leute von Sepphoris sind einfach nicht sein Publikum. Hier gibt es nicht viele Mühselige und Beladene. Und auch nicht viele Zornige. Nein, gebraucht wird er anderswo.

Aber verweilen wir noch für einen Augenblick in Sepphoris. Darf man so weit gehen, sich Jesus als jungen Mann unter den viertausend Zuschauern des Theaters dort vorzustellen? Möglich, dass es dazu gar nicht kommen kann, denn der Bau dieses Theaters wird neuerdings auf die zweite Hälfte des ersten Jahrhunderts datiert. Dennoch – in Sepphoris bekommt man zumindest unweigerlich mit, was sich andernorts in den Theatern tut. Auch Palästina wird ja in diesen Jahren von einer Form der Unterhaltung überschwemmt, die man am treffendsten wohl als globale antike Popkultur bezeichnet. Die klassischen griechischen Komödien und Tragödien werden auf den Bühnen des Imperiums jedenfalls kaum noch gespielt. Stattdessen erlebt man dort Burlesken, Satiren und Possenspiele in derber Alltagssprache, gewürzt mit Anzüglichkeiten, erweitert um Akrobatik und Clownereien und bereichert um regelrechte Striptease-Einlagen. Es gilt: je realistischer, desto besser. Die Vergewaltigung von Sklavinnen gehört zum Repertoire, die Kreuzigung von Verbrechern wird auf die Bühne gebracht, und im Theater von Cäsarea treten Badenixen in knappen Bikinis in einem Wasserballett auf. Theatersprache ist Griechisch, selbstredend, denn mittlerweile wird Griechisch sogar von der Landbevölkerung Palästinas verstanden. Derlei Volksbelustigungen werden jedenfalls Tagesgespräch in

Das kleine Theater von Sepphoris schmiegt sich an den steilen Nordhang des Hügels, auf dem die Stadt liegt. Es fasste etwa viertausend Zuschauer. War Jesus am Bau dieses Theaters beteiligt? Hat er womöglich hier unter den Zuschauern gesessen? Das Bild links zeigt eine Gestalt, die auf den Bühnen der Kaiserzeit nicht fehlen durfte: die alte Konkubine. (Archäologisches Museum Thessalonich)

Sepphoris sein, und sie könnten Spuren im Wortschatz Jesu hinterlassen haben. Es fällt nämlich auf, dass Jesus wiederholt das griechische Wort »hypokritai« verwendet, und zwar ohne Unterschied in allen vier Evangelien. Luther übersetzt es mit »Heuchler«. Tatsächlich jedoch kommt es aus der Theatersprache und bedeutet »Schauspielerei«. Als Schauspieler, fromme Schauspieler also, wird Jesus all jene kritisieren, die hinter ihrer gottesfürchtigen Fassade ihr eigenes Süppchen kochen – sei es als heimliche Agenten Roms, sei es als Aufwiegler zum gewaltsamen Widerstand, sei es als Ausbeuter des eigenen Volkes oder als Leute, die im Grunde ihres Herzens schon halbe Heiden sind.

Ziehen wir eine Zwischenbilanz. Jesus lebt vierunddreißig Jahre lang an einer Nahtstelle jüdischer und hellenistischer Kultur. Es lässt sich denken, dass er in dieser Zeit manches Ressentiment gegen die Welt da draußen, jenseits des schützenden Walls aus jüdischen Reinheitsvorstellungen und frommen Abgrenzungsversuchen, aufgibt, wenn er denn je dafür anfällig war. Wahrscheinlich ist er dreisprachig. Er versteht Hebräisch, die Sprache der Tora, der heiligen Schriften. Aramäisch, die Alltagssprache, beherrscht er ohnehin. Griechisch wird ihm ebenfalls geläufig sein. Zumal für die jungen Leute seiner Zeit dürfte es Ehrensache sein, die Modesprache wenigstens zu radebrechen. Auch griechische Namen sind ja mittlerweile populär: Philippus und Andreas werden zwei seiner Jünger aus Betsaida heißen, einem Fischerort am See Gennesaret – beides griechische Namen. Er hat als umherziehender Bauarbeiter aber auch Land und Leute kennengelernt. Er weiß, wie man in den Bergdörfern denkt, über die Römer und ihre eilfertigen Handlanger in Tempelkreisen, er ist mit der gereizten Stimmung im einfachen Volk vertraut. Er ist also auf jeden Fall in zwei ganz unterschiedlichen Welten bewandert, dem Kultur- und Wirtschaftsleben einer modernen Stadt und dem bäuerlichen Leben auf dem Land, und aus beiden Welten wird er später das Anschauungsmaterial für seine Gleichnisse beziehen.

Die beste Einschätzung der politischen Lage allerdings wird Jesus in Jerusalem gewonnen haben. Er muss ja oft als Festpilger dort gewesen sein, mit seiner Familie, seinen Brüdern, vielleicht sogar mit dem halben Dorf – die Straßen sind unsicher, man reist besser in Gruppen, man hat besser massive Knüppel dabei. Und hier, in Jerusalem, hat er sie alle erlebt: Die römischen Soldaten, die von der hohen Warte der Burg Antonia aus jede Bewegung im Tempelareal gespannt verfolgen. Den Priesteradel, der sich im Prominentenviertel unweit des Tempels in seinen luxuriösen Stadtpalästen verschanzt. Und – immer auf Tuchfühlung mit den Menschenmassen – die Vertreter der unterschiedlichsten Strömungen und Parteien, jede mit dem hohen Anspruch, den gottgefälligsten Kurs im Privatleben wie in der Politik zu steuern. Vor allem aber hat er hier, auf den Plätzen und in den Gassen des Tempelbezirks, die Erregung der Menschen gespürt, die sich in

Modell des Tempels von Jerusalem zur Zeit Jesu: In der Mitte der eigentliche Tempel mit dem Allerheiligsten und dem Opferaltar, links die Halle Salomos, in der sich unter anderem der Verkauf der Opfertiere abspielte. Rechts, an der Nordwestecke des Tempelbezirks, die Burg Antonia, von der aus die Römer den Tempelbetrieb kontrollierten. (Israel Museum, Jerusalem)

Das Bild links zeigt jenen Abschnitt der Westmauer des Tempelbergs, der als »Klagemauer« bekannt ist.

Schmährufen und hitzigen Diskussionen Bahn bricht, die Wut darüber, dass man ausgerechnet das Passafest als Gefangene der Römer im eigenen Land feiern muss, also jenes Fest, das dem dankbaren Andenken an die Befreiung aus der ägyptischen Sklaverei gilt. Welch ein Hohn! Jesus selbst allerdings mag sich besonders von der schnöden Kommerzialisierung des

Die jüdische Oberschicht Jerusalems lebte ähnlich luxuriös wie die Wohlhabenden überall sonst im Römischen Reich. In dem Haus auf dem Bild oben wohnte eine Familie, die der Priesteraristokratie angehörte. (Burnt House Museum, Jerusalem) Darunter eine Gasse in der Oberstadt von Jerusalem heute.

Tempelkults abgestoßen fühlen, und vielleicht ist hier sogar der Vergleich mit Martin Luther erlaubt, der entsetzt von seiner Reise nach Rom zurückkam, entsetzt über die schamlose Geschäftemacherei mit dem Glauben, entsetzt über den unverhohlenen Prunk der römischen Kirchenvertreter. Nicht viel anders könnten die Verhältnisse in Jerusalem auf Jesus gewirkt haben.

Denn der Tempel ist so etwas wie ein riesiger industrieller Komplex, die wichtigste Geldquelle des Landes. Tausende von Priestern und Leviten tun dort reihum Dienst, schlachten und opfern jährlich Zehntausende von Tauben, Lämmern und Kälbern und machen gutes Geld mit den Häuten der Opfertiere, denn die sind Eigentum der Priester, die werden im großen Stil exportiert. Vom Tempeltourismus der Frommen und Schaulustigen leben natürlich auch zahllose Gastwirte, Lebensmittelverkäufer und Handwerker, Viehzüchter und Viehhändler. Im ganzen Tempelbezirk sind Steinmetze ununterbrochen im Einsatz, denn der Umbau des Tempels ist auch nach dem Tod des Herodes noch längst nicht abgeschlossen. Kaufleute setzen enorme Summen mit Dufthölzern und Weihrauch um, die von Karawanen aus dem südlichen Arabien herangeschafft werden, unerlässlich für die Kulthandlungen im Tempel. Dazu kommen ein blühender Souvenirhandel und schließlich die Tempelsteuer, die jeder Besucher zu entrichten hat. Kurzum: Der Tempel ernährt seinen Mann, und er ernährt ihn gut, und am besten ernährt er die priesterliche Aristokratie, die Sadduzäer, die auch den Hohepriester stellen.

Und damit wird es politisch, wie überall, wo es ums große Geld geht. Nur dass hier, im jüdischen Land, die Politik immer noch eine zweite, überirdische Dimension hat und sich Hoffnungen damit verknüpfen, die alles menschliche Maß übersteigen. Jeder einigermaßen charismatische Redner kann hier die kühnsten politischen Erwartungen wecken und damit bei anderen wütende Reflexe auslösen. Das heißt, es kann in diesem Land aus den unterschiedlichsten Gründen sehr schnell sehr ernst werden, und Jesus dürfte die politischen Verhältnisse und Kräfte genau studiert haben, bevor er sich in die Öffentlichkeit begibt und damit das Risiko eingeht, diese Kräfte herauszufordern. Tatsächlich wird er sich dann ja auch bald mit wenigstens zwei der einflussreichsten Parteien anlegen, oder sie sich mit ihm, und deshalb sollte man wissen: Welche Richtung vertreten diese Parteien? Welche Strategien verfolgen sie, um ihrem Volk aus seiner misslichen Lage herauszuhelfen? Wie wollen sie Gott womöglich zum erlösenden Eingreifen bewegen? Wer also sind die Sadduzäer, um mit ihnen zu beginnen?

Leute, für die die Lage im Land gar nicht so misslich ist. Denen nichts unsympathischer ist als die Vorstellung eines erlösenden Eingreifens, von welcher Seite auch immer. Denn in ihren Händen konzentriert sich die wirtschaftliche und politische Macht, auch wenn davon nur das für sie abfällt, was die Römer ihnen übrig lassen – weshalb sie alles tun, um sich mit der Besatzungsmacht gut zu stellen, und meist auch gut damit fahren. Stockkonservativ, aber pragmatisch, so behandeln sie die politischen Probleme, so gehen sie auch an die religiösen Fragen heran. Von einer Auferstehung der Toten und einem Leben im Jenseits wollen sie nichts wissen. Sie halten an der traditionellen Überzeugung fest, dass jeder Mensch für seine Taten schon zu Lebzeiten belohnt oder bestraft wird, und haben allen Grund, sich selbst durchaus und angemessen belohnt zu fühlen. Im Übrigen stehen sie in dem Verdacht, es mit der Religion nicht so genau zu nehmen, solange nur der Tempelbetrieb reibungslos funktioniert – vor allem der Hohepriester selbst hat im Volk einen denkbar schlechten Ruf. Jesus münzt seinen Vorwurf der Schauspielerei dann auch nicht zuletzt auf sie, die Sadduzäer, und wie recht er damit hat, beweist ein überraschender Ausgrabungsfund aus dem Jahr 1990.

Damals entdeckten Bauarbeiter in einem Vorort von Jerusalem eine Grabkammer. Knochenkästen kamen dabei zum Vorschein, sogenannte Ossuarien, in denen die Gebeine von Verstorbenen gesammelt wurden, nachdem ihr Fleisch verwest war. Einige dieser Ossuarien waren elegant verziert, zwei trugen sogar Namensinschriften, und nun war die Sensation

Wie überall und zu allen Zeiten gingen auch in Jerusalem Frömmigkeit und Kommerz Hand in Hand. Die Händler in dieser Ladenzeile machten ihre Geschäfte gleich gegenüber dem Tempel.

Ossuarium des Hohepriesters Kajaphas mit Namensinschrift.

perfekt: Man war auf die Grabanlage der mächtigen Kajaphasfamilie gestoßen, der auch jener Hohepriester angehörte, der Jesus den Prozess gemacht hatte! Es geschieht nicht oft, dass Archäologen auf Personen stoßen, die mit Jesus direkt zu tun hatten. In diesem Fall wartete allerdings noch eine weitere Überraschung auf die Ausgräber: In einem dieser Ossuarien entdeckten sie nämlich eine Bronzemünze in der Schädelhöhlung einer Frau. Und die war nicht zufällig dahin geraten, die war dieser Frau auf dem Totenbett unter die Zunge gelegt worden als Entgelt für den Fährmann Charon, der in der griechischen Mythologie die Verstorbenen über den Fluss der Unterwelt setzt. Gut, solche Münzen waren schon in vielen Sarkophagen gefunden worden, auch in Israel, aber dass sich heidnische Gepflogenheiten selbst in der Familie des Hohepriesters durchgesetzt hatten, war neu. Die Schlussfolgerung lag auf der Hand: Wenn sich schon der höchste Repräsentant des jüdischen Glaubens ein Hintertürchen in den Hades offenhalten zu müssen meinte, dann kann es mit dem Vertrauen auf Jahwe in diesen Kreisen nicht mehr weit her gewesen sein.

Während sich die Sadduzäer in der Öffentlichkeit Jerusalems wohl eher rar machen, trifft Jesus auf die Vertreter der zweiten großen Partei allerorten: die Pharisäer. Zwar ist er ihnen draußen im Land schon oft begegnet, doch hier in Jerusalem dürften sie in ihrer Rolle als Meinungsführer und Sittenwächter besonders hervortreten. Die Pharisäer sind eine Volksbewegung mit politischen Ambitionen und großem Rückhalt bei den Massen, und im Unterschied zu den Sadduzäern sind sie ernsthaft fromm. Nicht nur, dass sie sich peinlich genau an die Vorschriften der Tora, also der Bücher Mose halten, sie haben auch viele dieser Vorschriften aus dem religiösen Bereich auf den Alltag übertragen. Wer sich an ihnen orientiert, für den wird das Leben ziemlich umständlich und kompliziert, aber immerhin festigen die Pharisäer so die jüdische Identität ihrer Landsleute und stärken ihnen damit den Rücken gegen die hellenistische Einheitskultur. Und sie sind überzeugt: Wenn sich nur genug Menschen finden, die so wie sie den Willen Gottes bis ins kleinste Detail erfüllen, wird Gott sich dieses Volkes auch wieder erbarmen. Jesus ist in ihrem Fall hin- und hergerissen. Sie meinen es ernst, sie glauben an die Auferstehung der Toten, das nötigt ihm Sympathie ab. Aber ihre Pedanterie ist ihm doch zutiefst fremd, und ihr Buchstabengehorsam erscheint ihm lebensfern und unfruchtbar. Außerdem stellen manche ihre Frömmigkeit arg zur Schau, weshalb Jesus auch sie nicht vom Vorwurf der Schauspielerei ausnehmen wird.

Und sonst? Da gibt es noch, am äußersten Rand des Spektrums, die Essener. Sie leben zumeist zurückgezogen in klösterlichen Gemeinschaften, und ihr gläubiger Ernst wird von niemandem bestritten. Sie halten sich aus allem heraus, streben keinen politischen Einfluss an, wollen auch nichts mehr zu tun haben mit Opferkult und Tempel und sehen in den Einöden die einzigen Orte, wo wahre Gläubige ihre Vorstellungen von

Die archäologische Zone von Qumran am Toten Meer. Bisher galt diese Anlage als Klosterkomplex der strengen Essenersekte. Mittlerweile wird es für möglich gehalten, dass es sich dabei um eine der großen landwirtschaftlichen Produktionsstätten handeln könnte, die König Herodes anlegen ließ.

radikaler Gottgefälligkeit verwirklichen können. Und schließlich, am entgegengesetzten Ende der Skala, die Zeloten. Die zornigen und nervösen jungen Männer, die die herrliche Zukunft in einem Reich der Freiheit nicht herbeibeten, sondern herbeihauen und -stechen wollen. Ihre Feinde sind die Römer, selbstverständlich, aber mehr noch diejenigen, die sich in ihren Augen der feigen Kollaboration mit den Römern schuldig machen, die Leute um den Hohepriester. Und vor allem dieser selbst.

So also ist die Lage. Am vernünftigsten noch die Pharisäer. Fiebrige Erregung in großen Teilen des Volkes. Eiskaltes Kalkül seitens der religiösen und politischen Führer. Und nun auch noch Pontius Pilatus, Roms neuer Mann im Klippenpalast von Cäsarea. Schon bei seinem ersten Auftritt in Jerusalem hat man seine sture Arroganz erleben dürfen. Zimperlich sind die Römer ohnehin nicht; für die Ruhe in ihrer Provinz Palästina gehen sie über Leichen. Pilatus könnte der Funke sein, der das Pulverfass zur Explosion bringt. Ist das der Grund, weshalb Jesus nun, nach vierunddreißig Jahren einer gänzlich unauffälligen Existenz, den abenteuerlichen Plan fasst, sich da einzumischen?

In schwer zugänglicher Lage auf einem scharfkantigen Bergrücken im Hügelland östlich des Sees Gennesaret: die Stadt Gamla, das Widerstandsnest, die Heimat vieler Untergrundkämpfer gegen die römischen Besatzer und ihre Sympathisanten. Im Jüdischen Krieg war Gamla eines der ersten Angriffsziele der römischen Streitkräfte. Die Stadt wurde erst nach monatelanger Belagerung erobert und dann vollständig zerstört. Im Vordergrund erkennbar noch der Stumpf eines runden Befestigungsturms. Weiter unten sind die Grundmauern der Synagoge von Gamla sichtbar, und am linken unteren Bildrand erkennt man noch die Bresche in der Stadtmauer, durch die die römischen Legionäre schließlich in die Stadt eindrangen. Achttausend Bewohner sollen vorher Selbstmord begangen haben, indem sie sich in die Tiefe stürzten.

Wir wissen es nicht, wir müssen spekulieren. Immerhin lässt sich den Evangelien zweierlei entnehmen, das zu Rückschlüssen ermutigt. Das eine: Jesus muss in großer Sorge sein. In größter Sorge, seitdem Pilatus die Bühne betreten hat. Er sieht sein Volk blindlings ins Verderben schlittern – orientierungslos wie eine Schafherde ohne Hirte, entfährt es ihm einmal. Das furchtbare Ende Jerusalems ist für ihn absehbar, wenn nichts geschieht, wenn seine Landsleute nicht zur Besinnung kommen. Dazu gehören keine hellseherischen Kräfte, dazu gehört nur ein ungetrübter, von Eigeninteressen und Leidenschaften ungetrübter Blick. Später wird er seinen Zuhörern vorhalten, dass sie den Ernst der Lage und die Zeichen der Zeit nicht erkennen, obwohl doch offensichtlich ist, was sich da zusammenbraut. Und dann muss ihn bedrücken, ja vielleicht zur Verzweiflung treiben: Alle Parteien, soweit sie überhaupt eine Vision haben, denken in den engen Grenzen alter Vorstellungen. Sie haben ein großes »Immer weiter so!« auf ihre

Fahnen geschrieben. Jesus dürfte in dieser Zeit auf der Suche sein nach Verbündeten und Mitstreitern, dürfte mit sich kämpfen, welcher Richtung er sich anschließen soll, und verwirft alle. Die Sadduzäer kommen schon deshalb nicht in Frage, weil sie einen geschlossenen Zirkel bilden. An den Pharisäern stört ihn, bei aller echten Gläubigkeit, der kleinkarierte religiöse Ordnungssinn. Die Essener kämen zumindest als Vorbild in Frage, hätten sie sich nicht in einen unversöhnlichen Hass auf alle Andersdenkenden verbissen. Die Zeloten wiederum haben zwar den falschen Weg der Gewalt gewählt, zeigen sich auch gänzlich taub gegen alle Warnungen vor den schrecklichen Vergeltungsmaßnahmen der Römer, sind aber theologisch nicht so festgelegt wie die anderen, vielleicht also ansprechbarer als sie. Doch letztendlich sieht er überall dieselbe Mischung aus blindem Eifer, elitärer Eigenbrötelei, rückwärtsgewandtem Denken und knallhartem Machtkalkül. Jesus wird sich keiner Schule und keiner Strömung anschließen – auch das geht aus den Evangelien hervor.

Warum Jesus da eingreifen will? Es wäre unerklärlich, würden wir nicht annehmen, dass er sich berufen fühlt. Man kann es wohl nicht anders sagen: Jesus fühlt sich dazu berufen, in den Lauf der Dinge einzugreifen. Alles Weitere zeigt, dass er eine durch und durch eigene Schau der Zusammenhänge zwischen Himmel und Erde hat, vollkommen jüdisch und vollkommen originell, und damit einen Auftrag und eine Verantwortung. Er muss sich seiner Sache in den letzten Jahren immer sicherer geworden sein. Und jetzt drängt die Zeit. Vielleicht wartet er bloß noch auf ein Stichwort. Da macht ein Mann von sich reden, der genauso aus dem Rahmen fällt wie er selbst. Der sich schon äußerlich als Sonderling zu erkennen gibt und unerhörte Dinge sagt und aus dessen Mund das Stichwort tatsächlich fällt. Es heißt »Gottesreich«.

4. Das Unternehmen Jesus

Der Jordan kurz vor seinem Einfluss in den See Gennesaret (oben). Auf der rechten Seite Johannes der Täufer als Mischung aus geflügeltem Gottesboten und Eremit auf einer Ikone in der Panagia-Ahiropithos-Kirche in Thessalonich.

»Schlangenbrut! Wer macht euch glauben, dass ihr dem kommenden Zorn entgehen werdet? Bringt also Frucht, die der Umkehr entspricht! Und meint nicht, ihr könntet sagen: Wir haben Abraham zum Vater. Denn ich sage euch: Gott kann dem Abraham aus diesen Steinen Kinder erwecken. Schon ist die Axt an die Wurzel der Bäume gelegt: Jeder Baum, der nicht gute Früchte bringt, wird gefällt und ins Feuer geworfen.« (Mt 3,7–10)

In diesem Stil redet einer mit Sadduzäern und Pharisäern! Ihr Schlangenbrut! So einer macht sich nicht nur Freunde. Der wird früher oder später die Quittung bekommen. Aber Johannes der Täufer redet so, als hätte er vor nichts auf der Welt mehr Angst. Er schlägt mit Wortkeulen um sich, nein, er schlägt gezielt zu, und gewinnt damit auch noch ein Publikum. In Scharen strömen die Leute herbei, zunächst aus dem nahe gelegenen Jericho, dann auch aus Jerusalem und bald aus allen Landesteilen, und wahrscheinlich ist seine heisere Donnerstimme schon zu hören, bevor man ihn dann stehen sieht an seinem üblichen Platz bei der Furt durch den Fluss, den Jordan. Die Sadduzäer und Pharisäer werden nicht mögen, was sie dort zu hören und zu sehen bekommen: einen Mann mit einem alten Kamelfell um den Leib, von einer Lederschnur zusammengehalten, barfuß, zottelhaarig, gestikulierend, immer wieder einmal von Schüttelanfällen gepackt wie in Verzückung, wie in Ekstase. Kurz: eine Sehenswürdigkeit, zweifellos, aber eine, die sie unangenehm berührt. Selbst die Evangelien, die sich sonst nicht mit Personenbeschreibungen aufhalten, befriedigen in diesem Fall die Neugier des Lesers, gehen auf sein Aussehen ein und vergessen auch nicht zu erwähnen, dass dieser Johannes sich von Heuschrecken und wildem Honig ernährt. Dies alles bedeutet nur eins: Der Täufer kommt aus der Wüste, aus dem Land der Stille und der Gottesnähe, er ist eine Gestalt, die man nur aus den alten Schriften kennt, er ist ein Prophet. Also ein Bevollmächtigter Gottes. Also ein Unruhestifter.

Johannes der Täufer muss in kurzer Zeit eine ungeheure Popularität erlangt haben. Selbst Josephus nimmt ihn in sein Werk über die jüdische Geschichte auf, obwohl er seinen römischen Leserkreis ansonsten mit Exzentrikern verschont. Und weil auch Johannes nicht eben nach dem Geschmack eines philosophisch gebildeten Großstadtpublikums sein dürfte, dichtet ihn Josephus zum Sittenprediger um, der den Leuten zwar ins Gewissen redet, aber nicht unter die Haut fährt. Doch genau das tut der Täufer mit seiner Predigt. Er erregt und erschüttert die Gemüter, sodass sich wohl auch die Sadduzäer und Pharisäer nicht gleich wieder auf den Heimweg machen, nachdem sie ihre Befürchtungen bestätigt gefunden haben. Wovon genau redet also der Mann?

Vom Zorngericht Gottes über die ganze Erde. Vom Ende des gegenwärtigen Zeitalters. Von einer weltweiten Feuerkatastrophe, die keiner überleben wird, der nicht den Willen Gottes tut. Und dies alles steht kurz bevor. Es brennt. Es pressiert. Schon ist das Donnergrollen unvorstellbarer Umwälzungen zu hören. Heute ist der Tag der Entscheidung! So etwa redet Johannes und trifft damit den Nerv seiner Zuhörer. Die allermeisten von ihnen versprechen sich ja ebenfalls eine Erlösung aus Unterdrückung und Demütigung nur noch von einem radikalen Durchgreifen Gottes. Sie hoffen und beten, dass Gott selbst die Geduld verliert. Johannes kleidet dieses Zeitgefühl in die denkbar dramatischste Form. Er setzt gewissermaßen Himmel und Hölle in Bewegung, lässt die ganze Welt in glühende Lava zerfließen – und bricht dann ab, ändert die Tonlage und nimmt das Wort in den Mund, auf das alles zuläuft, alles abzielt: das Gottesreich. Der Neubeginn in Heiligkeit. Jeder in seinem Publikum mag sich etwas anderes darunter vorstellen, aber alle wissen: Dort wird es weder Arm noch Reich, weder Tyrannen noch Sklaven, weder Ausbeuter noch Ausgebeutete, weder Kriege noch Katastrophen geben. Und wenn Johannes schließlich, am Ende seiner Predigt, die Leute auffordert, ihr bisheriges Leben der Gewalt, des Betrugs und der Hartherzigkeit zu bereuen, Buße zu tun und sich zum Zeichen ihres Sinneswandels von ihm taufen zu lassen, dann werden sich nicht viele sträuben.

Man darf sich diese Gestalt aber nicht zu finster vorstellen. Solche apokalyptischen Schreckens- und Hoffnungsbilder sind zu seiner Zeit Allgemeingut. Und viele werden sich in der Nähe dieses Johannes wie befreit fühlen, weil ihm kein Thema zu brisant, kein Eisen zu heiß ist, weil er selbst die Mächtigen aufs Korn nimmt, selbst den Herodessohn Antipas mit beißender Schärfe kritisiert und damit etlichen aus der Seele spricht. Es scheint in seiner engeren Umgebung sogar eine erwartungsvolle Heiterkeit zu herrschen, wie sie sich oft in der Gesellschaft unerschrockener, völlig furchtloser Menschen einstellt – jedenfalls klingt davon etwas an, wenn Johannes in seinem Evangelium erzählt, wie Jesus sich dort am Jordan mit einigen Jüngern des Täufers anfreundet, sich mit ihnen verabredet, auf einen Schluck Wein oder zu großen Taten, und ein entspannter, fast scherzhafter Unterton herauszuhören ist.

Dass es sich bei Johannes dem Täufer um eine historische Gestalt handelt, ist schon durch Josephus verbürgt. Aber lange hat man sich gefragt, wo genau er getauft hat. Der Evangelist Johannes – hier wie so oft präziser als die anderen drei – nennt zwei Orte: Betanien jenseits des Jordans und Ainon. Nur – wo sollte man nach denen suchen? Mittlerweile weiß man das. Beide Stellen im Jordantal konnten identifiziert werden, nicht zuletzt mithilfe einer fantastischen Entdeckung im heutigen Jordanien.

Es war Ende des 19. Jahrhunderts, da machten sich arabische Christen in Madaba, einer Stadt südlich von Amman, an Aufräumarbeiten in einer Kirche aus frühbyzantinischer Zeit. Seit rund einem Jahrtausend war sie nicht mehr in Gebrauch, das Gebäude selbst nur noch eine Ruine und der Boden hoch mit Schutt bedeckt, und als das Gröbste beiseitegeschafft war, kam im Fußboden ein Mosaik zum Vorschein, nämlich eine Landkarte Palästinas aus etwa vierhunderttausend bunten Steinchen. Alles daran war einzigartig. Zunächst einmal, weil es unseres Wissens kein zweites antikes Fußbodenmosaik gibt, das eine Landkarte zeigt. Einzigartig aber auch die Darstellung von Städten aus der Vogelperspektive, verblüffend die geografische Genauigkeit, überwältigend der Reichtum an Details wie Krokodile, Lastkähne, Jordanfähren, Dattelpalmen, wilde Tiere, Ortschaften und Städte, alle mit ihren griechischen Namen versehen. Jerusalem – hier als

Die Mosaikkarte von Madaba (Jordanien). In der oberen Abbildung blickt man von der Mittelmeerküste aus auf Jerusalem und das Tote Meer am oberen Bildrand. Offenbar hat es noch im sechsten Jahrhundert Schiffsverkehr auf dem Toten Meer gegeben, denn auf der Karte ist dort ein Lastsegler mit zwei Mann Besatzung zu sehen. Unten das Oval der Stadt Jerusalem mit ihren Stadttoren und Kirchen, alle präzise beschriftet.

Mittelpunkt der Welt – ist so präzise wiedergegeben und alles dort so akkurat beschriftet, dass anhand dieser Darstellung sogar eine Datierung möglich war: Die Nea-Theotokos-Kirche nahe der Stadtmauer wurde 542 nach Christus geweiht, das Mosaik muss demnach aus späterer Zeit stammen. Und da die ganze Region 614 von den Persern verwüstet wurde, kommt als Entstehungszeitraum nur die zweite Hälfte des sechsten Jahrhunderts in Frage.

Warum nun eine Landkarte als Kirchenboden? Vermutlich zur Information von Pilgern, die aus dem Osten kamen und das Heilige Land besuchen wollten. Hier konnten sie sich orientieren, hier konnten sie auf dem Boden der Kirche wie in einem Reiseführer lesen und ihre Reiseroute planen. Und hier erfuhren sie auch, wo genau Johannes der Täufer sich bis zu seiner Verhaftung aufgehalten hatte, nämlich zunächst am Ostufer des Jordans wenige Kilometer vor der Einmündung des Flusses ins Tote Meer und später, weil es dort wohl zu brenzlig wurde, auf dem Westufer am Mittellauf, etwa in Höhe der heutigen Stadt Bet Shean. Diese Orte werden durch älteste Pilgerberichte bestätigt – und neuerdings sogar durch die Archäologie. 1996 stieß man nämlich unweit des Toten Meers, etwa zwei Kilometer vom Fluss entfernt am östlichen Ufer, auf die Spuren antiker Stätten, die allesamt mit Johannes zusammenhängen: Kirchenanlagen, Pilgerstationen, ein Kloster und ein gemauertes Taufbassin – die ältesten Reste aus dem vierten Jahrhundert – sowie mehrere Quellen, deren Wasser in ein natürliches Becken sprudelt. Damit steht heute zweierlei fest. Erstens gab es eine frühchristliche Überlieferung, die so eindeutig war, dass sich an dieser Taufstelle ein bedeutendes Zentrum des antiken Tourismus entwickelte. Und zweitens: Johannes hat nicht mit dem trüben, zweifellos verschmutzten Jordanwasser getauft, sondern mit frischem Quellwasser, naheliegend für einen, der Menschen zu einem grundsätzlichen Neuanfang aufruft. Die zweite Taufstelle am Mittellauf nun scheint im Altertum nicht annähernd so viel Aufmerksamkeit gefunden zu haben. Doch dafür gibt es einen einfachen Grund: Die Taufe Jesu soll hier stattgefunden haben, in der Nähe des Toten Meers, an den Quellen von Betanien jenseits des Jordans. Nicht am Mittellauf.

Wenn man sich jetzt vorstellt, wie diese beiden Männer sich das erste Mal gegenüberstehen – was für eine Begegnung! Hier Johannes, der berühmte, der Aufsehen erregende und sicherlich einschüchternde Täufer Johannes, und dort Jesus, der namenlose Bauhandwerker aus dem fernen Galiläa. Hier einer, der demnächst geköpft werden wird, und dort einer, der über eine Weile am Kreuz hängen wird. Hier Johannes, der es nur zu einer bescheidenen Erwähnung im Geschichtswerk des Josephus gebracht hätte, würde nicht Jesu Stern am Ende doch noch strahlend aufgehen, sodass von ihm immer häufiger als dem Messias, dem Erlöser, ja, dem Sohn Gottes gesprochen werden wird. Wir dürfen jedenfalls annehmen, dass

Abbildung auf der linken Seite:

Dieser Ausschnitt der Mosaikkarte von Madaba zeigt Jericho (IEPIXW) als von Dattelpalmen gesäumte Oasenstadt, darüber den Jordan mit einer Fähre am linken Bildrand und, jenseits des Flusses, Ainon, die Taufstelle des Johannes.

Die in jüngster Zeit freigelegten Reste der Johanneskirche aus dem fünften Jahrhundert. Sie steht an der Stelle, wo der Überlieferung zufolge die Taufe Jesu stattfand.

Die Judäische Wüste zwischen Jerusalem und der Jordansenke. Zu allen Zeiten galt die Wüste als Ort der Gottesnähe, der Besinnung und des Neuanfangs.

sich die beiden jetzt in die Augen blicken und einander sofort erkennen. Dass jeder spontan die Nähe zum anderen empfindet, diese Verwandt-schaft zweier Menschen, die aufs Ganze gehen. Und wenn einer die Ener-gie spürt, die dieser Jesus ausstrahlt, dann Johannes. Als ihm später zu Ohren kommt, dass Jesus seinen eigenen Erfolg bei den Leuten noch über-trifft, reagiert er souverän mit dem berühmt gewordenen Satz: »Jener muss größer werden, ich aber geringer.« (Joh 3,30)

Doch im Augenblick treffen hier, am Platz des Täufers bei der Quelle, zwei Ebenbürtige aufeinander. Zwei, die jene Aufbruchstimmung zusam-mengeführt hat, die an diesem Flecken zwischen Jordan und Wüste plötz-lich ausgebrochen ist. Dem Evangelisten Johannes zufolge hält sich Jesus eine Weile lang dort auf, in der ungemein anregenden Nähe des Täufers, und wahrscheinlich reden die beiden miteinander, nach Sonnenunter-gang, wenn Johannes seine getrockneten Heuschreckenbrösel aus einem Ledersäckchen am Gürtel holt und seine Ration verspeist. Sollte es so sein, tritt jetzt auch ein gravierender Unterschied im Denken der beiden zutage, und der betrifft das Gottesreich, den heiß ersehnten Idealzustand einer Welt des Friedens, der Freiheit und der Brüderlichkeit. Für Johannes setzt dieser Heilszustand erst nach der großen Katastrophe ein, nach dem welt-erschütternden Zorngericht, und dann als Gottes Geschenk an all jene, die es vermocht haben, in einer verdorbenen Welt nach seinem Willen zu leben. So verstehen es ja alle, so sieht es auch Johannes, weshalb er in sei-ner Predigt nur ankündigen kann, worauf er selbst keinen Einfluss hat.

Jesus, so dürfen wir ihn verstehen, teilt diese Ansicht nicht. Denn Jesus trägt dieses Gottesreich bereits in sich – als handfeste Utopie, als nahe, greifbare Zukunft, als Auftrag, als Botschaft, als Anbruch. Von nun an kann das Gottesreich seinen Lauf nehmen – in diesem Bewusstsein lässt sich Jesus von Johannes taufen, in diesem Bewusstsein bricht er eines Tages in die Einöde auf, wo Menschen sich seit jeher über die ihnen zugedachte Lebensrolle klar werden, und in diesem Bewusstsein macht er sich irgendwann auf den Rückweg nach Galiläa. Wohl in dem Augenblick, in dem die Soldaten des Antipas den Täufer verhaften, auf die Herodesfestung Machairos am Toten Meer verschleppen und dort einkerkern.

Machairos östlich des Toten Meers (heute Jordanien) gehörte zu den Grenzfestungen des Herodes. Sein Nachfolger Antipas brachte Johannes den Täufer als Gefangenen an diesen abgelegenen Ort und ließ ihn hier enthaupten.

Halten wir einen Moment inne, bevor wir uns dem Unternehmen Jesus zuwenden. Man würde sich den Helden der Geschichte ja gern vorstellen, sich ein Bild von seinem Gesicht, seiner Statur, seiner Kleidung machen. Gibt es also irgendwelche Anhaltspunkte dafür, wie Jesus aussah? Die Antwort ist: ja und nein. Die Evangelien verlieren kein Wort über sein Äußeres, und insofern stehen wir zunächst ratlos da. Aber ebendieser Umstand ist schon aufschlussreich. Er bedeutet nämlich: Jesus kleidet sich normal, unauffällig, so wie alle anderen und gerade nicht wie Johannes der Täufer. Er wirft sich kein Prophetenfell über die Schultern. Und das ist sogar doppelt aufschlussreich, weil es beweist: Er legt keinen Wert darauf, für einen Propheten gehalten zu werden. Er lehnt die Aura des Propheten ab. Was wiederum nur heißen kann: Anders als Johannes versteht sich Jesus eben nicht als Prophet. Und verhält sich deshalb auch nicht so. Keine Heuschrecken, kein wilder Honig, keine Askese, nichts, was der Klischeevorstellung vom bevollmächtigten Sprachrohr Gottes mit seiner Unnahbarkeit und seinem exzentrischen Gebaren entsprechen würde. Jesus tummelt sich gern unter Menschen, man darf es tatsächlich so sagen, er gibt sich täglich und nicht selten bis zur Erschöpfung mit Menschen ab, also wird er nichts an sich haben, was ihnen eine Scheu vor ihm einflößen könnte. Kein Erkennungszeichen mithin, kein Unterschied zu den anderen, nicht in seiner Kleidung jedenfalls, nicht in seinem äußeren Erscheinungsbild. Nur eins fällt offenbar an ihm auf: Seine Augen. Sein Blick. Die Evangelisten kommen immer wieder mit auffälliger Beiläufigkeit darauf zu sprechen, und hierauf muss später eingegangen werden. Im Übrigen aber behandeln die Evangelisten Jesus wie einen Menschen, dessen Persönlichkeit sein Aussehen ganz vergessen lässt.

Gut, Jesus hat sich inzwischen mit einigen der Männer angefreundet, die bisher zum engeren Kreis des Johannes gehörten, alles Leute aus seiner eigenen Heimatgegend, darunter Fischer vom See Gennesaret. Man beschließt, zusammenzubleiben, tritt die Heimreise an, besucht die Familien, verabredet sich am See und zieht wahrscheinlich bald schon wieder gemeinsam los, denn wenig später erleben wir Jesus in Jerusalem, wie er mit einer Peitsche aus verknoteten Stricken über die Geldwechsler und Viehhändler in der königlichen Halle des Tempels herfällt, die Münzenhäufchen von den Tischen fegt, die Tische umstößt, auf die Rinder einschlägt und die Viehhändler anbrüllt: »Raus mit euch! Das Haus meines Vaters ist keine Markthalle!« Und hier beginnen dann die Schwierigkeiten. Nicht, dass Jesus eine derartige Aktion nicht zuzutrauen wäre. Das ist sie schon, da steht er noch unter dem Eindruck des Täufers, da braust noch einmal dessen Radikalität in ihm auf, und dass ihm der routinierte Tempelbetrieb mit seiner Mischung aus Gottesdienst und Kommerz ein Dorn im Auge ist, lässt sich denken. Aber wann kommt es zu dieser Szene? Folgen wir dem Johannesevangelium, ist es sein erster spektakulärer Auftritt. Schließen wir uns den anderen drei Evangelisten an, lässt sich Jesus erst ganz zum Schluss, kurz vor seiner Verhaftung, dazu hinreißen – was ebenfalls plausibel wäre, denn Jesus ist eine wachsende Spannung anzumerken, je mehr es aufs Ende zugeht. Und überdies könnte man diese sogenannte Tempelreinigung sogar als eine Endabrechnung mit dem Opferkult insgesamt ansehen, der aus Jesu Sicht einer oberflächlichen, letztlich missverstandenen Gottesbeziehung Vorschub leistet. Also: entweder das Draufgängertum eines Menschen, der noch im Bann des Täufers steht, oder ein symbolischer Angriff auf den Tempelkult ganz generell, ausgeführt von einem Jesus, der kurz vor dem absehbaren Ende kein Risiko mehr scheut?

Kaum zu entscheiden. Solche Diskrepanzen zwischen den Evangelien werden jedenfalls nun häufig auftreten, und nicht nur dann, wenn Zeit und Ort zu bestimmen sind. Worin bestehen eigentlich die Unterschiede? Und was wäre zum jeweiligen Charakter der vier Evangelien zu sagen?

Zunächst einmal: Die größten Differenzen treten auf zwischen Johannes auf der einen Seite und Markus, Matthäus und Lukas auf der anderen. Letztere ähneln sich von Stoff und Aufbau her, weil Matthäus und Lukas sich am älteren Markusevangelium orientieren. Diese drei werden deshalb

Jesus treibt die Händler aus dem Tempel – Wandmalerei aus der Nikolauskirche in Cucer bei Skopje (Mazedonien), vierzehntes Jahrhundert. Vor der Fantasiekulisse des Tempels inszeniert der Künstler den Vorgang mit Liebe zum Detail – da sind die typischen Opfertiere zu sehen, Kälber, Schafe und Tauben, außerdem der umgestürzte Tisch eines Geldwechslers und die am Boden verstreuten Münzen.

mit einem griechischen Wort als Synoptiker bezeichnet. Alle drei versuchen sie, möglichst viele Wunder und Aussprüche Jesu wiederzugeben, und gehen dabei etwas summarisch vor, nicht unbedingt schablonenhaft, aber doch eher in einem gerafften, pointierten Reportagestil. Mit großer Genauigkeitsliebe dagegen behandeln sie den Sprachstil seiner Reden, seine Ausdrucksweise und den Inhalt seiner Botschaft. Das klingt vor allem bei Markus und Matthäus frisch, lebendig und authentisch, und wir nehmen den beiden ohne weiteres ab, dass Jesus wirklich so geredet hat. Unrealistisch und schematisch hingegen wirkt bei den Synoptikern der zeitliche Handlungsrahmen: Jesu Wirken erfüllt sich dort im Ablauf eines einzigen Jahres.

Ganz anders Johannes. Wenn wir Jesus bei den Synoptikern aus einer gewissen Distanz zuschauen, ihn aber klar und deutlich sprechen hören, so erleben wir bei Johannes alles aus nächster Nähe mit, hören Jesus aber mit gleichsam verstellter Stimme sprechen. Während sich bei den Synoptikern die Handlung lange Zeit um den See und auf dem See Gennesaret abspielt, bevor das Geschehen auf die dramatische Zuspitzung seines einzigen Jerusalembesuchs zuläuft, ist Jesus bei Johannes ständig in Bewegung, hält er sich fast ebenso oft in Jerusalem wie in Galiläa auf. Und die Zeit seines öffentlichen Auftretens läuft nicht schon nach einem Jahr ab, sondern erstreckt sich über zwei bis drei Jahre. Ein weiterer, gravierender Unterschied besteht in der Stoffauswahl: Längst nicht alles, was die Synoptiker berichtenswert finden, wird auch von Johannes erzählt. Und etliche der Ereignisse, die Johannes schildert, kommen bei den Synoptikern nicht vor. Das Merkwürdigste bei Johannes sind aber die langen Reden, die in die erzählerischen Passagen eingeschoben werden, schier endlose Monologe, in denen Jesus ein unerschütterliches, geradezu monolithisches Selbstverständnis beweist. Wir erleben ihn dann als in sich ruhenden Menschen, der keinen Augenblick an seiner Identität und seiner Sendung zweifelt, der mit fast lähmender Monotonie das Grundthema seiner Botschaft wiederholt und sich zu Aussagen von unerhörter Kühnheit aufschwingt wie: »Ich und der Vater sind eins.« Immer wieder aber der Bruch, der Umschwung, und im nächsten Moment haben wir einen mit feinsten Pinselstrichen gemalten Jesus vor uns, der sich mitten im Leben bewegt und zum realen Menschen wird, sobald er es mit realen Menschen zu tun hat.

Im Grunde ist das Johannesevangelium wie ein großes Theaterstück angelegt, und auf die Bühne gebracht, würde uns etwa Folgendes erwarten: Der Vorhang geht auf, das Bühnenlicht an, und schon sind wir mittendrin. Gute Dialoge, starke Gefühle, intime Szenen, dann wieder Getümmel, die Inszenierung realistisch, das Bühnenbild plastisch, die Ausstattung üppig. Plötzlich erstarrt alles, das Bühnenlicht erlischt, ein einzelner Scheinwerfer richtet sich auf den Hauptdarsteller, und der steht nun da, von oben angestrahlt im dunklen Raum, und spricht einen langen Monolog ins Publikum hinein, bisweilen von Zwischenrufen unterbrochen, durch die er sich nicht irritieren lässt. Dann leuchtet das Bühnenlicht wieder auf und der neue Akt beginnt, wieder wechselnde Szenen und Schauplätze, wieder dramatische Wortwechsel und vertrauliche Gespräche unter vier Augen bis zur nächsten Monologeinlage, und so fort. Eine dramatische Komposition. Wer die Handlung so plastisch vor Augen führt, der muss genau sein, und Johannes ist sehr genau. Wo die Synoptiker pauschal von Jüngern sprechen, erinnert sich Johannes an ganz bestimmte Jünger und nennt deren Namen. Und wo sich die Synoptiker mit vagen Orts- oder Zeitangaben begnügen, glänzt Johannes durch präzise Kenntnisse. Allenfalls Markus ist mit der Geografie des Heiligen Landes noch ähnlich vertraut wie Johannes, während Lukas sich zum Beispiel halb blind durch die Landschaften seiner Geschichte tastet. Mit anderen Worten: So lebensnah und überzeugend Johannes seine erzählerischen Passagen gestaltet, so unwirklich muten die Stellen an, in denen Jesus über sich selbst spricht. Zwar ist nicht auszuschließen, dass er im vertrauten Kreis seiner Lieblingsjünger auch einmal so geredet hat, wie er das bei Johannes tut, insgesamt aber wird man zu dem Ergebnis kommen müssen, dass Johannes seinem Jesus eine Kunstsprache in den Mund legt. Daraus folgt für uns: Für die historische Wirklichkeit ist Johannes immer dann ergiebig, wenn es um Handlungen, Orte und Umstände geht. Was aber die Sprache Jesu, seine Ausdrucksweise und seine Botschaft angeht, auch was seine inneren Wandlungen und Stimmungen betrifft, halten wir uns lieber an die Synoptiker, die diesen Jesus viel eher als Menschen verstanden und als Menschen zu verstehen gesucht haben.

Und jetzt kehrt er Nazaret den Rücken. Endgültig. Ein letzter Versuch, seine Leute dort für seine neue Rolle zu gewinnen, von seinem neuen Auftrag zu überzeugen, scheitert kläglich. Den Identitätswechsel vom Bauhandwerker zum gleichermaßen umschwärmten wie umstrittenen Gottesreichverkünder lassen sie ihm nicht durchgehen. Mag sein, dass sie nun den Ausreißer strafen, der in kleinen, verschworenen Gemeinschaften niemals beliebt ist. Wahrscheinlicher ist, dass er den Schutzinstinkt der Dorfgemeinschaft weckt – man will einen der Ihren von einer Sache abhalten, die niemals gut gehen kann. Wenn Lukas schreibt, dass Nachbarn und Verwandte Jesus bei dieser Gelegenheit wie einen Verräter von einer Klippe zu stürzen versuchen, betreibt er Theologie unter Verzicht auf jede Wahrscheinlichkeit. Nein, man verweigert ihm die Anerkennung wohl aus Sorge um sein Leben, man hat vermutlich erfahren, in welche Gesellschaft er sich dort unten am See begeben hat, und will ihn nicht auch noch in seinem alarmierenden Leichtsinn bestärken. Jesus allerdings muss mit der Erfahrung fertig werden, dass er hier, im altvertrauten Rahmen, nicht die gewohnte Wirkung erzielt, und ist tagelang niedergeschlagen. »Und er konnte dort kein einziges Wunder tun ...«, kommentiert Markus.

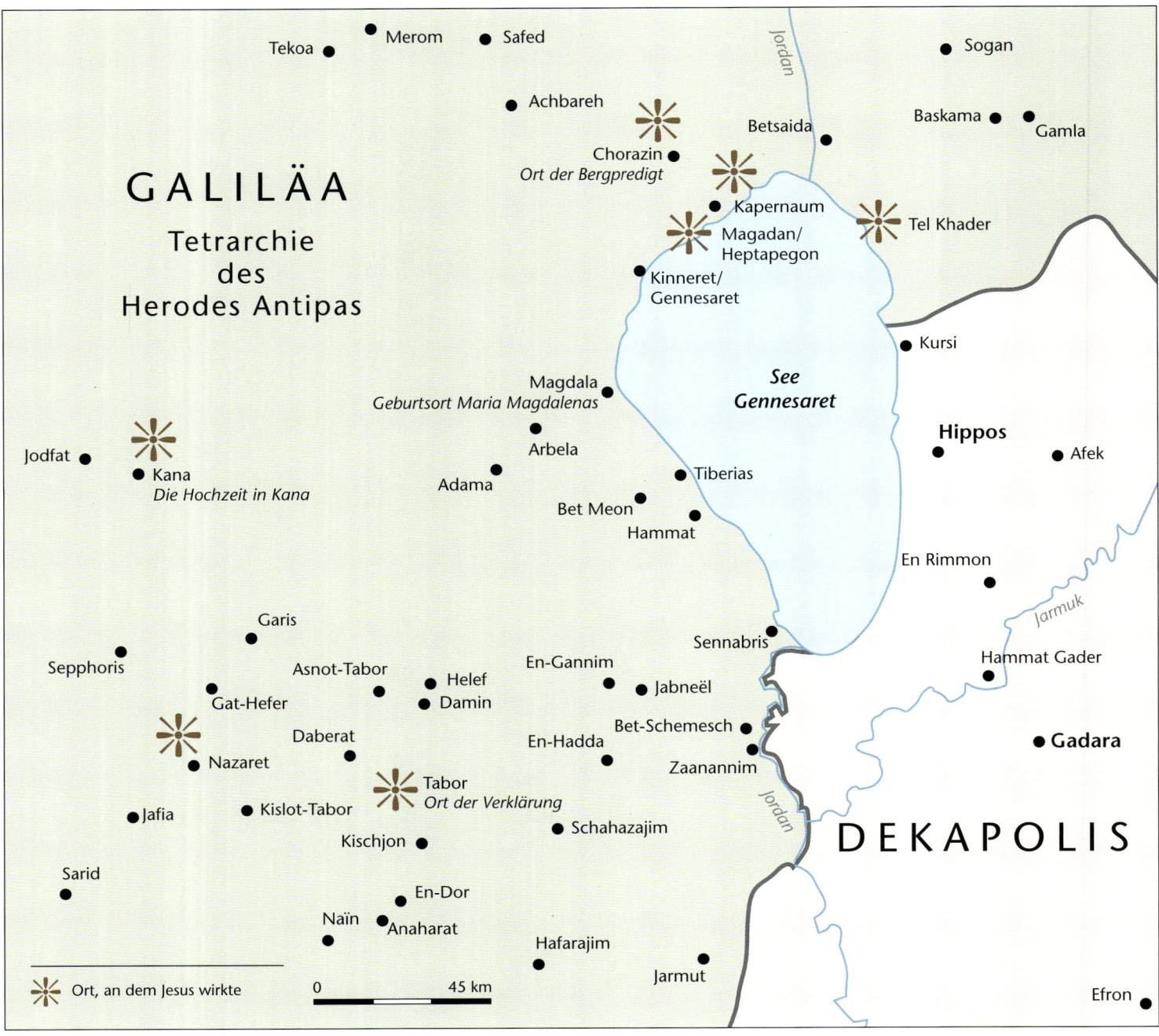

Galiläa zur Zeit Jesu

Auf seine Ausstrahlung verlassen kann er sich am See. Am See Genne-saret, der ihm nun zur neuen Heimat wird, wo er auch seine Freunde von der Jordanfurt wiedertrifft, die Männer, die ihm schon bei seiner Blitz-aktion im Tempel den Rücken freigehalten und zwischenzeitlich ihre alte Arbeit wieder aufgenommen haben: die Fischer Simon Petrus und Andreas. Sie sind nun auch sofort wieder dabei, kaum dass Jesus sie vom Ufer aus gerufen hat. Genau wie ihre Berufskollegen Jakobus und Johannes, die sich ihm als Nächste anschließen und ebenfalls längst wissen werden, wer er ist und was sich die beiden anderen von ihm alles versprechen, erwarten, er-hoffen. Ihre prompte Bereitwilligkeit, Netze liegen und Boote stehen zu lassen, ist also weniger erstaunlich als etwas ganz anderes: nämlich, dass Jesus offenbar keinen Gedanken auf die Möglichkeit verschwendet, diese Männer könnten unabkömmlich sein, könnten von ihren Familien und im Geschäft gebraucht werden. Dass er also vielleicht Unternehmen zerstört, von denen die Existenz etlicher Familien abhängt.

Und Unternehmen, Kleinunternehmen sind es ja, die diese Leute hier in Kapernaum betreiben. Markus vermittelt mit wenigen Worten tiefe Einblicke in das Leben am See, und wie es aussieht, betreibt der Vater von Jakobus und Johannes eine Fischereifirma, groß genug, um auf die Mitarbeit seiner Söhne und diverser Angestellter angewiesen zu sein. Als Jesus dort vorbeikommt, werfen Simon und Andreas gerade mit gekonntem Schwung Wurfnetze im seichten Wasser aus, während Jakobus und Johannes mit ihrem Vater und den Tagelöhnern in einem Boot sitzen und die Schleppnetze für die nächste Ausfahrt präparieren. An anderen Uferabschnitten des Sees wird es ähnlich zugehen, denn nicht nur die Leute von Kapernaum beuten seinen beträchtlichen Fischreichtum aus. Weiter östlich, jenseits des Jordanzuflusses, liegt Betsaida, zu Deutsch »Fischhausen«, der ursprüngliche Heimatort von Simon Petrus und Andreas. Und am Westufer befindet sich Magdala in Sichtweite, eine ziemlich wohlhabende Stadt mit großer Fangflotte und einer Pökelfabrik, deren Produkte über Cäsarea ausgeführt und bis nach Rom exportiert werden – der dort ansässige Geograf Strabo lobt jedenfalls die Qualität des Pökelfischs vom See Gennesaret. Die besten Kunden werden allerdings in Jerusalem sitzen und in Tiberias, der brandneuen Stadt am See, die Sepphoris als Hauptstadt Galiläas und Residenz des Landesherrn Antipas abgelöst hat und mittlerweile zehntausend Einwohner zählen dürfte.

Blick vom Berg der Seligpreisungen auf das Westufer des Sees Gennesaret, wo zu Jesu Zeit das Fischereizentrum Magdala lag (ganz oben). Aus Betsaida – zu deutsch »Fischhausen« – stammten drei von Jesu Jünger. Der Ort lag jenseits des Jordaneinflusses in den See Gennesaret und war mit dem Schiff von Kapernaum aus nach kurzer Fahrt zu erreichen – Jesus dürfte sich entsprechend häufig hier aufgehalten haben. Im Jahr 115 wurde Betsaida von einem Erdbeben zerstört. Relativ gut erhalten hat sich das Haus des Weinhändlers (siehe die Rekonstruktionszeichnung links). Im Bild oben gut sichtbar der Zugang zum Kellerraum des Weinhändlers, in dem sich noch die Scherben von Weinkrügen fanden.

Abbildung auf der vorhergehenden Seite:
der See Gennesaret mit den Lichtern von Tiberias am
gegenüberliegenden Ufer.

Die Fischer und Fischhändler am See haben das Glück, direkten Anschluss an die wichtigsten Karawanenrouten des östlichen Mittelmeerraums zu haben. Die Hauptverkehrsader führt aus Ägypten kommend
durchs Landesinnere und gabelt sich südlich des Sees in zwei Arme, die
sich nördlich davon, auf halbem Weg nach Damaskus, wieder vereinigen.
Eine weitere Strecke biegt bei Tiberias Richtung Cäsarea ab und verläuft
dann an der Mittelmeerküste immer weiter nach Süden bis ins Nildelta.
Via Maris heißt diese Route, und vom Haus des Simon Petrus in Kapernaum braucht man nur 300 Meter zu gehen, schon befindet man sich
unter ägyptischen Karawanen, syrischen Händlern, römischen Soldaten
und galiläischen Wanderarbeitern. Hier ist etwas los, und wenn in den
Evangelien immer wieder von dem Gedränge um Jesus, von Menschen-
mengen aus der ganzen Region und großem Zulauf die Rede ist, braucht
das keine propagandistische Übertreibung zu sein – es kann sich schon
daher erklären, dass die Orte hier am See eben nicht hinter dem Mond liegen. Gewiss, Kapernaum mit seinen tausendfünfhundert Einwohnern ist
alles andere als der Nabel dieser Welt, und die Häuser im Fischerviertel unmittelbar am Seeufer, wo Jesus nun Quartier bezieht, sind ärmlich zu nennen. Aus seiner Sicht aber wartet gerade dieses Kapernaum mit zwei Vorteil-
len auf. Denn erstens gibt es ganz in der Nähe warme Quellen, die von
vielen Kranken mit den unterschiedlichsten Gebrechen aufgesucht werden – Jesus findet hier also ein leicht ansprechbares Publikum, dankbar für
seine wunderbaren Heilkräfte, aufgeschlossen für seine Botschaft. Und
zweitens hat er hier Freunde, die ihm jederzeit eins ihrer Fischerboote zur
Verfügung stellen würden. Und die wird er brauchen, so hält er sich einen
Fluchtweg offen, ob er sich nun vor den Spitzeln des Antipas in Sicherheit
bringen muss oder einfach einmal seine Ruhe haben will von den Leuten,
die ihn von früh bis spät bestürmen. Markus, der mit Binnenschifffahrt
und Fischerei bestens vertraut ist, erwähnt sogar einmal eine Art Betriebs-
ausflug, bei dem das Boot Jesu auf einer abendlichen Ausfahrt von mehreren anderen begleitet wird. (Mk 4,36)

Für die Existenz eines Menschen wie Jesus, der keinerlei materielle
Spuren hinterlassen hat, lässt sich mithilfe der Archäologie kein Beweis
führen. Doch manchmal bringt uns ein glücklicher Fund zumindest in
seine unmittelbare Nähe, fast auf Tuchfühlung mit ihm. So geschah es an
einem Tag des Jahres 1986. Nach mehreren Dürreperioden war der Pegel
des Sees ungewöhnlich tief gesunken, das zurückweichende Wasser hatte
bisher überspülte Zonen zugänglich gemacht, und im Uferschlick bei Magdala zeichnete sich etwas ab, das die ovale, spitz zulaufende Form eines
Schiffsrumpfs hatte. Man ging sofort an die Arbeit – der Wasserspiegel
konnte jeden Moment wieder ansteigen –, legte tatsächlich einen Bootskörper frei, ummantelte dieses Wrack aus weichen, schwammigen Holz-
planken mit Spezialschaum, schleppte es unendlich behutsam ans Ufer

Das antike Kapernaum ist aus christlicher Sicht besonders interessant – den Synoptikern zufolge war der Ort so etwas wie das Hauptquartier Jesu während seiner Jahre als Wanderprediger. Mit einiger Sicherheit lassen sich die Fundamente auf dem Grund einer achteckigen Kirche aus dem fünften Jahrhundert als Reste jenes Hauses identifizieren, in dem Petrus mit seiner Frau und seiner Schwiegermutter lebte, als er sich Jesus anschloss.

Das Bild links oben zeigt die Ausgrabungsstätte in unmittelbarer Nähe des Seeufers, wo sich das Fischerviertel von Kapernaum befand. Die Synagoge von Kapernaum (links unten) wurde wahrscheinlich im dritten Jahrhundert über einem sehr viel schlichteren Vorgängerbau errichtet. Aus den Ruinen des Petrushauses stammt das Stück Verputz aus dem zweiten Jahrhundert mit dem eingeritzten Gebet in griechischer Sprache, und ganz in der Nähe wurden Angelhaken entdeckt, die ohne Weiteres von Petrus oder seinen Berufskollegen benutzt worden sein könnten.

und verordnete ihm ein Chemikalienbad, aus dem vierzehn Jahre später das einzige jemals entdeckte Fischerboot aus der Zeit Jesu wieder auftauchte, dauerhaft konserviert. Alles an dieser Rettungsaktion war neu, war Versuch und Experiment gewesen, und dennoch war alles gut gegangen, zur größten Genugtuung aller Beteiligten. Heute wird es im Museum des Kibbuz Ginosar bei Magdala ausgestellt, nachdem man ihm alle Geheimnisse entlockt hat: Ohne Zweifel stammt dieses Boot aus dem ersten Jahrhundert nach Christus, war ursprünglich fast 2,50 Meter breit und 8 Meter lang, konnte gerudert und gesegelt werden, war vielfach ausgebessert worden und wohl über lange Zeit in Gebrauch gewesen, und wer will, kann sich Jesus und seine Jünger bei ihrer Ausfahrt auf den abendlichen See in genau diesem Boot vorstellen – dreizehn Mann hätten jedenfalls hineingepasst.

Das zweitausend Jahre alte Bootswrack aus dem See Gennesaret. Eine Spezialkonstruktion verleiht dem fragilen Bootskörper Halt. Mit komplizierten chemischen Verfahren wurde der kostbare Fund so weit konserviert, dass man ihn der Luft aussetzen und ausstellen konnte. Und so wie das Modell unten muss das sogenannte Jesusboot einst ausgesehen haben. (Museum des Kibbuz Ginosar)

Noch eine weitere Stadt verdient Erwähnung. Wenn Jesus am Ufer von Kapernaum steht, liegt vor ihm die weite, schimmernde Wasserfläche des Sees, dessen gegenüberliegendes Ufer meist in gleißendem Dunst verschwimmt, gerahmt von Bergketten und gesäumt von keineswegs unbedeutenden Städten wie Tiberias zur Rechten oder, genau gegenüber auf der Höhe gelegen, Hippos. Dieses Hippos nun bildet gewissermaßen einen eigenen Kosmos. Es ist eine heidnische Stadt, und sie gehört zu einem Verbund aus zehn hellenistischen Städten, der sich Dekapolis nennt. Bis auf eine liegen alle Städte der Dekapolis östlich des Jordans, darunter berühmte wie Damaskus im Norden und Gerasa im Süden, eine der prächtigsten Städte der ganzen Region. Aber auch kleinere Orte wie eben Hippos haben sich ihr angeschlossen, und so kann man am See Gennesaret rasch aus einer jüdischen Umgebung in eine durch und durch römisch-griechische Kulturlandschaft mit ihrem heidnischen Ambiente wechseln.

Jesus bewegt sich jetzt also in einer Welt mit ganz unterschiedlichen Gesichtern. Nicht, dass der See nun geradezu ein kultureller Schmelztiegel wäre, aber doch wiederum eine Nahtstelle. Das wird ihm entgegenkommen. Denn kaum etwas erscheint Jesus fataler als dumpfe Gleichförmigkeit, gegen kaum etwas wird er sich bis zu seinem Tod vehementer auflehnen als gegen borniere Enge. Alles Festgefügte und Starre und Verkapselte ist ihm zuwider, weshalb er mit Grenzen und Schablonen, mit gesellschaftlichen Schranken und blind befolgten Traditionen auf Kriegsfuß steht. Seine Abneigung gegen äußere Zwänge und auferlegte Formen treibt ihn bis zu dem Punkt, an dem er nicht einmal mehr der Familie die übliche Achtung entgegenbringt. Jesus ist Aufbruch und Ausbruch, so versteht er sich, das macht die ganze Wucht seiner Botschaft aus, und Ausbruch bedeutet für ihn auch: Befreiung aus dem herkömmlichen Gefüge der Sippe.

Und mit dieser Einstellung machen wir jetzt am See gleich im ersten Moment Bekanntschaft, wenn sich Jesus über die Ansprüche der Familien seiner Jünger hinwegsetzt und die ersten vier aus ihrer Arbeitswelt und allen traditionellen Bindungen herausreißt. Simon Petrus ist, wie wir erfahren, immerhin verheiratet und bewohnt das Haus seiner Frau.

Jesu eigener Familie ergeht es ja nicht besser. Eines Tages werden sie alle bei ihm auftauchen, seine Mutter, seine Geschwister, um ihn aus dieser Gesellschaft zwielichtiger Gestalten zu entführen, mit der er sich umgibt, und Jesus wird auch ihnen eine schroffe Abfuhr erteilen. Natürlich muss man auch bedenken, dass es sich hier nicht um Kleinfamilien handelt, sondern um große, vielköpfige Familienverbände, die jedes Mitglied in ein fast unzerreißbares Geflecht gegenseitiger Verpflichtungen einbinden – wer da ausbrechen will, muss den Aufstand wagen. Aber dazu – und noch zu ganz anderen Aufständen – ist Jesus bereit, wann immer er auf Verhältnisse trifft, die sich seiner Vorstellung von Freiheit entgegenstellen. Dann handelt er mit dieser Mischung aus radikalem Leichtsinn und fundamentaler Ernsthaftigkeit, die für ihn typisch ist, dann stellt er alles in Frage und rüttelt dieses Universum aus gesellschaftlichen Spielregeln und Denkschablonen, aus Hierarchien und Privilegien so lange durch, bis sich niemand mehr daran festklammern kann. Versteht ihr, warum sich die Pharisäer über uns ärgern?, fragt er seine Jünger eines Tages. Weil wir Spielverderber sind. Weil wir nicht nach ihrer Flöte tanzen. So also ist das. Jesus hat beschlossen, sich in keine irdische Abhängigkeit mehr zu begeben.

Die Ruinen des Forums von Hippos auf dem östlichen Hochufer des Sees Gennesaret. Hier wurde erst im Jahr 2000 mit den Ausgrabungen begonnen. Fest steht, dass Hippos dem griechischen Städtebund der Dekapolis angehörte und die Miniaturausgabe einer hellenistischen Stadt darstellte.

Die Kulturlandschaft, in der sich Jesus bewegte, war alles andere als homogen. Auch wenn er die hellenistischen Städte auf dem Boden des heutigen Israel gemieden haben sollte – ihr kultureller Einfluss war sicherlich überall spürbar. Vor allem Skythopolis (heute Bet Shean), eine bedeutende Stadt der Dekapolis südlich des Sees Gennesaret, dürfte große Ausstrahlungskraft besessen haben. Das Bild zeigt die eindrucksvollen Ruinen des Prachtboulevards von Skythopolis in seiner letzten Ausbauphase zu Beginn des vierten Jahrhunderts.

Und deshalb nimmt er jeden Kandidaten, wenn er sich jetzt seine Mannschaft zusammenstellt. Was er vorhat, kann er ja nicht allein bewerkstelligen, das geht schon aus Sicherheitsgründen nicht, und außerdem braucht er eine zuverlässige Truppe aus überzeugten Mitstreitern. Jeden – das bedeutet: Er stellt keinen Gesinnungstest mit ihnen an. Er legt auf bürgerliche Wohlanständigkeit keinen Wert. Welchen Ruf einer hat, ist ihm gleichgültig. Begeisterung genügt. Nur verbohrt darf er nicht sein. Nur risikoscheu darf er nicht sein. Also gesellt sich zu den Fischern auch ein gewisser Matthäus Levi, der sich als Zolleinnehmer unbeliebt gemacht hat und als Lakai der verhassten Besatzungsmacht Verachtung verdient. Und womöglich stoßen obendrein etliche Männer dazu, die sich mit diesem Matthäus Levi eigentlich gar nicht vertragen dürften. Nervöse junge Männer, die ihren Zorn mühsam unterdrücken müssen, aus den Bergdörfern nördlich und östlich des Sees, aus Gamla zum Beispiel, einem Felsennest, wo der Hass auf die Römer blüht und auf alles, was mit ihnen gemeinsame Sache macht – kein Wunder dann, dass Jesu Familie einen letzten, verzweifelten Versuch unternimmt, ihn da herauszuholen. Es geht schließlich auch um ihren Ruf.

Und dann die Frauen! Nicht nur Männer, auch Frauen machen ja mit. Einige werden, wie Petrus und Johannes, zum festen Stamm zählen, andere nur zeitweilig dazugehören, und nicht wenige von ihnen dürften alleinstehende Frauen sein, bitterarme Witwen ohne Verwandtschaft, Frauen, die sich nur als Prostituierte über Wasser halten können und in ihren Dörfern das Leben von Ausgestoßenen führen. Plötzlich werden sie anerkannt und gebraucht, für Arbeiten, die eben auch bei einem ungebundenen Leben anfallen. Und während es den Männern vermutlich zufällt, Quartier zu machen, die Gemeinschaftskasse zu verwalten und Abschirmdienste zu leisten, werden die Frauen Wasser holen, Brot backen, Wäsche waschen und Körbe schleppen mit all dem, was bei den ständigen Ortswechseln mitgeführt werden muss. Später beteiligen sich dann auch wohlhabende und ehrbare Frauen, nämlich mit ihrem Vermögen, mit finanziellen Zuwendungen, als Sponsorinnen des Unternehmens Jesus oder indem sie ihre Häuser als Anlaufstellen anbieten, wie Lukas im achten Kapitel berichtet, wo er sogar Namen nennt: Maria Magdalena zum Beispiel und Susanna und eine gewisse Johanna, die Frau eines hohen Beamten am Hof des Antipas. Frauen bilden im frühen Christentum überhaupt ein bedeutendes revolutionäres Potenzial, auch später, in den jungen Gemeinden des Apostels Paulus zum Beispiel – vielleicht, weil sie weniger als die Männer zu verlieren haben, vielleicht auch, weil sie es sonst nicht gewohnt sind, von Männern wie ihresgleichen behandelt zu werden. Und schließlich dürfte Jesus auch nichts gegen die halb nackten, verlausten, kreischenden Kinder haben, die immer wieder mal am Rand dieser vagabundierenden Gesellschaft mitlaufen und seinen männlichen Jüngern oft genug lästig sind – er sieht in diesen Kindern ja geradezu seine natürlichen Verbündeten.

Das ist also nicht der geordnete Gänsemarsch von zwölf andächtig lauschenden Jüngern, den wir uns gern vorstellen, das ist ein ziemlich buntscheckiger vagabundierender Haufen, und man kann sich denken, dass diese Jüngerschar nicht auf jeden vertrauenerweckend wirkt. Ein fester Kreis von zwölf Jüngern wird sich erst später herausschälen, und auch dann werden mal mehr, mal weniger Menschen mit Jesus unterwegs sein – es kann ja bisweilen ratsam erscheinen, sich getrennt durchzuschlagen. Noch ist jedenfalls nicht klar, welche Form das Unternehmen Jesus annehmen soll. Aber jetzt bereits wird deutlich: So stellt sich Jesus den Anbruch des Gottesreichs vor. Als Bruch mit alten Vorbehalten. Als Ausbruch aus uralten Gewissheiten. Und als Aufbruch in eine neue Zeit, in der ganz neue Regeln gelten werden. Regeln, die nur er allein kennt. Die Regeln des Gottesreichs.

5. Junger Wein
in neue Schläuche

Zwei, die unterschiedlicher nicht sein könnten, aber gleichermaßen als Erlöser bezeichnet wurden und Hoffnungen auf ein Reich des Friedens nährten: Jesus und der Kaiser in Rom. Die oben abgebildete Jesusdarstellung stammt aus der Ruine der Sophiakirche im kleinasiatischen Nizäa (heute Iznik, Türkei). Gestik und Gesichtsausdruck betonen die Demut, die Freundlichkeit, die Machtlosigkeit als Kennzeichen dieses Erlösers. Einer völlig anderen Vorstellungswelt gehört die Statue des Augustus auf der rechten Seite an – sie verklärt den römischen Kaiser zu einer Erlösergestalt, die sich in triumphaler Pose als athletischer Held präsentiert, als Verkörperung und Inbegriff weltlicher Macht.

Ist es ein Wunder, dass kein jüdischer und kein heidnischer Autor von Jesus zu dessen Lebzeiten Notiz nimmt? Das wird ja bisweilen als Argument gegen ihn verwendet – so bedeutend könne er dann wohl nicht gewesen sein, womöglich sei er eben doch nur das Fantasieprodukt zügelloser Schwärmer.

In Wahrheit gibt es in der kurzen Frist, die Jesus bleibt, nicht den geringsten Grund, ihn auch nur einer Zeile zu würdigen. Die jüdische Führungsschicht wie die römische Besatzungsmacht sehen in solchen Leuten bestenfalls Pöbel, schlimmstenfalls Banditen, und Jesus selbst wird natürlich der Masse religiöser Irrläufer zugeschlagen, die diesem Fleckchen orientalischer Erde wie Unkraut entsprießen – zum Leidwesen aller, die hier für halbwegs geordnete Verhältnisse sorgen müssen. Also, man hat ein Auge auf ihn, und das ist wahrhaftig der Ehre genug. Das deutlichste Zeugnis für diese Einstellung legt seine Kreuzigung ab: Da ist er einer von dreien – Volksaufwiegler, Unruhestifter, Störenfriede allesamt.

Die Römer verspüren ja allgemein nicht die geringste Lust, sich mit den innerjüdischen Querelen zu befassen. Bezeichnend dafür ist eine Episode in der Apostelgeschichte etwa zwanzig Jahre später: Da verärgert Paulus mit seiner Predigt die jüdische Gemeinde von Korinth, die verklagt ihn vor dem römischen Statthalter Gallio, und der fegt die Sache vom Tisch: »Ginge es hier um ein Verbrechen oder um eine böswillige Tat, ihr Juden, so würde ich eure Klage ordnungsgemäß zulassen. Geht es aber um Streitigkeiten über ... das bei euch geltende Gesetz, dann seht selbst zu! Darüber will ich nicht Richter sein.« (Apg 18,14–15) Ebenso wenig ist Pontius Pilatus geneigt, der Anklage gegen Jesus auf den Grund zu gehen. Prozess und Hinrichtung Jesu sind römische Justizroutine, Prozessakten – außer einer kurzen Notiz vielleicht – werden nicht angefertigt, und Pilatus ist ohnehin kein Mann langen Federlesens. Kurz: Aus der Perspektive jüdischer wie römischer Stellen ist Jesus völlig unbedeutend.

Und Josephus, der Einzige, der sich eingehender mit dem jüdischen Kosmos jener Zeit befasst? Bis auf eine kurze Erwähnung von Jesu Kreuzigung, die allerdings Fragen aufwirft und erst im nächsten Kapitel behandelt werden soll: kein Wort. Allerdings hat Josephus mindestens drei gute Gründe, Jesus zu unterschlagen. Erstens versucht er, seinen Lesern die religiösen Strömungen im Judentum als philosophische Schulen nahezubringen, und Jesus lässt sich keiner dieser Schulen zuordnen. Zweitens ist Josephus nach der Katastrophe des Jahres 70 bestrebt, sein Volk als friedliebend und fortschrittlich darzustellen, von verzeihlichen Eigenheiten abgesehen als Volk wie jedes andere, und kennt deshalb kein Pardon mit jenen, die er als Aufrührer und Möchtegernerlöser betrachtet – Johannes der Täufer bildet da eine seltene Ausnahme, und selbst der muss sich die Umwandlung zum edlen Sittenprediger gefallen lassen. Und drittens könnte es ihm nach den ersten Christenverfolgungen in Rom ratsam erscheinen, den Namen Jesus Christus erst gar nicht in den Mund zu nehmen. Dieser Jesus taugt in keiner Weise zur Erbauung seines Publikums. Es könnte ja im Übrigen auch nur einer versucht sein, über Jesus zu schreiben, der dabei gewesen ist, der sehr genau hingehört hat, der die verstörende oder mitreißende Wirkung dieses Menschen aus nächster Nähe erlebt und studiert hat, und die Berichte ebenjener Leute werden dann auch den Rohstoff für eine ganze Reihe von Jesusbiografien liefern. Wobei selbst die Evangelisten ihre liebe Mühe mit ihrem Ausgangsmaterial gehabt haben dürften.

Denn – was gibt dieses Leben eigentlich Erzählenswertes her? Unter dramaturgischen Gesichtspunkten? Jesus ist zum Helden denkbar ungeeignet. Sein Leben verläuft nicht sonderlich aufregend, viel Zeit vergeht mit Predigten und Streitgesprächen, und der Höhepunkt der Geschichte ist eine klaglos hingenommene, erbärmliche Hinrichtung. Der Mann entscheidet sich ja nicht nur fürs Unspektakuläre, er entscheidet sich für die Auslöschung. Was an ihm überhaupt auffällt, das ist nach den Begriffen der Chronisten keine Meldung wert, das verstehen nicht einmal seine Anhänger so richtig, das widerspricht jedenfalls allen Regeln der Kunst, von sich reden zu machen. Da schafft es eher einer in die Literatur, der seine Predigten mit kräftigen Beleidigungen würzt, seinen Landesherrn öffentlich bloßstellt und dafür enthauptet wird. Die Evangelisten werden sich gefragt haben: Wie sollen wir mit diesem spröden Stoff gegen die Literatur der Heiden und ihre schillernden Götterdramen bestehen? Geschrieben klingt es eben anders als erzählt, und sie müssen schon einige Register ihrer literarischen Kunstfertigkeit ziehen, um etwas abzuliefern, das auf dem antiken Büchermarkt konkurrenzfähig ist. Im Einzelnen sieht das dann so aus: Markus dramatisiert ziemlich ungehemmt. Wirft den Leser in seine Geschichte wie in kaltes Wasser und lässt ihn zum Schluss – verblüfft und ratlos – mit dem leeren Grab zurück. Dazwischen rafft er, beschleunigt er, hetzt er im Eilschritt von Auftritt zu Auftritt. Alles geschieht bei ihm »sofort« oder »sogleich«. Und zwischendurch immer wieder der kurze, genaue Blick auf scheinbar Nebensächliches, wie in Großaufnahme: Jesus ergreift eine Hand, Menschen drängen sich in der Tür, Jesus kommt – zum wiederholten Mal – nicht zu seinem Abendessen. Dann, was in jedem Fall Spannung erzeugt: rascher Aufbau einer Drohkulisse. Bei Markus – wie auch bei Johannes – planen seine Gegner fast vom Augenblick seines ersten Auftretens an, Jesus zu beseitigen. Wer um seinen Helden bangen muss, der fiebert mit – möglich, dass sich hier Erfahrungen mit Gladiatorenkämpfen und Wagenrennen niederschlagen, die Markus in Circus Maximus und Kolosseum sammeln konnte. Lukas und Matthäus setzen das Mittel der Drohkulisse viel später und dezenter ein. Bei diesem eher skizzenhaften Stil bleiben im Markusevangelium allerdings manchmal Zusammenhang und Verständnis auf der Strecke. Dies wiederum ist die Stärke von Matthäus. Bei ihm wird alles logisch, auch psychologisch entwickelt. Matthäus bietet Tiefe statt Tempo. Er kommt auch nicht so hemdsärmelig daher, wie Markus das bisweilen tut, er schreibt offenkundig für den Geschmack eines Publikums, das auf anspruchsvollere Art unterhalten und belehrt werden

Das Markusevangelium verschweigt, an welchem Ort die Heilung des Epileptikers stattfindet. Vielleicht in Chorazin, das zu jenen Ortschaften gehört, die Jesus ständig aufsuchte, ohne dass ihre Namen im Einzelnen genannt werden. Wie viele andere Städte der Region nördlich des Sees Gennesaret besteht Chorazin gänzlich aus schwarzem Basaltstein, so auch die imposante Synagoge von Chorazin aus dem dritten Jahrhundert.

möchte. Und Lukas? Der sorgt mit der raffinierten Mischung seiner Erzählelemente dafür, das Herz und Verstand gleichermaßen auf ihre Kosten kommen. Und da er den Ehrgeiz hat, das definitive Weltevangelium zu schreiben, veredelt er Jesus so weit, dass ihm selbst eine philosophisch gebildete, heidnische Leserschaft in den Hochburgen hellenistischer Kultur Griechenlands, Spaniens oder Nordafrikas etwas abgewinnen könnte. Ein Dramatiker ist Lukas allerdings nicht, mitunter verliert er vor lauter Anspruch seine Geschichte vorübergehend aus den Augen. Johannes schließlich zieht sein Evangelium grundsätzlich anders auf, wie schon erwähnt.

Mit anderen Worten: Der Umstand, dass Jesus keine Spuren in nichtchristlichen Dokumenten hinterlässt, ist nur zu erklärlich; er braucht niemanden zu dem Schluss zu verleiten, Jesus könne am Ende gar nicht gelebt haben oder müsse in Wirklichkeit ganz anders gewesen sein. Die Unterschiedlichkeit der Evangelien liefert uns einen Reichtum an Perspektiven,

Dank des harten Basaltsteins sind die Häuser von Chorazin relativ gut erhalten – der Ort ist daher heute das anschaulichste Beispiel für jene Städte, in denen Jesus ein und aus ging.

der uns für diese Lücke entschädigt. Und all diese Texte bieten ihren Lesern Szenen, die an Wirklichkeitsnähe nichts zu wünschen übrig lassen. Greifen wir einmal zwei Episoden aus dem Arbeitsalltag Jesu heraus.

Die erste findet sich bei Markus im neunten Kapitel. Und gleich ist man mittendrin, gleich platzt man in einen hitzigen Wortwechsel zwischen Stadtvolk und Jüngern hinein. Immer mehr Passanten bleiben stehen und beteiligen sich, und wer eine Ahnung von antiker Streitkultur hat, von der Lust, sich lautstark einzumischen, ohne jede Scheu vor kniffligen Problemen und fundamentalen Fragen, der kann sich vorstellen, wie lebhaft es jetzt an dieser Straßenecke zugeht. Jesus ist gar nicht dabei, einstweilen müssen die Jünger ihn vertreten, und man weiß nicht, wie wacker sie sich schlagen in diesem Wortwechsel, an dem sich auch Pharisäer beteiligen, belesene Leute, Torakundige, die an Jesus und seiner Mannschaft häufig allerhand auszusetzen finden. Wahrscheinlich schenkt man sich nichts, und was den Jüngern an theologischer Spitzfindigkeit abgeht, das machen sie durch Respektlosigkeit wett. Da taucht Jesus auf. Die Diskussion erstirbt. Die Jünger sind abgemeldet. Alles stürzt sich auf Jesus, und der erkundigt sich in die erwartungsvolle Stille hinein nach dem Grund der Aufregung. Ein einfacher Mann tritt vor, ein Bauer vielleicht. Er habe einen Sohn, sagt er, der sei Epileptiker. Aber so drückt er sich natürlich nicht aus. Vielmehr sagt er Folgendes: »Er hat einen stummen Geist. Und wenn er ihn packt, reißt er ihn zu Boden, und er schäumt, knirscht mit den Zähnen und wird starr. Und ich habe deinen Jüngern gesagt, sie sollen ihn austreiben, aber sie vermochten es nicht.« Und jetzt sollte man hören, wie Jesus seine Jünger anfährt, vor der Menge der Umstehenden: »Du ungläubiges Geschlecht! Wie lange muss ich noch bei euch sein? Wie lange muss ich euch noch ertragen? Bringt ihn zu mir!« Die Jünger gehorchen – sie kennen Jesus mittlerweile, sie wissen, dass Geduld nicht unbedingt zu seinen Stärken gehört –, der junge Mann wird also geholt, und im nächsten Moment werfen ihn Krämpfe zu Boden, er wälzt sich mit Schaum vor dem Mund im Staub. Jesus greift zunächst nicht ein. Vielmehr fragt er den Vater, wie jeder Arzt es tun würde: »Wie lange hat er das schon?« »Von Kind auf«, antwortet der, bricht alsdann in eine detaillierte Schilderung der Krankheitsgeschichte aus und stammelt schließlich: »Wenn du etwas vermagst, so hilf uns und hab Mitleid mit uns.« Und Jesus sagt nun nicht: Beruhigen Sie sich, lieber Mann, mal sehen, was wir hier tun können. Er sagt, und wahrscheinlich nicht im Tonfall sanfter Zurechtweisung: »Was soll das heißen: Wenn du etwas vermagst? Alles ist möglich dem, der glaubt.« Wofür er im nächsten Augenblick den Beweis antritt. Jesus brüllt den Krankheitsdämon jetzt nämlich an und befiehlt ihm, den Körper des Jungen zu verlassen, und »der schrie und zerrte ihn heftig hin und her und fuhr aus. Da lag er wie tot, sodass alle sagten: Er ist gestorben. Jesus aber ergriff seine Hand und richtete ihn auf. Und er stand auf.«

So weit diese Episode. Wer sie liest, dürfte schwerlich den Eindruck gewinnen, eine Jesus nachträglich angedichtete Wundergeschichte vor sich zu haben. Was hier geschildert wird, ist drastische Wirklichkeit. Ein existenzielles Drama, ein Machtkampf zwischen gegensätzlichen Kräften, da wird gebrüllt und geschrien und gerungen, und da darf man sich am Ende beide, Jesus wie den Knaben, schweißgebadet vorstellen. Die Zuschauer übrigens auch. Offenbar haben die Jünger zunächst versucht, den Kranken selbst zu heilen, sind damit aber nicht weitergekommen, und weil sich dergleichen wie üblich auf offener Straße abspielt, hat sich ein Kreis von Zuschauern gebildet, dem sich dann Pharisäer beigesellten, die den Vater aufforderten, sich besser an den zuständigen Priester zu wenden als an diese überschätzten Jesusleute. Das wiederum wollten die Jünger nicht auf sich sitzen lassen. Und als Jesus eintrifft, schlagen die Wogen ziemlich hoch, der verstörte Vater mit eingezogenem Kopf irgendwo dazwischen. Und nun bewährt sich der nüchterne Protokollstil des Markus. Er registriert einfach ungerührt den Fortgang, von Jesu Unmut darüber, dass seine Jünger wieder einmal versagt haben, bis zum abschließenden Zweikampf mit dem Krankheitsdämon und dem kräftigen Griff eines Bauhandwerkers, mit dem Jesus dem Leblosen auf die Beine hilft.

All dies trägt die Züge erlebter Wirklichkeit, auch wenn sich die Heilung des Epileptikers kaum mit einer modernen Auffassung von ärztlicher Kunst verträgt. Dass Jesus über Fähigkeiten und Kräfte verfügt, die ihm erlauben, Krankheiten zu heilen, darf getrost angenommen werden – Derartiges ist für die Leser der Evangelien ohnehin kein Problem, über viele Jahrhunderte nicht, das ist es erst für uns. Worauf es bei dieser Geschichte ankommt, ist aber etwas ganz anderes: Jesus reklamiert diese heilenden Kräfte nicht für sich allein. Sie sind für ihn nicht einmal etwas Besonderes. Sie gehören als eine geradezu selbstverständliche Fähigkeit zu dieser Welt neuer Möglichkeiten, die sich mit dem Gottesreich auftut. Und da dieses Reich mit ihm anbricht, also bereits angebrochen ist, kann nun im Grunde jeder Kräfte entfalten, die bisher allenfalls begnadeten Ausnahmemenschen zugetraut wurden. »Alles ist möglich dem, der glaubt«, erklärt Jesus dem Vater des epileptischen Knaben mit diesem Rest von Ärger über seine Jünger in der Stimme, und erst, als der sich zu diesem Glauben durchringt, kann Jesus an die Heilung des Sohns gehen.

Natürlich bezeichnet Jesus diese Welt neuer Möglichkeiten nicht von ungefähr als Gottes Reich. Gott ist der unerlässliche Gegenpol für das, was da auf Erden im Entstehen begriffen ist, und der Glaube jene Kraft, die Gott ohne alle frommen Umstände in diese drastische Wirklichkeit hineinzieht. Vorläufig aber soll uns allein dieses Gottesreich beschäftigen, schon deshalb, weil Jesus erstaunlich selten von Gott spricht, dafür umso häufiger von ebendiesem Gottesreich. Alles, was Menschen sich erhoffen, ist nun für jeden in greifbare Nähe gerückt – das ist seine Überzeugung, das führt er mit seinen Wundern vor, weshalb der Evangelist Johannes vermeidet, überhaupt von Wundern zu reden, und stattdessen von Zeichen spricht, nämlich von Anzeichen für den Anbruch des Gottesreichs. Und am liebsten würde Jesus gar kein Aufhebens von seinen selbstverständlich nach wie vor außerordentlichen Taten machen. Jedenfalls beschwört er Geheilte wie Zuschauer regelmäßig, das Erlebte nicht an die große Glocke zu hängen. Markus weist in unserer Episode sogar eigens darauf hin, dass Jesus sich durch das Eintreffen weiterer Neugieriger zur Eile gedrängt fühlt – vermutlich, weil er keinen Wert auf eine noch größere Zahl von Zeugen legt. Warum? Aus Sicherheitsgründen vielleicht. Vorsicht ist ja unablässig geboten, und je weniger sich herumspricht, desto geringer die Gefahr, unliebsames Aufsehen zu erregen. Entscheidender aber ist wohl, dass Jesus auf keinen Fall als bestauntes Fabeltier und gefeierter Wohltäter im Mittelpunkt stehen will, so als wäre das Gottesreich – salopp ausgedrückt – eine Ein-Mann-Show, die sich ein Publikum so lange gern bieten und gefallen lässt, wie es handfeste Vorteile daraus zieht.

Und damit kommen wir zur zweiten Episode – und zu den Fehldeutungen und Missverständnissen, denen sich Jesus mit seinem Gottesreich unbegrenzter Möglichkeiten zunehmend ausgesetzt sieht. Man muss dabei berücksichtigen, dass alles, was er sagt und tut, von seinen Zuhörern auf die aktuelle politische Situation, auf die herrschenden gesellschaftlichen Verhältnisse und auf die ganz unabhängig von ihm in den Köpfen spukenden Zukunftserwartungen gemünzt wird. Als Kinder einer christlichen Kultur sind wir gewohnt, aus dem Munde Jesu nichts als ewige Wahrheiten zu vernehmen. Doch die meisten Menschen, mit denen Jesus es zu tun hat, hören mit ganz anderen Ohren. Sie sind kaum bereit, sich die Zeit für ewige Wahrheiten zu nehmen, horchen aber auf, wenn einer ihre kleinen, großen Alltagssorgen ernst nimmt und ihnen Hoffnung auf ein erträgliches Leben macht. Bloß – was tun, wenn einer mit großem Geld bezahlen will und der andere nur kleine Münzen annimmt? Wie er verstanden wird, hat Jesus jedenfalls nicht in der Hand. Die sogenannte Speisung der Fünftausend – von allen vier Evangelisten in seltener Übereinstimmung beschrieben – ist ein gutes Beispiel dafür.

Es dürfte im Frühling des Jahres 29 sein, da erfährt Jesus, dass sie Johannes den Täufer geköpft haben. Seinen Freund, mit dem er trotz dessen Gefangenschaft weiterhin in Verbindung gestanden hat. Jesus ist erschüttert, mag im Augenblick keinen Menschen mehr sehen, doch in Kapernaum herrscht das übliche Kommen und Gehen, nicht einmal Zeit zum Essen findet er hier, also nimmt er das Boot und lässt sich ein paar Kilometer weiter an einem unbewohnten Uferstreifen absetzen. Nur einmal seine Ruhe haben, nur einmal mit sich und seinem Schmerz allein sein dürfen! So leicht sind seine Bewunderer jedoch nicht abzuschütteln. Sie folgen ihm auf dem Landweg, und als Jesus seinen Fuß ans Ufer setzt,

Abbildung auf der folgenden Doppelseite:
Das östliche Seeufer bei Hippos, wo die zweite Massenspeisung stattgefunden haben könnte, von der die Synoptiker berichten.

stehen die Ersten schon atemlos vor ihm, mit gierig-erwartungsvollem Blick. Er könnte jetzt weiterfahren, aber »sie taten ihm leid, denn sie waren wie Schafe, die keinen Hirten haben« (Mk 6,34), und deshalb bleibt er doch und geht von Gruppe zu Gruppe, nimmt sich der Leute an, heilt, redet mit ihnen, redet ihnen zu, klärt sie über das Gottesreich auf, und die Zeit vergeht. Die Sonne steht schon tief, da fassen sich die Jünger ein Herz und stören ihren Meister: »Abgelegen ist der Ort und vorgerückt die Stunde«, sagen sie, »schick die Leute in die umliegenden Gehöfte und Dörfer, damit sie sich etwas zu essen kaufen können.« (Mk 6,35 ff.) Nun, auch die Jünger selbst werden Hunger verspüren, man war ja schon in Kapernaum kaum zum essen gekommen, es liegt also im Interesse aller, die Versammlung jetzt aufzulösen, zumal keinerlei Notsituation vorliegt – in dieser Gegend fänden die Leute schon Essbares, wenn sie nur allmählich aufbrächen.

Und jetzt wird es spannend. Erstens, weil Jesus gar nicht daran denkt, seine Zuhörer zu entlassen, sondern wie ein Hausherr auftritt, der sich seinen Gästen verpflichtet fühlt, und seine Jünger mit der Antwort verwirrt: »Gebt ihr ihnen doch zu essen.« Und zweitens, weil jetzt ein aufschlussreicher Nebenaspekt ins Spiel kommt. Die Jünger reagieren nämlich mit der Frage: »Sollen wir gehen und für 200 Denar Brot kaufen?«, und es drängt sich der Eindruck auf, diese 200 Denar – die immerhin 200 Tageslöhnen eines Landarbeiters entsprechen – seien tatsächlich in der Gemeinschaftskasse, und wahrscheinlich noch einiges mehr. Offenbar steht das Unternehmen Jesus finanziell also gar nicht so schlecht da, offenbar knausern die vermögenden Sympathisantinnen nicht mit Zuwendungen, man lebt also keineswegs von der Hand in den Mund. Und – was im Hinblick auf den weiteren Verlauf noch bemerkenswerter ist – offenbar rechtfertigt der Kassenverwalter Judas das erhebliche Vertrauen, das die anderen zwangsläufig auf einen setzen müssen, der tagtäglich mit solchen Beträgen umgeht. Der kurze Satz stellt dem späteren Verräter Judas ein vorzügliches Leumundszeugnis aus. Gut, Jesus will nun jedenfalls nichts von zeitraubenden Einkäufen wissen, die Jünger treiben an Ort und Stelle fünf Gerstenbrote und zwei getrocknete Fische auf, Jesus spricht ein Dankgebet, zerteilt das bisschen in noch kleinere Stücke, alle lagern sich ins Gras der Frühlingswiesen und alle werden davon satt. Fünftausend Männer, wie es heißt, Frauen und Kinder also nicht mitgerechnet.

Wer nicht an ein Wunder glauben will, der kann diese Geschichte bis hierhin als zusammenfassende Erinnerung an das organisatorische Chaos verstehen, das als Folge von Jesu Popularität und Unbekümmertheit häufiger ausbricht, und als Echo der befriedigten Verwunderung darüber, dass trotzdem ein ums andere Mal ein Weg gefunden wurde, damit fertig zu werden. Nun aber erfolgt in dieser Geschichte ein Bruch, als würde es plötzlich ernst. »Gleich darauf drängte er seine Jünger, ins Boot zu steigen und vorauszufahren, hinüber nach Betsaida; er selbst wollte inzwischen das Volk entlassen«, schreibt Markus. Warum diese plötzliche Eile? Man stelle sich vor: Dort drüben, am gegenüberliegenden Seeufer, liegt Tiberias. Dort sitzt der Mann, der Johannes den Täufer vor wenigen Tagen hinrichten ließ, einfach deshalb, weil er öffentlich unangenehme Wahrheiten gesagt hatte. Jesus möchte wahrscheinlich lieber nicht wissen, wie das Wort »Gottesreich« in dessen Ohren klingt. Nach Aufstandsvorbereitung höchstwahrscheinlich. Und jetzt hat Jesus den ganzen Nachmittag mit Hunderten oder Tausenden von Menschen verbracht, genau dem Pöbel, dem alles zuzutrauen ist, obendrein an einem abgelegenen Ort. Wie viele Spitzel des Antipas waren darunter? Bevor sie in Tiberias die nächste Verschwörung an die Wand malen können, müssen die Jünger aus der Gefahrenzone sein. Die legen dann auch unverzüglich ab, und der Leser dieser Episode erlebt Jesus erneut nicht als sanften, arglosen Weltverbesserer, sondern als umsichtigen Partisanenführer.

Planung eines Aufruhrs – das ist die eine Fehldeutung, der Jesus ausgesetzt ist. Und sie ist nicht einmal völlig von der Hand zu weisen. Denn im Johannesevangelium geht die Geschichte folgendermaßen weiter: Jesus bleibt gar nicht freiwillig zurück. Die Leute halten ihn fest. Plötzlich sieht er sich umzingelt von einer Menschenmenge, die ihn bestürmt, die erregt auf ihn einredet, und da dämmert ihm, dass er gerade zum Anführer der Befreiungsbewegung gegen die Römer und ihre jüdischen Verbündeten ernannt worden ist. Dass ihm nach allem, was man an diesem großartigen Tag mit ihm erlebt hat, zugetraut wird, die aufständischen Kräfte in Galiläa und Judäa zu koordinieren und zum militärischen Sieg zu führen. So einer wäre jedenfalls der rechte Messias! Da hätte alle Not ein Ende, da würde man endlich satt, da bräuchte man nicht mehr zu bangen um sein tägliches Brot. Nein, sie wollen ihn nicht gehen lassen. Und Jesus? Er entkommt irgendwie, im Schutz der Dunkelheit, »und ging auf den Berg, um zu beten«. (Mk 6,46) Da kniet er jetzt und bespricht sich mit seinem Vater. Und das ist die letzte aufschlussreiche Information, die Markus uns in diesem Zusammenhang liefert. Denn natürlich wird Jesus häufig beten, ohne dass es eigens erwähnt würde – wenn aber Markus die Sprache darauf bringt, will er meist etwas ganz Bestimmtes andeuten, nämlich: Jesus muss mit sich und Gott ins Reine kommen, weil er soeben in Versuchung geraten ist.

Alle Synoptiker rechtfertigen die Schlussfolgerung: Jesu Selbstbewusstsein ist nicht ungebrochen. Das ganze Unternehmen ist ein einziges Wagnis, ein Tasten und Suchen nach der geeigneten Strategie, der überzeugendsten Ausdrucksform, den richtigen Worten. Erfolge können im nächsten Moment in Enttäuschungen umschlagen, Fehlschläge müssen verarbeitet, Missverständnisse mühsam ausgeräumt werden, und oft genug dürfte es in ihm brodeln, weil er bei seinem Temperament durchaus für die

Spätantikes Bodenmosaik in der Basilika von Tabgha am See Gennesaret. Der Brotkorb und die beiden Fische erinnern an die Speisung der Fünftausend.

Gegen Abend frischt es am See Gennesaret häufig auf, und die Brise kann zum Sturm werden. Markus berichtet im vierten Kapitel von einer abendlichen Seefahrt der Jünger durch sturmgepeitschte Wellen – Anlass für die berühmte »Stillung des Sturms« durch Jesus.

Versuchung anfällig ist, sein Vorhaben mit größerem Nachdruck zu betreiben. Viele seiner Gleichnisse warnen davor, das Gottesreich erzwingen zu wollen, und jedes Mal klingen sie wie eine Selbstbeschwörung. Für eine Vermutung jedenfalls bietet er einstweilen nicht den geringsten Anlass: dass er sich wehr- und wortlos in sein Verderben schicken könnte. So, wie er auftritt, so, wie er wirkt, muss er die Hoffnung von Menschen rechtfertigen, die einen energischen Anführer suchen. Nicht unbegreiflich also, dass seine Botschaft vom Gottesreich hier wie dort falsche Erwartungen weckt. Doch wie wäre sein Gottesreich denn richtig zu verstehen?

Befragen wir Jesu Kritiker, bevor wir ihn selbst befragen. Sie finden sich vor allem in den Reihen der Pharisäer. Wo Jesus auftritt, sind sie dabei, und weil sie sich als Traditionswächter verstehen und Glaubensströmungen im Volk aufmerksam registrieren, hören sie genauer hin. Was stört sie an ihm? Diese Mischung aus Anarchie und Größenwahn, könnte die knappste Antwort lauten. Im Einzelnen werfen sie Jesus oder seinen Jüngern vor, gegen die Ritualgesetze zu verstoßen, die unter anderem bestimmte Waschungen und Fastenzeiten vorschreiben, mit Geächteten wie Huren und notorischen Sündern und sogar Heiden freundschaftlich zu verkehren, sich darüber hinaus göttliche Vollmacht anzumaßen. Der Mann muss verrückt sein, sagen sie. Und diesmal liegt keine Fehldeutung vor. Nur eine andere Perspektive. Was Jesus da treibt, muss den Pharisäern als Verhöhnung ihrer eigenen Glaubenspraxis erscheinen. Denn diese Praxis beruht auf einem ausgeklügelten System aus Scheidung und Unterscheidung, genauer gesagt: aus einer Trennung der Lebenssphären in rein und unrein, die immer weitere Trennungen nach sich zieht. Wobei der Gegensatz von rein und unrein durchaus kein mutwillig konstruierter ist, vielmehr in der heiligen Natur dieses einzigartigen jüdischen Gottes begründet liegt. Reinheit ist nämlich der Zustand der Würdigkeit, der Menschen in die Lage versetzt, vor Gott zu treten oder sich mit ihm in Beziehung zu setzen. Reinheit verbindet den Menschen mit dem Leben als heiligstem Gut und Gottesgeschenk. Unreinheit hingegen ist der Zustand der Trennung von Gott und seiner Leben spendenden Kraft, Unreinheit steht in Beziehung zum Tod.

Auf dieser Grundlage haben die Pharisäer ein streng systematisiertes Lebensmodell entwickelt. Der Zustand der Reinheit beruht bei ihnen auf exakt definierten Voraussetzungen. Da wird bis ins kleinste Detail geregelt, was es zu vermeiden gilt, wovor man sich zu hüten hat, wo überall die Gefahr der Verunreinigung lauert – beim Genuss bestimmter Speisen etwa oder durch den Umgang mit hartnäckigen Sündern und Heiden. Der jüdische Alltag ist durchsetzt mit solchen Vorschriften, und alle zielen sie darauf ab, den ungeheuerlichen Anspruch Gottes an den Menschen irgendwie erfüllbar zu machen – jenen Anspruch, von dem bereits im zweiten Kapitel dieses Buchs die Rede war: Ich bin heilig, und ihr sollt auch heilig sein. Und an dieser Stelle prallen nun die Gegensätze aufeinander. Die Haltung der Pharisäer ist grundsätzlich defensiv, und in der Praxis führt ihr Bemühen um Heiligkeit zu einer ausgeprägten Berührungsangst. Jesus kann solchen Leuten unmöglich geheuer sein. Ihm ist Berührungsangst gänzlich fremd, er sucht ja unablässig nach Berührungspunkten und kommt deshalb zwangsläufig und fortdauernd mit den Reinheitsvorschriften in Konflikt – schon, wenn er das Mahl mit Menschen teilt, ohne sich zu vergewissern, ob sie auch wirklich alle rein sind, und erst recht, wenn er sich von unzweifelhaft Unreinen zum gemeinsamen Mahl einladen lässt.

Und das kommt ja vor. Jesus ist nicht dafür bekannt, Einladungen auszuschlagen. Im Übrigen ist er gelegentlich auch bei Pharisäern zu Gast. Von seiner Seite gibt es da keine generelle Feindschaft, zumal er Menschen ohnehin nie verloren gibt, und ähnlich scheinen sich auch aufseiten der

Pharisäer Faszination und Widerwille die Waage zu halten. Zumindest eine Gesprächsbasis ist offenbar vorhanden. Aber in Rage bringen können sie ihn schon, diese Pharisäer mit ihren Käfigen, in die sie die Menschen sperren, angeblich zu ihrem eigenen Schutz, mit ihrer Angst vor Fehltritten und ihrer pedantischen Art, sich an nebensächliche Paragrafen zu klammern, in denen sich auch noch der göttliche Wille niederschlagen soll. Jesus wird ihnen vorwerfen, auf diese Weise auch Gott an die Kette zu legen, sodass beide, Mensch und Gott, füreinander unerreichbar sind, und wie soll es unter diesen Umständen je zu dem großen Gastmahl kommen, das für Jesus wie für die Propheten der Vergangenheit als das schönste Bild des vollendeten Gottesreichs gilt – das Gastmahl im Haus des Herrn, wo Menschen aus allen Völkern an langen Tafeln unterschiedslos die Gastfreundschaft Gottes genießen? Also, mag man den Pharisäern zugutehalten, dass sie nicht nur Wasser predigen, sondern selbst auch Wasser trinken, Jesus jedenfalls möchte Wein predigen und auch Wein trinken – den Wein einer freien und befreienden Gottesbeziehung.

Und deshalb geht Jesus anders an die Sache heran. Keine Abgrenzungsstrategien. Jeder hat Zutritt zum Gottesreich. Und niemand kommt durch Geburt hinein. Denn das Gottesreich verlangt nicht nach Zugehörigkeit zu einer besonderen Gruppe, es verlangt nach einer bestimmten Einstellung zum Leben und zu den Menschen. Und durch eine blitzartige Erkenntnis gelangt man hinein: Nicht der andere steht dem Gottesreich im Weg, sondern ich selbst! Nicht an dem Unreinen, dem Römer, dem Abtrünnigen, dem Ehrlosen oder dem Sünder entscheidet sich, welche Chancen das Gottesreich in der Welt hat, sondern an mir. Es bricht sich Bahn, sobald ich selbst mich nach dem Willen Gottes richte. Dieses Gottesreich ist dynamisch. Es wächst und entwickelt sich, es ist so unkontrollierbar wie alles, was aus Liebe entsteht. Das ist der Kern der Botschaft Jesu, und Lukas ist derjenige, der zu diesem Zentrum der Botschaft vorstößt – mit dem Gleichnis vom barmherzigen Samariter. Da will einer von Jesus wissen, wer denn sein Nächster sei, ob es vielleicht Abstufungen oder Vorbehalte gegen bestimmte Personengruppen gebe. Woraufhin Jesus zunächst erzählt, wie ein Reisender auf der Straße von Jericho nach Jerusalem unter die Räuber fällt und halb tot liegen gelassen wird, wie zwei vorübergehen, ohne den Verletzten zu beachten, wie erst der Mann aus Samaria, der halbe Heide, sich des Hilflosen annimmt – um dann, am Ende, die Ausgangsfrage wieder aufzugreifen, sie umzukehren und damit die Perspektive zu wechseln: Wer war jetzt für den Überfallenen der Nächste? Die Antwort ist dann einfach – der natürlich, der sich nicht lange mit Definitionen aufhält, der sich nicht erst fragt, ob hier womöglich einen Römer sein wohlverdientes Geschick ereilt hat, der sich nicht durch Reinheitsvorbehalte davon abhalten lässt, das Menschliche und Nächstliegende und damit den Willen Gottes zu tun, nämlich dem Unglücklichen zu helfen.

Der barmherzige Samariter,
Gemälde von Vincent van Gogh
(nach Delacroix).

Die Lehre Jesu mag uns simpel und selbstverständlich anmuten, aber sie bedeutet eine Revolution. Sie bricht mit verwurzelten Vorstellungen und verlangt daher enorme Aufgeschlossenheit. Zum einen, weil sie ein verändertes Gottesbild voraussetzt: Jahwe ist aus Jesu Sicht kein Gott, der Übertretungen registriert und Sünden zählt, die durch Opfer regelmäßig abgegolten werden müssen, kein Gott, den man stets aufs Neue gnädig stimmen, besänftigen muss, will man sich nicht seinen Zorn zuziehen. Für Jesus ist Jahwe gnädig, grundsätzlich und immer, weil seine Liebe unerschütterlich ist. Abgerechnet wird später, Belohnung und Strafe haben Zeit bis ans Ende aller Tage, aber solange ein Menschenleben währt, darf man bei Gott mit derselben bedingungslosen Liebe rechnen, wie sie der Vater im Gleichnis vom verlorenen Sohn seinem gescheiterten Kind entgegenbringt. »Ich bin heilig, und ihr sollt auch heilig sein«, dieser unerfüllbare Anspruch Jahwes erfährt bei Jesus die entscheidende Wendung ins Erträgliche, ins Menschenmögliche: »Ich bin barmherzig, und ihr sollt auch barmherzig sein.«

Jesu Gottesreich liegt jedoch nicht nur ein anderes Gottesbild, es liegt ihm auch ein anderes Menschenbild zugrunde. Für Jesus ist der Mensch niemals ein Endprodukt, niemals auf seine augenblickliche Existenz festgelegt und damit fertig, sondern zeitlebens ein Provisorium, vorläufig, wandelbar, entfaltungsfähig. Jesus sieht einen Menschen stets in seiner Möglichkeitsform, als im Grunde unendliches Potenzial, das genauso zu den schlimmsten Befürchtungen wie zu den schönsten Hoffnungen berechtigen würde, wäre die Liebe Gottes nicht stärker als die Mächte des Hasses. Hier kommen wir zu dem einzigen äußerlichen Merkmal, das die Evangelisten an Jesus hervorheben. Wiederholt betonen sie, dass Jesus einen Menschen anblickt, bevor er mit ihm spricht. Seine Art, jemanden anzuschauen, muss auffällig gewesen sein, und man darf sie wohl als sichtbaren Ausdruck seiner Fähigkeit verstehen, jeden mit Wohlwollen zu betrachten, jeden in seiner Einzigartigkeit wahrzunehmen, als Individuum, offen für neue Erfahrungen und neue Einsichten, für Abkehr und Umkehr. Jede Veränderung zum Besseren ist jederzeit denkbar – man ist versucht, hier von Jesu Menschenglauben zu sprechen. Eben deshalb beantwortet er die Frage des Petrus, wie oft er seinem Bruder denn nun verzeihen soll, mit dem berühmten Wort: nicht siebenmal, sondern siebenmal siebzigmal – denn jeder, egal wer, verdient unendlich viele Chancen. (Mt 18,21-22) Und deshalb warnt Jesus so eindringlich davor, andere zu verurteilen – denn das steht allein Gott zu, und der macht von seinem Vorrecht vorläufig und solange die Erde besteht keinen Gebrauch.

Das Unternehmen Jesus wird also von einer Zuversicht getragen, die sich deutlich von dem herrschenden Skeptizismus der Pharisäer, ja eigentlich aller anderen jüdischen Parteien unterscheidet. Jesus kann aus allen diesen Gründen die sterile Unterscheidung der Lebenssphären in rein und unrein fallen lassen, und er tut dies wohl auch nach und nach. Stellt er damit das Gesetz des Mose in Frage, die geistige Lebensgrundlage des jüdischen Volkes? Verrät er das Bündnis, das Gott mit diesem Volk geschlossen hat? Nichts spricht dafür. Das Gesetz behält auch für Jesus seine Gültigkeit, als ethische Richtlinie, als Gründungsdokument dieses Bündnisses, als unumstößliche Äußerung göttlichen Willens – das bestätigt er selbst mehrfach. Nur nähert er sich dem Gesetz in einer souveräneren Manier als zu seiner Zeit üblich, wenn er den Grund des Gesetzes aufdeckt und dabei auf die Liebe Gottes als dessen Ursache stößt. Wenn er versucht, das friedenstiftende Potenzial des Gesetzes zu befreien, und dabei zu dem Ergebnis kommt, dass seine Möglichkeiten nicht in ordnungsgemäßen Kulthandlungen und frommer Paragrafenreiterei gipfeln, sondern in der Nächstenliebe, ja Feindesliebe.

Es wäre allzu gewagt, Jesu Ethik in einem Satz zusammenfassen zu wollen. Aber vielleicht trifft man doch seine, sagen wir moralische Strategie, wenn man seine Einstellung auf die Forderung zuspitzt: Reduziere den

Anspruch an deine Mitmenschen und erhöhe den Anspruch an dich selbst! In der Überlieferung des Korans gibt es eine wundervolle Entsprechung dazu. Dort findet sich als Ausspruch Jesu der folgende Satz: Pflege einen entspannten Umgang mit anderen, aber nicht mit dir selbst. Das heißt aufs Gottesreich bezogen, das Jesus bei seiner Lehre ja immer im Sinn hat: Der Mensch ist der formalen Freiheit, die dort herrscht, nur dann gewachsen, wenn er ein hohes Maß an Selbstüberwindung aufbringt. Trägheit, Ängstlichkeit, Unbeherztheit, Gleichgültigkeit, dies alles ist Jesus ein Gräuel. Sein Gottesreich kennt keine Mitläufer. Es setzt sich aus Menschen zusammen, die dem Streit nicht aus dem Weg gehen, die sich nicht um des lieben Friedens willen ducken, sondern den Zirkel der Gewalt aufbrechen und furchtlos Frieden stiften. Wo immer ihr seid, man muss euch herausschmecken, sagt er in der Bergpredigt, so wie man das Salz an einer Speise schmeckt. Solche Forderungen sind zwar schon zu Jesu Zeit nicht mehr vollkommen neu. Viele Propheten haben sich bereits Jahrhunderte zuvor in einem ähnlichen Sinn vernehmen lassen. Aber als Ganzes stellt Jesu Lehre einen geschlossenen Entwurf dar, der jüdisches Denken weiterentwickelt und insofern doch vollkommen originell ist. Warum sich seine Anhänger solche unerhörten Freiheiten gegenüber dem jüdischen Ritualgesetz herausnähmen, wollen die Jünger von Johannes dem Täufer eines Tages von Jesus wissen. Weil junger Wein in neue Schläuche gehöre, antwortet er.

Doch kehren wir zur Lebensgeschichte Jesu zurück, die nun immer mehr auf eine Folge von Krisen und Erschütterungen hinausläuft. Irgendwann kann sich Jesus nämlich nicht mehr verhehlen, dass er die Leute überfordert. Dass er sie überfordert mit seiner Mischung aus Unbekümmertheit und Leichtsinn, was die materielle Seite des Lebens angeht, und radikaler Ernsthaftigkeit, was den Einsatz für das Gottesreich betrifft. Und dass er sie auch mit diesem Gottesreich selbst überfordert, das offenbar keine geografischen Grenzen kennt, kein Zentrum, keine Institutionen und kein festes Personal, das sich irgendwie einschleicht, unhörbar, unsichtbar, fast unbemerkt. Die kleinen Leute erhoffen sich jedenfalls weiterhin einen Messias, der zuschlagen und aufräumen und regieren kann, und die tonangebenden Kreise wünschen sich weiterhin einen Messias, der niemals kommt. Irgendwann gibt Jesus die Hoffnung auf, die Gebildeten zu erreichen und die Begüterten zu gewinnen, und spart sich seine Kräfte auf für die, die nichts mehr zu verlieren haben, die Mühseligen und Beladenen – ein Rückschlag in jedem Fall. Später sehen wir ihn am Ufer des Sees Gennesaret sitzen, in Gedanken versunken, und als der übliche Andrang losgeht, lässt er sich ein wenig hinausrudern, spricht vom Boot aus zu den Menschen, und die Jünger trauen ihren Ohren nicht: Statt in klaren Worten zu predigen wie bisher, erfindet er plötzlich kleine Geschichten von göttlichem Surrealismus, Gleichnisse, durch die sich nun

Reste des antiken Tyros in der Bucht vor der Kulisse der modernen Stadt. Seinerzeit gehörte Tyros zu den Hauptstädten Phöniziens, die durch den Seehandel zu sagenhaftem Reichtum gekommen waren.

niemand mehr direkt angesprochen zu fühlen braucht, die einem aber trotzdem keine Ruhe lassen, bis man sie entschlüsselt hat – und im selben Augenblick feststellt, dass sie einen doch angehen. Wer bei Matthäus nachliest, gewinnt den Eindruck, dass Jesus jetzt wieder auflebt, regelrecht in Schwung kommt, aber auch, dass er mit seinem Erfolg nach wie vor unzufrieden ist. Nicht einmal seinen Jüngern gelingt es immer, hinter den Sinn eines Gleichnisses zu kommen.

Was seine Wirkung außerdem beeinträchtigt: Die Gefahr wächst. Immer häufiger wird er von zuständiger Seite aufgefordert, zu erklären, woher er überhaupt das Recht nimmt, als Organisator eines Gottesreichs aufzutreten. Von verschiedenen Seiten erhält er konkrete Warnungen. Meist ist er nun auf der Flucht, immer auf der Hut. »Die Füchse haben Höhlen und die Vögel des Himmels haben Nester, der Menschensohn aber hat keinen Ort, wo er sein Haupt hinlegen kann«, entgegnet er einem, der sich ihm anschließen will. (Mt 8,20) Jesus entgeht der Verhaftung, indem er sich tief in heidnisches Gebiet zurückzieht, nach Tyros, der ungeheuer reichen phönizischen Handelsmetropole an der Mittelmeerküste. Kurz darauf ist er mit seinen Jüngern am Südhang der Golanhöhen anzutreffen, in der Gegend von Cäsarea Philippi, das ebenfalls außerhalb des Machtbereichs von Antipas liegt. Hier regiert der dritte Herodessohn, Agrippa, hier gibt es ein viel besuchtes Panheiligtum, das berühmteste des ganzen Imperiums, hier ist Jesus genauso unbekannt wie im phönizischen Gebiet und daher erneut zu weitgehender Untätigkeit verurteilt. Und hier, bei Cäsarea Philippi, kommt es nun zu einer dramatischen Wende. Auf einmal stellt Jesus sein ganzes Unternehmen in Frage. Und seine Jünger sind fassungslos.

Es geschieht unterwegs, irgendwo am Oberlauf des Jordans vermutlich. Jesus wird in den letzten Tagen nicht viel gesagt haben. Spätestens seit seiner Taufe weiß er, wer er ist, nämlich derjenige, mit dem das Gottesreich anbricht. Und anfangs sprach nichts dagegen. Mittlerweile spricht nur noch wenig dafür. Jetzt stellt sich Jesus selbst die Frage, die er von Pha-

Von Cäsarea Philippi aus herrschte der Herodessohn Philippus über den nordöstlichen Teil des Reichs. Das Bild zeigt die Ruinen des monumentalen Eingangstors zu seinem Palast.

Im Herrschaftsgebiet des Philippus machte sich der heidnische Einfluss stark bemerkbar. In Banjas weihten Griechen die gewaltige Grotte mit der Quelle des Hermon davor Pan, dem Gott der Wälder und der Hirten (oben). Herodes ließ einen Augustustempel vor dieser Grotte errichten; später kam noch eine ganze Reihe weiterer Tempel und Statuen dazu, wie die Rekonstruktionszeichnung zeigt. Erhalten haben sich Nischen in der Felswand für Weihegaben und Götterbilder, griechische Inschriften sowie die Fundamente von Tempeln und Altären. Diese Verbindung von heiliger Architektur und grandioser Naturkulisse war einzigartig im Ostteil des Römischen Reiches.

risäern immer wieder zu hören bekommen hat: Wer bist du eigentlich? Und plötzlich bricht es aus ihm heraus. »Für wen halten mich die Leute?«, fragt er seine Begleiter unumwunden. (Mk 8,27f.) Für Johannes den Täufer. Oder für den Propheten Elias. Für irgendeinen Propheten jedenfalls, lautet die Antwort der Jünger. Kurzes Schweigen. Dann hakt Jesus nach: »Und ihr? Für wen haltet ihr mich?«

Ein Moment, der einem das Blut in den Adern gefrieren lassen kann. Das ist keine rhetorische Frage, merken die Jünger. Das ist völlig ernst gemeint. Verzweifelt ernst. Jesus mit seinem unbestechlichen Blick für Menschen will jetzt von ihnen wissen, wer er ist. Offenbar ist das nie besprochen worden. Und jetzt muss einer von ihnen Farbe bekennen. Dass Jesus sich selbst nicht für einen Propheten hält, wissen sie. Was bleibt also? Der Messias? Muss jetzt wirklich ausgesprochen werden, was sie bisher mehr als Hoffnung denn als Gewissheit zusammengehalten hat? Wollen sie selbst so genau wissen, dass jeder von ihnen tatsächlich eine Hauptrolle im göttlichen Erlösungsplan spielt? Sobald das entscheidende Wort fällt, gibt es kein Zurück mehr. Dann bekommt alles, was vor ihnen liegt, eine unermessliche, fast unerträgliche Bedeutung. Da bricht Petrus das betretene Schweigen und sagt: »Du bist der Messias.«

Und der Bann ist gebrochen, wie es scheint. Matthäus berichtet, dass Jesus so enthusiastisch reagiert, als sei er im selben Augenblick von allen Zweifeln befreit. Als hätte er durch den Mund des Petrus die Antwort Gottes erfahren. Ist damit alles gut? Irritierend immerhin, dass Jesus ihnen

sofort gebietet, niemandem ein Wort davon zu sagen. Vollkommen unbegreiflich aber, dass er kurze Zeit später anfängt, von Todesahnungen
zu reden. Die Jünger trauen ihren Ohren nicht. Sie mögen zunächst an
eine vorübergehende Depression ihres Meisters glauben, aber der beharrt
darauf – es gehe kein Weg daran vorbei, er müsse sterben, hingerichtet
werden, und zwar in Jerusalem, in absehbarer Zeit. Er müsse – und es klingt
wie: Er wolle. Da verliert Petrus die Beherrschung. Gerade hatten sie sich
an den Gedanken gewöhnt, tatsächlich und endgültig auf der Seite der
Sieger zu stehen, hatten sich schon insgeheim als Teilnehmer an einem
triumphalen Einzug in Jerusalem gesehen. Und jetzt verhängt Jesus das
Schicksal des Verlierers über sie? Das kann doch nicht sein! Markus und
Matthäus deuten die Schärfe der Auseinandersetzung, die nun folgt, zwar
bloß an, vermitteln aber doch in knappen Worten die Choreografie eines
heftigen Streits, bei dem sich Jesus wütend abwendet und davongeht,
Petrus ihm genauso wütend nachsetzt, ihn wahrscheinlich am Arm packt
oder am Gewand zerrt und Jesus daraufhin herumfährt und ihm die furchtbare Schmähung ins Gesicht schleudert: »Fort mit dir, Satan, hinter mich!
Du willst mich zu Fall bringen, denn nicht Göttliches, sondern Menschliches hast du im Sinn!«

Petrus schweigt entsetzt. Keiner versteht, was in ihren Meister gefahren ist, aber in der Folgezeit verhält er sich meist wie gewohnt, und wenn
er doch noch einmal auf seine Todesahnungen zu sprechen kommt, versucht man, ihnen keine übertriebene Bedeutung beizumessen. Eine Atmosphäre der Niedergeschlagenheit wird gleichwohl im Jüngerkreis herrschen. Erst als sie einige Wochen später auf dem Weg zum Passafest die
Jordansenke durchwandern, in der schützenden und gleichzeitig beflü-
gelnden Gesellschaft ausgelassener Festpilger, dürfte sich ihre Beklemmung
lösen. Und als Jerusalem schon in greifbare Nähe rückt, werden sich die
Jünger innerlich wohl doch auf glorreiche Tage vorbereiten.

Das Hügelland jenseits des Jordans. Wohl aus
Sicherheitsgründen nahm Jesus diesen Weg auf
seiner Wanderung von Galiläa nach Jerusalem.

6. Gestorben unter Pontius Pilatus

Die Straße von Jericho nach Jerusalem war berühmt-berüchtigt für ihre Wegelagerer. Jesus wählt sie im Gleichnis vom barmherzigen Samariter als Schauplatz des Überfalls auf einen Reisenden. Möglicherweise verlief sie am Hang des tief eingeschnittenen Wadi Kelt, durch das heute noch ein Fußpfad führt.

Abbildung auf der rechten Seite:
Vom Ölberg aus gesehen: die Judäische Wüste im Morgenlicht mit dem Toten Meer in der Ferne.

Was für ein Bild – Jerusalem von der Höhe des Ölbergs aus gesehen! Man ist am Ziel, und diesmal womöglich auch am Ziel aller Hoffnungen. Die Jünger mögen hier oben einen letzten Blick zurückwerfen, auf den glitzernden Streifen des Toten Meers in der Ferne, durch den Staubvorhang über der Judäischen Wüste eben noch zu erkennen. Nur zu ahnen auch das tief eingeschnittene Wadi Kelt, dem sie ab Jericho gefolgt sind. Und jetzt also liegt, gut einsehbar, die Heilige Stadt zu ihren Füßen. In diesem Augenblick dürften die Jünger nicht den geringsten Grund sehen, aus dem Panorama Jerusalems Beängstigendes herauszulesen, gleichwohl sind von ihrem jetzigen Standpunkt aus all jene Orte zu erkennen, die in Kürze zu Schauplätzen der Katastrophe werden.

Vor ihnen fällt der Hang des Ölbergs mit seinen Olivenhainen ab, dazwischen, zur Rechten, das kleine Landgut Getsemani, das ihnen wohl früher schon als Ausweichquartier gedient hat – Jesus wird dort die letzte Stunde vor seiner Verhaftung zubringen. Unten zieht sich das enge Tal des Kidronbachs hin, und jenseits, das Blickfeld beherrschend, steigt die Umfassungsmauer des Tempelbezirks auf, von hier aus in ihrer ganzen Ausdehnung zu überblicken, darüber die Wandelhallen, das Allerheiligste, die Rauchsäule – Jesus wird dort in den nächsten Tagen seine Gegner so schonungslos attakkieren, als legte er es darauf an, sie zur Weißglut zu treiben. Links vom Tempel, etwas zurückversetzt, ist ein Palast aus älterer Zeit erkennbar. Mittlerweile wird er von den Römern genutzt, als Amtssitz ihres Gouverneurs, der sich in diesen Tagen wieder aus Cäsarea hierher bequemt hat, weil seine Präsenz erfahrungsgemäß die Gemüter zu besänftigen hilft – Jesus wird dort verurteilt und gefoltert werden. Weiter hinten, am äußersten linken Stadtrand gelegen, erhebt sich der Zionsberg mit dem Essenerviertel, wo die Frömmsten der Frommen ihre klosterartigen Unterkünfte und Gästehäuser haben – in einem davon werden Jesus und die Jünger ihre letzte

gemeinsame Mahlzeit einnehmen. Die Straße führt dort in Treppenstufen den Berg hinauf und passiert dabei das Stadtpalais der berühmt-berüchtigten Kajaphasfamilie, die seit Langem den Hohepriester stellt – nach seiner Verhaftung wird Jesus hier dem ersten Verhör unterzogen werden. Wendet man sich nach rechts, fällt zunächst die Festung Antonia am nördlichen Rand des Tempelbezirks mit ihren vier massigen Türmen ins Auge, alle bemannt mit den Legionären Roms – etliche von ihnen werden die Hinrichtung Jesu ausführen und bewachen. Dahinter erstreckt sich das Gewimmel der Häuser, das Gewirr der Gassen, und jenseits der gegenüber verlaufenden Stadtmauer liegt, zwischen Äckern und Gärten, ein alter Steinbruch mit einer felsigen Erhebung, von den Leuten Golgata genannt und von den Römern als Hinrichtungsstätte genutzt – Jesus wird dort gekreuzigt werden und sterben.

Kein Gedanke daran trübt die freudige Stimmung der Jünger, als sie ihrem Meister nun den gewünschten Esel bringen und den Rücken des Tiers mit Kleidungsstücken polstern und Jesus aufsteigt, um unter dem Jubel der Pilgerscharen den Ölberg hinab der Stadt zuzureiten. Man darf davon ausgehen, dass da tatsächlich viele in Ovationen ausbrechen, denn Jesus ist nicht irgendwer, nicht für die anreisenden Galiläer, die am Straßenrand Spalier stehen, und auch nicht für das Stadtvolk von Jerusalem. In den letzten zweieinhalb Jahren hat er sich hier wie dort einen Namen gemacht, und jetzt wird ihm für die sympathische Demut applaudiert, die er mit seinem Eselsritt an den Tag legt, oder vielleicht auch für die gelungene Parodie auf römische Feldherren, die in schimmernden Streitwagen oder auf prachtvoll geschmückten Rössern in eine eroberte Stadt einzuziehen pflegen, und auf jeden Fall macht sich in dieser Stunde die unbestimmte Erwartung Luft, der beliebte Prophet aus Nazaret könnte für die große Überraschung des diesjährigen Passafests sorgen. Vermutlich reitet

Der Zionsberg im Südosten Jerusalems wird heute von der Kirche der Benediktinerabtei Maria Dormitio beherrscht. Seinerzeit hatten die Essener dort ihr Stadtquartier.

Jesus, immer begeisterter gefeiert, durch das (heute zugemauerte) Goldene Tor in die Stadt ein – und »als er in Jerusalem einzog, geriet die ganze Stadt in Aufregung«, schreibt Matthäus, »sie erbebte«, heißt es im Originaltext an dieser Stelle sogar. In den verstopften Gassen wird dann an Reiten nicht mehr zu denken sein, und bis auf Weiteres erleben wir Jesus nun tagsüber im Tempel, des Nachts entweder bei Freunden in dem nahe gelegenen Dorf Betanien oder am Ölberg, wo es zwei Grotten gibt, die sich zum provisorischen Nachtlager eignen: eine auf dem Gipfel des Ölbergs und eine weiter unten, auf dem Gelände ebenjenes Landguts Getsemani.

Für Jesus ist der Tempel in diesen Tagen große Bühne und Höhle des Löwen zugleich. Mehr Aufmerksamkeit hat er nie genossen. Die Stadt quillt über von Menschen, dreihunderttausend dürften es für die Dauer der Festtage sein, zu Zehntausenden treffen sich Einheimische und Angereiste täglich im Tempel, und Jesus ist die Attraktion. Andere empfinden ihn als eine einzige Provokation. In seinen Gleichnissen wird er nun immer deutlicher, in seinen Angriffen unerbittlicher. Er sucht die Konfrontation mit allen, die Einfluss auf das geistige Klima im Land nehmen, die dem Volk den Willen Gottes auslegen, die sich mit dem Gewicht ihrer politischen und intellektuellen Macht dafür einsetzen, dass alles so weiterläuft wie bisher, und deshalb für diese Blockade in den Köpfen verantwortlich sind, an der er verzweifelt. Er nennt sie verschlagen und korrupt. Er warnt seine Zuhörer, ihrem Beispiel zu folgen. Er prangert ihre Machtgier

Jesus reitet auf einem Esel in Jerusalem ein. Das kleine Bild zeigt ein Fresko aus dem vierzehnten Jahrhundert in der Oberkirche der Benediktinerabtei Subiaco (Italien), das große Bild ein Wandgemälde aus der Debre-Birhan-Selassi-Kirche in Gondar (Äthiopien, siebzehntes Jahrhundert). Wie auch an anderer Stelle ist die Übereinstimmung in der Bildauffassung erstaunlich: In ganz ähnlicher Weise werden der reitende Jesus, die Festpilger, die ihre Kleider vor ihm auf der Straße ausbreiten, und die Menschen, die Zweige in den Bäumen abschlagen, miteinander kombiniert.

an, die sich als Frömmigkeit tarnt. Er bezeichnet sie sarkastisch als blinde Blindenführer. Er wirft ihnen vor, Mücken auszusieben und Kamele zu verschlucken, im Nebensächlichen gewissenhaft und im Wesentlichen gewissenlos zu sein, sich gar nicht mehr ernsthaft zu fragen, was Gott sich bei seinem Bündnis mit diesem Volk denn eigentlich gedacht hat, worum es dabei im Grunde geht und weshalb Wohl und Wehe, Leben und Tod davon abhängen. Jesus, so muss man annehmen, weiß es. Er kennt die Antwort darauf. Die Antwort, die ihn seinerzeit den Entschluss fassen ließ, in den Lauf der Dinge einzugreifen, sich einer absehbaren Entwicklung entgegenzustellen, dem Denken seines Volkes eine neue Richtung zu geben. Ein ungeheuerlicher Anspruch und auf jeden Fall eine gotteslästerliche Anmaßung in den Ohren derer, die für Antworten dieser Art allein zuständig sind. Gerechtfertigt höchstens dann, wenn Jesus die Welt mit den Augen Gottes sehen könnte. Und genau das scheint er von sich zu glauben. Ebendies scheint den Kern seines Selbstverständnisses auszumachen. Er sieht die Welt grundsätzlich anders. Aber wie?

Wir stoßen hier an die Grenze des Erzählbaren. Dem Wesen Gottes und der Frage, wie ein Mensch es zu ergründen vermag, kann man sich nur theologisch nähern. Gehen wir daher einfach davon aus, Jesus habe sich sehr tief, ungewöhnlich tief in das Wesen Gottes versenkt, nehmen wir die Intensität seiner Gottesbeziehung als gegeben, und schauen wir uns an, zu welchen Schlussfolgerungen ihn seine Gotteserfahrung führt. Was uns die Synoptiker an Gleichnissen und Aussprüchen überliefern, erlaubt uns doch immerhin, die Grundzüge seines Denkens zu rekonstruieren, wobei nie vergessen werden darf: Jesus will sein Volk vor dem absehbaren Desaster bewahren, vor dem Untergang in einem immer wahrscheinlicher werdenden Ausbruch von Gewalt (etwa zwei Millionen Menschenleben wird der Jüdische Krieg dann kosten). Wenn er also von Frieden spricht, ist zunächst einmal nicht das damit gemeint, was wir unter Seelenfrieden verstehen, sondern eine neue Verfassung des irdischen Lebens in einer Welt, der jeder Grund für Krieg und Unfrieden abhandengekommen ist.

Alles spricht dafür, dass Jesus die Ursache des Unfriedens in der fatalen Faszination erblickt, die die Macht und die Mächtigen ausüben. Wer dieser Faszination erliegt, der lässt sich davon überzeugen, dass Sieg die Folge der Gewalt und Frieden die Folge des Sieges sei. Eine verführerische, aber unheilvolle Logik. Schon die Geschichte seines eigenen Volkes beweist ja zur Genüge, dass die Macht zwangsläufig neue Ohnmacht hervorruft, die Überlegenheit stets neue Unterdrückung bewirkt und die Gewalt immer neue Anlässe schafft, zur Waffe zu greifen. Jesus wird diese heillose Logik der Macht überall am Werk gesehen haben, in den zwischenmenschlichen Beziehungen wie in der Politik, und es muss ihn bestürzt haben, dass der einzigartige, gerechte, aber auch barmherzige und liebende Gott seines Volkes dieselbe Machtausübung, dieselbe Gewaltanwendung, dieselbe Triumphgesinnung rechtfertigen soll, die in der Welt der Heiden üblich ist. Wenn Jesus auch die Pharisäer nicht milder beurteilt als andere, radikalere Gruppen, liegt es daran, dass sie genau in diesem Punkt versagen: Ihre Auffassung von einem gottgefälligen Leben bietet keinen Ausweg aus dem Teufelskreis der Gewalt. Ihre Art der Frömmigkeit führt nur dazu, die alten Fronten zwischen innen und außen, zwischen rein und unrein, zwischen Gerechten und Sündern und letztlich zwischen Juden und Römern weiter zu verhärten. Also nicht nur die kühl kalkulierenden Sadduzäer, nicht nur die zelotischen Heißsporne in ihren Bergdörfern, auch die Pharisäer sind aus Jesu Sicht der Faszination der Macht erlegen – so dürfte sich die Verbissenheit erklären, die beide, Jesus wie Pharisäer, bei allem grundsätzlichen Respekt voreinander in ihrem Streit an den Tag legen.

Jesus stellt nun der weltlichen Logik der Macht die göttliche Logik der Liebe entgegen. Sein ganzes öffentliches Wirken in den vergangenen zweieinhalb Jahren lief auf eine Beschwörung seiner Zuhörer hinaus, ihr Denken auf diese Logik einzustellen. Bei allen Handlungen und Heilungen muss er die Hoffnung gehabt haben, die Leute zu dieser Logik zu verführen, ihnen ihre Illusionen vom Sieg der Gewalt über die Gewalt, vom Sieg der Rache über die Rache zu rauben. Was hat er nicht alles unternommen, die irdische Macht zu entzaubern! Das aufschlussreichste Dokument dafür ist die Bergpredigt, in der Matthäus die zentralen Aussagen Jesu zusammenfasst. Sie ist als strategische Anweisung zu lesen, wie die Logik der Liebe in die Praxis übertragen, der Teufelskreis der Gewalt durchbrochen werden kann – indem man nämlich die andere Wange hinhält, dem Hass den Wind aus den Segeln nimmt, die Gewalttätigkeit ins Leere laufen lässt, sich völlig zurückzieht aus einem Spiel, das nur Sieger und Besiegte kennt. »Wenn du deinen Feinden wohltust, hast du keine mehr«, heißt es kurz und bündig in der Didache, einem Vorläufer des christlichen Katechismus aus dem ersten Jahrhundert. Das ist die einfache Logik der Liebe. Was Jesus unterschätzt haben mag: Diese Logik erfordert letztlich eine völlige Umstellung des Denkens, gewissermaßen eine Neudefinition des Menschseins. Denn wer sich auf sie einlässt, findet nicht mehr auf dem üblichen Weg der Abgrenzung von anderen zu seiner Identität, sondern auf dem der Versöhnung, und das bedeutet: das Fremde, auch das Feindliche, sogar das Abstoßende anzunehmen und in sich aufzunehmen. Die Frage, wie Jesus die Welt sieht, ließe sich demnach wohl folgendermaßen beantworten: mit den Augen eines Menschen, der nicht nur Gewalt ablehnt – das wäre zu wenig, das tun viele –, nein, der auch gegen die Faszination der Macht in all ihren Erscheinungsformen immun ist, weil er sich der Logik der Liebe verschrieben hat. Und zwar bis zur letzten Konsequenz, wie sich zeigen wird.

Diese Grundhaltung hat Auswirkungen auf seine Lehre, die nicht jedem geheuer sind. Nur ein Beispiel dafür, wie weit sich seine Überzeugungen vom herrschenden Denken entfernt haben. Liegt den Pharisäern vornehmlich daran, Grundsätzliches zu definieren und Rechtmäßiges festzulegen, so fragt Jesus nach dem Ergebnis. Frucht und Fruchtbarkeit – es dürfte kaum zwei andere Begriffe geben, die er so häufig in seinen Reden und Gleichnissen benutzt. Er sagt: Geht nicht von Lehrsätzen und Unterscheidungen aus, lasst euch nicht von einem Regelwerk leiten, wenn ihr wissen wollt, ob ihr den Willen Gottes erfüllt. Geht nicht von den Voraussetzungen aus, sondern vom Ergebnis. Nehmt die praktische Wirkung eures Glaubens als Maßstab. Fragt danach, ob das Resultat eurer eigenen Sehnsucht nach Frieden und Glückseligkeit entspricht. Ob die Prinzipien stimmen, ob die Lebensmaximen etwas taugen, das zeigt sich im selben Augenblick, in dem die Früchte eures Handelns sichtbar werden. Das Gottesreich bricht niemals dort aus, wo Gott und Mensch theoretisch übereinstimmen. Sondern da, wo Gott und Mensch gemeinsame Sache machen.

So gesehen ist Jesus tatsächlich ein Umstürzler. Er stürzt das herrschende Denken um. Und nimmt in diesen Tagen kein Blatt mehr vor den Mund. »Die Zöllner und Dirnen kommen vor euch ins Reich Gottes«, sagt er jenen ins Gesicht, die ihn jetzt nicht mehr aus den Augen lassen, die ihn im Tempel unablässig belauern, wie Lukas schreibt, und eine Handhabe gegen ihn suchen, etwas, das sich vor Gericht verwerten ließe, damit man ihn noch vor dem Höhepunkt des Fests aus dem Verkehr ziehen könnte. Johannes deutet an, dass Jesus inzwischen in Jerusalem steckbrieflich gesucht wird. Gewiss, man wüsste schon, wo man ihn fände, nur – der Tempel, wo Jesus ständig von Anhängern und Neugierigen umlagert ist, wäre ein denkbar ungeeigneter Ort für seine Verhaftung. Jedes Aufsehen muss vermieden werden. Erst kurz zuvor war es ja im Tempel zu einem blutigen Zwischenfall gekommen. Da hatten römische Soldaten aus der Burg Antonia eine Gruppe galiläischer Pilger praktisch vor dem Brandopferaltar niedergemetzelt. Die Geschichte hatte im ganzen Land die Runde gemacht, aber die befürchteten Unruhen waren ausgeblieben.

Es formiert sich nun also eine geballte Opposition gegen Jesus, und die letzten drei Tage seines Lebens brechen an. Diese drei ruhmlosen Tage begründen, wenn man so sagen darf, seinen Ruhm. Sie prägen das Bild, das wir uns seither von ihm machen. Sie überschatten oder überstrahlen, wie man es nimmt, den Jesus des ungebundenen Lebens und ungebundenen Denkens, den sorglosen, lebenslustigen, freiheitsliebenden, furchtlosen, energischen, geselligen, wortgewaltigen, mit Temperament und Ungeduld gesegneten Jesus und lassen uns einen lammfrommen, stillen, ernsten und schicksalsergebenen zurück. Den guten Hirten, den sanften Menschenfreund, den stumm leidenden Gottesknecht. So wirkt Jesus nach, und wenn wir uns fragen, wie es denn um die von ihm beständig angemahnte Fruchtbarkeit in seinem eigenen Fall bestellt war, dann muss die Antwort wohl lauten: Allzu weit hat er es nicht gebracht, solange er den Leuten das Gottesreich noch predigte. Erst dieser ausgesuchte Tod verhilft seinen Ideen zu einer – dann allerdings gewaltigen – Durchschlagskraft. Aber, hat er ihn denn gesucht, diesen Tod? Wollte Jesus wirklich sterben? Und warum?

Folgen wir zunächst der Geschichte. Es zeigt sich, dass alle Evangelisten sich über den Hergang der Ereignisse weitgehend einig sind. Sie stimmen auch in der Notwendigkeit überein, die Passionsgeschichte so sachlich wie möglich zu erzählen. Kein Theaterdonner, kein Appell an die Gefühle, das Arsenal literarischer Dramatisierungskünste bleibt geschlossen. Die Fakten sprechen ja für sich: Verrat, Gefangennahme, Verhöre, Folterung, Kreuzigung und Tod nach sechs qualvollen Stunden (»Das ging ja schnell«, wird Pilatus die Nachricht vom Ende Jesu kommentieren). Die Aufregung dieser Tage schlägt sich in mehrfachen Wechseln des Schauplatzes nieder, die Geschichte springt zeitweilig zwischen verschiedenen Akteuren hin und her, und vorübergehend kristallisiert sich nun eine Gestalt heraus, die bisher ganz im Hintergrund gestanden hat: Judas. Der Verräter. Unvermittelt, wie ein Dieb in der Nacht, tritt er aus dem Schatten, und nüchtern, fast beiläufig, teilt Markus mit: »Und Judas Iskariot, dieser eine von den Zwölfen, ging zu den Hohepriestern, um ihn an sie auszuliefern. Als sie dies hörten, freuten sie sich und versprachen, ihm Geld zu geben. Und er suchte nach einer günstigen Gelegenheit, ihn auszuliefern.« (Mk 14,10–11)

Das war's. Kein Kommentar, keine Begründung. Die anderen Evangelisten wollen Judas ähnlich schnell wieder loswerden – als wäre dieser Judas gar nicht so interessant, kein abscheuliches Monstrum, nicht einmal ein richtiger Schuft, als wäre er nur ein Rädchen im Getriebe der Untergangsmaschinerie, die nun anspringt. Eins immerhin ist offenkundig: Dass Jesus unschädlich gemacht werden soll, darauf hat man sich höheren Orts längst verständigt, und es klingt völlig plausibel, wenn Johannes berichtet, mit welchen Worten der Hohepriester Kajaphas das Kopfzerbrechen im Hohen Rat beendet: »Ihr versteht nichts«, fällt er seinen Kollegen ins Wort. »Auch bedenkt ihr nicht, dass es für euch von Vorteil wäre, wenn ein einzelner Mensch für das Volk stirbt und nicht das ganze Volk zugrunde geht.« (Joh 11,49–50) Mit anderen Worten: Völlig gleichgültig, welche Ansichten Jesus im Einzelnen vertritt, ob sie nun tatsächlich so unerhört sind, wie einige behaupten, oder nicht – der Mann ist schon durch seine Anziehungskraft auf die leicht manipulierbare Masse des einfachen Volkes eine Gefahr für die öffentliche Ordnung. Sollte es zu Unruhen kommen, werden die Römer wahllos Hunderte oder Tausende über die Klinge springen lassen, obendrein würde Pilatus den Hohen Rat zur Verantwortung ziehen, die Beseitigung dieses lästigen Menschen wäre also auf jeden Fall das kleinere Übel. Risiken gegeneinander abwägen, Störpotenzial rechtzeitig ausschalten – Realpolitik eben. Und durch die Zusammenarbeit mit Judas

Judas ist in der Kunst oft derjenige, der sich abwendet, der sein Gesicht nicht zeigt. Hier eine Judasdarstellung aus der Schule von Leonardo da Vinci nach seinem Wandgemälde »Das Abendmahl«.

würde sich die Sache sogar einigermaßen geräuschlos bewerkstelligen lassen.

Eine Funktion hätte Judas somit. Aber hat er auch ein Gesicht? Auffällig ist die Unsicherheit der Evangelisten im Umgang mit Judas und wie blass diese Figur bei ihnen bis zum Ende bleibt. Johannes führt ihn von Anfang an als einen Erzspitzbuben ein, aber das ist wenig glaubwürdig. Immerhin ist dieser Evangelist der einzige, der die nun folgende Szene beim letzten Abendmahl in schlüssiger Form präsentiert. Bei den anderen dreien reißt die Geschichte mittendrin ab, als hätten sie plötzlich den Faden verloren. Da haben sich Jesus und die Jünger also in einem Gästehaus auf dem Zionsberg zum Abendessen versammelt. Man gruppiert sich – wie üblich auf Sofas liegend – um einen Tisch herum, vor sich Weinkaraffen und die Schüssel mit dem Fleisch, und nun spricht Jesus auf einmal dunkel von Verrat, gibt auch einen Hinweis auf den Täter – und nichts folgt daraus. Keine Reaktion. Springt Judas jetzt auf, rennt er hinaus? Und hindert ihn jemand, stürzt man sich auf ihn? Bleibt er vielleicht und spielt die verfolgte Unschuld? Glauben die anderen Jünger Jesus etwa nicht – Judas, unser Kassenverwalter, unser Quartiermacher, die Zuverlässigkeit in Person, vielleicht ein bisschen pedantisch, aber er hält die Groschen beisammen, seine Abrechnungen stimmen, nein, unmöglich, der Mann genießt unser Vertrauen, Jesus muss sich irren? Oder steht Judas einfach wortlos auf, und Jesus sagt: Lasst ihn ziehen? So ähnlich erzählt es Johannes, und wo die anderen schlagartig die Erinnerung verlässt, spinnt er den Faden der Geschichte überzeugend weiter. Darauf ist bei ihm ohnehin Verlass – wo die Synoptiker in Verlegenheit geraten, zeigt er sich auch literarisch der Herausforderung gewachsen.

Eine Wendung ins Dramatische nimmt dieser Abend bei Lukas. Nachdem Jesus ihr letztes gemeinsames Mahl zum Vorbild aller künftigen Gedächtnisfeiern erklärt hat, ist die feierliche Stimmung plötzlich verflogen, und eine Krisensitzung schließt sich an. Jesus will wissen: Sind wir gewappnet? Verteidigungsbereit? Wie viele Schwerter haben wir? Dieser Umschwung wäre denkbar, sollte sich Judas durch abruptes Entfernen als Verräter zu erkennen gegeben haben, und in diesem Fall würde Lukas Johannes bestätigen. Doch womöglich ist die Krisensitzung von Lukas falsch platziert worden, und in Wirklichkeit hat sie viel früher stattgefunden, nämlich noch vor ihrem Aufbruch nach Jerusalem, als der Verdacht aufkam, die Soldaten des Antipas könnten sie unterwegs abzufangen versuchen.

Aber lesen wir einmal, wie Johannes diese Episode aufzieht, nämlich als Kabinettstück der Vieldeutigkeit. Jesus bringt die Sprache auf den bevorstehenden Verrat, nennt aber keinen Namen. Und dann heißt es: »Die Jünger schauten einander ratlos an, weil sie nicht wussten, von wem er redete. Einer von den Jüngern Jesu lag in seinem Schoß, der, den Jesus liebte. Diesem nun gibt Simon Petrus einen Wink, er solle herausfinden, wer es sei, von dem er rede. Da lehnt sich jener an die Brust Jesu zurück und sagt zu ihm: Herr, wer ist es? Jesus antwortet: Der ist es, dem ich den Bissen eintauchen und geben werde. Dann taucht er den Bissen ein und gibt ihn Judas ... Da sagt Jesus zu ihm: Was du tun willst, tue bald! Niemand am Tisch verstand, wozu er ihm das sagte. Denn weil Judas die Kasse hatte, meinten einige, Jesus wolle ihm sagen: Kaufe, was wir für das Fest brauchen, oder etwas für die Armen, damit ich ihnen etwas geben kann. Als nun jener den Bissen genommen hatte, ging er sogleich hinaus. Und es war Nacht.« (Joh 13,22–30)

Das ist gekonnt, wie hier die Dramatik einer äußerst angespannten Situation durch minimale Gesten noch gesteigert wird, ein kurzes, fragendes Hochziehen der Augenbrauen vielleicht und die Hand mit dem triefenden Fleischstück, die den Mund des Judas sucht. Aber was bedeutet es eigentlich, dass Jesus seinen Verräter in diesem Moment auf diese Art buchstäblich füttert – wie eine Mutter ihr Kind? Vielleicht muss man an dieser Stelle etwas abschweifen. Vielleicht hilft uns hier der Blick auf ein anderes Land mit einer alten semitischen Kultur weiter, auf Äthiopien nämlich. Dort ist solches Füttern während gemeinsamer Mahlzeiten bis heute eine Geste innigster Freundschaft unter Erwachsenen. Ein Liebesbeweis. Wäre es möglich, dass diese Geste seinerzeit unter Juden eine ähnliche Bedeutung hatte? Dann würde sie auf ein geheimes Einvernehmen zwischen Jesus und Judas hindeuten – und nichts an dieser Episode würde dem widersprechen. Dann wären die Jünger mit der Deutung dieser Szene zwangsläufig überfordert, denn wer sollte den Zusammenhang von Liebesbeweis und Verrat begreifen? Und dann würde Johannes hier etwas zur Sprache, zur Zeichensprache bringen, was er nur widerwillig zugeben kann: Jesus und Judas machen gemeinsame Sache mit dem Ziel, Jesu Hinrichtung in die Wege zu leiten. Sie haben in aller Verschwiegenheit einen Plan ausgearbeitet, von dessen Existenz Jesus die anderen Jünger nun in Kenntnis setzt, wenn auch nur andeutungsweise. Zu dieser Vermutung würde einiges andere passen. Der Kuss zum Beispiel, mit dem Judas Jesus noch in derselben Nacht für das Verhaftungskommando als den Gesuchten identifiziert. Und genauso die Mitteilung des Matthäus, dass Judas seinem Leben bald darauf mit einem Strick ein Ende setzt – aus Reue über seine Schandtat, heißt es bei ihm. Weil er an seinem mörderischen Liebesdienst seelisch zerbricht, darf man ebenfalls mutmaßen.

Eine Möglichkeit jedenfalls. Die andere: Judas verkörpert die Banalität des Bösen. So kann man jedenfalls die Synoptiker verstehen. Die eigentliche Verratsszene, seine Verhandlung mit der obersten Behörde Jerusalems, lässt eigentlich keinen anderen Schluss zu: Judas will aus dem Unternehmen Jesus aussteigen und braucht Startkapital für eine neue Existenz. Auf eine Belohnung von 30 Silberlingen lässt er sich ein, behauptet Matthäus, nicht sonderlich viel also. Markus hingegen nennt keinen bestimmten Betrag, vielleicht war es doch ein zufriedenstellendes Geschäft. Gut denkbar jedenfalls, dass Judas einfach genug hat. Schon lange genug von Jesu abfälligen Auslassungen über die Reichen, von seinen Lobreden auf Sorglosigkeit und Leichtsinn (während er sich die Haare rauft), genug davon, als Finanzmann nie richtig gewürdigt worden und immer Außenseiter im Jüngerkreis geblieben zu sein, jetzt rächt er sich für die verlorene Lebenszeit, für die zweieinhalb vergeudeten Jahre an der Seite eines Fantasten, der sich für den Messias hält – und er, Judas, hat das auch noch geglaubt! Die ganzen Strapazen – für nichts! Nur abspringen, bevor das selbstmörderische Unterfangen dieses Jesus alle mit ins Verderben reißt. Das Kopfgeld ist eine kleine Entschädigung, und jetzt zurück ins bürgerliche Leben, ein Haus bauen, eine Familie gründen ... Nein, dieser Judas ist nicht zu dämonisieren. Ein rechnender Realist, gänzlich unteuflisch. Und deshalb spricht auch keiner der Evangelisten von Verrat. Für sie ist Judas derjenige, der Jesus lediglich ausliefert. Verrat wäre ein viel zu großes Wort. Als hätte Judas Ideale gehabt, als hätte er sich in tragischer Verstrickung für das Falsche entschieden. Er will am Ende bloß nicht der sein, der den Kürzeren zieht, das ist schon alles. Dazu passt, was Lukas in der Apostelgeschichte über ihn schreibt: Judas erwirbt von der Belohnung für seine Dienste tatsächlich ein Grundstück – und erleidet kurz darauf einen tödlichen Unfall. Keine Reue also hier, kein Selbstmord. Die Banalität des Bösen.

Aber was stimmt nun? Gemeinsam ist den Evangelisten die offenkundige Absicht, dem Mann nur keine übertriebene Bedeutung beizumessen. Das Thema Judas ist anscheinend heiß, man könnte sich wohl die Finger daran verbrennen. Aber Johannes ist der bessere Psychologe, ihm dürfen wir das tiefste Verständnis für seelische Abgründe und die Vielschichtigkeit menschlicher Beziehungen zutrauen, und vielleicht geht der Verschwörung des Judas mit den Behörden tatsächlich eine Verschwörung mit Jesus voraus. Will Jesus also sterben?

Niemand will sterben. Nur eine Stunde später, um Mitternacht, wirft sich Jesus zwischen den Olivenbäumen des Landguts Getsemani auf die Erde und fleht um sein Leben. Hat alles für seine Hinrichtung in die Wege geleitet, hat Judas zumindest nicht aufgehalten, und fleht jetzt um sein Leben. Angstschweißgebadet. Nicht den Hauptmann des Verhaftungskommandos fleht er an – als sie kurz darauf mit Fackeln, Schwertern und Knüppeln eintreffen, ist Jesus wieder gefasst –, er fleht Gott an. Den er seinen Vater nennt. Der für ihn die Liebe und das Erbarmen ist. Zwischendurch schaut er nach seinen Jüngern, vielleicht in der Hoffnung, von Petrus noch einmal das erlösende Wort zu hören, wie damals, in Cäsarea Philippi, doch die schlafen alle, erschöpft vom Wein und der Niedergeschlagenheit. Dann sind sie da. Judas küsst seinen Herrn ab, wie es im Originaltext heißt, schließt ihn also noch einmal in die Arme – eine Abschiedsgeste, deren tiefere Bedeutung sich im Dunkel dieser Nacht wohl nur den beiden selbst er-

Gräber aus vorherodianischer Zeit im Kidrontal unterhalb der Tempelmauer. Jesus ist hier auf dem Rückweg vom Abendmahlssaal zu seinem Nachtlager im Garten Getsemani vorbeigekommen.

Der Garten Getsemani am Fuß des Ölbergs – damals wie heute ein Olivenhain mit Kellern für Ölpresse und Gerätschaften.

schließt. Petrus immerhin wehrt sich, holt mit dem Schwert aus und trifft auch den nächsten Soldaten am Kopf, es kommt zum Tumult, die Bewaffneten des Hohepriesters sind in der Überzahl, die Jünger suchen das Weite, Jesus wird gebunden und abgeführt, Getsemani versinkt wieder in Dunkelheit und Stille. Und noch einmal: Will Jesus sterben?

Wohl kaum. Aber so, wie sich sein Unternehmen entwickelt hat, darf man wohl die Schlussfolgerung wagen: Der Tod muss ihm als letzter Ausweg erscheinen. Eine Notlösung im wahrsten Sinne des Wortes, zu der er sich aber aus freien Stücken entschließt. Jesus wird durch seinen Misserfolg als Wanderprediger zu dieser Lösung gedrängt worden sein, und dass er sie nicht als unzumutbar verwirft, beweist, wie restlos er als Person in seinem Auftrag, seiner Botschaft aufgeht. Er sieht sein Leiden also nicht bloß vorher, er fasst auch nicht nur die Möglichkeit des Sterbens ins Auge, er entscheidet sich – wahrscheinlich nach furchtbaren inneren Kämpfen – bewusst dafür, einen Weg zu beschreiten, der nur an einem römischen Hinrichtungskreuz enden kann, und er tut das bereits auf der Wanderung nach Cäsarea Philippi, wo es mit Petrus deswegen zum großen Streit kommt. Wir sehen ja dann, wie er die Behörden regelrecht dazu zwingt,

Der Judaskuss, Fresko in der Oberkirche der Benediktinerabtei Subiaco.

133

gegen ihn vorzugehen, und wie er ihnen ihre Arbeit vielleicht sogar durch seine Absprache mit Judas noch erleichtert. Wobei immer noch die Frage offenbleibt: Welchen Sinn hätte sein Tod? Was würde er ändern?

Hier ist nun alle Vorsicht geboten. Denn natürlich müsste man zur Beantwortung dieser Frage die Theologie der letzten zweitausend Jahre heranziehen – und würde dann feststellen, wie unterschiedlich die Beweggründe Jesu und der Sinn seines Todes beurteilt werden. Die Leidensgeschichte ist und bleibt vieldeutig. Jesus selbst hüllt sich ja in Schweigen; zumindest ist von ihm kein Kommentar zu seinem einsamen Entschluss überliefert. Und die Evangelisten konzentrieren ihre Deutungsversuche darauf, die Unausweichlichkeit seines Leidens anhand der Schriften des Alten Testaments nachzuweisen, so als hätte sich Jesus nur in demütigem Gehorsam einer vorgegebenen Prophetenrolle angepasst. Diese Deutung aber wird Jesus nicht gerecht. Sie verkennt, dass er immer aus der Situation heraus handelt, dass er Situationen aus ureigenstem Antrieb selbst heraufbeschwört und wiederum aus freier Selbstbestimmung darauf reagiert. Vielleicht trifft die folgende Erklärung noch am ehesten zu: Jesus bleibt seinem ursprünglichen Auftrag auch jetzt treu, aber er findet noch einmal eine neue, eine verstörende, eine erschütternde Ausdrucksform dafür.

Wenn man bedenkt, welche grundlegende Bedeutung Jesus der Logik der Liebe und der Fruchtbarkeit beimisst, dann muss seine einzige Sorge zum Schluss gewesen sein, dem eigenen Anspruch doch noch gerecht zu werden – eben dem Anspruch der Frieden und Liebe stiftenden Wirkung, in der sich für ihn die Übereinstimmung mit Gottes Willen zeigt. Er wird sich aber auch längst über die Dimension seines Vorhabens klar geworden sein, das ja auf nichts weniger als eine Revolution des Denkens hinausläuft. Als Einzelner steht er auf verlorenem Posten, das ist ihm schmerzlich bewusst geworden, und Helfer, Verbündete, Gleichgesinnte hat er nicht in genügender Zahl gefunden. Worte besitzen nicht die nötige Sprengkraft, eine derartige Revolution auszulösen, das ist nun erwiesen. Was aber besäße diese Sprengkraft? Stärker als Worte wirken Bilder. Eher als Ohren lassen sich Augen überwältigen. Aus diesem Grund könnte er zu dem Entschluss gekommen sein, ein Bild in die Welt zu setzen, das für sich selbst spricht und sich unauslöschlich einprägt, weil es den Irrsinn der alles beherrschenden Logik der Macht ins grellste Licht taucht und Himmel und Erde, ja, Himmel und Hölle zusammenzwingt: das Bild des Messias am Kreuz.

Das Hinrichtungsspektakel, das sich kurz danach in dem alten Steinbruch vor der Stadtmauer Jerusalems abspielen wird, versteht man wahrscheinlich nicht falsch, wenn man es als sinnbildliche Inszenierung der Ohnmacht Gottes in einer Welt versteht, die die Macht anbetet und für die Mächtigen schwärmt. Jesus macht am Kreuz den eigenen geschundenen Leib zum Gleichnis des verkannten Gottes, zum Sinnbild für die Ohn-

macht der Liebe. Er inszeniert das Schicksal Gottes in dieser Welt als das er-
barmungswürdige Schauspiel der eigenen Hilflosigkeit. Er verkörpert die
Ohnmacht Gottes. Und so gesehen, nur so gesehen verlangt dieser Gott,
eben weil er nicht zu fürchten ist, das Fürchterliche. Gleichzeitig wird die
Logik der Macht mit letzter Konsequenz ad absurdum geführt, wenn derjenige, der sich wie kein anderer der Logik der Liebe verschrieben hat und
damit Gott so ähnlich wie möglich geworden ist, als Verbrecher hingerichtet wird. Jesus entlarvt damit zum Preis des eigenen Lebens den grundlegenden Irrtum, dass Gott sich im Triumph, in der Überlegenheit der
Waffen oder dem Erfolg des Stärkeren offenbaren würde. Ist er sicher, dass
ihm auf diese Weise die endgültige Entzauberung der Macht gelingt, dass
er durch die Art seines Todes wenigstens seinen Anhängern die Augen öffnet? Die Frage stellt sich jetzt wohl nicht mehr. Er hat nur noch diese eine
Chance, dem Gottesreich zum Durchbruch zu verhelfen. In jedem Fall
wird er in einem Bild von drastischer Deutlichkeit sagen, was er zu sagen
hat: dass Gott nur da siegreich ist, wo niemand mehr siegen will.

Das, was nun folgt, lässt Jesus widerstandslos und meist wortlos über
sich ergehen. Jesus schweigt vor seinen Richtern – das scheint die sicherste
Nachricht zu sein, die die Evangelisten von seinem Prozess haben. Johannes gestaltet dieses Schweigen etwas wortreicher aus als die Synoptiker,
aber alle erwecken gleichermaßen den Eindruck: Jesus unternimmt nicht
den leisesten Versuch, sich zu verteidigen. Im Verhör durch den Hohen Rat
antwortet er knapp und zweideutig oder ausweichend, auf die Anklage-
punkte geht er gar nicht ein. Immerhin bekennt er sich hier dazu, der Messias zu sein. Das trägt ihm die Verurteilung wegen Gotteslästerung ein,
worauf die Todesstrafe steht, die eine jüdische Behörde jedoch nicht voll-
strecken darf. Jesus wird daher den Römern überstellt. Für die ist Gotteslästerung keine Straftat, die Anklage wird deswegen in Hochverrat abge-
wandelt, und der römische Gouverneur Pontius Pilatus macht jetzt mit
Jesus dieselbe Erfahrung wie der Hohe Rat: Er antwortet auf Fragen und
Anschuldigungen entweder einsilbig oder schweigt überhaupt (wobei man
sich der griechischen Sprache bedienen dürfte, die Jesus ja einigermaßen
beherrscht). Pilatus muss das Verhalten Jesu irritieren. Es ist heute üblich,
den Evangelisten eine römerfreundliche Tendenz zu unterstellen, weil sie
diesem grobschlächtigen Vertreter der Besatzungsmacht Sympathien für
Jesus nachsagen, aber – Pilatus dürfte dergleichen in der Tat noch nicht erlebt haben: Ein Angeklagter, der nicht mitspielt. Der sich der Dramaturgie
einer Gerichtsverhandlung verweigert und keine pathetische Verteidi-
gungsrede hält, nicht zur Gegenanklage übergeht, mit keinem Wort an das
Mitleid seiner Richter appelliert. Warum sollen da nicht auch einem Pilatus Zweifel an der Glaubwürdigkeit der Anklage kommen? Und warum soll
er dann nicht wenigstens einen halbherzigen Versuch unternehmen, diesen offenbar harmlosen Verwirrten laufen zu lassen?

Abbildung auf der folgenden Doppelseite:
Der Kreuzigungszug, Fresko in der Oberkirche der Benediktinerabtei Subiaco. Man sieht hier, wie der kreuztragende
Jesus sich den galiläischen Frauen zuwendet, die ihn auf
seinem letzten Weg begleiten. Dahinter das römische Hinrichtungskommando, teilweise zu Pferd.

Trotzdem verurteilt er Jesus zum Tod. Nichts spricht gegen die Darstellung der Evangelisten, dass Jesus die Frage des Pilatus, ob er den Titel eines Königs der Juden für sich beanspruche, in seinem eigenen Sinne bejaht – und dass Pilatus diese Antwort, womöglich erleichtert, als Hinrichtungsgrund durchgehen lässt. Schließlich dürfte ihm kaum an lästigen Debatten mit den Vertretern der jüdischen Obrigkeit gelegen sein, und da Jesus mit seiner demonstrativen Schicksalsergebenheit bei den Massen inzwischen alle Sympathien eingebüßt hat, trägt Pilatus nun keine Bedenken mehr, Jesus zur Hinrichtung freizugeben. Das heißt, zur sofortigen Folterung und anschließenden Kreuzigung.

Wir wissen, dass wir nicht dem traurigen, aber auch belanglosen Ende eines Einzelschicksals beiwohnen, wenn der Hinrichtungszug mit den drei Todeskandidaten, nämlich Jesus und zwei weiterer Aufrührern, sich nun auf der belebten Straße Richtung Stadttor in Bewegung setzt. Die Kreuzigung Jesu ist die erschütternde Urerfahrung des Christentums. Seine Leidensgeschichte nimmt in der Rückbesinnung der Jünger als Erstes feste Form an. Sein Kreuz wird zum christlichen Symbol schlechthin. Maler und später Filmregisseure werden sich darin überbieten, die Abscheulichkeit dieser Hinrichtungsart vor Augen zu führen. Den Evangelisten und ihren Lesern allerdings war die gnadenlose Wucht, mit der das Leiden eines Gekreuzigten den Zuschauer trifft, gut vertraut; gerade in Palästina wurde die Kreuzigung von den Römern exzessiv eingesetzt, aus Gründen der Abschreckung – so hatte Quinctilius Varus zum Beispiel allein im Umkreis von Jerusalem zweitausend Juden kreuzigen lassen, als er den Aufstand des Jahres 4 vor Christus niederschlug. Die Autoren der Evangelien können bei ihrer Schilderung der letzten Stunden Jesu deshalb mit sparsamsten Mitteln arbeiten; Matthäus bringt es sogar fertig, die eigentliche Kreuzigung zu übergehen. Als Leser bekommt man also fast nichts von dem mit, was im Steinbruchgelände von Golgata nun vor sich geht, aber die Prozedur ist hinlänglich bekannt, und sie wird etwa folgendermaßen ablaufen: Auf der Kuppe des Hügels ragen mehrere hohe Pfähle auf, fest eingegraben und ohne Querbalken, denn den müssen die Verurteilten auf den eigenen Schultern zum Hinrichtungsplatz tragen. Soldaten reißen Jesus die Kleider vom Leib, werfen ihn nieder, strecken seine Arme auf dem Querbalken aus und schlagen Nägel durch seine Handgelenke ins Holz. Als Nächstes ziehen sie den Balken mit dem angenagelten Körper an einem Strick an einem der Pfähle in die Höhe, befestigen ihn oben mit demselben Strick und durchbohren dann beide Füße mit einem weiteren Nagel. Schließlich bringen sie über dem Kopf des Gekreuzigten den Titulus an, eine Holztafel mit Angaben zu seinem Verbrechen. Manche Kreuze haben einen Sitzpflock auf halber Höhe des senkrechten Pfahls, auf dem sich der Gemarterte abstützen kann, was seine Qual etwas lindert, aber verlängert. Bis der Tod durch Kreislaufversagen eintritt, können so Tage vergehen. Jesus stirbt nach nur sechs Stunden, gegen drei Uhr nachmittags, kurz vor dem Passafest des Jahres 30 nach Christus, vermutlich im Alter von sechsunddreißig Jahren.

So weit die Geschichte von Jesu Leben und Tod, wie sie sich aus den Evangelien rekonstruieren und anhand der Schauplätze, der archäologischen Entdeckungen und historischen Quellen veranschaulichen lässt. Sie könnte hier zu Ende sein, und sie müsste nach menschlichem Ermessen zu Ende sein, denn der Zweck einer Kreuzigung bestand nicht allein in der physischen Beseitigung eines Menschen, sondern in seiner Vernichtung, seiner Auslöschung als Person. Diese Form der Exekution war Sklaven vorbehalten und denjenigen, die in den besetzten Ländern des Imperiums gegen die römische Herrschaft rebellierten, und sie galt als schmachvoll, als entwürdigend und wegen der Nacktheit des Opfers als geradezu obszön. Schon der Gedanke daran lasse einen erschaudern, sagt der römische Staatsmann und Schriftsteller Cicero, weshalb alles, was an Kreuzigung auch nur erinnern könnte, von einem Bürger Roms ferngehalten werden

Im Zentrum des Wandbilderzyklus in der Oberkirche von Subiaco steht die Kreuzigungsszene.

Dieser Fußknochen eines Gekreuzigten mit Nagel wurde 1968 in einer Grabanlage am Stadtrand von Jerusalem entdeckt. Beim Einschlagen in den Kreuzstamm hatte sich der Nagel verbogen.

müsse. Nicht anders dachten die Juden selbst darüber. Wer am Kreuz starb, der war aus ihrer Sicht von Gott verflucht, und deshalb verbot es sich auch, einen solchen nach seinem Tod wenigstens als Märtyrer zu verehren. Gründlicher kann man einen Menschen also nicht aus dem Gedächtnis seiner Zeit tilgen. Dennoch geht die Geschichte Jesu weiter. Doch bevor wir im zweiten Teil zu ihrer unerwarteten Fortsetzung kommen, sollten wir eine letzte Bestandsaufnahme machen: Lässt sich irgendetwas an diesen dramatischen Tagen in Jerusalem überprüfen? Gibt es Dokumente, Orte, Fundstücke, die ein Licht auf die Ereignisse von damals werfen, die uns vielleicht mit ihren Akteuren in Berührung bringen, die womöglich die Darstellung der Evangelisten historisch absichern?

Der überraschendste archäologische Fund in diesem Zusammenhang ist wohl die Entdeckung der Überreste eines Gekreuzigten 1968 im Knochenkasten einer Grabanlage nördlich von Jerusalem. Überraschend, weil man angesichts der völligen Auslöschung, die jeder Kreuzigung als Absicht zugrunde liegt, nicht damit rechnen durfte, auch nur auf einen einzigen von den Zehntausenden zu stoßen, die während der römischen Herrschaft in Palästina am Kreuz geendet waren. Überraschend aber auch deshalb, weil sich hier im rechten Fersenknochen eines etwa zwanzigjährigen Mannes sowohl ein 17 Zentimeter langer Nagel als auch ein kleines Brett aus Olivenholz fand, seine Armknochen hingegen keinerlei Spuren einer Beschädigung aufwiesen. Was folgerte daraus? Offenbar waren dem Mann die Füße zu beiden Seiten des Pfahls angenagelt worden, während man seine Arme am Querbalken festgebunden hatte. Der Henker hatte diesem einen Nagel aber wohl nicht getraut, der Nagelkopf war zu klein, und um den Verurteilten daran zu hindern, seinen Fuß zu befreien, hatte er den Nagel zunächst durch dieses Holzbrett und erst dann durch den Knochen geschlagen. Als man den Leichnam später vom Kreuz abnehmen wollte, stellte man fest, dass sich der Nagel verbogen hatte und aus dem Fuß nicht mehr herauszuziehen war. So wurde der Mann mit Nagel und Brett begraben. Dieser Fund beweist jedenfalls, was wir bereits aus den Quellen wissen: Für eine Kreuzigung gab es keine Regeln. Der Hinzurichtende war dem Mutwillen seiner Henker ausgeliefert, sie konnten nach Gutdünken verfahren, Nägel zum Beispiel durch Stricke ersetzen und die Tortur beliebig verlängern.

Erstaunlich ist aber auch etwas ganz anderes. Die Tatsache nämlich, dass Jerusalem überhaupt noch an seinem alten Platz steht. Selbstverständlich ist das jedenfalls nicht. Viele andere Großstädte jener Zeit sind untergegangen, von Erdbeben verwüstet, in Kriegen zerstört, nach ihrem wirtschaftlichen Ruin entvölkert und aufgegeben, berühmte Städte wie Antiochia am Orontes und Ephesus an der kleinasiatischen Küste, beide bedeutende Schauplätze der frühen Geschichte des Christentums, oder auch so mächtige Metropolen wie Palmyra in Syrien und die nabatäische Hauptstadt Petra im heutigen Jordanien. Das immer wieder umkämpfte, vielfach eroberte und mehrfach zerstörte Jerusalem aber existiert noch, an demselben Ort wie vor zweitausend Jahren, und es weist tatsächlich Spuren auf, die in direktem Zusammenhang mit der Passionsgeschichte Jesu stehen.

Die berühmte Via Dolorosa gehört allerdings wohl nicht dazu. Die Pilger, die am Karfreitag hier den Kreuzweg Jesu nachvollziehen, folgen wahrscheinlich doch nicht dem Weg, den das Hinrichtungskommando seinerzeit vom Amtssitz des Pilatus nach Golgata genommen hat. Dieser Strecke lag die Annahme zugrunde, die Burg Antonia am Nordrand des Tempelbezirks hätte dem römischen Gouverneur während seiner Aufenthalte in Jerusalem als Gerichtsgebäude gedient. Mittlerweile aber werden die zeitgenössischen Angaben anders gedeutet, und heute geht man davon aus, dass der Prozess gegen Jesus in einem alten Palast auf halbem Weg zwischen Tempel und Zionsberg stattgefunden hat, in der Südstadt mithin, dort, wo sich in unseren Tagen das jüdische Viertel dem Tempel gegenüber einen Hang hinaufzieht.

Der Endpunkt der Via Dolorosa hingegen ist wissenschaftlich abgesichert. Es ist die Grabeskirche, die im frühen vierten Jahrhundert unmittelbar über dem Golgatahügel errichtet worden war. Damals hatte sich die erste archäologische Expedition auf Geheiß Kaiser Konstantins nach Jerusalem begeben, mit dem Auftrag, die Grabstätte Jesu ausfindig zu machen. Von ortsansässigen Kennern der christlichen Tradition war sie zu einem römischen Aphroditetempel geführt worden. Der wurde abgetragen, und in den darunterliegenden Erdschichten stießen die Ausgräber auf die Kuppe einer felsigen Anhöhe und ein Gräberfeld aus dem ersten Jahrhun-

Im Inneren der Grabeskirche, die zur Zeit Konstantins über dem Golgatahügel errichtet wurde.

JERUSALEM
zur Zeit des Herodes

BETESDA

Golgatahügel

Teich der
drei Türme

Ephraimtor

Antonia

Tempelberg

Goldenes Tor

Getsemani

Grab-
monumente

Zweite Mauer

NEUSTADT

Gennattor

Agora
Markthallen

Prätorium
(alter Hasmonäerpalast)

Oberer Palast
des Herodes

OBERSTADT

UNTERSTADT

STADT DAVIDS

Ölberg

Kidrontal

Schlangen-
teich

Essener-
viertel

Männer-
kloster der
Essener

Gästehaus
der Essener

Haus des
Kajaphas

Alte Stadtmauer

Essenertor

Schiloach-
teich

Wohngegend

Einflussbereich der Essener

Wachtturm

Gegend mit Felsengräbern

0   100   200 m

Jerusalem zur Zeit Jesu. Der Kreuzigungszug bewegte sich wahrscheinlich vom Prätorium zunächst in Richtung des Oberen Herodespalastes, bog dann rechts in die Straße zum Markt ein und verließ das Stadtgebiet durch das Gennattor.

dert. Untersuchungen in späterer Zeit ergaben, dass dieses Gelände seinerzeit außerhalb der Stadtmauer lag; offenbar hatte man also den alten Steinbruch und damit die Hinrichtungsstätte tatsächlich freigelegt. Heute wird daher von niemandem mehr ernsthaft in Frage gestellt, dass das nackte Felsgestein im Innenhof der Grabeskirche jenen Ort bezeichnet, an dem

Jesus gekreuzigt worden war. Der Aphroditetempel an dieser Stelle darf übrigens als weiteres Indiz dafür gelten. In den drei Jahrhunderten vor Konstantin pflegten die Römer nämlich Tempel ganz gezielt an Orten zu errichten, die Juden oder Christen heilig waren – natürlich, um sie von der Verehrung dieser Orte abzuhalten. Ein heidnischer Tempel stellt sich daher bisweilen als zuverlässiger Wegweiser zu einer authentischen Stätte christlicher Tradition heraus.

Wenden wir uns dem Zionsberg zu. Ein genaueres Bild von den Vorgängen dort konnte in jüngerer Zeit aus vielen Mosaiksteinen zusammengesetzt werden, aus Auskünften, die uns Josephus gibt, aus Angaben in frühchristlichen Pilgerberichten und aus dem, was Archäologen im Umkreis der weithin sichtbaren Benediktinerabtei Maria Dormitio entdeckt haben. Ritualbäder von ungewöhnlicher Größe wurden hier freigelegt, auch die Grundmauern von Gemeinschaftsunterkünften, typisch für die klosterähnliche Lebensform der Essener, jener Frömmsten der Frommen, zu denen Jesus offenbar gute Beziehungen unterhielt. Auf dem Zion lag ihr Stadtviertel, und dort, im Obergeschoss eines ihrer Gästehäuser, muss Jesus beim letzten Abendmahl Judas als Verräter entlarvt – oder den Jüngern seine Zusammenarbeit mit ihm gestanden haben. Wenn dem so ist, hat er auf dem Hin- und Rückweg jenen Stufenweg benutzen müssen, der aus der Unterstadt hinaufführte und heute seitlich der Kirche Sankt Peter in Gallicantu verläuft. Seit dem Untergang Jerusalems im Jahr 70 war er verschüttet – französische Dominikaner haben ihn wieder freigelegt. Die Gallicantukirche wiederum steht, frühchristlichen Quellen und Pilgerberichten zufolge, an jener Stelle, an der sich der Palast des Hohepriesters Kajaphas befand, dem Ort des ersten Verhörs nach Jesu Gefangennahme im Olivenhain des Landguts Getsemani, dessen Lage ebenfalls bekannt ist.

Gelegentlich gehört etwas Fantasie dazu, doch im Großen und Ganzen gelingt es einem im Jerusalem des einundzwanzigsten Jahrhunderts doch, die letzten Tage Jesu im Jerusalem des Jahres 30 nachzuvollziehen, so wie die Evangelien sie beschreiben. Kommt man mithilfe der Archäologie noch näher an Jesus heran? Über bestimmte Menschen etwa, mit denen er es am Ende seines Lebens zu tun hatte? Das ist in der Tat möglich. Drei von ihnen werden von den Evangelisten mit Namen erwähnt, der Hohepriester jenes Jahres nämlich sowie der römische Gouverneur Pilatus und – sonderbarerweise – ein gewisser Simon von Kyrene, der mit Jesus ganz zufällig in Berührung kam, als die römischen Soldaten des Hinrichtungskommandos ihn auf der Straße aus der Menge der Passanten herausgriffen und zwangen, Jesus den Querbalken des Kreuzes bis zum Richtplatz nachzutragen. Dem Hohepriester sind wir bereits begegnet, im Zusammenhang mit der glücklichen Entdeckung der Grabanlage der Kajaphasfamilie. Andere Ausgrabungsfunde in Israel haben uns aber tatsächlich auch auf die Spur der beiden anderen gebracht.

Der Stein mit dem Namenszug des Pontius Pilatus in der zweiten Zeile – hier die Kopie in Cäsarea.

Was Pilatus angeht – an dessen Existenz und seiner Funktion im Palästina jener Jahre ist zwar nicht zu deuteln, dafür gibt es auch außerhalb der Evangelien Belege. Dennoch erregte es Aufsehen, als 1962 ein Gedenkstein mit einer gut lesbaren, wenn auch verstümmelten lateinischen Inschrift im Theater von Cäsarea entdeckt wurde. Pontius Pilatus wird darin als Präfekt von Judäa bezeichnet und als Stifter eines Gebäudes erwähnt, und bedeutsam war dieser Fund deshalb, weil er die bisher einzige Spur darstellt, die Pilatus in Palästina selbst hinterlassen hat. Der Pilatusstein ist heute im Israelmuseum von Jerusalem zu sehen und, als Kopie, in der Nähe des Klippenpalastes von Cäsarea aufgestellt. Nirgendwo sonst ist der Mann, der Jesus zum Tode verurteilt hat, so handgreiflich präsent wie an diesen beiden Orten.

Verblüffen muss allerdings, dass auch eine Randfigur wie Simon von Kyrene in den Evangelien erwähnt wird. Der Name würde auf einen dunkelhäutigen Juden aus der Kyrenaica im heutigen Libyen schließen lassen, und man mag ihn für frei erfunden gehalten haben, bis 1942 bei Grabungen im Kidrontal ein Knochenkasten mit der eingeritzten Namensangabe des Toten, nämlich »Alexander, Sohn des Simon von Kyrene«, auftauchte. Dieser Fund war nun im doppelten Sinne aufschlussreich. Zum einen zerstreute er jeden Zweifel daran, dass Simon von Kyrene tatsächlich gelebt hat. Und zum anderen gab er dem Evangelisten Markus nachträglich recht, der sogar die zwei Söhne Simons mit Namen nennt, nämlich Rufus und – Alexander. Die ganze Familie scheint in christlichen Kreisen gut bekannt gewesen zu sein, vermutlich, weil sich dieser Simon unter dem Eindruck seines Erlebnisses bald der Urgemeinde in Jerusalem angeschlossen hatte.

Abbildung auf der linken Seite: Diese antike Treppe führte vom Haus des Kajaphas hinauf zum Gästehaus der Essener. Jesus und die Jünger müssen sie auf dem Weg zum letzten gemeinsamen Abendmahl beschritten haben. Heute befindet sie sich auf der Höhe der Kirche Sankt Peter in Gallicantu.

In jedem Fall liegt uns hier der Beweis für die Existenz eines Menschen vor, der zu den Letzten gehörte, die Jesus lebend gesehen haben.

Die Archäologie hat also manches zu Tage gefördert, was in enger Beziehung zum Leben Jesu steht – Orte, Bauwerke, selbst Menschen. Das wissenschaftliche Aufklärungsbedürfnis könnte dennoch nach beweiskräftigeren Fakten verlangen, nach einer Art Gütesiegel, wie eine neutrale Stelle es dieser Geschichte aufdrücken könnte, eine Erwähnung Jesu in der nichtchristlichen Literatur beispielsweise. Doch nicht einmal um einen solchen Beweis sind wir verlegen. Es gibt sie ja, diese kurze Passage in den bereits erwähnten »Jüdischen Altertümern« des Josephus, wo er tatsächlich auf Jesus zu sprechen kommt. Das Geschichtswerk des Josephus wäre damit zwar das einzige außerchristliche Dokument, das direkt auf Jesus eingeht, aber das würde ja reichen, es wäre Beweis genug. In welchem Sinne äußert sich Josephus dort nun?

Schauen wir uns die Stelle an. Zunächst charakterisiert er Jesus als weisen Mann, als Wundertäter, als Freund der Wahrheit, steigert sich dann zu der Aussage, dieser Jesus sei Christus gewesen, benutzt an dieser Stelle also das griechische Wort für Messias, geht dann auf die Anhänger dieses Christus ein und fährt folgendermaßen fort: »Und nachdem ihn Pilatus ... zum Kreuz verurteilt hatte, hörten die, die ihn vorher geliebt hatten, damit nicht auf. Er erschien ihnen nämlich den dritten Tag wieder lebend, so wie die göttlichen Propheten dies ... von ihm geweissagt hatten. Und bis auf den heutigen Tag hat das nach ihm genannte Geschlecht der Christen nicht aufgehört.« (Altertümer XVIII,3/63–64) Immerhin etwas, könnte man sagen. Wenigstens dieser eine bürgt mit seiner Autorität als Historiker für die Wahrheit der grundlegenden Fakten, für Tod und Auferstehungsglauben und die Gründung der ersten christlichen Gemeinden, zumindest das steht also außer Diskussion. Bei genauerem Hinschauen wirft dieser Text jedoch Fragen auf. Sollte der Jude Josephus diesen gekreuzigten Jesus wirklich als Messias, als Christus anerkannt haben? Sehr unwahrscheinlich. Und warum kannten die christlichen Autoren des zweiten und dritten Jahrhunderts dieses Bekenntnis offenbar nicht? Sie alle waren doch mit den Schriften des Josephus bestens vertraut, sie alle hätten das Bekenntnis eines so prominenten Juden zweifellos gern als Argument verwendet. Doch wie es aussieht, wussten sie nichts davon. Haben also christliche Kopisten das Christusbekenntnis später in den Josephustext hineingeschmuggelt? Und dann – die ganze Passage fällt stilistisch aus dem Rahmen des übrigen Werks heraus. Manchen Forschern reichen diese Gründe, um sie vom ersten bis zum letzten Satz zu einer Fälschung christlicher Abschreiber zu erklären.

Man sollte aber nicht vorschnell urteilen. Denn die christlichen Kopisten der Antike stehen in dem Ruf, ungeheuer sorgfältig gearbeitet zu haben, mit größtem Respekt vor ihren Vorlagen, und keine Schrift eines anderen jüdischen Autors jener Zeit rechtfertigt den Verdacht christlicher Eingriffe. Was noch schwerer ins Gewicht fällt: Wäre diese Passage als ganze eine christliche Erfindung, hätten die Fälscher es kaum bei den wenigen, doch ziemlich dürren Worten über Jesus belassen. Ein »weiser Mann«, ein »Freund der Wahrheit«? Das ist aus christlicher Sicht nun wirklich dürftig. Ausschlaggebend aber ist eine andere Beobachtung: Josephus bezieht sich an späterer Stelle noch einmal auf ebendiese Passage. Er muss sich über Jesus vorher tatsächlich geäußert haben. In welchem Sinne? Vielleicht nicht in dem überlieferten Wortlaut, vermutlich ohne das auffällige Christusbekenntnis. Und trotzdem lässt sich mit einiger Sicherheit behaupten: Josephus liefert uns tatsächlich den bisher vermissten außerchristlichen Beleg für das Leben Jesu und seinen Tod während der Amtszeit des Pontius Pilatus. Ganz so unspektakulär war dieser Messias also wohl doch nicht.

So viel zur Gründergestalt des Christentums. Was ist, so könnte man am Schluss dieses ersten Teils fragen, durch materielle Beweise und literarische Bestätigungen für die Wahrheit dieses Glaubens denn nun eigentlich gewonnen? Die Antwort müsste lauten: nichts. Es bleibt dabei, dass diese Wahrheit allein in der Auseinandersetzung mit seiner spirituellen Substanz erfahren werden kann. Anders jedoch verhält es sich mit der Glaubwürdigkeit dieses Glaubens. Denn dafür wäre allerhand gewonnen, wenn es gelänge, ihn aus der Realität jener Welt heraus zu verstehen, in der er entstand. Es waren ja die frühen Christen selbst, die alles daransetzten, ihren Glauben glaubhaft zu machen, indem sie ihn aus ihren Erfahrungen und der Wirklichkeit ableiteten. Und dies ist – mit Einschränkungen – auch heute noch möglich. Unser Wissen von den Umständen seiner Entstehung ist jedenfalls dafür nicht zu gering.

Teil 2

Ausbruch

Im Jahr 50 betrat der Apostel Paulus hier, in der
mazedonischen Küstenstadt Neapolis (heute Kavala),
erstmals europäischen Boden.

7. Zwei Tage in Jerusalem

Das Christentum breitete sich bereits im ersten Jahrzehnt nach Jesu Tod in Syrien aus. Heute ist Syrien das vergessene Land der christlichen Geschichte, doch immer noch reich an Zeugnissen aus der Frühzeit des Christentums. Das obere Bild zeigt die Altarwand der Mar-Sarkis-Kirche in Maalula nördlich von Damaskus, der ältesten vollständig erhaltenen Kirche der Welt. Auf der rechten Seite ist die burgartige Anlage des Marienklosters von Sednaya aus dem sechsten Jahrhundert zu sehen.

Etwa sechsunddreißig Jahre liegen nach den Schlusskapiteln der Evangelien hinter uns. Fast genauso viele Jahre haben wir zu Beginn der Apostelgeschichte vor uns, nämlich noch einmal zweiunddreißig. Die fünf Bücher des Neuen Testaments, die den Ursprung des Christentums in Zeit und Raum verankern, überblicken also einen Zeitraum von insgesamt achtundsechzig Jahren (mit einem großen blinden Fleck im ersten Teil). Wie die Evangelien hat auch die Apostelgeschichte ein offenes Ende, doch markiert dieser Schluss einen entscheidenden Etappensieg: den Einbruch des Gottesreichs ins Zentrum der Weltmacht Rom, nachdem es aus der erstickenden, ja bedrohlichen Enge Jerusalems ausgebrochen und ins globale Götterlaboratorium der hellenistischen Welt aufgebrochen war.

Man kann sich fragen, ob es tatsächlich das Gottesreich Jesu ist, das da nun erste Blüten treibt, vornehmlich in den betriebsamen, weltoffenen Städten entlang der syrischen, der kleinasiatischen und griechischen Küste. Es haftet diesem Begriff wohl zu viel von der fröhlichen Anarchie der Anfangszeit und der überschäumenden Zuversicht Jesu an, jedenfalls wird er bald fallen gelassen und ersetzt – durch die Bezeichnung »Christen«, die bereits in den Vierzigerjahren auftaucht, durch die Vorstellung von einer Kirche, die dieser noch recht vielgestaltigen Bewegung Form und Halt gibt, und durch den Glauben an Christus, der ihr Geist und Leben einhaucht. Gottesreich – das war ein starker und einprägsamer Name für das nie Dagewesene, und in der ersten, durch Erfahrung ungetrübten Begeisterung mochte man ja annehmen, der Mensch brauche nur zu säen, Gott würde dann schon wachsen lassen. Dass ein Wildwuchs dabei herauskommen könnte wie in der Gemeinde von Korinth etwa, wo binnen Kurzem chaotische Verhältnisse eintreten, war nicht zu ahnen, hatte Jesus zumindest wohl nicht bedacht – jetzt zeigt sich jedenfalls: Sein Unternehmen, das nun wieder auflebt und bald unvorhergesehene Dimensionen annimmt,

bedarf einer strafferen Hand. Einer Organisation. Die Bezeichnung Gottesreich scheint darauf nicht mehr zu passen.

Lukas, der Evangelist und Autor der Apostelgeschichte, schenkt solchen organisatorischen Fragen allerdings wenig – aus Sicht des Lesers möchte man sagen: erfreulich wenig – Beachtung. Er erzählt vom Siegeszug einer Idee oder einer Botschaft oder eines Gottes. Und wie es diesem Gott und seiner Botschaft eigentümlich ist, besteht dieser Siegeszug aus einer Kette von Rückschlägen und Niederlagen; es ist eine Vorwärtsbewegung, die gewissermaßen durch einen Steinhagel von Verwünschungen und Drohungen ausgelöst wird, der die Verkünder dieser Botschaft unaufhörlich weitertreibt. An Dramatik ist hier also kein Mangel. In der großen Welt der Apostelgeschichte weht ein anderer Wind als am See Gennesaret, da kommt es zu Schiffsuntergängen, Aufständen, Verschwörungen, Lynchversuchen und nächtlichen Fluchten, und auf die Leinwand gebracht wäre sie ein Abenteuerfilm von beträchtlichem Nervenkitzel.

Das wirklich Aufregende an dieser Apostelgeschichte aber ist, dass sie je geschrieben wurde. Denn – weshalb legt Lukas überhaupt eine Fortsetzung vor, wenn die Hauptfigur darin gar nicht mehr in Erscheinung tritt? Was mag ihn veranlassen, die Folgezeit für ebenso bedeutsam zu halten wie jene Jahre, in denen der Gottessohn – wie Jesus nun genannt wird – selbst unter den Menschen weilte? Tatsächlich verfolgt kein anderer ein ähnliches Projekt. Es ist der einsame Entschluss dieses Lukas, die Chronik einer Bewegung zu verfassen, die immer noch in sehr kleinen Kinderschuhen steckt, die weiterhin von wenigen ernst genommen und von kaum jemandem beachtet wird. Sollte nicht gerade einer, der sich wie Lukas als Historiker versteht, erst einmal abwarten, ob diese Jesusbewegung tatsächlich Geschichte macht oder nicht doch im Weltgetriebe versickert?

Doch genau dieser rasche Zugriff auf Ereignisse, die für sich genommen alles andere als weltbewegend sind, macht die eigentliche Faszination der Apostelgeschichte aus. Sie ist die Geburtsurkunde eines neuen Geschichtsbewusstseins. Lukas schreibt ja nicht nur aus der Erfahrung, dass das Ende der Anfang ist, er lässt sich auch von der Idee leiten, dass der Anfang das Ende ist, dass also dieser kaum ernst und kaum wahrgenommene Beginn der christlichen Mission das schleichende, aber unaufhaltsame Ende der alten Welt bedeutet. Im allerfrühesten Christentum waltet das revolutionäre Bewusstsein, sich an der Schnittstelle zwischen Vergangenheit und Zukunft zu befinden, auf epochale, ja kosmische Umwälzungen zuzusteuern. Mit einem Mal ist die Gegenwart in eine zielgerichtete Bewegung geraten. Der kleinste Missionserfolg hat Folgen für die Menschheit und ist ebendarum historisch bedeutsam. Es ist das Gebot der Stunde, sehr viel genauer hinzuschauen, als Historiker das bisher getan haben, und, wie Lukas, auch winzigste Veränderungen zu registrieren. Ein neues Geschichtsbewusstsein – von den heidnischen Zeitgenossen einstweilen spöttisch belächelt.

Der bereits erwähnte römische Schriftsteller Minucius Felix, Autor eines fiktiven Streitgesprächs zwischen einem Heiden und einem Christen, wird einen gängigen Vorwurf aufgreifen, wenn er den Vertreter des Heidentums über den Leichtsinn lästern lässt, mit dem die Christen (gegen Ende des zweiten Jahrhunderts) vom Untergang der Welt und einer neuen Schöpfung faseln: »Darum muss man sich allgemein entrüsten und ärgern, dass manche und dazu noch Leute ohne viel Studium, ohne wissenschaftliche Bildung, ja unerfahren selbst in den gewöhnlichsten Gewerben, etwas Bestimmtes über das gewaltige Weltall auszusprechen wagen«, ereifert sich der Heide in der üppigen Sprache antiker Rhetorik. Und weiter: »Dem ganzen Erdkreis und der Welt selbst mit ihren Gestirnen drohen sie mit Verbrennung, sie sinnen nach über deren Zusammensturz ... Nicht zufrieden mit diesem Wahnwitz, fügen sie noch Ammenmärchen hinzu und verbinden sie damit. Sie sagen, nach ihrem Tod, wenn sie bereits Asche und Staub geworden, würden sie wieder neu geboren. Diese Lügen glauben sie einander mit unfassbarer Vertrauensseligkeit.« Mit anderen Worten: Der Gedanke, dass das einzelne Menschenleben wie auch die gesamte Weltgeschichte auf ein erkennbares Ziel zulaufen sollen, ist einem Menschen der Antike fremd. Für die Kultur des Abendlandes hingegen ist nichts selbstverständlicher als die Vorstellung, dass der Einzelne wie die Menschheit eine Perspektive haben, und alle politischen wie philosophischen Anstrengungen seither, dem Weltgeschehen einen Sinn abzugewinnen, gehen von dieser christlichen Voraussetzung aus. Sie ist schuld daran, dass wir bis heute jede Entwicklung als Fortschritt begreifen, sie stand auch bei allen Utopien einschließlich der kommunistischen Pate.

Noch ein weiterer und diesmal als tragisch empfundener Umstand schärft das Geschichtsbewusstsein des Lukas: die unaufhaltsame Vertiefung der Kluft zwischen Juden und Christen. Eine traumatische Erfahrung für beide Seiten. Es ist nämlich keineswegs so, dass es den Jesusanhängern mit ihrem Bruch mit den Juden nicht schnell genug gehen könnte. Zumindest in der Anfangszeit möchte man nichts lieber als Juden bleiben, ja, etwas anderes kommt zunächst gar nicht in Frage. In den Evangelien glimmt daher noch die Hoffnung, dass Jesus einen Platz in der jüdischen Geschichte und im jüdischen Denken einnehmen könnte. Die Apostelgeschichte verarbeitet dann die Erfahrung, dass der Dialog gescheitert und der Bruch unvermeidlich geworden ist. Ein Triumphgefühl ist damit nicht verbunden, eher Trauer und Schmerz. Zwar lässt sich die Apostelgeschichte als christliche Rechtfertigungsschrift lesen, sie zeugt aber auch von den Gewissensqualen, die Christen angesichts dieser Entwicklung plagen, denn schließlich – ziehen sie nicht mit dem Gott der Juden davon? Liegt hier nicht ein Fall von Gottesraub vor? Ist man, weniger zugespitzt gefragt, denn so überzeugt von seinem Recht, diesen Gott jetzt immer noch für sich – und nun auch für den Rest der Welt dazu – reklamieren zu dürfen?

Wir werden später auf diese Fragen zurückkommen müssen. Lukas ist jedenfalls besonders sensibel dafür, und man würde sich gern ein Bild von diesem Mann machen, der zweifellos den weitesten Horizont und die umfassendste Bildung von allen Evangelisten besitzt. Doch ist das möglich? Ist das überhaupt erlaubt?

Fast scheint es so, als wäre die Frage nach der Identität der Evangelisten heute tabu. Unter modernen Theologen herrscht eine beinahe heilige Scheu vor dem Vermutlichen, und wo man nicht zu letzter Sicherheit gelangen kann, belässt man es gern bei einem Achselzucken. Gerade den Evangelisten begegnet man mit einem mittlerweile eingefleischten Misstrauen; selbst ihre Namen werden ihnen bestritten – sie seien wahrscheinlich Erfindungen einer späteren Zeit, ihre Identität jedenfalls unmöglich feststellbar. Dabei liefern die Schriften des Neuen Testaments zumindest für Markus und Lukas Anhaltspunkte, die sich immerhin zu einer Art Phantombild zusammensetzen lassen. Danach könnte Lukas ein Jude aus Philippi gewesen sein, einer römischen Kolonie in Nordgriechenland, und somit der einzige Europäer unter den Chronisten der Anfangszeit – als Leser gewinnt man jedenfalls den Eindruck, er sei in diesem Teil der Welt zu Hause. Um das Jahr 50 herum muss er als junger, vielleicht dreißigjähriger Arzt die Bekanntschaft von Paulus gemacht haben, und zwar in Troas, einer Stadt an der Westküste Kleinasiens, einem der klassischen Häfen für

Heute ein kleiner Fischerhafen, einst eine bedeutende Hafenstadt für Europafahrer – Troas an der Westküste Kleinasiens. Hier könnte Lukas die Bekanntschaft des Apostels Paulus gemacht haben. Darunter das Forum von Philippi, einer römischen Kolonie in Mazedonien, wo Lukas vermutlich zu Hause war.

Europafahrer. Paulus scheint damals am Ende seiner Kräfte und ärztlicher Hilfe dringend bedürftig gewesen zu sein; die beiden freundeten sich offenbar an, Lukas ließ sich taufen und begleitete Paulus in der Folgezeit auf einigen seiner Reisen. Literarisch zeichnen sich jene Passagen der Apostelgeschichte, die in der Wir-Form gehalten sind, durch besonders lebhaften Stil und Frische der Beobachtung aus, und es spricht nichts dagegen, die Quelle dafür im Reisetagebuch des Lukas zu vermuten.

Dem wird entgegengehalten, Lukas sei mit dem theologischen Denken des Paulus nicht vertraut gewesen, könne ihn also kaum persönlich gekannt haben. Wahrscheinlicher allerdings ist, dass Lukas seine eigene Meinung hatte. Das Brodelnde, Stürmische, Abrupte im Wesen und Denken des Paulus wird ohnehin nicht sein Fall gewesen sein, denn Lukas will Fundamente legen und Tragfähiges erschaffen – er ist ein Mann der Ordnung, ein Systematiker, der sich von einem Mystiker wie Paulus sicherlich nicht vereinnahmen ließ. Im Übrigen hat er als Historiker eine eigene Sicht der Dinge, und nachdem er in seinem Evangelium Ursachenforschung betrieben hat, legt er nun ein Geschichtswerk vor, in dem er die innere und äußere Dynamik eines Entwicklungsprozesses untersucht und nach den Kräften fragt, die hier freigesetzt wurden und fortan unter der Oberfläche der nackten Tatsachen wirken. Das ist auch im modernen Sinne historisch gedacht und dürfte der Grund dafür sein, dass heutige Historiker oft eher bereit sind, die Zuverlässigkeit der Apostelgeschichte anzuerkennen, als die Theologen unserer Tage. An die strengen Regeln antiker Geschichtsschreibung hält sich Lukas jedenfalls nicht weniger als Josephus.

Bleibt die Frage, in welcher Zeit die Apostelgeschichte entstanden ist. Auch in diesem Fall scheiden sich die Geister. Wer davon ausgeht, dass Lukas hier Probleme behandelt, die in den christlichen Gemeinden erst gegen Ende des ersten Jahrhunderts aufgetreten sind, datiert die Apostelgeschichte auf die Zeit zwischen 80 und 100 nach Christus. Lukas wäre aufs Greisenalter zugegangen; es liegt dann nahe, hinter dem Autorennamen einen jüngeren, anonymen Verfasser zu vermuten. Recherchen, wie Lukas sie betrieben hat, wären in dieser späten Zeit allerdings schon schwierig gewesen, er hätte sich mit Material aus zweiter Hand begnügen müssen. Plausibler erscheint, dass Lukas sein Werk abgeschlossen hat, bevor seine Protagonisten aus dem Leben schieden, also vor der Kreuzigung des Petrus und vor der Enthauptung des Paulus – Ereignisse, die in die späten Sechzigerjahre fallen, von Lukas jedoch schon nicht mehr zur Kenntnis genommen werden. Zumindest die Hinrichtung seiner überragenden Hauptfigur Paulus hätte er gewiss nicht unerwähnt gelassen. Da liegt die Vermutung nahe: Lukas weiß gar nichts davon, weil beide noch leben. Man darf daher wohl eher von einer Entstehung in den Sechzigerjahren ausgehen, was bedeuten würde: Die frühesten Begebenheiten der Apostelgeschichte liegen knapp vierzig, die jüngsten allerhöchstens zehn Jahre zurück.

Der erste Brief des Paulus an die neugegründete Gemeinde von Thessalonich ist gleichzeitig die älteste Schrift des Neuen Testaments. Die moderne Stadt gewährt nur an wenigen Stellen einen Blick auf ihre antiken Ursprünge. Das Bild rechts zeigt das Forum im heutigen Stadtzentrum. Rätsel gibt das Ziegelkreuz im Thronsaal des Galeriuspalastes (um 300) auf dem unteren Bild auf – handelt es sich um ein christliches Kreuz? Und wie käme es in den Palast eines heidnischen römischen Kaisers?

Ist die Apostelgeschichte für sich genommen schon ein Glücksfall, muss man bei anderen Texten des Neuen Testaments beinahe von einem Wunder sprechen. Gemeint sind die Briefe, allen voran die des Paulus – Dokumente einer sprühenden Gedankenproduktion, durch die wir in unmittelbare Nähe des Geschehens, ja, mitten hinein geraten. Die ältesten stammen aus der Zeit um 50 nach Christus, sind damit die frühesten Zeugnisse christlichen Denkens überhaupt, und obwohl sie einer leicht verderblichen Gattung angehören, haben sich einundzwanzig Belegstücke dieser Korrespondenz zwischen den führenden Köpfen und ihren Gemeinden erhalten – seinerzeit offenbar unverzüglich kopiert, einem großen Interessentenkreis zugänglich gemacht und wie Schätze gehütet. Dank dieser Briefe können wir uns zweitausend Jahre später in die Lebenslagen, Gefühlswelten und Denkgebäude jener Menschen hineinversetzen, die jetzt darangehen, die Welt zu verändern. Und vor allem die Briefe des Paulus, der ständig aus sich herausgehen muss, der weder mit seinen Überzeugungen noch mit seinen Erfahrungen an sich halten kann und keine Scheu kennt, sein Leben vor aller Augen aufzurollen, erlauben uns, die Apostelgeschichte einem kritischen Vergleich zu unterziehen. Hier haben wir also jenen Originalton in Hülle und Fülle, auf den wir bei Jesus verzichten mussten, und so gesehen bewegen wir uns in dieser Phase der Geschichte auf noch sichererem Grund als während der Lebenszeit Jesu.

Und damit stehen wir vor dem eigentlichen Rätsel: Wie kommt es überhaupt dazu, dass das Unternehmen Jesus wieder auflebt? Dass das Ende tatsächlich der Anfang ist? Drei der vier Evangelisten berichten, Jesus sei kurz nach seinem Begräbnis aus dem Reich der Toten ins Leben zurückgekehrt und seinen Anhängern erschienen – nicht als Geist, sondern leibhaftig. Allein Markus erlaubt es sich, den Leser gewissermaßen im Galopp abzuwerfen, bevor sich der Auferstandene zeigt – erst Jahrhunderte später wird ein Zusammenschnitt aus den Visionserzählungen der anderen drei Evangelisten angehängt, eindeutig das Flickwerk eines Fälschers. Einen Hinweis auf die Auferstehung immerhin liefert auch Markus. Was genau ist also geschehen in diesen Tagen, in denen das Schicksal der Jesusbewegung auf Messers Schneide steht? Lassen wir hier die Frage der Vorstellbarkeit beiseite. Wenn wir die Geschehnisse aus ihrer Zeit heraus verstehen wollen, müssen wir zur Kenntnis nehmen, dass selbst einem Kelsos, dem schärfsten und scharfsinnigsten antiken Kritiker des Christentums, die Auferweckung eines Toten vorstellbar war. Kehren wir gleich zur Geschichte zurück, sie wirft genug Probleme auf.

Die männlichen Jünger sind geflohen, haben sich vermutlich noch während der Gerichtsverhandlung auf den Rückweg in ihre Heimatorte gemacht oder sind in Jerusalem selbst untergetaucht. Keiner der alten Freunde Jesu vom See Gennesaret, kein Petrus und kein Johannes erlebt die Kreuzigung mit. Mehrere Frauen aus Jesu Gefolgschaft aber setzen sich dem grausigen Geschehen aus – in einer gewissen Entfernung zwar, doch nah genug, um seinen Todesschrei zu vernehmen. Mit plötzlicher Finsternis und einem Erdbeben bezeugt bei Matthäus die Schöpfung ihre Erschütterung angesichts dieses Sterbens; nur Johannes kommt hier ganz ohne Theaterdonner aus und schildert trocken, wie den beiden noch lebenden Mitgekreuzigten nun die Knochen zerschlagen werden, um ihren Tod zu beschleunigen – ein übliches Verfahren. Dann sind sich alle wieder einig: Ein vornehmer Sympathisant Jesu namens Joseph von Arimathäa, Mitglied des Hohen Rats, hat inzwischen von Pilatus den Leichnam Jesu erbeten, der sonst mit den anderen in einer Grube verscharrt würde, lässt ihn vom Kreuz lösen, umwickelt ihn mithilfe der nach wie vor ausharrenden Frauen mit Leichentüchern und bettet ihn in eine frisch angelegte Grabhöhle in einer Felswand des Steinbruchs, deren Eingang anschließend mit einem runden Stein, vergleichbar einem überdimensionierten Mühlstein, verschlossen wird. Der folgende Sabbat unterbindet alle Aktivitäten. In der Frühe des übernächsten Tages aber macht sich eine kleine Gruppe von Frauen auf den Weg zum Grab, in der Absicht, Jesu Leichnam einzubalsamieren. Zu ihrer Verblüffung finden sie es geöffnet vor, gehen hinein und erstarren: Drinnen erwartet sie statt des Toten ein weiß gekleideter junger Mann, der sie mit der Nachricht zu beruhigen versucht, Jesus sei auferweckt worden und folglich nicht mehr da. Die Frauen sind aber keineswegs beruhigt, sie glauben vermutlich an einen dämonischen Spuk »und flohen weg vom Grab, denn sie waren starr vor Angst und Entsetzen. Und sie sagten niemandem etwas, denn sie fürchteten sich.«

So weit Markus, der damit endet; und nicht viel anders bis hierhin auch Matthäus und Lukas, die die verstörten Frauen allerdings unverzüglich mit den Jüngern Kontakt aufnehmen lassen. Halten wir fest: Das leere

Ein für die Zeit Jesu typisches Felsengrab mit Rollstein.

Grab ist kein Grund zur Freude oder Erleichterung. Im Gegenteil. Etwas Unfassbares ist eingetreten. Bei Markus verschlägt es den Frauen die Sprache; eben noch haben sie sich dem Grauen der Kreuzigung gewachsen gezeigt, jetzt verlieren sie angesichts des verschwundenen Leichnams die Fassung – einen Verdacht lässt diese Darstellung jedenfalls nicht aufkommen: den der legendären Ausgestaltung. Das ist zunächst der wichtigste Befund. Kreuzigung, Grablegung und Entdeckung des leeren Grabs gehen stilistisch bruchlos ineinander über, die Geschichte bewegt sich durchgehend auf ein und derselben Realitätsebene. Kein Zug ins Triumphale verrät, dass wir uns hier am Dreh- und Angelpunkt der Geschichte des Christentums befinden. Und niemand hätte Frauen als einzige Zeugen aufgeboten, wenn er darauf aus gewesen wäre, den Vorfall künstlich mit Bedeutung aufzuladen, denn eine Frau war seinerzeit juristisch unmündig, ihr Zeugnis wertlos, zumindest unzureichend. Warum bricht Markus dennoch hier ab?

Das könnte sich klären, wenn man die Fortsetzung bei Lukas und Matthäus hinzuzieht. Beide berichten, Jesus habe sich anschließend in sichtbarer Gestalt seinen Jüngern gezeigt, und beiden ist nun plötzlich Verlegenheit anzumerken. Sei es, dass sie literarisch überfordert sind, sei es, dass sie bewusst in eine unstoffliche, bildleere Sprache verfallen, jedenfalls bekommen sie Jesus nicht mehr zu fassen. Er bleibt gesichtslos, bar aller individuellen Züge, und letztlich auch sprachlos – so trocken-belehrend hat Jesus früher jedenfalls nicht geredet. Matthäus wickelt das Ende seines

Evangeliums fast wie eine Pflichtübung ab, klammert sich an Einzelheiten des leeren Grabs, legt Jesus schließlich eine kurze, programmatische Rede in den Mund und wirkt wie erlöst, wenn er zu seinem Schluss- und Schlüsselsatz kommt: »Ich bin bei euch alle Tage bis an der Welt Ende.« Lukas schafft es sogar, sich um die Beschreibung der einzigen Begegnung unter vier Augen zu drücken, nämlich der zwischen dem Auferstandenen und Petrus. An ihrer Stelle schiebt er eine seltsame Begebenheit ein: Zwei Jünger sind auf dem Weg nach Emmaus, Jesus schließt sich ihnen unterwegs an, doch keiner von beiden erkennt ihn wieder. Wer sie da begleitet, merken sie erst, als sie einkehren und Jesus vor dem Abendessen das Dankgebet spricht; im Moment des Erkennens aber wird er unsichtbar. Das ist jetzt eben die neue Situation, könnte man sagen: Wer Jesus sehen will, der darf sich nun nicht mehr auf seine Augen verlassen – dennoch ist er gegenwärtig, und zwar in den heiligen Schriften und im Gebet. Gelingt es dann, ihn so zu verstehen, wie er sich selbst verstanden hat, entzieht er sich den Blicken. Ist das der Grund, weshalb Lukas die Begegnung mit

Die Auferstehung Christi, Ölgemälde von Frei Carlos, um 1520. Der Maler versetzt den Auferstandenen in seine eigene Zeit und stattet einen der Kriegsknechte mit einer Armbrust aus. Im Übrigen folgt er in seiner Darstellung dem Bericht des Matthäus, der als einziger Evangelist die Grabwächter erwähnt. (Lissabon, Museu Nacional de Arte Antiga)

Petrus lediglich in einem Halbsatz erwähnt? Will er sich das Eingeständnis ersparen, nicht einmal der bedeutendste Jünger habe sich durch bloßen Augenschein von Jesu Identität überzeugen können?

Der Eindruck bleibt: Nach seiner Auferstehung ist Jesus ganz mit seiner Botschaft verschmolzen, und man fragt sich, ob Markus nicht das einzig Richtige getan hat. Ob ihm sein literarisches Gewissen vielleicht verboten hat, den Auferstandenen in eine Realität zu versetzen, die gar nicht mehr die seine ist, in der er im Übrigen auch nichts Neues mehr zu sagen hat? Womöglich sträubte sich Markus als Schriftsteller gegen einen Bruch, den die anderen aus theologischen Gründen in Kauf nahmen. Dazu kommt: Nichts stimmt bei Lukas und Matthäus überein, weder Orts- noch Zeitangaben, und die Glaubwürdigkeit der ganzen Auferstehungsgeschichte wäre zumindest stark erschüttert, gäbe es nicht Johannes. Er ist der Einzige, der über das leere Grab hinaus in einer stimmigen, erfahrungsgesättigten, vor Intensität geradezu vibrierenden Wirklichkeit bleibt.

Man kann es nicht anders sagen: Johannes kleidet die erste Erscheinung des Auferstandenen in eine regelrechte Liebesszene. Das Wesentliche spielt sich hier zwischen Jesus und Maria Magdalena ab, die Jesus seinerzeit geheilt, die ihn seither mit ihrem Geld unterstützt hat. Im Morgengrauen ist sie zum Steinbruch gegangen, als Erste und Einzige, hat das Grab offen und leer vorgefunden, den Jüngern von ihrer Befürchtung erzählt, der Leichnam könne gestohlen worden sein, und nun steht sie erneut vor dem Grab, einsam, ratlos, weinend. Da erblickt sie zwei Engel im Halbdunkel der Höhle, und die Leere spricht zu ihr. Nein, noch gibt sie ihr Geheimnis nicht preis, keine himmlische Stimme klärt sie auf, von Auferstehung ist nicht die Rede, sie hört aus der Stille nur die Frage heraus: »Was weinst du?« »Sie haben meinen Herrn weggenommen, und ich weiß nicht, wo sie ihn hingelegt haben«, antwortet sie – der einzige Gedanke, den sie in dieser Stunde fassen kann –, wendet sich dann um und sieht Jesus dastehen. Der greift nun die Frage aus dem Grab auf und »sagt zu ihr: Frau, was weinst du? Wen suchst du? Da sie meint, es sei der Gärtner, sagt sie zu ihm: Herr, wenn du ihn weggetragen hast, sag mir, wo du ihn hingelegt hast, und ich will ihn holen. Jesus sagt zu ihr: Maria! Da wendet sie sich um und sagt auf Hebräisch zu ihm: Rabbuni! Das heißt ›Meister‹. Jesus sagt zu ihr: Fass mich nicht an.« Und das reicht, kein Wort mehr jetzt, man sieht sie ja vor sich, Maria Magdalena, wie sie sich ihm entgegenwirft, ihn zu berühren, ihn an sich heranzuziehen sucht, eine Bewegung, in der sich Liebe und Jubel mischen. Wo die Synoptiker in belehrende Formelhaftigkeit ausweichen, erzählt Johannes, wie bei der Entlarvung des Judas bereits, wiederum eine Geschichte aus Zeichen und Blicken, von einem geheimen Einverständnis getragen, das ohne große Worte auskommt – mit einem Namen, mit einer Geste ist hier alles gesagt, und man braucht es kaum noch auszusprechen: Es ist die Liebe, die von nun an die Verbindung zu

Jesus herstellt. Und in dieser Version lässt man sich auch, gegen alle Vernunft, von der Auferstehung gern überzeugen.

Es gehört zu den großartigen Zügen des christlichen Denkens dieser Zeit, dass kein Evangelist die Rolle der Frauen in diesem entscheidenden Moment zu schmälern versucht. In diesem Punkt bleiben die Autoren dem Vorbild Jesu treu, der nicht nur mit Frauen wie Männern gleichermaßen verkehrt und Frauen wie Männer gleichermaßen geheilt hat, sondern den Stoff seiner Gleichnisse auch gleichermaßen aus der Welt der Frauen wie der Männer bezogen hat – entgegen aller Gepflogenheit. Als Initialzündung kann die Auferstehung allerdings nur dann wirken, wenn auch die männlichen Jünger jetzt in die Erfahrung der Frauen einbezogen werden, denn davon darf man ausgehen: Die Jünger haben in diesen Tagen mit ihrer Hoffnung auch ihren Glauben verloren. Nach diesem Fiasko sind sie am Ende. Jesu Gottesreich hat sich mit einem Schlag in nichts aufgelöst. Sie selbst mögen ja noch die Loyalität aufbringen, ihrem Herrn ein glänzendes Angedenken zu bewahren – vor die Öffentlichkeit aber kann man mit einem Messias, der sich mit drei Nägeln und zwei Holzbalken ausschalten lässt, nicht treten. Nur ein starker Anstoß von außen, nur ein unerwartetes, nicht für möglich gehaltenes Ereignis könnte sie daran hindern, sich in ihr Scheitern zu fügen, und wenn man jetzt ein letztes Mal die Evangelien befragt, wird man auf die Bedeutung des leeren Grabs gestoßen. Für sich genommen besagt es nichts. Doch wäre es denkbar, dass im Licht dieser Erfahrung der Nebel in den Köpfen der Jünger aufreißt, dass sie mit einem Mal die blutige Zeichensprache verstehen, zu der Jesus seine letzte Zuflucht genommen hat, und dass nun wie von selbst das eine aus dem anderen folgt: aus der Kreuzigung die Auferstehung und daraus der Missionsauftrag. Das leere Grab ist kein Beweis, gewiss nicht. Aber es könnte der alles auslösende Impuls sein. Allein die Entdeckung, dass der Sieg über den Tod in den Bereich des Möglichen rückt, zumindest nun plötzlich vorstellbar wird, könnte den Jüngern die Augen für die Logik der Liebe öffnen, der Jesus bis zum Schluss gefolgt war – und damit für die wahre, nun endlich richtig verstandene Einzigartigkeit seines Auftrags, seiner Botschaft, seiner Person.

Das Grab war leer – das dürfte die eigentliche und zuverlässige Information auf dem Grund aller Auferstehungsberichte sein. Deshalb belässt es Markus dabei. Deshalb mag Matthäus gar nicht von diesem Thema lassen. Deshalb spricht Johannes sogar aus, was die anderen bloß andeuten, wenn einer der Jünger in die verlassene Grabhöhle blickt und es dann heißt: »Er sah, und darum glaubte er.« Und deshalb wartet der Engel der Synoptiker mit seiner Auferstehungsnachricht nirgendwo anders als ebendort, im leeren Grab. Den gängigsten Erklärungsversuch für das Verschwinden des Leichnams können wir dabei ganz außer Acht lassen: Er sei von den eigenen Jüngern beiseitegeschafft worden. Die verängstigten, zermürbten

Jünger hätten das nicht nur nicht gewagt, sie hätten auch keinen Sinn darin gesehen – sollten sie sich selbst hinters Licht führen, und ihren Gott dazu? Ganz abgesehen davon, dass Leichenraub vom römischen Gesetz wie Mord behandelt und mit dem Tod bestraft wurde.

Genauso wenig ist der Auferstehung auf einem anderen Weg beizukommen: auf archäologischem. Die Vorstellung, ein ganzes Glaubensgebäude mit ein paar Knochen zum Einsturz zu bringen, mag sicherlich manchem verlockend erscheinen; es erregte daher auch einiges Aufsehen, als die Londoner Sunday Times im Jahr 1996 die Entdeckung eines Ossuars mit den Knochenresten von Jesus und seiner Familie meldete – die Nachricht stellte sich allerdings bald als frei erfunden heraus. Ernster hätte man 1980 den Fund etlicher Knochenkästen in der Nähe der Kajaphas-Grabanlage im Norden Jerusalems nehmen können, allesamt hebräisch beschriftet, unter anderem mit den vertrauten Namen der heiligen Familie, also Joseph, Maria, Jesus und – als Sensation – Judas, Sohn des Jesus. Die israelischen Archäologen hätten keinen Grund gehabt, diesen Fund schamhaft herunterzuspielen. Gleichwohl verwiesen sie alle Vermutungen ins Reich der Fantasie – seinerzeit waren das Allerweltsnamen, ließen sie wissen. Man habe nichts weiter als die Überreste einer »netten jüdischen Familie« entdeckt.

Der Verbleib des Leichnams bleibt also unklar, und auch die Jerusalemer Behörden des Jahres 30 können ihn nicht präsentieren, etwa, um dem Gerede ein Ende zu setzen. Denn mit der Behauptung, Jesus sei auferstanden, wagen sich die Jünger jetzt an die Öffentlichkeit, und sie gehen noch weiter. Die Auferstehung wirft ja ein ganz neues Licht auf alles, was sie mit Jesus je erlebt haben; ihre Streifzüge durch Galiläa, die Heilungen, die Gleichnisse und Predigten, alles muss nun vor dem Hintergrund der allerengsten Verbindung gesehen werden, in der dieser Jesus mit Gott offenbar von Anfang an gestanden hat. Und selbst die Auferstehung ist aus dieser Sicht nur eine Durchgangsphase, eine Zwischenstation auf seinem Weg – oder sollte man sagen: Rückweg? – aus der menschlichen in die göttliche Sphäre. Mit anderen Worten: Die Jünger stehen unter dem Eindruck, es mit dem Sohn Gottes selbst zu tun gehabt zu haben – und auch weiterhin mit ihm in Kontakt zu stehen. Die Apostelgeschichte beginnt daher mit einem Ereignis, das die alte Verbundenheit zwischen Jesus und seinen Jüngern bestätigt und alle Hoffnungen auf eine Fortsetzung des einst am See Gennesaret begonnenen Unternehmens rechtfertigt: mit der sogenannten Ausgießung des Heiligen Geistes. Mit Pfingsten also.

Die Geschichte ist schnell erzählt. In den letzten Tagen war es Schlag auf Schlag gegangen, die Organisation der Jünger hatte daher gar keine Zeit, zu zerfallen, und nach der Auferstehung auch keinen Grund mehr dazu. Es ist wohl Petrus, der jetzt die Zügel in die Hand nimmt und den Umzug der Jünger mitsamt ihren Familien nach Jerusalem veranlasst.

Die Ausgießung des Heiligen Geistes, Miniatur aus dem Evangeliar Heinrichs des Löwen, um 1188. (Herzog August Bibliothek Wolfenbüttel)

Nicht alle werden seiner Aufforderung Folge leisten – von etlichen aus dem Kreis der Zwölf ist dann auch nichts mehr zu hören. Auf jeden Fall aber geben auch Jesu Mutter Maria und zumindest einige seiner Brüder ihre Wohnung in Nazaret auf und lassen sich in Jerusalem nieder, eine überraschende Wende in Anbetracht des gespannten Verhältnisses zwischen Jesus und seiner Familie. Einige Wochen später sind alle im Tempel versammelt, es herrscht der übliche internationale Pilgerbetrieb, da erfasst eine plötzliche Begeisterung die Jesusleute, Männer wie Frauen, eine Art Trunkenheit vielleicht, die so weit geht, dass sie plötzlich vernehmlich und verständlich in wildfremden Sprachen zu reden scheinen. Unter den Zuschauern kommt der Verdacht auf, sie hätten einen kräftigen Rausch. Was ist geschehen?

Etwas von grundlegender Bedeutung für das Verständnis des Christentums und seiner nachhaltigen Dynamik. Auf dramatische Weise vollzieht sich hier jene Neudefinition der Persönlichkeit, jener Wechsel der Identität, der einem Menschen erlaubt, sich die innere Haltung, die Weltsicht und das Gottesverständnis Jesu zu eigen zu machen. Was künftig im intimeren Rahmen der christlichen Taufe geschehen wird, ereignet sich zu dieser Stunde in aller Öffentlichkeit: Die Nachfolger Jesu nehmen sein Selbstverständnis an, sie versetzen sich in die engste Seelenverwandtschaft mit ihm. Oder, andersherum und genauer gesagt: Jesus versetzt sich selbst durch seinen Geist in seine Anhänger hinein und beschenkt sie mit dem Vermögen, die Welt durch seine Augen zu sehen. Damit ist das Problem der Überforderung gelöst, das dem Erfolg Jesu als Wanderprediger im Weg gestanden hatte. Gelöst durch eine neue Kommunikationsform, die den einzelnen Menschen in eine direkte Beziehung mit dem Willen und Wesen Gottes bringt – was zumindest zu der Hoffnung berechtigt, die Logik der Liebe könnte sich nun doch durchsetzen, die Forderung nach Fruchtbarkeit könnte nun doch zu einem hochherzigen Tatendrang anstiften. Kurzum: Der Heilige Geist, der hier im Tempel über die Jünger kommt, bildet die Klammer zwischen Mensch und Gott. Beide haben sich nun gewissermaßen auf Rufweite einander angenähert. So eng, so persönlich ist die Beziehung zwischen Mensch und Gott bisher nur bei dem Propheten Joel gedacht worden.

Eine schöne Theorie, könnte man sagen. Doch diese Theorie, die in den kommenden Jahrzehnten die Gestalt des christlichen Glaubens annehmen wird, hat praktische Folgen von beträchtlicher Tragweite. Wenn jemand wie Paulus beispielsweise unermüdlich die befreiende Wirkung seiner Botschaft betont, dann liegt dem die außerordentlich stimulierende Entdeckung zugrunde, dass dieser Glaube die ehernen Gesetze der menschlichen und natürlichen Ordnung sprengt, Zwänge außer Kraft setzt, Schranken beseitigt, Grenzen überwindet. Dieser Heilige Geist unterscheidet ja nicht zwischen Goten und Griechen und Juden, er verweigert sich weder Sklaven noch Sklavenhaltern, er beseelt Männern wie Frauen gleichermaßen. Das hat weitreichende Folgen. Denn wenn jedem die Möglichkeit offensteht, unmittelbar mit Gott zu kommunizieren, dann sind im Prinzip alle Menschen dieser Erde einander an Wert und Würde gleich, mithin ebenbürtig, ungeachtet der tausenderlei Differenzierungen und Abstufungen, die dem einen Ansehen und dem anderen Verachtung eintragen, die die Freiheit des einen und die Unfreiheit des anderen begründen, die dem einen Macht verleihen und den anderen zur Ohnmacht verurteilen. Dies alles mag in der Gesellschaft weiterhin eine Rolle spielen – für das Selbstverständnis des Einzelnen aber ist es genauso belanglos geworden wie für seine Anerkennung durch die übrigen Christen. Mit anderen Worten: Der Heilige Geist stiftet eine Gemeinschaft der Gleichen. Paulus wird diesen Gedanken in allen Einzelheiten ausführen, aber schon jetzt, in diesem Moment, da der Heilige Geist unterschiedslos in Männer und Frauen, Gebildete und Ungebildete, in den ehemaligen Fischer Petrus, die Handwerkerwitwe Maria, den Ratsherrn Joseph von Arimathäa und Maria aus Magdala fährt, muss alle Anwesenden eine Ahnung von der ungeheuren Weite des Raums überkommen, der sich vor ihnen öffnet, und die Jünger befällt eine durchaus verständliche Trunkenheit.

Man kann die Bedeutung dieses Ereignisses, das die Kirche später als Pfingstfest begehen wird, gar nicht überschätzen. An diesem Tag nämlich beginnen die Juden mit ihrem eigenen Globalisierungsprojekt. Das wird zwar erst aus der Rückschau deutlich; es müssen weitere zehn, zwanzig Jahre ins Land gehen, bevor die grenzenlose Verbreitung der Botschaft richtig in Gang kommt. Mit seiner Pfingstgeschichte berichtet Lukas gewissermaßen vom Augenblick des Urknalls, aber eines darf nicht übersehen werden: Was hier etwas vorschnell der christlichen Geschichte zugeschlagen wurde, ist im Augenblick noch die jüdische Antwort auf die hellenistische Bedrohung der jüdischen Identität, der Kern eines Programms, das man dem Universalismus der Griechen entgegenstellen kann – und alle Beteiligten sind Menschen, die nicht im Traum auf die Idee kämen, etwas anderes als Juden sein zu wollen. Menschen, die mit ihrer Geschichte vertraut genug sind, um die Feindschaft der eigenen religiösen Meinungsführer und der politischen Führungsschicht als das traditionelle, gewissermaßen naturgegebene Risiko jeder prophetischen Bewegung in Israel zu verstehen. Sie wollen das Judentum mit seinem einzigartigen Gottesverhältnis vor dem Untergang bewahren, nicht zerstören. Und wahrscheinlich dämmert ihnen noch nicht einmal, dass sie nun doch einen Weg eingeschlagen haben, auf dem sie ihre Zugehörigkeit zum jüdischen Volk und seiner Kultur aufs Spiel setzen.

Lukas ist da vierzig Jahre später klüger. Er hat längst verstanden, worauf sich die Jerusalemer Urgemeinde eingelassen hat, als sie die identitätsstiftende Kraft des Heiligen Geistes anerkannte und damit der Tora, dem Gesetz des Mose, die höchste Autorität absprach. Als weltbewegend schätzt er diesen Schritt ein. Der Heilige Geist ist für ihn das dynamische Prinzip, das den Siegeszug des Christentums erklärt; folglich spielt dieser Geist, der Geist Gottes, der Geist Jesu, in seiner Apostelgeschichte die Rolle der treibenden Kraft. Das Unternehmen Jesus in seiner neuen Form gehorcht fortan der Regie dieses Geistes.

Die Darstellung des Heiligen Geistes als göttliche Person in der Debre-Birhan-Selassi-Kirche zu Gondar (Äthiopien, siebzehntes Jahrhundert). Äthiopische Künstler lösen das Problem, die Dreieinigkeit des christlichen Gottes abzubilden, indem sie Vater, Sohn und Heiligen Geist als miteinander identische Figuren malen.

8. Von Jerusalem nach Antiochia

Noch vor Rom nahm Äthiopien das Christentum als Staatsreligion an (um 350). Schon die Apostelgeschichte berichtet von der Bekehrung eines hohen äthiopischen Beamten. Aufgrund der jahrhundertelangen Isolation des Landes entwickelte die äthiopische Kirche eine eigene Formensprache, in der Architektur wie in der Liturgie. Das obere Bild zeigt das Innere der Marienkirche in Gorgora, vollständig ausgemalt mit Szenen aus der Bibel und dem Leben der Heiligen. Rechts ist ein junger Mönch aus einem der zahlreichen Klöster auf den Inseln im Tanasee zu sehen.

»Ein Engel des Herrn sprach zu Philippus: Mach dich auf und geh nach Süden auf die Straße, die von Jerusalem nach Gaza hinabführt; sie ist menschenleer. Und er machte sich auf und ging. Da kam ein äthiopischer Hofbeamter vorüber, ein Eunuch der Kandake, der Königin der Äthiopier; er war ihr Schatzmeister. Der war nach Jerusalem gereist, um dort zu beten. Nun befand er sich auf dem Heimweg; er saß auf seinem Wagen und las im Propheten Jesaja. Da sprach der Geist zu Philippus: Geh und folge diesem Wagen. Philippus holte ihn ein und hörte, wie er im Propheten Jesaja las, und sagte: Verstehst du, was du da liest? Der sagte: Wie könnte ich, wenn niemand mich anleitet? Und er bat Philippus, auf den Wagen zu steigen und sich zu ihm zu setzen ... Da tat Philippus seinen Mund auf und begann, ihm von dieser Schriftstelle ausgehend das Evangelium von Jesus zu verkündigen. Als sie weiterzogen, kamen sie zu einer Wasserstelle, und der Eunuch sagte: Schau, hier ist Wasser; was steht meiner Taufe noch im Weg? Er ließ den Wagen anhalten, und sie stiegen beide ins Wasser hinab, Philippus und der Eunuch, und er taufte ihn. Als sie aus dem Wasser stiegen, entrückte der Geist des Herrn den Philippus, und der Eunuch sah ihn nicht mehr; doch er zog voll Freude seines Weges.« (Apg 8,26–31, 35–39)

Wie breitet sich das Christentum eigentlich aus? Wer sind die Apostel? Wovon genau wollen sie andere überzeugen? Und warum lassen sich andere von ihnen überzeugen? Die Begegnung zwischen Philippus und dem äthiopischen Finanzminister verrät einiges darüber. Sie taugt auch deshalb zur Fallstudie, weil man ziemlich sicher sein kann, dass diese Begebenheit sich so zugetragen hat – einmal abgesehen davon, dass Lukas den Gedanken der wundersamen Führung durch den Heiligen Geist arg strapaziert. Man darf sicher sein, weil Lukas diesen Philippus persönlich kennengelernt hat. Das war Jahrzehnte später, Ende der Fünfzigerjahre, als Lukas mit

Paulus und anderen Cäsarea besuchte, die hellenistische Vorzeigestadt des Herodes am Meer, und man sich für mehrere Tage bei Philippus einquartierte, der dort seit Langem zu Hause war und ihnen nun die Annehmlichkeiten eines geräumigen Domizils und einer entspannten, familiären Atmosphäre bieten konnte. Es müssen schöne Tage gewesen sein, seltene Tage der Ruhe und der Erholung nach den Aufregungen der dritten großen Missionsreise, jedenfalls meint man einen Hauch davon zu verspüren, wenn Lukas im einundzwanzigsten Kapitel seiner Apostelgeschichte die vier Töchter des Philippus erwähnt, beiläufig, so als würden sie Erinnerungen an eine angenehme Zeit bei ihm wachrufen. Gut, man wird seinerzeit abends noch lange beim Wein zusammengesessen haben, und ziemlich bald dürfte der in die Jahre gekommene Philippus mit einer seiner Lieblingsgeschichten herausgerückt sein, der von dem äthiopischen Eunuchen. Eine unvergessliche Geschichte jedenfalls. Einmal, weil sie einen Ausländer betraf, einen der ersten, der für die Jesusbewegung gewonnen werden konnte, und zum anderen der eindrucksvollen Umstände wegen.

Da stattet also der Finanzminister von Meroe, einem Vorläuferreich des heutigen Äthiopien, Jerusalem einen Besuch ab, um im Tempel zu beten. Der exotische Besuch wird in der Stadt für Aufsehen gesorgt haben; sein Anlass aber ist weit weniger sensationell, denn die Beziehungen zwischen Jerusalem und jenem fernen afrikanischen Land sind seit Langem eng und gut, sie reichen zurück bis in die Zeiten Salomos und der Königin von Saba. Die Äthiopier fühlen sich seither sogar den Juden kulturell verwandt und ihrem Gott in Verehrung verbunden, und es kommt gar nicht so selten vor, dass eine äthiopische Delegation in Jerusalem auftaucht. Philippus scheint das Ereignis verpasst zu haben, jedenfalls kommt ihm der Einfall, diesen afrikanischen Würdenträger für die Sache Jesu zu gewinnen, erst, als der bereits die Rückreise angetreten hat. Er setzt ihm zu Fuß nach, und man ahnt, was Philippus Stunden später auf der staubigen Straße nach Gaza vor sich sieht und Lukas in der nüchternen Wiedergabe seiner Erzählung übergeht: einen schweren, vierrädrigen Reisewagen, von Ochsen in sehr gemächlichem Tempo gezogen, vollbesetzt mit dunkelhäutigen Menschen in bunt schillernden Gewändern, die zweifellos von einer Eskorte berittener Bewaffneter begleitet werden. Offenbar hat sich der Minister in Jerusalem mit Lektüre eingedeckt, denn als Philippus die Reisegesellschaft jetzt einholt, findet er ihn in eine Schriftrolle vertieft, laut lesend, und durch das Rumpeln der Räder dringen bekannte Worte an sein Ohr, Verse aus den Büchern des Propheten Jesaja.

Wie von selbst ergibt sich damit für Philippus ein Anknüpfungspunkt, und nachdem man im Wagen für ihn Platz gemacht hat, nachdem auch der orientalisch-afrikanischen Höflichkeit mit einer Litanei von Begrüßungsformeln Genüge getan ist, kommt er zur Sache. Die Stelle, in der Jesaja vom leidenden Gottesknecht spricht (Jes 53,1–12), dem schuldlos

Gequälten, bezieht er auf Jesus – von dem der Äthiopier in diesem Augenblick wahrscheinlich zum ersten Mal hört. Dann leitet er mit der Bemerkung, mit diesem Jesus sei eine neue Zeit angebrochen, auf eine andere Passage wenige Abschnitte weiter über, in der von Eunuchen die Rede ist (Jes 56,3–7). Tatsächlich. Von Ausländern und von Eunuchen. Und damit trifft er den wunden Punkt des mächtigen Mannes. Dieser Äthiopier dürfte so weit mit den Gebräuchen der Juden vertraut sein, dass er weiß: Fremden und Eunuchen ist die Mitgliedschaft im Volk Gottes verwehrt, gleichgültig, welche Verehrung sie für den Gott der Juden empfinden. Ausländer und Eunuchen – beides trifft auf ihn zu. Und was liest er nun dort? Dass Jesaja eine Zeit heraufziehen sieht, in der Fremde und Eunuchen nicht mehr von der Gemeinschaft mit diesem Gott ausgeschlossen sein werden! Diese Zeit, wird Philippus ihm erklären, habe nun begonnen, alle Unterschiede seien damit hinfällig, das Gottesreich kenne keine Außenseiter mehr – und man kann sich vorstellen, dass der Äthiopier diese Nachricht erst einmal verarbeiten muss, bevor er anhalten lässt und verlangt, auf der Stelle in diesem Flüsschen dort getauft zu werden. So wird ein Höfling der Königin Kandake zum ersten Christen Äthiopiens, eines Landes, das sich im vierten Jahrhundert offiziell dem Christentum öffnet und daher heute zu den ältesten christlichen Staaten der Erde zählt.

Ein Beispiel, nur eins, für die Mission der Anfangszeit, aber weit mehr als ein Einzelfall. Die Episode macht uns nämlich mit der üblichen Vorgehensweise dieser ersten Missionare bekannt, und da fällt zunächst auf: Sie überreden niemanden. Sie treten nicht wie Leute auf, die Ahnungslosen eine neue, eine noch etwas ausgefallenere Religion aufdrängen wollen. Und keine Spur von Bekehrungseifer oder Fanatismus. Missionare wie Philippus interpretieren lediglich, sie stellen ihre Sicht der Dinge dar, eröffnen eine neue Perspektive, klären auf – im Fall des Afrikaners sogar auf dessen ausdrückliche Einladung hin.

Es mag uns schwerfallen, das Christentum in irgendeiner Weise mit Aufklärung in Verbindung zu bringen – war es nicht die Sonne der aufgeklärten Vernunft, die im achtzehnten Jahrhundert die finstere Nacht eines mittelalterlichen Glaubens vertrieb? Und dennoch lässt Minucius Felix gegen Ende des zweiten Jahrhunderts seinen Vertreter des Christentums als aufgeklärten Geist auftreten, als jemanden, der beinahe Mitleid mit dem – fast möchte man sagen: mittelalterlichen – Aberglauben von Leuten hat, die wie sein heidnischer Debattengegner noch immer an den überholten Götterspuk glauben. Wer den – jüdischen und folglich christlichen – Monotheismus verteidigte, der wusste im späten zweiten wie im frühen ersten Jahrhundert die Philosophie auf seiner Seite, die die Götter längst als Fantasieprodukte entlarvt hatte und ebenfalls nur noch einen einzigen, höchsten Gott gelten ließ. So gesehen vertraten die Christen tatsächlich eine zeitgemäße, eine aufgeklärte Position.

Zum äthiopischen Gottesdienst gehört der liturgische Tanz der Diakone, die ihren Gesang mit Trommel und Sistrum begleiten. Das untere Bild zeigt äthiopische Christen bei einem Festgottesdienst in der Wüstenstadt Assaita.

Die frühen Wandermissionare brauchten aber auch deshalb keine Überredungskünste aufzubieten, weil sie nicht nur in den jüdischen Stammlanden, sondern oft auch bei der griechischen oder römischen Bevölkerung der Küstenstädte auf offene Ohren stießen. Denn – so wenig man an den Juden ihre Ungeselligkeit, ihre womöglich als arrogant empfundene Distanziertheit in diesen heidnischen Kreisen schätzte, so beeindruckend fand mancher dort den tiefen Ernst und die überragende Sittlichkeit ihrer Religion – ganz abgesehen von ihrem nun geradezu modern wirkenden Monotheismus. Überall gab es daher Heiden, besonders unter den Gebildeten, auf die die hohen Ideale und die moralische Strenge des Judentums einen starken Reiz ausübten. Doch auch der entschlossenste Bewunderer der jüdischen Religion musste dieselbe Erfahrung wie der äthiopische Eunuch machen: Es war praktisch unmöglich, zum Judentum überzutreten – allein die dann fällige Beschneidung schreckte die meisten ab, denn sie galt in ihrer Welt als Verstümmelung und barbarisch. Was einem solchen Menschen blieb, war die Rolle eines Zaungastes – wegen seiner Gottesfürchtigkeit in den Synagogen geduldet, aber nicht integriert. Mit diesen Leuten kamen die christlichen Wandermissionare nun leicht ins Gespräch. In ihren Ohren musste es tatsächlich wie eine frohe Botschaft klingen, wenn sie hörten, dass ihnen der Zutritt zum Gottesreich nicht länger verwehrt sei. Bei den Juden der Jesusbewegung reichte dafür die Taufe – und von Beschneidung oder Gesetz war nicht die Rede, vorläufig jedenfalls nicht. Verständlich, dass der Äthiopier »voll Freude seines Weges zog«. Das ist nicht bloß ein werbewirksamer Schlusspunkt, den Lukas unter seine Geschichte setzt. Es ist die nachvollziehbare Reaktion auf die Erfüllung eines Lebenstraums.

Philippus nun verkörpert genau jenen Typus, der die neuen, grenzenlosen Möglichkeiten der Mission als Erster erprobt. Er ist nicht mit dem Jünger Philippus identisch, er gehört nicht zum Kreis der Apostel, die ihre Autorität aus der Begegnung mit dem Auferstandenen herleiten. Philippus ist vielmehr ein hellenisierter Jude, aufgewachsen in einer der palästinischen Küstenstädte mit ihrer jüdisch-griechischen Mischbevölkerung und erst nach Ostern zur Gemeinde in Jerusalem gestoßen. Er spricht fließend Griechisch, ist gebildet und redegewandt und vor allem unbefangen, also frei von den Berührungsängsten, mit denen viele Judenchristen aus Judäa oder Galiläa heidnischen Ausländern bislang nach wie vor begegnen.

Und hier zeigt sich ein erster Riss in der Urgemeinde zu Jerusalem. Ein Unterschied in der Mentalität zwischen hellenistischen Judenchristen und solchen, die aus dem jüdischen Kernland kommen. Gewiss, zur Gemeinschaft der Jesusleute zählen sie sich alle, die sogenannten Hellenisten, die zuvor im Ausland gelebt haben und kulturell weiterhin in dieser griechisch geprägten Außenwelt zu Hause sind, und genauso die sogenannten Hebräer, die ihr Leben im Kraftfeld des Tempels verbracht haben und auch als Christen dem traditionellen Judentum viel näher stehen. Dennoch treten nun Differenzen zutage. So herrscht bald schon Uneinigkeit in der Frage, welche praktischen Folgen sich denn nun aus dem gemeinsamen Jesusglauben ergeben, und bereits in der ersten Hälfte der Dreißigerjahre kommt es zur ersten Belastungsprobe der jungen Jerusalemer Urgemeinde: Die Hebräer praktizieren ihren Glauben als leichte Abwandlung von der Frömmigkeit ihrer nichtchristlichen jüdischen Nachbarn, ihr Glaube ist gewissermaßen so traditionell-jüdisch wie möglich und so christlich wie nötig. Die Hellenisten nehmen sich demgegenüber ungewohnte Freiheiten, sie vernachlässigen rituelle Vorschriften, lehnen den Opferdienst im Tempel ab und lassen sich eher von der Inspiration durch den Heiligen Geist leiten als vom Gehorsam gegenüber der Tora, kurz: Sie denken so christlich wie möglich und so traditionell-jüdisch wie unbedingt nötig.

Heute würde man sagen: Es geht um das Profil der Urgemeinde, und über diese Frage kommt es jetzt zum Streit. Der hat noch nichts mit den grundsätzlichen theologischen Meinungsverschiedenheiten zu tun, die die Kirche Jahrhunderte später in erbitterte Richtungskämpfe treiben werden – von einer christlichen Theologie kann ja in diesen Tagen noch kaum die Rede sein. Aber es deutet sich jetzt bereits an, wie viel Selbstüberwindung, Nachsicht und Geduld Menschen abverlangt wird, die zwar von ein und demselben brüderlichen Geist beseelt sind, aber nach wie vor in ihrer alten Haut stecken. Jetzt muss sich jedenfalls die Vereinbarkeit des bislang Unvereinbaren im Alltag beweisen – und das gelingt auch, durch eine praktische Maßnahme: Man organisiert sich neu. Man teilt sich auf. Die hebräischen Judenchristen in Jerusalem bilden nun eine eigene Gemeinschaft unter Leitung der Apostel, deren einflussreichster Repräsentant immer noch Petrus ist. Und die hellenistischen Judenchristen formieren sich unabhängig davon zu einer Gruppe unter der Führung eines Gremiums von sieben Männern, die in ihr Amt gewählt werden und jene Qualitäten besitzen, die auch Philippus, ein prominentes Mitglied dieses Gremiums, auszeichnen: Sie sind charismatisch, weltoffen – und bereit, schon jetzt Entfaltungsmöglichkeiten zu nutzen, die den Aposteln erst allmählich bewusst werden.

Diese beiden Strömungen innerhalb der Urgemeinde gilt es jedenfalls künftig auseinanderzuhalten. Denn während die Apostel und ihr hebräischer Gemeindeteil bei der Bevölkerung Jerusalems offenbar durchaus populär sind, erregen die Hellenisten binnen Kurzem den Zorn von Pharisäern und Sadduzäern, und der Hohe Rat beschließt, gegen sie vorzugehen. Nur sie werden in den nächsten Jahren verfolgt – wie Lukas im achten Kapitel der Apostelgeschichte berichtet. Nur sie werden schließlich zur Flucht aus Jerusalem getrieben und gezwungen, sich außerhalb des jüdischen Kernlandes niederzulassen – was Lukas im elften Kapitel erwähnt. Und nur diesem Umstand ist es zu verdanken, dass sich bis zum Ende des

Jahrzehnts vornehmlich entlang der Küste des östlichen Mittelmeers allenthalben Gemeinden bilden, deren Christentum erstmals prägnante, unverwechselbare Züge trägt. Mit dem Erfolg, dass in der drittgrößten Stadt des Römischen Reichs, in Antiochia an der syrischen Küste, Anfang der Vierzigerjahre ein neues Wort in Gebrauch kommt: Die Bezeichnung »Christ« wird hier geprägt, und zum ersten Mal müssen die Jesusanhänger zur Kenntnis nehmen, dass sie von ihrer Umwelt nicht mehr als Juden wahrgenommen werden – Lukas weist darauf ebenfalls im elften Kapitel hin.

Hier also fallen sie auf, in dieser Weltstadt mit dem ausgesprochen schlechten Ruf eines Sündenbabels 500 Kilometer nördlich von Jerusalem, hier treten sie als neue, eigenständige Religionsgemeinschaft in Erscheinung, von nun an darf man eigentlich erst von Christen sprechen. Tatsächlich bahnen sich in Antiochia entscheidende Veränderungen an, und die Stadt wird Jerusalem bald als Impulsgeber des Christentums ablösen – heute würde man die Gemeinde dort als Denkfabrik oder Innovationszentrum bezeichnen. Aber – was machen die Jesusanhänger dort anders, anders als in Jerusalem?

Rein äußerlich betrachtet wohl nichts. Das Gemeindeleben spielt sich doch überall sehr ähnlich ab, und es ist wichtig, diese Gemeinsamkeit festzuhalten, denn sie prägt das Christentum noch für Jahrhunderte, unabhängig davon, was nun in Antiochia und später in Ephesus, Thessalonich oder Korinth noch geschieht. Überall wird man durch ein schlichtes Tauchbad, die Taufe, in die Gemeinschaft der Christen aufgenommen. Überall trifft man sich in schmucklosen Privathäusern zum Gebet und zum Singen von Psalmen und Hymnen. Überall versammelt man sich zum Brotbrechen an gewöhnlichen Küchentischen, um dabei der letzten Mahlzeit zu gedenken, die Jesus im Kreis seiner Jünger eingenommen hat, und gleichzeitig der Hoffnung Ausdruck zu geben, demnächst erneut mit Jesus vereint zu sein, als Teilnehmer am Gastmahl des Herrn in seinem Reich. Denn das ist ja die gemeinsame Erwartung, das ist der einfache, handfeste Glaube dieser frühen Christen, wie ihn die Apostel und Gemeindeältesten verkünden: Gott hat Jesus von den Toten auferweckt und damit selbst den Beweis dafür geliefert, dass der Gekreuzigte der Messias und Gottessohn ist. Für die Zukunft bedeutet das: Von nun an läuft die Zeit auf Jesu Rückkehr zu, auf seine Wiederkehr als Weltenrichter. Das Ende der alten Welt steht bevor, und damit der Tag, an dem die göttliche Gerechtigkeit über irdische Macht und Gewalt und Willkür siegen wird. Für die Christen ist das ein Grund, der Zukunft mit erwartungsvoller Freude entgegenzusehen, denn wer Jesus als Gottessohn anerkennt und seinem Vorbild folgt, der braucht dieses Gericht am letzten aller Tage nicht zu fürchten. Der wird gerettet werden und zu den Teilnehmern jenes Freudenmahls gehören, das Jesus zu Lebzeiten bereits als Bild für das vollendete Gottesreich benutzt hatte. Dieser frühe Glaube lebt aus der Vorfreude; er ist einstweilen auf kurze Zeit bemessen, er stellt sich auch später noch auf ein baldiges Ende der irdischen Verhältnisse ein und kommt daher ganz ohne feierliches Gepränge und eindrucksvolle Rituale aus.

Eine Religion mit ausgesprochen alltäglichem Erscheinungsbild also. Man vermeidet alles Aufsehen und gibt sich auch in den folgenden drei Jahrhunderten so anspruchslos und zurückhaltend, dass die Christen bei ihren heidnischen Zeitgenossen in den Ruch von lichtscheuem Gesindel geraten. Von der Archäologie sind daher ebenfalls kaum christliche Spuren aus jener Zeit zu erwarten, denn selbst dort, wo sich Privathäuser erhalten haben, ist ihnen nicht anzusehen, ob sie als christliche Versammlungsstätten genutzt wurden. Umso größere Überraschung löste ein Fund in Dura Europos aus, einer antiken Stadt im Südosten des heutigen Syrien, unweit der irakischen Grenze: die Entdeckung einer Hauskirche aus der Mitte des dritten Jahrhunderts, die sich tatsächlich als solche zu erkennen gibt.

Wer in unseren Tagen nach Dura Europos kommt, wird enttäuscht sein. Er hat eine stundenlange Fahrt durch das gleichförmige Flachland der syrischen Wüste hinter sich und muss sich nun mit spärlichen Resten begnügen – außer der westlichen Stadtmauer ist für den Laien nicht mehr viel zu erkennen, die Gebäude im Innenbereich sind bis auf Grundmauern vollständig verschwunden. Beeindruckend aber immerhin die Lage auf einem Felsplateau, das sich über dem rechten Ufer des Euphrats erhebt und einen weiten Blick in das Land jenseits des Flusses erlaubt. Im zweiten Jahrhundert nach Christus nutzten die Römer den natürlichen Vorzug dieses Standorts, um die lebhafte Handelsstadt am Schnittpunkt mehrerer Karawanenstraßen

Abbildung auf der folgenden Doppelseite:
Der Euphrat bildete im dritten Jahrhundert die Grenze zwischen dem persischen und dem Römischen Reich, und Dura Europos war die östlichste Grenzfestung der Römer. Im Hintergrund sieht man die mächtige Zitadelle von Dura.

Die westliche Stadtmauer des antiken Dura Europos am Euphrat (Syrien).

Die bescheidenen Überreste der Hauskirche von Dura Europos. Zu erkennen sind die Trennwand zwischen Innenhof und Vorbereitungsraum für die Täuflinge sowie Mauerreste des eigentlichen Taufraums (siehe Rekonstruktionszeichnung auf der rechten Seite).

Das Bild zeigt die Ruinen der jüdischen Synagoge von Dura. Sie lag an derselben Straße wie die christliche Hauskirche, war aber ein größeres und sehr viel aufwendiger gestaltetes Gebäude.

zur Grenzfestung auszubauen – zunächst gegen die Parther, dann gegen die Perser. Dura war also ein exponierter Außenposten des Imperiums mit einer bunt gemischten Bevölkerung aus griechischen, römischen und palmyrischen Händlern sowie einer Garnison, die ebenfalls Menschen aus allen Teilen des Reichs hier zusammengeführt haben dürfte.

Als die ersten Ausgräber kurz vor dem Ersten Weltkrieg nach Dura kamen, bot die Stadt einen anderen Anblick als heute. Vor allem die Wohnhäuser entlang der westlichen Stadtmauer waren relativ gut erhalten, weil sie noch kurz vor der Eroberung durch die Perser im Jahr 260 in eine Böschung aus Lehmziegeln einbezogen worden waren, mit der die Stadtmauer von innen abgestützt werden sollte. Derartig stabilisiert, hatte ein ganzer Straßenzug der Zeit einigermaßen widerstanden, und als sich ein amerikanisches Grabungsteam 1928 eines dieser Häuser vornahm, stieß man auf eine Reihe von Merkwürdigkeiten. Offenbar war es noch kurz vor der Eroberung der Stadt umgebaut worden, jedenfalls hatte man in einem größeren Raum nachträglich eine rechteckige Wanne in den Boden eingelassen und ein von Pfeilern getragenes Tonnengewölbe darübergesetzt. Die Decke des übrigen Raums war flach, aber genauso wie das Gewölbe mit Sternen auf blauem Grund bemalt – demnach hatte ein Nachthimmel den gesamten Raum überspannt. Zwei weitere Zimmer waren zu einem größeren Raum zusammengefasst worden, der bis auf ein niedriges

Podest neben der Tür keine Besonderheit aufwies. Konnte die Wanne als Taufbecken gedient haben? Sollte man auf die Versammlungsstätte der Christen von Dura gestoßen sein, auf den Vorläufer einer Kirche mit Taufkapelle und Andachtsraum? Sicherheit verschaffte den Ausgräbern ein Fresko an der Wand hinter der Wanne: Es zeigte den Guten Hirten mit seiner Herde – ein beliebtes christliches Motiv, das dem Täufling seine Aufnahme als Lamm in die Herde Christi vor Augen führte. Man hatte also unbezweifelbar eine Hauskirche entdeckt, und das Podest neben der Tür des Versammlungsraums ließ sich jetzt ebenfalls deuten: Hier musste der Stuhl gestanden haben, von dem der Geistliche, ein Bischof vielleicht, den Gottesdienst geleitet hatte.

Solche kurzen Blicke weit zurück in die Zeit des antiken Christentums sind selten möglich. In anderen Fällen lassen sich Hauskirchen zwar vermuten, aber nicht mit letzter Sicherheit identifizieren. Für das Rom des dritten Jahrhunderts wird ihre Zahl auf immerhin achtzehn geschätzt,

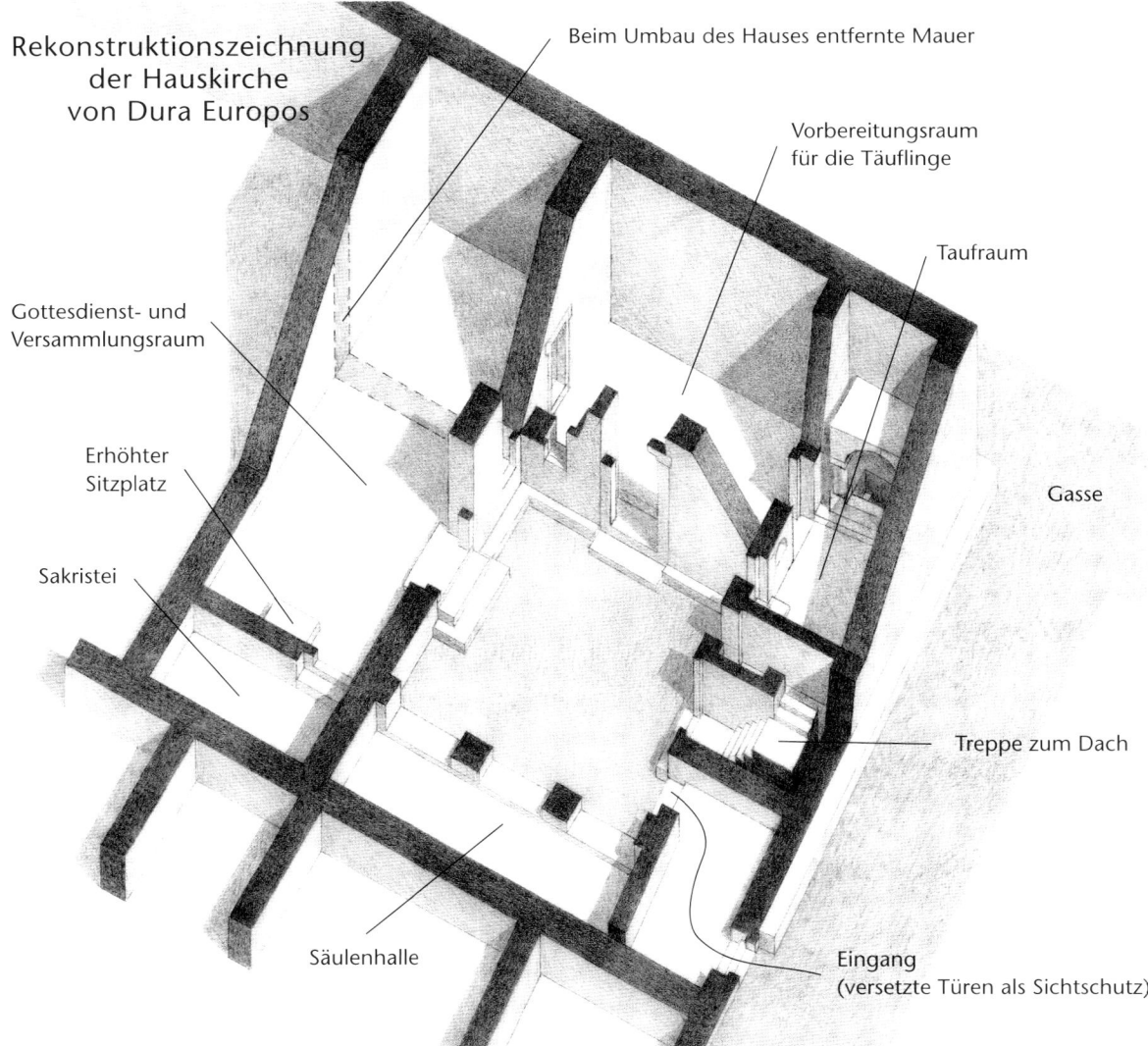

Rekonstruktionszeichnung der Hauskirche von Dura Europos

Beim Umbau des Hauses entfernte Mauer

Vorbereitungsraum für die Täuflinge

Taufraum

Gottesdienst- und Versammlungsraum

Gasse

Erhöhter Sitzplatz

Sakristei

Treppe zum Dach

Säulenhalle

Eingang (versetzte Türen als Sichtschutz)

doch eindeutige Anhaltspunkte fehlen, weil sich die Christen Roms auch damals noch in gewöhnlichen Wohnzimmern oder Geschäftsräumen trafen. Mit wachsender Gemeindegröße wird man sich natürlich geräumigere Orte gesucht haben müssen, Orte wie die zweischiffige Pfeilerhalle unterhalb der römischen Kirche San Martino ai Monti zum Beispiel, womöglich seinerzeit ein Lagerhaus, das bis zu vierhundert Menschen Platz bot. Diese Hauskirche ist unter dem Namen Titulus Equitii seit ältester Zeit bekannt, doch auch hier deutet nichts mehr auf eine christliche Nutzung hin; nicht einmal der Standort des Altars lässt sich ausmachen, und wahrscheinlich gab es nie einen. Zur Einnahme des Abendmahls genügte vermutlich auch im dritten Jahrhundert noch ein einfacher Tisch – nicht anders als im ersten.

So weit also die Gemeinsamkeiten. Nichts Großartiges, Pompöses haftet diesem Christentum an, in Antiochia so wenig wie in Jerusalem und anderswo. Was sich nun in Antiochia tut, betrifft weder die Form des Gottesdienstes noch den Inhalt des Glaubens, es betrifft das Selbstverständnis der Christen und die Frage, welche Dimension ihr Projekt annehmen soll. Welche Grenzen es dafür überhaupt noch geben kann oder geben muss. Mit anderen Worten: Hier werden aus dem eigenen Glauben erstmals Konsequenzen gezogen, die den Rest der Menschheit betreffen. Und es ist niemand anderer als die größte Autorität unter den Jüngern, der Apostel Petrus, der den Weg für die weltweite Ausbreitung des Christentums bahnt.

Der Versammlungsraum der Hauskirche Titulus Equitii unter der römischen Kirche San Martino ai Monti. Der Altar im Vordergrund stammt aus späterer Zeit.

Im zehnten Kapitel der Apostelgeschichte begegnen wir ihm zum ersten Mal nach langer Zeit außerhalb von Jerusalem. Es muss in den späten Dreißigerjahren sein, und Petrus besucht in der jüdischen Küstenstadt Joppe, heute Jaffa, eine junge Gemeinde, gegründet wahrscheinlich von Philippus, der in dieser Gegend seit geraumer Zeit auf eigene Faust missioniert. Die Leute dort brauchen jemanden wie ihn, einen Apostel, der als Augenzeuge Fragen beantworten und Auskunft erteilen und sie in ihrem Glauben bestärken kann, und Petrus wird seinerseits daran liegen, Verbindung mit solchen Neugründungen aufzunehmen und ihren Zusammenhalt mit der Urgemeinde zu festigen. Er hält sich jedenfalls für längere Zeit dort in Joppe auf, als Gast eines Gerbers namens Simon, und eines Tages erscheinen Römer vor dessen Haus. Römische Soldaten, die Petrus nun höflich bitten, sie nach Cäsarea zu begleiten, ihr Zenturion wolle aus seinem Mund mehr über die Lehre der Christen erfahren. Und jetzt gerät Petrus in Verlegenheit.

Lukas erzählt die nun folgende Begebenheit als Lehrstück über die Grenzen im Kopf, die ja häufig mit äußeren Grenzen zusammenfallen. Als Geschichte einer doppelten Bekehrung, die nicht dem Römer, wohl aber Petrus ein enormes Maß an Selbstüberwindung abverlangt. Von ihm wird nun erwartet, ausgerechnet in der heidnischen Metropole Judäas, in Cäsarea, die Einladung eines römischen Offiziers anzunehmen, eines Unbeschnittenen, eines Vertreters der Besatzungsmacht, dessen Haus zu betreten und womöglich mit ihm und seinen Leuten an einem Tisch zu essen – also gegen einen ganzen Katalog von jüdischen Reinheitsvorschriften zu verstoßen. Sicher, damals mit Jesus hatte man solchen Vorschriften auch keine große Beachtung geschenkt, doch seither waren die Apostel in Jerusalem bemüht gewesen, jede unnötige Provokation zu vermeiden, schon um niemanden vor den Kopf zu stoßen oder abzuschrecken, wohl auch, um sich selbst nicht zu gefährden. Petrus hatte sich in diesem knappen Jahrzehnt seit Jesu Tod zu einem furchtlosen, charismatischen Redner entwickelt und offenbar Tausende für die Sache der Jesusanhänger gewonnen, vor allem unter den jüdischen Tempelpilgern, bislang jedoch offenbar nie über die Grenzen seines Volkes, seiner Kultur hinausgedacht – und was Philippus weitab von Jerusalem trieb, war im Einzelnen jedenfalls mit ihm nicht abgesprochen. Bis zu dieser Stunde hatte er als Jude unter Juden gelebt; auch die junge Gemeinde in Joppe dürfte ausschließlich aus Judenchristen bestanden haben, und die Frage, welche Bedeutung Jesus für den Rest der Menschheit haben könnte, hatte sich ihm schon aus praktischen Gründen nicht gestellt. In diesem Augenblick steht Petrus vor einem Wendepunkt, und mit ihm die Geschichte des Christentums.

Von sich aus hätte Petrus dieser Einladung wohl nicht Folge geleistet. Es bedarf einer Vision und einer himmlischen Stimme, einer Erleuchtung, bevor er den Tabubruch wagt, bevor er – einstweilen noch zögernd, gewissermaßen probeweise – die Einteilung der Welt in reine und unreine Menschen verwirft und nach Cäsarea aufbricht. Dort erwartet ihn ein Zenturion der Italischen Kohorte namens Cornelius, ein Mann syrischer Abstammung vielleicht, denn die Italische Kohorte war aus syrischen Freigelassenen gebildet worden, auf jeden Fall aber einer jener Heiden, die viel darum geben würden, zum Judentum übertreten zu dürfen, und sich oft freiwillig an bestimmte jüdische Gepflogenheiten halten. Petrus wendet sich nun mit ähnlichen Worten an Cornelius, wie sie Philippus im Gespräch mit dem Äthiopier benutzt haben dürfte, und zu seiner Verblüffung macht er eine ähnliche Erfahrung: Der Römer, seine Familie und alle übrigen Anwesenden geraten in einen Zustand freudiger Erregung, eine Art Verzückung, wie sie in den frühen Gemeinden offenbar häufig auftritt – auch Paulus bestätigt das –, und alle lassen sich taufen. Ein Erfolg, der die kühnsten Erwartungen übersteigt, sollte man meinen – immerhin haben die Christen damit einen Verbündeten in der römischen Militärhierarchie gewonnen. Für Lukas jedoch verblasst dieser Erfolg beinahe gegenüber der Reaktion des Petrus: Wie ein Mensch, dessen bisheriges Weltbild gründlich erschüttert wurde, der selbst kaum zu fassen vermag, was er soeben erlebt hat, ringt er nach Worten, nach einer Erklärung, die mehr als andere ihn selbst überzeugen soll, und noch halb benommen kommt er zu dem Schluss: »Jetzt erkenne ich wirklich, dass bei Gott kein Ansehen der Person ist, sondern dass ihm aus jedem Volk willkommen ist, wer ihn fürchtet und Gerechtigkeit übt.« (Apg 10,34) Kein Ansehen der Person! Eine Erkenntnis mit Folgen für die europäische Geschichte. Denn was Lukas hier im ersten Jahrhundert als eine christliche Quintessenz formuliert, macht seit der Französischen Revolution den Kern von Menschenrechtserklärungen und Grundrechtekatalogen aus, wie sie in den Präambeln demokratischer Verfassungen niedergelegt sind. Man braucht »Gott« nur gegen »Gesetz« auszuwechseln, schon verwandelt sich eine christliche Glaubenswahrheit in die politische Maxime der Aufklärung.

Es mag sein, dass Lukas mit der Corneliusepisode ein allmähliches Umdenken bei Petrus in die Form einer pointierten Erzählung gekleidet hat. Doch wie dem auch sei – Petrus muss in jener Zeit eine Erfahrung gemacht haben, die dem Unternehmen Jesus völlig neue Impulse verleiht. Die Erfahrung nämlich, dass Gott selbst nicht wählerisch ist. Oder, anders gesagt: dass sich der Glaube an einen einzigen Gott nicht mit einem exklusiven Anspruch auf ihn verträgt. In den kommenden Jahren wird sich zeigen, dass das Judentum in seiner christlichen Variante Menschen unterschiedlichster Herkunft zu einer Gemeinschaft zu verbinden vermag, deren einziger Bezugspunkt die Gestalt und Botschaft Jesu ist. Der jüdische Gott hat damit jene Eigenschaft angenommen, die die Götter der übrigen Welt schon immer auszeichnete: mit jeder möglichen Kultur, mit jeder Tradition, mit jeder geschichtlichen Erfahrung vereinbar zu sein.

Der Orontes verband Antiochia mit der Hafenstadt Seleucia an der Mittelmeerküste.

Das antike Antiochia, die Hauptstadt Syriens, die Metropole des Ostens, liegt unter den Häusern und Straßen der modernen türkischen Stadt Antakya wohl für immer begraben.

Petrus fordert daher den Römer auch nicht auf, erst einmal Jude zu werden. Er verlangt nicht von ihm, sich beschneiden zu lassen oder fortan die jüdischen Reinheitsvorschriften zu beachten. Künftig wird Petrus zu den Verfechtern der grenzenlosen Mission gehören, wird sich mit seiner ganzen Autorität für eine weltoffene Haltung einsetzen. Auf ihn wird es im konservativen Milieu Jerusalems ankommen, wenn nun alles in Bewegung gerät und bislang säuberlich Geschiedenes sich mischt und Opfer gebracht werden müssen auf dem Altar der großen Versöhnungs- und Verbrüderungsidee, wo doch keinerlei Erfahrung vorliegt in diesem Anfangsstadium, in dieser Erprobungsphase des Christentums, in der alles Versuch ist, Experiment. Und der Testfall heißt: Antiochia.

Was für ein Kontrast! Antiochia am Unterlauf des Orontes, die Sechshunderttausend-Einwohner-Metropole, Hauptstadt des Orients, Regierungszentrale der römischen Provinz Syrien, nur mit Rom und Alexandria zu vergleichen, ein Ort, an dem alles zusammenkommt: die Karawanen aus Mesopotamien, die Seeleute aus den Ländern des Mittelmeers, die Verwaltungsbeamten Roms, die Flussschiffer vom Orontes, die Superreichen aus allen Teilen des Imperiums, die Studenten der Philosophenschule, die Müßiggänger, Bettler, Hochstapler und – wie der römische Geograf Strabo nicht zu erwähnen vergisst – die Huren aus den Kaschemmen beim Amphitheater. Wie die antiken Autoren sie beschreiben, muss die Stadt das ziemlich genaue Gegenteil von Jerusalem gewesen sein: verrucht, vergnügungssüchtig, leichtsinnig, hemmungslos, turbulent, Inbegriff der Sittenlosigkeit, weltbekannt für den Luxus ihrer Privatvillen, für die Pracht ihres

Stadtbilds, die Tempel, die üppig ausgestatteten Bäder, die meilenlangen Kolonnaden und besonders die nächtliche Straßenbeleuchtung, die von keiner anderen antiken Stadt bekannt ist. Jede Art von Leidenschaft sei hier zu Hause gewesen. Das Pferderennfieber habe genauso zu den Volkskrankheiten gehört wie eine unersättliche Neugier auf fremde Götter, geheime Kulte, neue Religionen, das intellektuelle Klima der Stadt sei nervös und der Humor ihrer Bürger saftig und frech gewesen. Die sozialen Gegensätze waren hier noch krasser als anderswo. Etwa die Hälfte der Stadtbevölkerung bestand aus Sklaven, ein nicht geringer Teil aus Familien von sagenhaftem Reichtum, und dazu kam die permanente Anwesenheit eines Häuf-

Antiochia war im Altertum ein Synonym für Sittenlosigkeit und Verschwendung. Etliche der Mosaiken aus den Villen Antiochias spiegeln den frivolen Geist der Stadt, hier zum Beispiel der »Trunkenbold« und der »fröhliche Bucklige« auf der rechten Seite. (Hatay-Museum, Antakya)

chens von Glücksrittern und Betrügern jeglicher Provenienz, die ihrer Strafe dadurch zu entgehen trachteten, dass sie von dem Asyl Gebrauch machten, das der berühmte Apollontempel vor den Toren der Stadt allen gerichtlich Verfolgten gewährte. Und auf jeden Fall war diese Stadt eins: kosmopolitisch.

Wie in vielen Großstädten des Reichs hat sich hier schon lange zuvor eine bedeutende jüdische Gemeinde etabliert. Sie steht unter dem Schutz des römischen Statthalters, genießt gewisse Privilegien und darf sich der Sympathien all jener sicher sein, die die Frivolität, die moralische Bedenkenlosigkeit und die Rohheit im alltäglichen Verkehr der Menschen untereinander verabscheuen – auch dies ja ein Charakterzug der hellenistischen Kultur. Außerdem profitieren die Juden von der ausgleichenden Politik der beiden römischen Statthalter dieser Jahre, Vitellius und Petronius, Männer von anderem Schlag als ein Pontius Pilatus, Politiker, die jede Provokation ihrer jüdischen Untertanen vermeiden. Was obendrein zu einem allgemeinen Frieden in Antiochia beiträgt – denn auch hier kochen die Leidenschaften gelegentlich über, auch hier kommt es bisweilen zu blutigen Bürgerkämpfen aus religiösen oder politischen Gründen –, ist das Erdbeben des Jahres 37, das die Stadt teilweise zerstört hat und bis auf Weiteres alle Rivalitäten dämpft. Wohl aus diesem Grund kommt es hier in Antiochia auch nicht zu nennenswerten Konflikten zwischen traditionellen Juden und solchen, die sich der Jesusbewegung angeschlossen haben. Und wie es aussieht, bietet die ortstypische Mischung aus scharfen sozialen Gegensätzen, Sittenlosigkeit, Sensationshunger und Kontaktfreudigkeit ebenfalls günstige Voraussetzungen für das Gedeihen einer christlichen Gemeinde.

Nun lässt sich denken, dass den Christen von Antiochia Zurückhaltung ähnlich fremd ist wie ihren heidnischen Mitbürgern, dass sie zudem eine Freiheit genießen, die unter dem wachsamen Auge einer Religionsbehörde wie in Jerusalem unvorstellbar ist, und dass sie ständig mit Menschen in Berührung kommen, die für ihre Botschaft empfänglich sind – ob sie sich nun als Sklaven vom Ideal der Gleichheit und Brüderlichkeit beeindrucken lassen oder als Gebildete vom Ideal der Nächstenliebe und der gegenseitigen Verantwortung. Jedenfalls ist ihnen ein beträchtlicher Missionserfolg unter Heiden wie unter Juden beschieden, und die Judenchristen Antiochias haben keine Hemmung, Heidenchristen in großer Zahl als vollwertige Mitglieder in ihre Gemeinschaft aufzunehmen. Unbeschnitten. Das hat es bisher noch nirgendwo gegeben. Das wäre in Jerusalem undenkbar. Das wird auch in Antiochia aufmerksam registriert. Und nun taucht sie plötzlich auf, ist sie mit einem Mal im Umlauf, diese Bezeichnung für Juden, die sich anders als gewohnt verhalten, die mit Heiden verkehren und tafeln wie mit ihresgleichen, die offenbar keineswegs unter sich bleiben wollen – die Bezeichnung »Christen«. Was hat es mit diesem Namen auf sich? Wer hat ihn aufgebracht? Und welche Folgen ergeben sich daraus für diejenigen, die nun zur Kenntnis nehmen müssen, dass sie nicht mehr als Juden gelten?

Eins ist sicher: Aus den Reihen der Christen selbst stammt dieser Name nicht. Die können darüber nicht glücklich sein. Einmal, weil er sie endgültig von der jüdischen Tradition abschneidet und ihnen bestreitet, was sie eigentlich sein wollen: der bessere, der erleuchtete Teil des jüdischen Volkes. Zum anderen, weil diese Trennung ihnen keine Vorteile bringt, sie vielmehr dem Verdacht undurchsichtiger und womöglich gemeingefährlicher religiöser Umtriebe aussetzt. Denn im Römischen Reich, wo sich Götter und Kulte unkontrolliert vermehren, wird zwischen erlaubten und unerlaubten Religionen unterschieden – und die jüdische zählt zu den staatlich anerkannten, war für die Christen bisher also ein sicherer Hafen, aus dem sie nun vertrieben werden. Künftig müssen sie sich im steinigen Gelände der unerlaubten Religionen zurechtfinden, und die Christenverfolgungen der nächsten Jahrhunderte zeichnen sich in diesem Augenblick bereits als Gefahr ab. Genauso wenig aber dürfte der Name in jüdischen Kreisen entstanden sein. Denn Christus ist das griechische Wort für Messias, und die Bezeichnung »Christen« setzt die Anerkennung eines Messias voraus, für den traditionelle Juden verständlicherweise nichts übrig haben. Kommen also nur die Heiden als Urheber in Frage. Vermutlich ist es so, dass man in dem Gewimmel von Kulten, Religionen und Gottheiten in Antiochia irgendwie die Übersicht bewahren muss, jedes neue Grüppchen daher seinen Stempel aufgedrückt bekommt und jene Leute, die ständig das Wort »Christus« im Munde führen, von jetzt ab mit dem passenden Etikett der Gefolgschaft dieses Christus zugeschlagen werden – wer immer das sein oder gewesen sein mag.

In Antiochia entsteht die erste Gemeinde, die die Entfaltungsmöglichkeiten des Christentums beherzt nutzt, und was sich dort tut, bleibt in Jerusalem nicht verborgen. Und jetzt die helle Aufregung: War Jesus denn nicht ein beschnittener Jude? Wollen die Antiochier jetzt ihren eigenen Verein aufmachen, in dem Juden über kurz oder lang zur belächelten Minderheit gehören werden? Zweifellos wird es in der Glaubensfestung Jerusalem Skeptiker geben, Leute, denen diese Entwicklung ganz und gar nicht behagt und die wahrscheinlich daran denken, den Antiochiern umgehend einen linientreuen Aufpasser zu schicken. Es dürfte dem Einfluss des Petrus und seiner Fraktion zu verdanken sein, dass dies nicht geschieht. Zwar entsendet die Urgemeinde tatsächlich einen Koordinator in die syrische Metropole, doch ist es einer ihrer besten Männer, aufgeschlossen und weitsichtig, nämlich Barnabas, ein gebildeter Jude aus Zypern, der offenbar Gefallen an den Verhältnissen an seinem neuen Einsatzort findet und die Gemeindeleitung dort übernimmt. Petrus hätte den Antiochiern Schwierigkeiten machen können. Mit dem Gewicht seiner Autorität hätte er ihr

Experiment beenden und alles rückgängig machen können. Dass er nichts dergleichen unternimmt, beweist, auf welcher Seite er steht. In den folgenden Jahren wird er selbst die stickige Atmosphäre Jerusalems gegen das belebende Klima Antiochias eintauschen und sich – in den Jahren 42 bis 48 vermutlich – dort zumindest zeitweilig aufhalten.

Im Daphnetal bei Antiochia hatten die römischen Beamten und die reichen syrischen Kaufleute ihre Sommervillen. Ein Großteil der prachtvollen Mosaiken im Hatay-Museum von Antakya stammt aus dieser Gegend. Mit seinen Quellen und Kaskaden ist das Daphnetal noch heute ein lieblicher – und vielbesuchter – Ort.

Man wüsste gern Näheres über diese Gründerjahre in Antiochia, über die Missverständnisse, die in einer solchen Gemeinde aufgetaucht sein müssen, die gesellschaftliche Herkunft und das Bildungsniveau der Menschen, die hier zusammentrafen, die theologischen Debatten, aus denen das Grundgerüst eines universell annehmbaren Glaubens hervorging, und die Reibungen, die zwischen Christen und Nichtchristen im alltäglichen Zusammenleben aufgetreten sein dürften, doch Lukas hat leider keinen Blick für solche Details. Natürlich findet sich auch kein Niederschlag davon in der außerchristlichen Literatur, denn alle hier geschilderten Ereignisse haben sich hinter den Kulissen der Weltbühne abgespielt. Und auch die letzte Hoffnung, wenigstens ein anschauliches Bild jener Zeit anhand von Ruinen, von eindrucksvollen Resten der antiken Stadt, zu gewinnen, wird weitgehend enttäuscht: Keine der großen Metropolen des Altertums ist so spurlos verschwunden wie Antiochia. Eine Folge verheerender Erdbeben hat die antike Stadt im sechsten Jahrhundert ausgelöscht, Erdrutsche haben sie mit Geröll bedeckt. Das Beben von 526 soll dreihunderttausend Menschen das Leben gekostet haben, das von 588 nur noch einen Trümmerhaufen übrig gelassen haben. Heute liegt das Antiochia von Petrus und Barnabas zehn Meter tief unter der türkischen Stadt Antakya begraben.

Aus zwei Gründen verspürt man bei einem Besuch in Antakya dennoch einen Hauch von der einzigartigen Atmosphäre des alten Antiochia. Zum einen hängt das mit der Landschaft zusammen, mit der Lage Antakyas an derselben Stelle wie Antiochia, teilweise am Hang des Gebirges, das immer einen natürlichen Schutzwall gegen Eroberer aus dem Osten bildete, und teilweise in der weiten, fruchtbaren Ebene, durch die sich der Orontes windet. Es ist eine selten schöne Lage, und man kann sich vorstellen, wie beliebt die Gebirgshänge seinerzeit bei denen waren, die zu den Reichsten und Vornehmsten des Imperiums gehörten. Dort, auf halber Höhe und in wohltuendem Abstand zum Lärm der Stadt, hatten sie ihre Privatvillen und Paläste, an künstlerischer Ausstattung und Luxus unübertroffen. Besonders beliebt war bei ihnen das nahe gelegene Daphnetal – mit seinen Quellen, Kaskaden und Wasserfällen bis heute ein Ort von außergewöhnlichem Charme, auch wenn kleine Gartenlokale und Fischrestaurants an die Stelle der antiken Villen getreten sind. Die übrigens so spurlos doch nicht verschwunden sind. Das Museum von Antakya beherbergt eine Sammlung der schönsten Mosaiken des Altertums, alle während der Grabungskampagnen in den Dreißigerjahren des zwanzigsten Jahrhunderts ans Licht gekommen und alle aus den Luxusresidenzen in der Umgebung der Stadt. Ihre Besitzer konnten sich die Genies unter den Mosaikkünstlern des Römischen Reichs leisten, und deren Werke waren so farbenreich, so realistisch in ihrer Darstellung und so raffiniert in ihrer Licht- und Schattenwirkung, dass sie mit den Werken der Maler ihrer Zeit konkurrieren konnten.

Eine kleine Auswahl antiochischer Bodenmosaiken:
oben links der Meeresgott Oceanos mit der Nymphe Thetis
(viertes Jahrhundert). Oben rechts Iphigenie auf Aulis, mit
Schatten- und Tiefenwirkung ein besonders realistisches
Mosaik (fünftes Jahrhundert). Links unten zwei Bacchien-
tänzer (zweites Jahrhundert). Rechts unten ein mit Weinlaub
gekrönter Dionysos (zweites Jahrhundert). (Hatay-Museum,
Antakya)

Von völlig anderer Art ist die zweite Stätte, die den Besucher aus dem modernen Antakya ins antike Antiochia zurückversetzt. Es ist eine geräumige natürliche Grotte oberhalb der heutigen Stadt, in einem Steilhang des Staorinbergs. Nach alter christlicher Tradition soll sie den ersten Christen von Antiochia als Versammlungsstätte gedient haben. Ursprünglich war sie zum Tal des Orontes hin offen; 1863 erhielt sie eine Fassade im Stil der Kreuzfahrerkirchen, wartet in ihrem Innern aber noch mit Resten eines schlichten, antiken Bodenmosaiks auf und befindet sich wohl weitgehend in ihrem damaligen Originalzustand. Es gibt keinen Beweis dafür, dass hier wirklich Gottesdienste unter der Leitung von Petrus und Barnabas gefeiert wurden, aber der Umstand, dass ein Tunnel die Flucht aus dieser Grotte durch den Berg ins unwegsame Hinterland erlaubte, mag aus Sicht der Christen seinerzeit zugunsten dieses Ortes gesprochen haben. Es kann also durchaus sein, dass wir es hier tatsächlich mit dem frühesten bekannten Kirchenraum zu tun haben. Und wenn dem so ist, dann wird diese Grotte in den Vierzigerjahren des ersten Jahrhunderts auch von einem Mann mittleren Alters aufgesucht, einem kleinen, krummbeinigen Menschen mit markanter Nase, dichten Augenbrauen und Halbglatze – sicherlich keine gefällige Erscheinung, aber jemand mit der Aura fast beängstigender Willensstärke, Entschlossenheit und Energie. Ein Mann, der sich am wohlsten in der Höhle des Löwen fühlt und so gesehen gut an diesen halbwilden Ort passt. Sein Name: Saulus. Oder Paulus.

Die Petruskirche in Antakya (linke Seite). Hinter der Fassade von 1863 verbirgt sich eine natürliche Grotte, in der sich die ersten Christen von Antiochia versammelt haben sollen. Ein Tunnel führt aus dieser Grotte auf die Rückseite des Staorinbergs – er könnte als Fluchtweg gedient haben. Im Inneren der Grotte gibt es im Boden Mosaikfragmente und an den Wänden Spuren von Farbe, die aus der Frühzeit des Christentums stammen. Der Altar und die Petrusstatue in der Nische darüber sind neueren Datums.

9. Der Funke und das Pulverfass

Mit Paulus nimmt die Geschichte des frühen Christentums Züge eines Abenteuerromans an. »Dreimal erlitt ich Schiffbruch, einen Tag und eine Nacht trieb ich auf offener See«, schreibt er. Die kleinasiatische Steilküste (oben) war für ihn ein wohlvertrauter Anblick. Das Paulusporträt auf der rechten Seite stammt aus der Kimissistis-Theokou-Kirche in Mesanagros auf Rhodos (dreizehntes Jahrhundert).

Wenn Jesus der Funke ist, dann ist Paulus das Pulverfass. Verglichen mit dem unbezähmbaren Vorwärtsdrang des Paulus waren alle Missionsunternehmen bisher nur Vorspiel, tastende Versuche, gebremst von der Furcht, zu weit zu gehen, überschattet von dem Zweifel, womöglich schon zu weit gegangen zu sein. Paulus kennt solche Skrupel nicht. Er ist furchtlos und unbeirrbar, im Denken wie im Handeln. Widerstand verwandelt er in Energie, Niederlagen in Siege. Hätte man ihm nicht den Prozess gemacht, hätte man ihn nicht in Rom festgehalten und geköpft, Paulus wäre immer weiter gegangen. Nach Spanien wollte er sich wenden, bevor seine Verhaftung alle Pläne vereitelte, und Spanien wäre gewiss nicht die letzte Station gewesen, denn für Paulus gab es nur Etappenziele, aber kein Halten. Wo immer Griechisch gesprochen wurde, lebten Menschen, die er mit seiner Botschaft erreichen konnte – das war seine Erfahrung, und nur das zählte.

Was ist die Ursache seines Erfolgs? Soweit es an seiner Person liegt, wohl hauptsächlich zweierlei: seine kulturelle Anpassungsfähigkeit und sein psychologischer Scharfblick. Festlegen lässt er sich nur auf das, was er glaubt; schwer zu sagen hingegen, wer oder was er ist. Ein Jude? Ja, natürlich, daran lässt er auch keinen Zweifel, das betont er wiederholt – ehemals Pharisäer und von seinen Eltern vermutlich zum Rabbi bestimmt. Ein Grieche? Seiner Herkunft und Bildung nach auch das; geboren (wohl um 5 nach Christus) und aufgewachsen in Tarsus, einer bedeutenden hellenistischen Stadt am nordöstlichen Zipfel des Mittelmeers, an der Schnittstelle von Orient und Okzident, mit dreihunderttausend Einwohnern halb so groß wie Antiochia, berühmt für ihre Philosophenschule. Ein Römer? Seine Eltern hatten das römische Bürgerrecht erworben; Paulus ist ebenfalls römischer Bürger und kehrt es bei Bedarf heraus. Kurz: Er ist schwer einzuordnen, er bringt die Voraussetzungen zum Weltbürger mit, und er erhebt den Identitätswechsel sogar zum Programm: Er sei allen alles gewor-

den, schreibt er – den Juden begegne er als Jude und den Griechen als Grieche. Neben dem weiten kulturellen Spektrum bringt er für diese Wandlungsfähigkeit auch die nötige Einfühlsamkeit auf, und sie kostet ihn schon deshalb keine Überwindung, weil ihm an all diesen kulturellen oder nationalen Unterschieden im Grunde gar nichts mehr liegt. Und jetzt kommt sein psychologischer Scharfblick ins Spiel.

Paulus entwirft die christliche Botschaft nicht völlig neu, aber er konzentriert sie auf ihren Kern. Wie ein Bildhauer schlägt er alles ab, was ihm überflüssig erscheint, um die eigentliche Gestalt freizulegen, und er lässt sich dabei von dem leiten, was allen Menschen gemeinsam ist, von der Grenzenlosigkeit der menschlichen Hoffnung und der Maßlosigkeit ihrer Sehnsucht nach Erlösung, nach Liebe, nach dauerhaftem Glück. Bei allem, was er denkt, sagt und tut, hat er die Grundverfassung der menschlichen Seele im Blick, und die ist ihm nur zu vertraut. Paulus kennt die Geheimnisse des Herzens, weil er sich über sich selbst keine Illusionen macht. Aus seinen Briefen spricht ein Mensch, der gegen sich selbst schonungslos ehrlich und gegen andere hemmungslos freimütig ist, ein – fast möchte man sagen – moderner Mensch. Mit diesem Scharfblick ausgerüstet, gelingt es ihm, den Menschen gewissermaßen in seiner kreatürlichen Nacktheit zu sehen, ausgestattet mit seelischen Bedürfnissen, die jeder mit allen anderen teilt, und deshalb muss ihn an der bisherigen Form des Christentums all das stören, was seine Herkunft aus einer bestimmten Kultur verrät, deshalb wirft er auch einen Gutteil des kulturellen Ballasts über Bord, den es als Spielart der jüdischen Religion immer noch mit sich herumschleppt. Die Botschaft von Jesus Christus ist für ihn die endgültige Antwort auf existenzielle Fragen, die alle Menschen gleichermaßen bewegen, und er formuliert sie so, dass diese Antwort für alle gültig und jedem zugänglich ist. Dieselbe kulturelle Anpassungsfähigkeit, die ihn als Person charakterisiert, kennzeichnet auch seine Lehre.

Eine neue Konzeption also, mit der Paulus dem Christentum einen Platz in der hellenistischen Welt des Römischen Reichs erobert. Man kann sagen, dass er damit das Überraschungsmoment auf seiner Seite hat, denn dieses Christentum lässt sich für seine heidnischen Zuhörer nicht einordnen, es ist weder Mythos noch Philosophie, es lässt sich am treffendsten wohl als Erfahrungsreligion bezeichnen und stellt damit etwas provozierend und faszinierend Neues dar. Provozierend, weil diese Religion auf Tatsachen – und keineswegs sonderlich vertrauenerweckenden Tatsachen – beruhen soll. Und faszinierend, weil sie mit der Verheißung auftritt, den Menschen von Grund auf zu verwandeln, von den Beschränkungen seiner Natur zu erlösen, ihn geradezu in eine andere Wirklichkeit zu versetzen. Die Briefe des Paulus an seine Gemeinden spiegeln dann die Erfahrung, wie mühselig es sein kann, tatsächlich ein völlig anderer zu werden, doch zunächst einmal gilt es festzuhalten: Seine Botschaft kommt an. Wir dürfen uns das Missionsunternehmen des Paulus dabei nicht als gewaltsamen Einbruch in eine fremde Welt vorstellen. Er bekämpft andere Kulte nicht, er attackiert nicht ihre Götter, sie scheinen ihm kaum einmal der Erwähnung wert. Er hat nicht die Absicht, seinen Zuhörern etwas auszureden, aber er fühlt sich berechtigt, in die großen Debatten seiner Zeit einzugreifen und darzulegen, was er zu sagen und zu bieten hat. Und er darf sich dabei allenthalben einer grundsätzlichen Aufgeschlossenheit, ja einer regen Neugier sicher sein, denn der Niedergang des klassischen Götterglaubens hat in der ganzen hellenistischen Welt eine rastlose Sinnsuche ausgelöst. Nicht der Buß- und Strafprediger im Stil Johannes des Täufers, sondern eher der Philosoph, der den Dialog mit Andersdenkenden sucht und sich der Diskussion stellt, gibt das Bild für den Missionar Paulus ab.

Der modernste Mensch des Neuen Testaments ist für uns jedenfalls auch der präsenteste, greifbarste – greifbar im zweiten, längeren Teil der Apostelgeschichte, deren konkurrenzlose Hauptfigur er ist, greifbar aber vor allem in seinen Briefen, wo er uns jeden Einblick in seine Persönlichkeit gewährt, wo er sich gewissermaßen beim Verfertigen seiner Gedanken zuschauen lässt und aus denen man sogar eine ungefähre Vorstellung von seiner körperlichen Erscheinung gewinnen kann. Die Beschreibung seines Äußeren im letzten Kapitel stammt allerdings nicht von ihm selbst, auch nicht aus seiner Zeit, sie ist den apokryphen Paulusakten entnommen, die in der Mitte des zweiten Jahrhunderts entstanden sind und immerhin die

Paulus predigt den Juden von Beröa – Mosaikwand in Veria (Griechenland), dem antiken Beröa, wo Paulus eine ungewöhnlich freundliche Aufnahme fand.

Ephesus, Athen, Korinth – drei wichtige Stationen auf den Missionsreisen des Paulus. Oben das Theater von Ephesus, das fünfundzwanzigtausend Zuschauern Platz bot und damit zu den größten der antiken Welt gehörte. Darunter die Korenhalle des Erechtheions auf der Akropolis von Athen und der Apollontempel von Korinth.

Erinnerung an charakteristische Merkmale seines Erscheinungsbilds bewahren könnten – zumindest widerspricht das Bild des schmächtigen, krummbeinigen Glatzkopfs mit der großen Nase und den zusammengewachsenen Augenbrauen nicht dem Bild, das Paulus von sich selbst zeichnet. Im Brief an die Galater erinnert er seine Leser daran, in welchem mitleiderregenden Zustand er seinerzeit bei ihnen auftauchte, nämlich von Krankheit geschwächt und so unansehnlich, dass sein Anblick für sie eine Zumutung gewesen sein müsse. (Gal 4,13–14) Schwächlich und unattraktiv nennt er sich auch bei anderen Gelegenheiten, und wahrscheinlich haben Narben mit der Zeit seinen Körper zusätzlich entstellt, Erinnerungen an die Auspeitschungen, Strapazen, Unfälle und Überfälle, die er mit viel Glück überlebt hatte. Wenn Lukas schließlich erzählt, dass Paulus und Barnabas auf ihrer ersten Reise nach einem Heilungswunder von den Leuten für leibhaftige Götter gehalten wurden, und zwar Barnabas für Zeus, Paulus für Hermes, dann lässt auch diese Begebenheit darauf schließen, dass Barnabas die stattlichere, eindrucksvollere Erscheinung war und Paulus optisch hinter ihm zurückstand.

Greifbar ist Paulus in seiner Furchtlosigkeit und seiner unbeirrbaren Glaubensgewissheit aber auch immer noch auf dem Umweg über die Städte, die er auf seinen Reisen aufgesucht hat. Es ist ja fast alles darunter, was in der Antike Rang und Namen hatte, von Antiochia über Tarsus, Perge, Milet, Ephesus, Thessalonich, Athen und Korinth bis Rom, und jeder dieser Namen steht für die Pracht einer triumphalen Architektur, für Marmorsäulen, Marmorfassaden und marmorverkleidete Brunnen, für Säulengänge, Wandelhallen, Ladenstraßen, Bibliotheken, Badehäuser, Tempel, Theater und Paläste, für Statuen, Reliefs und Bodenmosaiken, für das ganze demonstrative Selbstvertrauen einer Zivilisation, an die nichts heranreicht. Und man muss sich vorstellen, dass Paulus – offenbar unbeeindruckt – seinen Zuhörern vor dieser Kulisse etwas über einen Menschen erzählt, der im fernen Judäa auf der Verliererseite stand und den schmachvollen Sklaventod am Kreuz gestorben ist.

Zu dem Bild antiker Größe tragen vor allem diejenigen Orte bei, die von den Archäologen auf dem Gebiet der heutigen Türkei freigelegt wurden. Von Tarsus, der Heimatstadt des Paulus, hat sich allerdings kaum etwas erhalten. An ihrer Stelle liegt heute eine mittelgroße türkische Stadt gleichen Namens, ein Konglomerat einfallsloser Hochhäuser mit einem anmutigen, aber halbverfallenen Altstadtkern aus osmanischer Zeit. Gänzlich verloren ist es jedoch nicht, das Tarsus des Paulus, denn 1993 stießen Bagger bei Ausschachtarbeiten für eine Tiefgarage im Stadtzentrum auf eine Straße aus römischer Zeit. Die Bauarbeiten wurden eingestellt und ein 30 Meter langes Stück antiker Straße, die Säulenstümpfe von Arkaden und die Grundmauern von Gebäuden freigelegt. Nichts Spektakuläres, aber immerhin haben wir hier eine Straße vor uns, deren Quadersteine die Sanda-

In der Heimatstadt des Paulus erinnert nur noch dieses Stück römischer Straße im Zentrum der modernen Stadt an das antike Tarsus.

Durch diese Überlandstraße hatte die Hafenstadt Tarsus in römischer Zeit Anschluss an die Seidenstraße.

len des Paulus mit Sicherheit berührt haben. Dasselbe trifft auf jenes Stück antiker Überlandstraße zu, die über den Höhenrücken nördlich der Stadt verläuft und sich heute in einer karstigen Gerölllandschaft verliert, seinerzeit aber auf die Kilikische Pforte zuführte, den Durchlass durchs Taurusgebirge. Sie ist Teil der alten Seidenstraße, seit alters die einzige Verbindung zur Innenwelt Kleinasiens, und Paulus wird mehr als einmal von hier oben einen letzten Blick zurück auf seine Heimatstadt und das Meer dahinter geworfen haben.

Doch Paulus ist nicht nur der geniale Außenseiter, der zum Kern der Sache vorstößt. Er ist auch ein Unruhestifter und ein Verräter. Einer, der die Fronten klärt und die Seiten wechselt. Ein Mann des Entweder-oder, nur zu verstehen vor dem Hintergrund einer Zeit, die kein Sowohl-als-auch mehr zulässt. Einer Zeit, in der die Entfremdung zwischen Juden und Christen zunimmt, bis es zum endgültigen Bruch kommt. In der Geschichte dieses Bruchs spielt Paulus von Anfang an die Rolle einer treibenden Kraft, und bevor wir uns ihm auf seinen Reisen anschließen, sollten wir uns mit dieser Zeit befassen.

»Ihr habt ja gehört, wie ich einst als Jude gelebt habe: Unerbittlich verfolgte ich die Gemeinde Gottes und suchte sie zu vernichten. Und in meiner Treue zum Judentum war ich vielen Altersgenossen in meinem Volk weit voraus, habe ich mich doch mit ganz besonderem Eifer für die Überlieferungen meiner Väter eingesetzt.« (Gal 1,13–14) Ein Christenverfolger – auch das also ist Paulus. War Paulus. So spricht er im Rückblick auf die Zeit Mitte der Dreißigerjahre. Schon damals gehört er zu denen, die für klare Verhältnisse eintreten, nur dass er als Pharisäer noch auf der anderen Seite steht. Die Jesusleute empören ihn. Fromme Juden wie er können im Christentum nur eine Verfallserscheinung des Judentums erkennen, eine Verirrung, der schleunigst Einhalt geboten werden muss. Als Erste geraten, wie erwähnt, die hellenistischen Judenchristen ins Visier des Hohen Rats, und Paulus – Ende zwanzig vielleicht – dient sich der obersten Behörde Jerusalems als Spürhund an, lässt sich mit Vollmachten ausstatten, zieht los, stöbert diese Hellenisten draußen im Land auf und zwingt sie auf den Weg des strengen, pharisäischen Gesetzesgehorsams zurück, wenn nötig unter Anwendung der sogenannten Synagogalstrafe: neununddreißig Stock- oder Peitschenhiebe. Und dabei bleibt es nicht. Stephanus, der Wortführer der Hellenisten, ein feuriger Kopf und begnadeter Redner, wird verhört, in einer Aufwallung hellster Empörung vor die Mauern Jerusalems geschleppt und dort zu Tode gesteinigt, und diesen Augenblick mörderischer Wut nutzt Lukas, um die Gestalt des Paulus in seine Apostelgeschichte einzuführen – als Menschen, der in seinem Gesetzeseifer über Leichen geht: »Und die Zeugen legten ihre Kleider ab, zu Füßen eines jungen Mannes namens Saulus«, schreibt er. Dann sieht man Stephanus im Steinhagel zusammenbrechen, und kaum ist er verblutet, richtet Lukas noch einmal seinen Blick auf diesen Mann, der am Rande des Geschehens bleibt, äußerlich ungerührt, innerlich aber umso stärker beteiligt: »Saulus aber hatte Wohlgefallen an seinem Tode«, übersetzt Luther. (Apg 7,56; 8,1) Saulus? Ach ja – der Mann mit dem Doppelleben trägt auch einen Doppelnamen. Als Jude nennt er sich Saulus. Unter Griechen nennt er sich so, wie er auch seine Briefe unterschreibt, nämlich Paulus.

Wie Paulus bald darauf ins christliche Lager wechselt und dort nun ebenfalls zur treibenden Kraft wird, das wird noch zu erzählen sein. Für die Urgemeinde tritt dadurch allerdings keine dauerhafte Entspannung ein, denn die Ursache des Konflikts liegt tiefer. Nach der Vertreibung der Hellenisten aus Jerusalem holt König Agrippa I. im Jahr 42 nach Christus zum nächsten Schlag aus: Er lässt den Apostel Jakobus enthaupten und Petrus verhaften. Genau wie sein Großvater Herodes ist Agrippa ein Schützling Roms, und genau wie dieser darf er schon deshalb kaum mit den Sympathien seiner Untertanen rechnen. Es ist wohl als Versuch zu werten, sich wenigstens bei der jüdischen Führungsschicht einzuschmeicheln, wenn er nun, frisch an die Macht gekommen, unverzüglich gegen die Christen vorgeht.

Diese zweite Verfolgungswelle trifft also die Apostel. Bisher haben sie sich erfolgreich in Unauffälligkeit geübt und die Urgemeinde so aus der Schusslinie herausgehalten – jetzt zeigt sich, dass Anpassung keine sichere Überlebensstrategie mehr ist. Andererseits schlägt auch der Versuch des Agrippa fehl, die Christen ihrer führenden Köpfe zu berauben. Denn Petrus kann entkommen und flieht, zunächst nach Antiochia, dann vermutlich weiter nach Rom. Und mit dem Apostel Jakobus hat es den Falschen getroffen. Offenbar ist er das Opfer einer Verwechslung geworden; viel wahrscheinlicher ist jedenfalls, dass der sogenannte Herrenbruder Jakobus beseitigt werden sollte, der älteste von Jesu Brüdern, ein Mann, der als Repräsentant der Familie Jesu in christlichen Kreisen fraglos hohes Ansehen genießt und in den letzten Jahren stark an Einfluss auf die Urgemeinde gewonnen hat. In dieser verworrenen Phase nach der Hinrichtung des Apostels Jakobus und der Flucht des Petrus steht der Herrenbruder nun also allein mit der Urgemeinde da, und womöglich ist er genau der Richtige, die Krise zu meistern.

Denn Jakobus hat sich aus jüdischer Sicht nie etwas zuschulden kommen lassen. An seiner Gesetzestreue besteht kein Zweifel. In der Jerusalemer Öffentlichkeit präsentiert er sich als das Urbild eines asketischen Propheten alttestamentarischen Zuschnitts mit wucherndem Haupthaar und Schwielen an den Knien als Folge unablässigen Betens im Tempel. Von nun an manövriert dieser Jakobus die Urgemeinde so unauffällig wie möglich durch die Strudel einer immer turbulenteren Zeit. Seine Stillhaltepolitik wird ihren Teil dazu beitragen, dass sich die Urgemeinde mehr als dreißig Jahre in Jerusalem behaupten kann. Eins darf man allerdings von ihm nicht erwarten: dass er dem Christentum neue Impulse verleiht. Von

Jakobus kommt kein Anstoß, keine Initiative, er denkt und handelt im Stil eines Menschen, der nach bestem Wissen und Gewissen ein Familienerbe verwaltet. Paulus wird ihm vorwerfen, nur aus Furcht um sein eigenes Leben so ängstlich in Deckung zu bleiben. Immerhin ist diese Furcht berechtigt. Denn nicht einmal Jakobus kann verhindern, dass es zum dritten Schlag gegen die Urgemeinde kommt: Im Jahr 62 nach Christus erleidet er selbst das Schicksal des Stephanus und wird – wie ein Hund, muss man sagen – zu Tode geprügelt.

Die Apostelgeschichte bricht vor diesen Ereignissen ab. Wir wüssten also gar nichts über diese Hinrichtung und ihren Hintergrund, hätte Josephus sie nicht für bemerkenswert genug gehalten, sie gegen Ende seiner »Jüdischen Altertümer« zu erwähnen. Offenbar hat Jakobus es in Jerusalem zu einer gewissen Prominenz gebracht, offenbar sind die Christen im öffentlichen Leben der Stadt bei aller Zurückhaltung doch nicht zu übersehen, und offenbar bilden sie aus jüdischer Sicht einen Störfaktor, der mit allen Mitteln ausgeschaltet werden muss, denn Josephus lässt keinen Zweifel: Es ist der Hohepriester Ananos, der die Übergangszeit zwischen dem Tod des römischen Gouverneurs Festus im Jahr 62 und der Ankunft seines Nachfolgers Albinus nutzt, um den Leiter der Urgemeinde aus dem Weg zu schaffen und auf diese Art die Jerusalemer Christen zur Aufgabe zu zwingen. Damit ist klar: Nach Ansicht der jüdischen Führungsschicht gehören die Christen nicht mehr dazu.

Die Frage ist nur: Gilt der Zorn des Hohen Rats wirklich Jakobus und der Urgemeinde? Übertretung des Ritualgesetzes lautet die Anklage, wie Josephus uns mitteilt, aber Jakobus selbst dürfte in dieser Hinsicht nicht das Geringste vorzuwerfen gewesen sein. Sollte er seinen Kopf für andere hingehalten haben? Soll mit seiner Hinrichtung vielleicht die Zentrale eines Unternehmens ausgeschaltet werden, das gar nicht in Jerusalem selbst, wohl aber überall sonst in den Provinzen des Römischen Reichs außer Kontrolle geraten ist, wo Juden wie Jakobus dabei sind, alle Schranken zwischen der heidnischen und der jüdischen Welt niederzureißen? Muss Jakobus dran glauben, weil man Leuten wie Paulus, aber auch Petrus und den vielen anderen, die in Kleinasien, in Syrien, in Griechenland, in Italien unterwegs sind und den jüdischen Gott gewissermaßen zum Nulltarif unters Volk bringen, nicht das Handwerk legen kann? Büßt Jakobus also für die Provokationen derer, die als Judenchristen in aller Welt Heidenmission betreiben – und damit auch in den jüdischen Gemeinden des Imperiums Verwirrung und Unfrieden stiften?

Nicht auszuschließen, dass sich an Jakobus die Wut auf Paulus und seinesgleichen austobt. So viel lässt sich jedenfalls sagen: Das Christentum wird von traditionellen Juden mittlerweile als etwas Eigenständiges und Bedrohliches wahrgenommen, vielleicht sogar als Rivale. Als ernstzunehmende Alternative. Und damit kommen wir zum Kern des Konflikts. Denn mit den Schlussfolgerungen, die die Christen aus der Botschaft Jesu ziehen, wäre ein Ausweg aus der Dauerkrise der jüdischen Gesellschaft in Sicht, eine Lösung für das alte Problem der inneren Zerrissenheit, die in jenen Jahren immer dramatischere Formen annimmt: Die Landbevölkerung Judäas und Galiläas verbündet sich mit Partisanengruppen gegen die römische Beatzungsmacht, Terroristen haben einen gnadenlosen Kampf gegen die Römerfreunde in Jerusalem aufgenommen, entführen Prominente und verüben Mordanschläge auf offener Straße, und immer geht es dabei um die alte Frage: Anpassung an die Außenwelt oder Abschottung gegen alles Fremde?

Für die Christen erübrigt sich diese Frage. Sie greifen das hellenistische Friedensprojekt einer globalen Kultur auf, stellen es aber auf eine andere Grundlage. Wenn der Hellenismus darauf beruht, dass alle Götter miteinander vereinbar sind, so gehen die Christen davon aus, dass die gesamte Menschheit mit diesem einen Gott vereinbar ist. Auf diese Weise kann der jüdische Gott zum universellen Gott werden, ohne in der hellenistischen Götterwelt unterzugehen. Alle Menschen würden dem Bündnis Israels mit Gott beitreten, hätten zumindest die Möglichkeit dazu, und das jüdische Volk könnte seine Abgrenzungsstrategie gegenüber der Außenwelt aufgeben, wodurch allen inneren Konflikten der Boden entzogen wäre. Ließe sich das selbstmörderische Drama auf diesem Weg nicht beenden?

Die Christen dürften darin eine Lösung gesehen haben. Doch für den überwiegenden Teil des jüdischen Volkes kommt diese Lösung nicht in Betracht, und die Gründe dafür liegen auf der Hand. Was bliebe von dem Bündnis mit Gott, wenn man den Rest der Menschheit einbezöge? Die kulturelle Identität dieses Volkes ist untrennbar mit dem Sonderweg Israels verknüpft. Es würde in der Völkerwelt aufgehen, wenn es seine historische Aufgabe jetzt als erledigt ansähe, so wie es die Christen offenbar glauben. Eine kollektive kulturelle Selbstauflösung aber ist unvorstellbar und undurchführbar. Was die Christen anbieten, mag für den Einzelnen immerhin in Frage kommen, eine politische Lösung ist es nicht. Hinzu kommen religiöse Erwägungen. Setzt man Gott nicht allen erdenklichen Missverständnissen aus, wenn man ihn von der historischen Erfahrung des jüdischen Volkes ablöst und unter Menschen bringt, die keinerlei Erinnerung mit ihm verbinden? Zerrinnt dieser Gott nicht zu einem Phantom, wenn man das abstreicht, was buchstäblich seine eigene Handschrift trägt, nämlich das mosaische Gesetz? Öffnet man nicht der religiösen Anarchie Tür und Tor, wenn jeder Mensch allein durch den Heiligen Geist zum Mitwisser der Geheimnisse Gottes werden kann? Aus jüdischer Sicht muss das christliche Projekt unverantwortlich erscheinen. Eine Gotteslästerung. Darauf kann man nicht eingehen, ohne alles aufzugeben. Mit der Steinigung des Jakobus ist das letzte Wort in dieser Sache gesprochen: Eine Gemeinschaft mit diesen Christen kann es nicht mehr geben. Gut dreißig

Blick auf die syrische Hauptstadt Damaskus, heute eine Metropole mit fünf Millionen Einwohnern.

Jahre nach Jesu Tod ist die Trennung zumindest im jüdischen Kernland vollzogen.

Und nun Paulus – der berühmteste Fall eines jüdischen Intellektuellen, für den alle diese Gründe von heute auf morgen nicht mehr zählen. Die spektakulärste, die rätselhafteste Bekehrungsgeschichte des frühen Christentums. Auch die folgenreichste. Die einzige übrigens, die einen Juden betrifft und von Lukas dennoch ausführlich geschildert wird – sonst ist ihm nur der Missionserfolg unter Heiden einen detaillierten Bericht wert. Aber diese eine Bekehrung ist eben auch kein Missionserfolg. Kein Petrus und kein Philippus sind daran beteiligt. Sie ist ein Mysterium, ähnlich der Erscheinung des Auferstandenen zu Ostern, und nicht einmal dem Betroffenen selbst, nicht einmal Paulus fällt es leicht, darüber zu sprechen. Fest steht bloß: Danach ist er wie verwandelt. Was also ist vorgefallen?

Nicht lange nach der Steinigung des Stephanus ist Paulus mit einer Begleitmannschaft unterwegs nach Damaskus. Ob zu Fuß oder auf einem Maultier, wir wissen es nicht, aber denkbar wäre schon, dass jemand mit dem ungezügelten Temperament des Paulus für die etwa zweihundertfünfzig Kilometer lange Strecke die schnellste Fortbewegungsart gewählt hat. Zweck des Unternehmens ist, mithilfe der Synagogenvorsteher von

Damaskus in der syrischen Oasenstadt Christen aufzuspüren, dingfest zu machen und nötigenfalls nach Jerusalem zu überführen. Oder zu verschleppen, wie man eigentlich sagen müsste, denn legal ist diese Aktion nicht. Damaskus gehört zum Herrschaftsbereich des Nabatäerkönigs Aretas III., und als Agent des Hohen Rats in Jerusalem hat Paulus dort nichts verloren. Ebendeshalb wohl haben sich hellenistische Judenchristen in größerer Zahl hierhin geflüchtet, und Paulus ist es irgendwie gelungen, sich in Jerusalem einen Freibrief für Gewaltmaßnahmen gegen die Unbelehrbarsten unter diesen Jesusleuten zu beschaffen. Man bewegt sich also auf der schnurgeraden Straße, die durch große Dattelpalmenplantagen auf Damaskus zuläuft, hat das östliche Stadttor bereits vor Augen, und Paulus dürfte

Auch Damaskus war zur Zeit des Paulus eine römisch geprägte Stadt. Am Rande des Platzes vor der Omaijaden-Moschee ragen noch drei Säulen eines ehemals kolossalen Jupitertempels auf.

innerlich vor Erregung zittern. Es ist sein erster Auslandseinsatz, die Sache hat fast den Anstrich einer Geheimdienstaktion, und womöglich steht er jetzt kurz vor dem größten Erfolg seiner schnellen Karriere als – ja, fast möchte man sagen: als Gotteskrieger. »Und plötzlich umstrahlte ihn ein Licht vom Himmel; er stürzte zu Boden und hörte eine Stimme zu ihm sagen: Saul, Saul, was verfolgst du mich? Er aber sprach: Wer bist du, Herr? Und er antwortete: Ich bin Jesus, den du verfolgst ... Die Männer aber, die mit ihm unterwegs waren, standen sprachlos da; sie hörten zwar die Stimme, sahen aber niemanden. Da erhob sich Saulus vom Boden; doch als er die Augen öffnete, konnte er nicht mehr sehen. Sie mussten ihn bei der Hand nehmen und führten ihn nach Damaskus. Und drei Tage lang konnte er nicht sehen, und er aß nicht und trank nicht.« (Apg 9,3–9)

So weit Lukas – und was er hier säuberlich trennt, weil man die Dinge immer nur nacheinander erzählen kann, das kommt wahrscheinlich in diesem Augenblick alles zusammen, auf einen Schlag: das Licht, die Stimme, die physische Gewalt, mit der Paulus getroffen und zu Boden geschleudert und gleichzeitig aus der Bahn geworfen wird. Ob Paulus diese Vision wirklich auf ebendiese Weise erlebt hat, ist unerheblich – Lukas findet hier auf jeden Fall überzeugende Worte für eine Erleuchtung, bei der Paulus Hören und Sehen vergeht. Für die nächsten Tage verharrt er wie gelähmt in einem Dämmerzustand, und wenn er sich später daran erinnert, dann nur in ge-

Wandbild in der Pauluskapelle zu Damaskus. Auf der rechten Bildhälfte stürzt Paulus, von einem Lichtstrahl getroffen, zu Boden; auf der linken wird der erblindete Paulus von seinen Begleitern in die Stadt geleitet.

heimnisvollen Worten, wie an ein seelenaufwühlendes, rein inneres Erlebnis. Kurz vor Damaskus aber ist es geschehen, das wird auch von Paulus nicht bestritten, und jetzt ist er ein Notfall, wird von seinen verstörten Begleitern in das Haus eines gewissen Judas gebracht, und dann geht wiederum alles sehr schnell. Hananias, ein Judenchrist aus der Nachbarschaft, sucht ihn nach drei Tagen auf. Er spricht mit ihm, redet ihn mit »Bruder Saul« an, legt ihm die Hände auf, und man sieht förmlich, wie wieder Leben in den Halbtoten fährt, wenn es bei Lukas heißt: »Da fiel es ihm wie Schuppen von den Augen, und er sah wieder; und er stand auf und ließ sich taufen. Und er nahm Speisen zu sich und kam wieder zu Kräften.« (Apg 9,18–19)

Eine rätselhafte, aber von Paulus im Prinzip bestätigte und damit glaubhafte Geschichte. Tatsache ist jedenfalls: Der Mann steht wieder auf – und ist Christ. In die Religion seines Volkes hatte er sich in gründlichen Studien eingearbeitet, Christ wird er von einem Augenblick auf den anderen. Aber – was weiß Paulus überhaupt von Jesus und seiner Botschaft? Mehr, als er später zugeben will? War er als junger Mann vielleicht Jesus begegnet, hatte ihn als Redner erlebt und damals zu denjenigen gehört, die ihn ärgerlich fanden? Unwahrscheinlich, und nichts spricht dafür, dass er dessen Botschaft nun plötzlich in einem neuen Licht sieht. Paulus selbst stellt es anders dar. Paulus besteht darauf: Er habe im Augenblick des Zusammenbruchs vor Damaskus Jesus erkannt. Nicht seine Botschaft begriffen, sondern Jesus selbst in seiner welthistorischen Dimension, in seiner Bedeutung für die Menschheit. Kann man sich das erklären? Heerscharen von Theologen und Psychologen haben sich darum bemüht, haben Ursache und Wirkung jener Vision zu ergründen versucht, die den unerbittlichen Gegner des Christentums in dessen erfolgreichsten Propagandisten verwandelte. Antworten gibt es viele, aber die plausibelste Erklärung liefern vielleicht jene Theologen, die seine Bekehrung nicht als Sinneswandel interpretieren, nicht als Folge einer neuen Erkenntnis, sondern als emotionales Befreiungserlebnis infolge einer schockartigen, überwältigenden Erfahrung.

Diese Erklärung geht von dem berühmten Liebeshymnus im ersten Brief des Paulus an die Gemeinde in Korinth aus. (1 Kor 13,1–13) Es handelt sich dabei um ein kunstvoll gestaltetes Loblied auf die Liebe, und es wirkt seltsam fremd in diesem Brief, wie eingeschoben, so als hätte Paulus diese Passage längst parat gehabt und nur darauf gewartet, sie bei passender Gelegenheit zu verwenden. Darüber hinaus fällt auf: In diesem Hymnus ist weder von Jesus noch von Gott die Rede, er trägt überhaupt keine eindeutig religiösen Züge, vielmehr beschwört Paulus hier die Liebe ganz allgemein, im weitesten Sinne, als Schutzmacht gegen die verschiedensten seelischen Verletzungen, die Menschen einander zufügen können. Könnte es also sein, dass Paulus dieses Gedicht bereits als junger Mann verfasst hat,

Diese Kombination von christlichem Bildmotiv und arabischer Schrift ist in Damaskus nichts Ungewöhnliches. In der Altstadt von Damaskus gibt es bis heute ein christliches Viertel mit einer Vielzahl von Kirchen. Das Bild zeigt eine Ikone aus der Kirche des griechischen Patriarchen.

Abbildung auf der folgenden Doppelseite:
Petra, die Hauptstadt der Nabatäer, ist eine fantastische Mischung aus spektakulärer Felsenkulisse und Architektur. Möglich, dass Paulus auch hier gepredigt hat.

als ein Heranwachsender, der unter der Lieblosigkeit anderer gelitten und sich nach Liebe verzehrt hat? Verfasst womöglich auch im quälenden Bewusstsein seiner eigenen physischen Unattraktivität? Sein Verfolgungseifer ließe sich dann als aggressiver Ausdruck einer ungestillten Sehnsucht nach Liebe verstehen. Und sein buchstäblich umwerfendes Erlebnis vor Damaskus als die Erfüllung dieser Liebessehnsucht durch die Begegnung mit demjenigen, den er in diesem Augenblick als den Inbegriff der göttlichen Liebe erfährt. Vielleicht war es also einfach das und nichts weniger als das: eine überwältigende Liebeserfahrung. Eine Liebeserfahrung von solcher Wucht, dass Paulus noch zwanzig Jahre später an die Grenze der Sprache stößt und nur in beinahe schamhaften Andeutungen mitteilen kann, er sei damals »ins Paradies entrückt« worden und habe »unsagbare Worte« gehört, »die kein Mensch aussprechen darf«. (2 Kor 12,4)

Und jetzt fällt Paulus eine kühne, eine abenteuerliche Entscheidung: Er kehrt nicht nach Jerusalem zurück. Denn – was läge in dieser Situation näher, als umgehend Petrus und die Apostel aufzusuchen, sich als neuer Mitarbeiter vorzustellen oder zunächst einmal überhaupt Reue für seine früheren Untaten zu bekunden, die Urgemeinde von der Ernsthaftigkeit seines erstaunlichen Sinneswandels zu überzeugen und sich vor allem einweihen zu lassen in die Lehre der Christen, das Leben Jesu und den Inhalt seiner Botschaft? Aber nein, nichts dergleichen. Als Christ macht Paulus da weiter, wo er als Christenverfolger aufgehört hat; er braucht sofort einen neuen Auftrag, er versteht sich vom Augenblick seiner Genesung an als Apostel, und so gesehen ist er doch ganz der Alte geblieben. Er habe sich seinerzeit nicht lange mit irgendwem besprochen, schreibt er im Galaterbrief, sondern sei von Damaskus aus gleich nach Arabien aufgebrochen. Einfach so – ohne Legitimation. Ohne Bestätigung durch die Jerusalemer Zentrale. Nur ausgerüstet mit dem, was er für die kurze Dienstreise nach Damaskus dabeihatte, und dem Einzigen, was er über Jesus weiß: dass man durch ihn die befreiende, erlösende Liebe Gottes erfahren und ein neuer Mensch werden kann.

Nach Arabien also, das heißt: zu den Nabatäern. Jenem Wüstenvolk, das damals ein Gebiet von Damaskus im Norden bis zum Roten Meer im Süden beherrscht und den Karawanenhandel zwischen Ägypten und Mesopotamien kontrolliert – ein ungemein einträgliches Geschäft. Zwar leben die meisten Nabatäer als Nomaden, doch gibt es in diesem Gebiet auch bedeutende Städte, in denen man Griechisch versteht und die Paulus nun aufsuchen dürfte: Pella, Gerasa und Philadelphia, das heutige Amman, alles hellenistische Städte auf dem Gebiet des modernen Staats Jordanien, und vor allem die nabatäische Hauptstadt Petra, eine einzigartige Mischung aus spektakulärer Felsenkulisse und Architektur, eine Stadt wie eine gigantische Bildhauerarbeit, in rote Kalksteinwände gehauen. Die in den Fels gemeißelten Inschriften, die hier gefunden wurden, sind zweisprachig,

Die zentrale Kultstätte der Nabatäer in Petra. Das Bild zeigt den Altar und den Schlachtplatz für die Opfertiere links davon.

nabatäisch und griechisch, und es ließe sich ein eindrucksvoller Auftritt des Paulus am höchsten Punkt der Stadt denken, wo sich unter freiem Himmel auf einem Felsplateau der Schlachtopferplatz befindet, die zentrale Kultstätte der Nabatäer.

Wir wissen allerdings nicht, ob Paulus wirklich so weit gekommen ist. Wir können nicht einmal mit Sicherheit sagen, ob er bei den Nabatäern überhaupt Mission auf eigene Faust betrieben hat. Paulus erwähnt seine Jahre in Arabien zwar, enthält sich jedoch jeden Details. Mag sein, dass er sich – wie Jesus nach seiner Taufe – zur Besinnung in die Wüste zurückzog, um das Erlebte zu verarbeiten und endgültige Klarheit über seine Berufung zu gewinnen. Aber wahrscheinlich ist das nicht. Ein Paulus meditiert nicht jahrelang. Und er selbst liefert den Beweis dafür, dass er bei den Nabatäern durchaus und unüberhörbar auf sich aufmerksam gemacht hat: Der Statthalter des nabatäischen Königs Aretas in Damaskus habe ihn verhaften wollen, schreibt er. Die Stadtwache an den Toren habe Befehl gehabt, ihn festzunehmen, und entkommen sei er nur, weil Mitchristen ihn in einem großen Korb durch eine Öffnung in der Stadtmauer heruntergelassen und ihm so zur Flucht verholfen hätten. Aus dem Verfolger ist ein Verfolgter geworden – auch das gehört zu seiner neuen Identität.

Auch die hellenistische Stadt Gerasa im heutigen Jordanien könnte zu den Orten gehören, die Paulus bei seinem glücklosen ersten Missionsversuch aufgesucht hat.

Alles in allem also wohl ein Fehlschlag, dieser frühe anarchistische Kraftakt in Arabien. Seinem Glauben gebricht es sicher nicht an Begeisterung und Leidenschaft, aber es fehlt ihm das Fundament. Noch hat der Jesus, den er in seiner blitzartigen Vision geradezu körperlich als Manifestation der göttlichen Liebe erlebt hat, keinen Bezug zu dem Jesus, den die Apostel als Menschen aus Fleisch und Blut kennengelernt haben. Und nun schickt sich Paulus doch ins Unvermeidliche und geht nach Jerusalem. So, wie er selbst davon erzählt, haftet diesem Besuch allerdings etwas Konspiratives an. Nicht nur, dass er seinen ehemaligen Auftraggebern vom Hohen Rat aus dem Weg gehen muss, er scheint sich auch von der Urgemeinde fernzuhalten und trifft sich allein mit Petrus, von dem er noch am ehesten Verständnis für seine radikalen Vorstellungen von Heidenmission erhoffen darf. Paulus konferiert also vierzehn Tage lang ausschließlich mit ihm, und nur, weil Petrus den zweitwichtigsten Mann der Urgemeinde nicht ganz übergehen will, zieht er irgendwann auch den Herrenbruder Jakobus hinzu. Es wird bei beiden Abneigung auf den ersten Blick gewesen sein. Immerhin, von Petrus lässt sich Paulus einen Einführungskurs gefallen. Dessen Autorität erkennt er an. Später wird Paulus Jesusworte und Anspielungen auf dessen Leben in seine Briefe einfließen lassen, ohne sie als Zitate auszuweisen, ohne sie ausdrücklich in einen Zusammenhang mit der Biografie Jesu zu stellen, aber über das Wissen verfügt er seither. Die oft gehörte Behauptung, Paulus habe den historischen Jesus nicht zur Kenntnis genommen, ist unbegründet.

Nur – für seine Theologie wird dieser Jesus aus Fleisch und Blut trotzdem keine Rolle spielen. Alles, was Petrus ihm zu berichten wusste, dürfte für Paulus letztlich doch nur die sentimentale Erinnerung von Leuten sein, die im Bann ihrer Lebensgeschichte stehen. Interesse bringt Paulus ausschließlich für jenen Jesus auf, der ihn von seiner eigenen Lebensgeschichte erlöst hat. Einstweilen aber verwischen sich seine Spuren erneut. Er geht nach Tarsus zurück, so viel steht fest, und wahrscheinlich wird er diesen Jesus auch weiterhin verkündigen, im Zuge kleinerer Missionsunternehmungen, die ihn wohl hauptsächlich in die weitere Umgebung seiner Heimatstadt führen. Da erreicht ihn eines Tages – es muss Anfang der Vierzigerjahre sein – die Nachricht, dass er in Antiochia gebraucht wird. Von Barnabas, dem dortigen Gemeindeleiter. Dem Vertrauten des Petrus. Einem der unabhängigsten und klarsten Köpfe der Urgemeinde. Paulus leistet der Einladung offenbar ohne zu zögern Folge, und es lässt sich denken, dass er hier, in dieser Weltstadt, in der Gesellschaft dieser unkonventionellen Christen, endlich in seinem Element ist. Auch, weil er in Barnabas einen Gleichgesinnten findet. Und bald geht es den beiden nur noch um eins: das Modell Antiochia auf den Rest der Welt zu übertragen.

10. Von Antiochia nach Korinth

In der antiken Welt ist Gewalt allgegenwärtig, im Leben wie in der Kunst. Oben eine Kampfszene auf der Seitenwand eines Sarkophags. (Archäologisches Museum Thessalonich) Auf der rechten Seite die Bronzefigur eines Boxers mit den blutigen Spuren des letzten Kampfs an Nase, Ohr und Wange. (Museo Nazionale Romano/Palazzo Massimo alle Terme)

Wann genau sie zur ersten großen Missionsreise aufbrechen, steht nicht fest. Vermutlich ist es im Jahr 45 oder 46 nach Christus. Chef des Unternehmens ist für diesmal noch Barnabas, der die Reise organisiert hat und vermutlich deshalb in Antiochia abkömmlich ist, weil Petrus selbst inzwischen die Gemeindeleitung übernommen hat. Mit dabei ist außerdem Markus, ein vielversprechender junger Mann, Freund des Petrus, Vertrauter des Barnabas und wahrscheinlich mit demjenigen Markus identisch, der rund zwanzig Jahre später in Rom das erste Evangelium verfassen wird. Die drei werden am Tag ihrer Abreise in Antiochia einen Flusskahn besteigen und wenige Stunden später die Hafenstadt Seleucia an der Orontesmündung erreichen, wo sie sich nach Zypern einschiffen. Für die nächsten fünfzehn Jahre wird Paulus fast ununterbrochen auf Reisen sein und dabei rund zehntausend Kilometer zurücklegen – oft zu Fuß, wenn irgend möglich mit dem Schiff, auf gefährlichen Strecken sicherlich in der beruhigenden Gesellschaft größerer Karawanen und auf seinem letzten Weg in Begleitung einer römischen Wachmannschaft.

Was die Apostelgeschichte nur erahnen lässt, was auch Paulus in seinen Briefen nur am Rande erwähnt: Es geht barbarisch zu in der Welt, mit der sie es nun aufnehmen. Hinter den imponierenden Fassaden der griechisch-römischen Zivilisation sind Menschenverachtung, Grausamkeit und Blutvergießen allgegenwärtig. Ein antiker Mensch wie Paulus ist damit natürlich vertraut; uns Heutigen jedoch fällt es nicht leicht, beides für vereinbar zu halten und die marmorne Schönheit, die unser Bild von der Antike prägt, mit der gewohnheitsmäßigen Verachtung von Menschen und der massenhaften Vernichtung von Menschenleben in Verbindung zu bringen. Um zu verstehen, weshalb sich Paulus in dieser Welt Gehör verschaffen kann, muss man sich allerdings auch dieses andere, das hässliche Gesicht der Antike vor Augen führen, und schon der Ausgangspunkt der

Reise, die Hafenstadt Seleucia (heute Samandağ), wartet mit einem Beispiel dafür auf. Die antike Stadt selbst ist bis auf magere, weitgehend überwucherte Reste heute vollständig verschwunden. Das äußere Hafenbecken ist im Meer versunken, das innere inmitten einer Landschaft aus Gärten und Feldern nur noch schwach als Senke zu erkennen. Aber den Kanal gibt es noch, der in den Jahren 74 bis 78 nach Christus unter dem römischen Kaiser Vespasian angelegt wurde, um die Sturzbäche aus dem hügeligen Hinterland von Seleucia aufzufangen und am Hafen vorbei ins Meer abzuleiten. Eine Meisterleistung römischer Ingenieurkunst, 1380 Meter lang, teilweise als Tunnel unterirdisch durch den massiven Fels geführt, teilweise als offener Kanal bis zu 18 Meter tief mit absoluter Präzision senkrecht in den Fels hineingeschlagen. Genau hier finden sich Spuren antiker Lebenswirklichkeit. Denn in die Wände dieses Kanals sind Inschriften eingeritzt, und zwar von Juden, die den Römern während des Jüdischen Kriegs in die Hände gefallen und versklavt worden waren und sich hier unten abschinden mussten. Sie hatten die Zerstörung Jerusalems länger überlebt als viele andere, die umgehend gekreuzigt oder kurze Zeit später in den Arenen von Cäsarea und Rom niedergemetzelt worden waren, aber die Vollendung dieses Kanals dürften auch von ihnen nur wenige erlebt haben.

Die Selbstverständlichkeit der Sklaverei, das ist eines der düsteren Kapitel dieser Zeit. Obschon Sklaven in den großen Städten ein Drittel bis die Hälfte der Bevölkerung ausmachen, werden sie kaum zur Kenntnis genommen. Sie sind Arbeitstiere, mehr nicht. Als Menschen im vollen Wortsinn werden sie in keinem Fall betrachtet, und das heißt vor allem: In den Augen der freien Bürger besitzen sie kein Recht auf Lebensglück und eigenes Schicksal. Der enorme Bedarf an Sklaven wird teils durch Kriegsgefangene gedeckt, teils durch die Lieferungen von Sklavenhändlern, die mit Vorliebe in der Balkanregion auf Menschenjagd gehen, und einem von ihnen verdanken wir einen höchst seltenen Einblick in den Geschäftsalltag dieser Leute. Die Rede ist von der reich bebilderten Grabstele des Sklavenhändlers Aulus Kapreilius aus dem späten ersten oder frühen zweiten Jahrhundert nach Christus, gefunden in der nordgriechischen Stadt Amphipolis. Da sieht man im obersten Bildfeld den Verstorbenen selbst bei einem Bankett, entspannt zurückgelehnt. Das zweite Bild zeigt Feldarbeiter bei der Weinproduktion. Ungewöhnlich, ja geradezu sensationell aber ist das Bildmotiv am Fuß der Stele, wo ein Zug von frisch erbeuteten Sklaven dargestellt ist, acht Männern und zwei Frauen nebst etlichen Kindern. Die Hälse der Männer stecken in Eisenringen, die untereinander mit Ketten verbunden sind, während Frauen und Kinder keine Fesseln tragen. Offenbar hatte der Tote zwei Berufe, die ihn beide mit Stolz erfüllten – er handelte mit Wein und mit Sklaven. Und nur, weil er keinen Grund gesehen hatte, die Quellen seines Reichtums zu verschweigen, begegnen uns hier ausnahmsweise einmal Gefangene auf dem Weg in die Sklaverei.

Der Vespasiantunnel von Seleucia – eigentlich ein Kanal, der die Sturzbäche aus dem Hinterland auffing und um die Stadt herum ins Meer ableitete. Jüdische Kriegsgefangene haben als Sklaven am Bau dieses Kanals mitgearbeitet.

Die Grabstele des Sklavenhändlers Aulus Kapreilius.

Im unteren Bildfeld ist wahrscheinlich er selbst zu sehen,

wie er einen Zug frisch erbeuteter Sklaven anführt.

(Archäologisches Museum Amphipolis)

Zu jeder erdenklichen Grausamkeit ist man im Römischen Reich aber vor allem gegenüber Besiegten und Verbrechern fähig. Die übliche Hinrichtungsmethode ist die Kreuzigung, und jede Eroberung einer Stadt, jede Niederschlagung eines Aufstands kann auf eine Massenkreuzigung hinauslaufen. Zweitausend Menschen lässt Varus im Jahr 4 vor Christus rings um die Stadtmauer von Jerusalem ans Kreuz schlagen, der Spartakusaufstand endet 71 vor Christus mit sechstausend gekreuzigten Sklaven, und Titus setzt dieses Terrorinstrument während der Belagerung Jerusalems im Jüdischen Krieg täglich gegen Hunderte von Zivilisten ein. Was Todesarten und Todesqualen angeht, sind der Fantasie allerdings keine Grenzen gesetzt. Publikumswirksame Hinrichtungen müssen den Reiz des Neuen haben – Pompejus etwa kommt auf die Idee, einen Verurteilten von Elefanten tottrampeln zu lassen. Volksfeste sind solche Hinrichtungen in jedem Fall; es liegt daher nahe, sie als Programmpunkt in das blutige Spektakel der Kampfspiele einzubeziehen, die oft tagelang dauern und sich bisweilen über mehrere Wochen erstrecken. Nach dem von Augustus erlassenen Reglement beginnen solche Festspiele am Vormittag mit dem Abschlachten wilder Tiere, in die Mittagszeit fällt dann die Hinrichtung von Schwerverbrechern, und sobald diese gekreuzigt, verbrannt oder von Raubtieren zerrissen worden sind, treten die Gladiatoren auf. Zur Zeit des Paulus sind die Amphitheater Orte sadistischer Willkür. Caligula (37 bis 41) zwingt Väter, der Hinrichtung ihrer Söhne zuzuschauen. Derselbe Kaiser lässt nicht nur Schwerverbrecher den Tieren zum Fraß vorwerfen, sondern auch Kritiker und andere, die sein Missfallen erregt haben. Unter seinem Nachfolger Claudius (41 bis 54) werden Sträflinge gezwungen, in den Programmpausen aufeinander loszugehen – ein besonders barbarisches und besonders beliebtes Schauspiel. Das Töten in der Arena soll seinerzeit solche Ausmaße angenommen haben, berichtet der römische Historiker Cassius Dio, dass die Römer eine Statue des Kaisers Augustus entfernten, um ihm den Anblick dieser Blutbäder zu ersparen.

Überall, wo die Römer im Zug ihrer Eroberung des griechischen Ostens hinkommen, hält auch diese Art von Unterhaltung Einzug. Doch Unterhaltung ist nicht das richtige Wort. Es wäre richtiger, von einer dramatischen Form der Daseinsversicherung zu sprechen. Denn bei allem gewollten und erwünschten Nervenkitzel – die Todesspektakel der römischen Spiele konfrontieren den Zuschauer auch mit dem Grundproblem der menschlichen Existenz, mit der erschütternden Urerfahrung, den blinden Kräften des Schicksals und der Natur hilflos ausgeliefert zu sein. Und nach jeder Hinrichtung, nach jedem Zweikampf kann er hier die tröstliche Erfahrung einer höheren Gerechtigkeit machen, wenn der Bessere nach einem Kampf auf Leben und Tod triumphiert, wenn der Gesetzesbrecher qualvoll, aber verdientermaßen zugrunde geht, wenn wilde Bestien bei aller körperlichen Überlegenheit dem Menschen schließlich doch erliegen. Was diese Spiele dem Zuschauer bieten, ist also viel mehr als ein sadistisches Amüsement, es ist die kollektive Teilhabe am Triumph über alles, was seine Welt an Furchteinflößendem und Unheimlichem bereithält, und er kann die Arena mit dem erhebenden Gefühl verlassen, zu denen zu gehören, die noch einmal davongekommen sind.

In permanenten Schauspielen brutaler Gewalt, in rücksichtslosen Demonstrationen der Macht über Leben und Tod, im ständig wiederholten Triumph des Menschen über den Menschen kämpft eine ganze Kultur gegen die Todesfurcht an. Geradezu tollkühn wirkt es da, wenn Paulus nun mit einer Botschaft dagegenhält, die im glatten Widerspruch zu den antiken Strategien der Lebensbewältigung steht. In der nicht Sieger vergöttert werden, sondern ein Gekreuzigter als Gottessohn verehrt wird. Die jede

Gladiatoren in voller Kampfmontur, abgebildet auf den Grabsteinen zweier Gladiatoren, die es zu Berühmtheit gebracht hatten. Es gab Kämpfer mit über hundert eingetragenen Siegen auf ihren Grabsteinen. (links: Archäologisches Museum Thessalonich, rechts: Archäologisches Museum Ephesus)

Triumphgesinnung verwirft, jede Glorifizierung dieses mörderischen Heldentums ablehnt und in der Behauptung gipfelt, die Macht des Todes sei gebrochen und das irdische Dasein nur der Auftakt zu einem ewigen, von keiner Angst mehr verdunkelten Leben. Größer könnte der Gegensatz zum herkömmlichen Denken nicht sein. Die Christen werden später die Gladiatorenkämpfe verabscheuen und die Arenen meiden, aber Paulus scheint sich dort ganz gut ausgekannt zu haben, jedenfalls finden sich in seinen Briefen Anspielungen auf diese Welt: Im ersten Brief an die Korinther vergleicht er sich selbst angesichts der Widrigkeiten, die ihm begegnen, mit einem chancenlosen und folglich todgeweihten Gladiator, und im selben Text spricht er sogar davon, in der Arena von Ephesus gegen Raubtiere gekämpft zu haben. (1 Kor 4,9; 15,32)

Der Siegeszug der römischen Kampfspiele hat bis heute sichtbare Spuren in den Ruinen der Städte hinterlassen, die Paulus bereist hat – an den Theatern Kleinasiens und Griechenlands beispielsweise, die für die Zwecke der Gladiatoren- und Tierkämpfe umgebaut werden mussten: Unterirdisch wurden Stallungen geschaffen und Gänge angelegt, durch die die Tiere direkt in den Bühnenraum gelangten; überirdisch wurden die untersten Sitzreihen entfernt, um einen Sicherheitsabstand zwischen dem Publikum und den Bestien zu gewinnen, und als zusätzliche Schutzmaßnahme wurden am Fuß der halbrunden Zuschauertribüne Gitter in die Steinplatten eingelassen. Im Theater von Philippi etwa, einer römischen Kolonie in

Das Theater der römischen Kolonie Philippi in Mazedonien. Im linken Bild sind die Einkerbungen für das Gitter zu sehen, das die Zuschauer vor den Raubtieren schützte.

Nordgriechenland, sind die Verankerungslöcher für das Schutzgitter in den Bodenplatten der ersten Zuschauerreihe noch gut zu erkennen. Und in Ephesus an der Westküste Kleinasiens wurde 1993 unweit des Stadions ein Gladiatorenfriedhof mit den Skelettresten von hundertzwanzig Männern entdeckt. Anhand dieser Schädel und Knochen ließ sich im Einzelnen bestimmen, mit welcher Waffe und an welchem Körperteil sie der tödliche Stich traf – in jenem Moment, in dem ein Gladiator den letzten Beweis seiner Mannhaftigkeit liefern und den Todesstoß ohne die geringste Regung zu zeigen erwarten musste.

Doch zurück zu Paulus. Zypern, die Heimat des Barnabas, ist also das erste Etappenziel, und sonderlich erfolgreich sind sie hier nicht. Womöglich stört es Paulus, dass auf Zypern bereits christliche Gemeinden existieren, denn er will Niemandsland betreten, er will eigene Gemeinden gründen, und zwar dort, wo sich kein anderer Missionar zuvor hat sehen lassen. Was er vorhat, das ist mit der Leitung der Urgemeinde sicherlich nicht abgesprochen, das könnte auch ziemlich weit von dem abweichen, was andere Missionare für Christentum halten, und Paulus will sich nicht in Diskussionen verzetteln, er will von Anfang an die unangefochtene Hoheit über sein Unternehmen haben. Man darf nicht vergessen, dass die christliche Lehre in diesen Jahren noch ganz unausgereift ist, formbar und weich wie heißes Wachs, und dass auch Paulus sich einstweilen nur bestimmter Koordinaten seines theologischen Denkens sicher ist. Das große Gebäude seiner Theologie wird erst mit der Zeit entstehen, unter dem Druck der tausenderlei theoretischen Fragen und praktischen Probleme, die das angewandte Christentum in seinen Gemeinden aufwirft. Jedenfalls ist es so, dass er anderen Missionaren nicht recht traut. Er dürfte sich über Störmanöver der Urgemeinde schon in Antiochia wiederholt geärgert haben, er will frei von Beschränkungen und Rücksichten sein, und diese

Möglichkeit scheint ihm wohl in Kleinasien eher gegeben, weshalb er mit seinen Begleitern bald ein Schiff nach Perge besteigt und unweit des heutigen Touristenzentrums Antalya an Land geht.

Perge ist eine bedeutende hellenistische Stadt, von deren Eleganz man sich in den Ruinen heute noch überzeugen kann. Eine Küstenstadt mit eigenem Hafen und daher eigentlich das ideale Arbeitsfeld für jemanden wie Paulus, der christliche Keimzellen schaffen will und davon ausgeht, dass sich der Glaube von diesen Zentren aus auch ohne sein Zutun in alle Himmelsrichtungen ausbreitet. Nach diesem Prinzip wird er später jedenfalls vorgehen: Wo möglichst viele Menschen, möglichst unterschiedliche Menschen zusammenkommen, wo er ein weltstädtisches oder zumindest weltoffenes Publikum findet, dort gründet er Gemeinden, übergibt sie dann anderen, zieht weiter und vertraut darauf, dass sein Evangelium wie ein Lauffeuer übergreift auf die Kleinstädte und Dörfer des Hinterlandes – mit anderen Worten: Paulus setzt auf Multiplikatoren und konzentriert seine Arbeit deshalb auf große Städte. Eine Frage der Effizienz. Merkwürdigerweise hält es ihn nun aber auch in Perge nicht, und zum Entsetzen des Markus bekundet er die Absicht, ins Landesinnere zu gehen, das heißt, die mühselige und gefährliche Überquerung des Taurusgebirges zu wagen.

Von Zypern kommend ging Paulus in der kleinasiatischen Stadt Perge an Land. Im Hintergrund links die Ruine des hellenistischen Stadttors aus dem dritten Jahrhundert vor Christus, rechts die Säulen des Marktplatzes. Die Stadt wurde im siebten Jahrhundert aufgegeben und nie mehr besiedelt.

Die erste Reise des Paulus

Abbildung auf der folgenden Doppelseite: Der See von Beyşehir vor der großartigen Kulisse des Taurusgebirges. Paulus dürfte auf dem Weg von Perge nach Antiochia in Pisidien hier vorbeigekommen sein.

Antiochia in Pisidien, eine römische Kolonie im Landes-inneren Kleinasiens. Oben Reste des Aquädukts; darunter ein Blick in das Untergeschoss der großen Therme, wo Sklaven die Öfen für die Warmwasser-bereitung befeuerten.

Dieser Entschluss ist bezeichnend für ihn, denn Paulus sind Schwierig-keiten und Gefahren jeder Art geradezu willkommen. Und nicht ohne einen Anflug von Genugtuung präsentiert er den Korinthern Jahre später eine Liste der Drangsale, denen er auf seinen Reisen ausgesetzt war, näm-lich »... Gefangenschaft, unzählige Schläge, oft in Todesgefahr! ... Dreimal bekam ich die Prügelstrafe, einmal wurde ich gesteinigt, dreimal erlitt ich Schiffbruch, einen Tag und eine Nacht trieb ich auf offener See. Oft war ich auf Reisen, oft war ich Gefahren ausgesetzt durch Flüsse, durch Wege-lagerer ... Es gab Mühsal und Plage, ich ertrug viele durchwachte Nächte, Hunger und Durst, häufiges Fasten, Kälte und Blöße.« (2 Kor 11,23–27) Diese Biografie eines Menschen, der sich aufreibt, der sich verausgabt und bis an die Grenzen der eigenen Kräfte geht, ist für Paulus gewissermaßen die Visitenkarte eines Dieners Christi, wie er sich selbst bezeichnet; dieses Heldentum setzt er dem antiken Heroismus entgegen, der seine Opfer unter den anderen sucht. Nur – die Sache des Markus ist das nicht. Die Apostelgeschichte verschweigt zwar, warum er die Reise hier abbricht und nach Jerusalem zurückkehrt, aber es lässt sich denken, dass er für diesen Wahnsinnigen, diesen Paulus, nicht Kopf und Kragen riskieren will. Barna-bas und Paulus machen sich ohne ihn auf den Weg.

Sie wenden sich nach Norden, durchqueren das wilde Taurusgebirge, durchwandern das traumhaft schöne pisidische Seengebiet und kommen nach Antiochia in Pisidien. Die Stadt ist eine römische Gründung – heute noch erkennbar an den zahlreichen lateinischen Inschriften und der eindrucksvollen Anlage des Augustustempels im Ruinenbezirk nördlich der türkischen Stadt Yalvac –, und sie ist ein Zentrum, kulturell wie politisch. Hier bleiben sie. Vielleicht, weil Paulus eine Vorliebe für römische Städte besitzt, was wiederum daran liegen mag, dass er von Anfang an Rom im Auge hat, als fernes Traumziel, dem er sich auf diesem Weg wenigstens atmosphärisch schon einmal nähert. Ein Drang nach Westen ist ihm auf jeden Fall anzuspüren, es ist die Großrichtung seiner Reisen, und wenn alles nach Plan liefe, würde er sich von hier aus wahrscheinlich zur Westküste Kleinasiens orientieren. Aber es läuft nicht nach Plan.

In Antiochia lässt sich zunächst alles gut an. Die dortigen Juden erlauben Paulus sogar, in ihrer Synagoge zu predigen, und bald stellen sich erste Erfolge ein. Dann schlägt die Stimmung plötzlich um, die »verstockten«, die »halsstarrigen« Juden wollen ihn loswerden, verleumden ihn bei den Behörden und »brachten es so weit, dass es zu einer Verfolgung von Paulus und Barnabas kam; und man verjagte sie aus dem Gebiet«, wie Lukas schreibt. (Apg 13,50) Die beiden suchen nun Schutz in der nächstgelegenen Stadt, wenden sich nach Südosten, kommen nach Ikonium, dem heutigen Konya – und erleben dort das Gleiche: erst freundliche Aufnahme und Missionserfolg, dann Proteste der Juden, Todesdrohungen und erneute Flucht. Diesmal nach Süden, in das 30 Kilometer entfernte Provinzstädtchen Lystra, wo es freilich auch keine Sicherheit gibt. Denn Juden aus Antiochia und Ikonium haben sich an ihre Fersen geheftet und wiegeln jetzt die Bevölkerung von Lystra auf – Paulus wird von dem aufgehetzten Mob

Vom Theater von Antiochia sind nur spärliche Reste erhalten (oben). Auch die ehemals prachtvolle Anlage des Augustustempels erschließt sich nur noch dem Auge des Fachkundigen (links). Zu erkennen sind immerhin die Stümpfe der Säulenreihe, die den Tempel in einem weiten Halbkreis umschlossen.

gesteinigt, überlebt aber wie durch ein Wunder, und so schnell wie möglich geht es jetzt in das ebenfalls unbedeutende Städtchen Derbe, ein ganzes Stück weiter östlich in einer weiten Ebene gelegen, wo sie nun endlich zu Atem kommen. So wird selbst Paulus sich seine Arbeit nicht vorgestellt haben. Aber es dürfte ihm schnell klar werden: Seine Flucht ist eine Flucht nach vorn, und seine Verfolger bilden die unfreiwilligen Hilfstruppen, die seine Mission vorantreiben. Die Schlussfolgerung aus solchen Erfahrungen wird Paulus in seinen Briefen später ein ums andere Mal als ein christliches Grundprinzip beschwören: Gott offenbart sich in der Ohnmacht. Er wirkt durch die Bedrängten und Verfolgten. Er wandelt Schwäche in Kraft und Rückschläge in Erfolge. Dieses paradoxe Motiv begleitet das Christentum von der ersten Stunde, der Geburtsstunde Jesu im Stall von Betlehem an, und es wird den Christen auch in den Verfolgungsphasen der nächsten Jahrhunderte immer wieder Auftrieb geben. Aber – provoziert Paulus den ganzen Ärger nicht selbst? Ist der Mann nicht ein Unruhestifter?

So wie Lukas ihn schildert, ist er vor allem ein kluger Stratege. Es gelingt ihm über einen erstaunlich langen Zeitraum, jede Provokation zu vermeiden. Er geht nie sofort auf Konfrontationskurs. Nehmen wir gleich seinen allerersten Auftritt als Missionar im kleinasiatischen Antiochia als Beispiel. Kaum eingetroffen, sucht er die jüdische Gemeinde dort auf, stellt sich als Glaubensgenosse vor, deutet vielleicht sogar seine pharisäische Ausbildung an, erhält höchstwahrscheinlich ein Nachtlager und ist am nächsten Sabbat selbstverständlich unter den Versammelten in der Synagoge. Nach der Schriftlesung wird er gebeten, die Predigt zu halten – das ist so üblich, man hört sich gern an, was durchreisende Rabbis oder gebildete Gäste zu sagen haben –, und Paulus beginnt ganz unverfänglich mit einer Schriftauslegung, wie sie allen Anwesenden vertraut ist. Und plötzlich fällt das Wort »Jesus«. Plötzlich ist von Kreuzigung und Auferstehung die Rede. Doch ehe es unruhig werden kann im Saal, ist Paulus schon wieder bei den Psalmen und den Propheten. Er zitiert und argumentiert, er verbindet altbekannte Prophetenworte auf das Geschickteste mit Aussagen, die für sich genommen Protest auslösen müssten, und das Erstaunliche geschieht: Es kommt nicht zum Eklat. Es gibt gemischte Reaktionen, aber keinen Aufschrei der Empörung. Im Gegenteil – Paulus wird für den folgenden Sabbat wieder eingeladen. Und so geht er fast überall vor, mit ähnlichem Erfolg.

Zweierlei ist daran bemerkenswert. Zum einen die Toleranz, die diese jüdischen Auslandsgemeinden für Andersdenkende aufbringen. Man nimmt sich die Zeit, abweichende Meinungen anzuhören und auf ihre Stichhaltigkeit zu überprüfen – und dass man nicht weiß, was von diesem Paulus zu halten ist, macht ihn womöglich gerade interessant. Manchenorts lässt man ihn wochen- oder monatelang predigen. Kein blinder Glaubenseifer also von dieser Seite. Genauso wenig aber vonseiten des Paulus. Er tritt als

Von Derbe, wo Paulus schließlich Ruhe vor seinen Verfolgern fand, ist nur die Lage bekannt. Die Stadt war unbedeutend, und bisher haben die Archäologen kein Interesse für sie aufgebracht.

Redner auf, der für seine zweifellos abenteuerlichen Behauptungen über Jesus, den Gekreuzigten, den Auferstandenen, doch immerhin Belegstellen aus den heiligen Schriften angibt und auf diesem Weg zu überzeugen versucht. Gewiss, bei der Predigt, die Lukas wiedergibt, handelt es sich nicht um eine originale Paulusrede – niemand hat in solchen Situationen mitgeschrieben. Aber sie liefert doch eine Erklärung für seine Anfangserfolge, und in seinen Briefen bedient sich Paulus ebenfalls dieses argumentativen Stils. Weshalb es dennoch früher oder später zum Skandal kommt?

Paulus scheint immer dann den Bruch herbeizuführen, wenn er genug Leute für eine Gemeindegründung von seiner Botschaft überzeugt hat. Seine wichtigste Zielgruppe sind dabei die »Gottesfürchtigen« unter den Heiden, also jene Griechen oder Römer, die dem Götterglauben den Rücken gekehrt und sich dem Gott der Juden zugewandt haben, als Unbeschnittene aber gewissermaßen Juden zweiter Klasse bleiben müssen – wir sind ihnen ja schon häufiger begegnet, der Zenturion Cornelius in Cäsarea gehörte dazu. Diese Außenseiter sind auch für Paulus das dankbarste Publikum, ihnen bietet er die Chance, endlich einer Glaubensgemeinschaft anzugehören, wenn er sich nun – mit heftigen Vorwürfen wegen ihrer Verstocktheit, wenn man Lukas glauben darf – von den Juden lossagt, einen eigenen Versammlungsraum organisiert und mit ihnen Gottesdienste feiert, wie sie in seiner Heimatgemeinde Antiochia üblich sind: Judenchristen und Heidenchristen gemeinsam, ohne dass eine der beiden Gruppen kulturelle Anpassungsleistungen erbringen müsste. Toratreue Juden werden dieses Verhalten als Kriegserklärung verstanden und sich zu rabiaten Gegenmaßnahmen berechtigt gefühlt haben – mit den bekannten Folgen für Paulus und seine Missionsarbeit.

Für seinen Erfolg ist das Was dennoch entscheidender als das Wie. Mit strategischem Geschick, mit psychologischem Feingefühl allein bereitet man einer Weltreligion nicht den Weg, und offenbar bleibt Paulus die Erfahrung erspart, die Jesus machen musste: Er, Paulus, scheint seine Zuhörer nicht zu überfordern. Das ist umso verblüffender, als die Theologie des Paulus in dem Ruf steht, kompliziert zu sein – und wahrlich nicht zu Unrecht. Schon seinen Zeitgenossen fiel es nicht leicht, ihm zu folgen, schon der Schreiber des zweiten Petrusbriefs merkt zu den Schriften des Paulus mit mildem Tadel an, »dass manches darin schwer zu verstehen ist«. (2 Petr 3,16) Und es ist wahr, dass Paulus als Intellektueller nur zu gern die Herausforderung annimmt, dem Tiefsinn der jüdischen Theologie etwas Gleichwertiges entgegenzusetzen, um dem Christentum auf diese Weise ein theologisches Selbstbewusstsein zu geben. Doch wahr ist auch: Selbst seine kühnsten Spekulationen lassen sich auf einen einfachen Ausgangspunkt zurückführen – seine Jesusvision vor Damaskus. Wahr ist auch, dass er all seine theologischen Schlüsse aus diesem Schlüsselerlebnis zieht, dass der Wendepunkt seines Lebens zum Mittelpunkt seines Denkens geworden

Auf der Rückfahrt von ihrer ersten Missionsreise schifften sich Paulus und Barnabas in der Bucht von Antalya ein.

ist. Deshalb lässt sich vermuten, dass auch seine Predigten um dieses eine Lebensthema kreisen: um die Möglichkeit, ein neuer Mensch zu werden. Und tatsächlich läuft die Botschaft des Paulus im Grunde auf das schlichte Bekenntnis hinaus: Mir ist vor Damaskus der auferstandene Jesus begegnet; ich habe ihn als den Inbegriff der göttlichen Liebe erlebt; diese Erfahrung hat mich von meiner Verstrickung in Hass und Ressentiments befreit, sie hat mein Leben völlig verwandelt – und was mir widerfahren ist, das kann jeder andere genauso gut am eigenen Leib, an der eigenen Seele erfahren.

Für Paulus ist Jesus also von Anfang an der Gottessohn – nicht der Mann der Streitgespräche, nicht der Wunderheiler, auch nicht der Bergprediger. Nur zwei Lebensdaten sind für ihn von Belang: Kreuzigung und Auferstehung. Beides deutet er als einen Sieg von universeller Tragweite. Das Kreuz als Sieg über die menschliche Natur, als Sieg der Liebe über den blinden Überlebensinstinkt, und die Auferstehung als Sieg über das natürliche Gesetz der Vergänglichkeit allen Lebens. Das ist der Kern seiner Botschaft. Und damit verbindet Paulus die Verheißung: Wer an diesen Jesus glaubt, der überwindet die Beschränkungen seiner Natur und wächst über sich hinaus, der erlebt die Liebe als die beherrschende, sein ganzes Leben beherrschende Antriebskraft und braucht den Tod nicht mehr zu fürchten. Was genau er unter Glauben versteht, das lässt sich seinen Briefen entnehmen, wo er um eine immer präzisere Definition ringt und zu dem Ergebnis kommt: Glauben bedeutet, sich in eine geistige Lebensgemeinschaft mit dem Gottessohn zu begeben, eine neue Identität anzunehmen, sich gleichsam in Christus selbst zu verwandeln. Und in seinem überschwänglichen, geradezu tollkühnen Glaubensoptimismus geht Paulus so weit, alle moralischen Regeln, Vorschriften und Normen nun für überflüssig zu halten, ja, selbst das mosaische Gesetz als ein überholtes Relikt der Vergangenheit zu betrachten – in früheren Zeiten sicher notwendig, doch für den, der an Jesus glaubt, bloß noch ein unnötiger Zwang, denn »wo der Geist des Herrn ist, da ist Freiheit«. (2 Kor 3,17)

Kurzum: Paulus stellt seinen Zuhörern eine neue Existenz als freie, erlöste Menschen in Aussicht. Das bietet keine andere Religion. Und mit dieser Botschaft überzeugt Paulus Juden, aber vor allem Heiden, sodass er christliche Gemeinden in nennenswerter Zahl zurücklässt, als er nach etwa zweijähriger, rastloser Tätigkeit in diesem Teil Kleinasiens mit Barnabas ein Schiff in der Bucht von Antalya besteigt und nach Antiochia zurücksegelt.

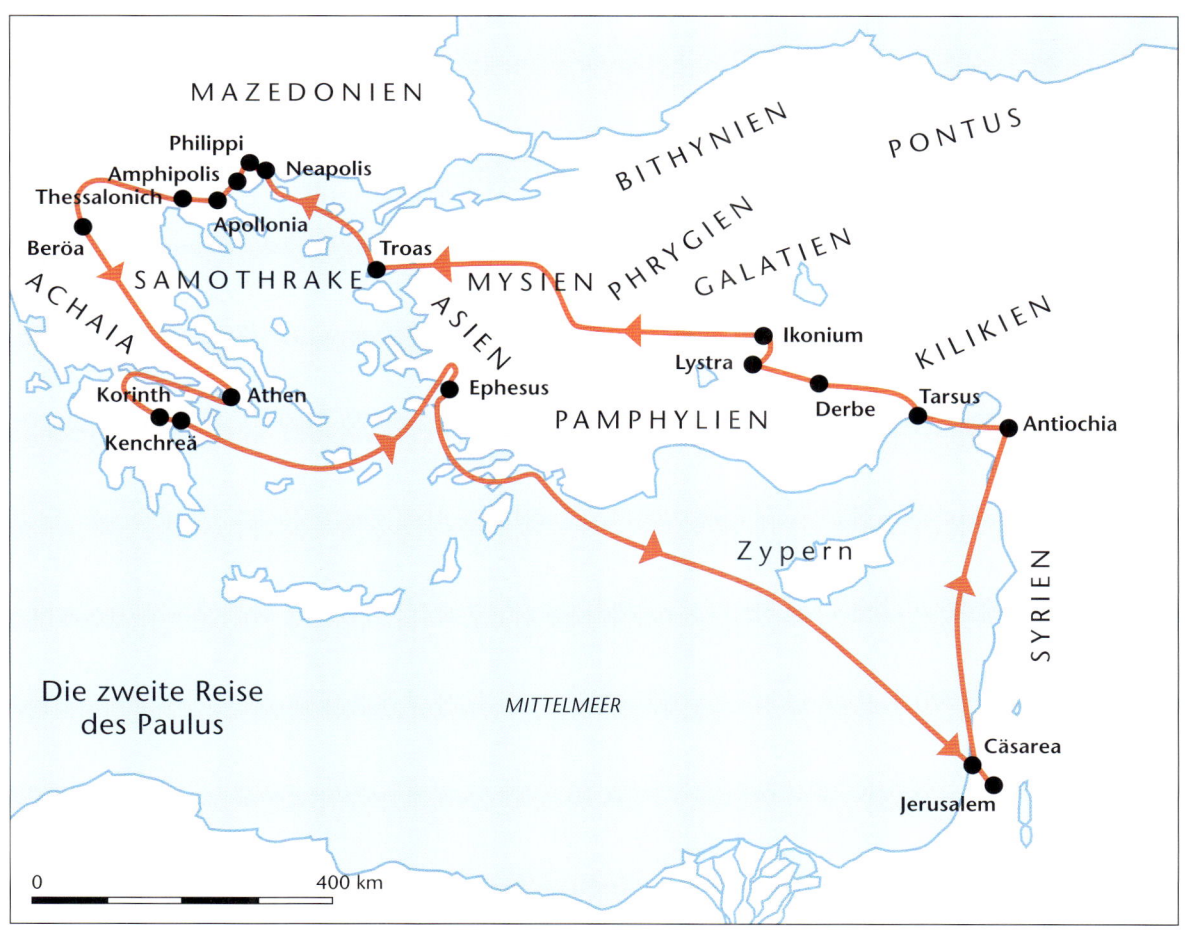

225

Und weitere zwei Jahre später treffen wir Paulus in Korinth an, der prosperierenden, lebhaften, lauten Hafenstadt unweit von Athen. Es ist das Jahr 50. Das Missionsunternehmen des Paulus hat sich in der Zwischenzeit rasant entwickelt, doch bevor wir uns den Ereignissen zuwenden, sollten wir auf dieses Datum eingehen. Es ist für die Geschichte des Christentums von herausragender Bedeutung, denn in diesem Jahr verfasst Paulus den ersten Brief, von dem wir Kenntnis haben, ein Schreiben an die Gemeinde in Thessalonich, und mit diesem Brief liegt das älteste christliche Dokument überhaupt vor. Die Stimme des Paulus ist die erste Stimme eines Christen, die wir vernehmen, ungefiltert, unverfälscht. Würden die Texte des Neuen Testaments in chronologischer Ordnung aufeinander folgen, müsste der Thessalonicherbrief am Anfang stehen, und als Leser würde man gleich zu Beginn von den Problemen und Irritationen erfahren, mit denen eine eben gegründete Gemeinde in einer nordgriechischen Großstadt zu kämpfen hatte. Erst nach etwa fünfzehn weiteren Zeugnissen eines regen christlichen Schriftverkehrs wären die Evangelien an der Reihe. So würde auch die historische Entwicklung deutlich: Paulus stürmt mit seinem auferstandenen Jesus vorweg und löst dadurch erst das Interesse an der konkreten Lebensgeschichte Jesu aus.

Bekanntlich ist die Entstehungszeit der Schriften des Neuen Testaments nur ungefähr zu bestimmen. In diesem Fall aber ist ausnahmsweise eine genaue Datierung möglich, weil zwei Dinge zusammenkommen: die historische Genauigkeit des Lukas und ein glücklicher Zufall. Im achtzehnten Kapitel der Apostelgeschichte berichtet Lukas nämlich von einer turbulenten Gerichtsszene auf dem Forum von Korinth und erwähnt dabei die Anwesenheit des römischen Statthalters Gallio. Damit hatten die Historiker einen konkreten Anhaltspunkt, denn dieser Gallio ist kein Unbekannter, er ist der Bruder des römischen Philosophen Seneca, doch seine genaue Amtszeit ließ sich aus den schriftlichen Quellen nicht ermitteln. Da machten Archäologen 1929 den entscheidenden Fund: In Delphi stießen sie auf einen Gedenkstein, auf dem der Name des Lucius Junius Gallio sowie die einschlägigen Angaben zu seiner Zeit als Statthalter verzeichnet waren, und diese Inschrift gestattete den Rückschluss, dass es im Frühsommer des Jahres 52 zur Konfrontation zwischen Paulus und Gallio gekommen sein musste. Hier haben wir den Fixpunkt, von dem aus sich vor- und zurückrechnen lässt, anhand dessen sich auch eine exakte Datierung für den Korinthaufenthalt von Paulus ergibt: Geht man von den anderthalb Jahren aus, die Lukas dafür angibt, und berücksichtigt man des Weiteren, dass Paulus seine Zelte in Korinth bald nach der Begegnung mit Gallio abgebrochen hat, so muss er im Spätherbst des Jahres 50 in Korinth eingetroffen sein und die Stadt in ebenjenem Spätsommer 52 verlassen haben. Damit stimmt eine andere Bemerkung des Lukas überein: Paulus fand in Korinth Aufnahme bei Aquilas und Priscilla, einem judenchristlichen Ehepaar, das kurz zuvor aus Rom vertrieben worden war. Durch den römischen Historiker Sueton wissen wir, dass Kaiser Claudius im Jahr 49 tatsächlich alle Juden Roms der Stadt verwiesen hat – eine Strafmaßnahme, mit der er auf Unruhen unter den dortigen Juden reagierte. Es zeigt sich also immer wieder: Wo sich Weltgeschichte und Apostelgeschichte berühren, da passen sie zusammen.

Doch nehmen wir den Faden der Handlung wieder auf. Paulus befindet sich auf seiner zweiten Missionsreise, er hat Griechenland erreicht, und wieder einmal ist nichts nach Plan verlaufen. Schon daheim in Antiochia war es zum Zerwürfnis mit Barnabas gekommen, der sich dem wachsenden Druck aus Jerusalem gebeugt hatte und es auf einmal doch ratsam fand, Heidenchristen bestimmte Auflagen zu machen. Anstelle des Barnabas war Silas mitgekommen. Sie hatten zunächst die Gemeinden in Kleinasien besucht, hatten in Lystra den jungen Timotheus als Mitarbeiter und Reisegefährten gewonnen und sich dann auf den Weg nach Ephesus an der Westküste gemacht, als Paulus unsicher wurde. Sie bogen nach Norden ab, steuerten die Griechenstädte am Bosporus an, verwarfen auch diesen Plan und erreichten schließlich doch die Westküste, aber bei Troas, der großen Hafenstadt südlich von Troja. Und nun war alles klar, jetzt konnte man ja kaum noch anders, jetzt gab es für Paulus jedenfalls nur noch ein Ziel, und das hieß: Neuland betreten, nach Mazedonien, nach Europa fahren! Es muss ein Frühlingstag des Jahres 50 gewesen sein, als sie an Bord gingen, denn vom 10. November bis zum 10. März ruhte überall am Mittelmeer die Schifffahrt auf offener See. Es muss auch ein kräftiger Wind geherrscht haben, denn statt der üblichen vier bis fünf Tage brauchten sie für die Reise nur zwei. Und – an Bord muss sich ein vierter Mann in ihrer Gesellschaft befunden haben, denn von hier an heißt es in der Apostelgeschichte nicht mehr »sie«, ist nicht mehr von »ihnen« die Rede, sondern von »wir« und von »uns«.

Ist Lukas ab jetzt dabei? Er macht kein Aufhebens von sich, er führt sich nicht selbst in die Geschichte ein, es heißt nur mit einem Mal, aus heiterem Himmel: »Wir legten von Troas ab und gelangten auf dem kürzesten Weg nach Samothrake; am folgenden Tag erreichten wir Neapolis.« (Apg 16,11) Aber es klingt in diesem »wir« so viel freudige Erregung, so viel gespannte Erwartung mit, dass man den Eindruck gewinnt: Es ist Lukas selbst, bei dem sich in der Erinnerung wieder jene Lust an diesem Aufbruch einstellt, die seinerzeit die ganze Gesellschaft erfasst haben muss. In der Bucht von Neapolis also legt ihr Schiff an, hier betrit Paulus erstmals europäischen Boden, und vielleicht ist es Lukas zu verdanken, dass sie nun gleich nach Philippi weiterziehen – es besteht ja die Vermutung, dass Lukas dort aufgewachsen ist, und in diesem Fall dürfte er Paulus seine Heimatstadt als Ausgangspunkt für dessen Mission in Griechenland empfohlen haben.

Was vom antiken Hafen von Troas übrig blieb: ein paar umgestürzte Säulen im Meer, einige Quader aus der Hafenmauer am Strand.

Abbildung auf der folgenden Doppelseite:
Im kleinasiatischen Troas nahm Paulus ein Schiff nach Mazedonien und betrat in der Bucht von Neapolis (heute Kavala) erstmals europäischen Boden. Die kleine Hafenstadt war wohl zu unbedeutend, jedenfalls zog Paulus gleich ins fünfzehn Kilometer entfernte Philippi weiter.

Die Kapelle zum Gedenken an die Taufe der Purpurhändlerin Lydia nördlich der Ausgrabungszone von Philippi. Früher war hier die Stelle vermutet worden, an der Paulus die jüdischen Frauen traf und Lydia bekehrte. Heute lokalisiert man sie weiter südlich, in einem verwilderten Marschgebiet.

Paulus ist damit gut beraten – keine Gemeinde wird ihm so ans Herz wachsen, keine wird ihn so hingebungsvoll unterstützen wie diese. Zunächst jedoch bedeutet Philippi eine Umstellung für ihn. Zum einen, weil die Stadt eine römische Kolonie ist, deren Einwohnerschaft zum erheblichen Teil aus ehemaligen Legionären besteht – Juden sind verschwindend wenige darunter, es gibt nicht einmal eine Synagoge, und Paulus ist gezwungen, seine Taktik zu ändern. Und zum anderen, weil Paulus es hier erstmals mit einer energischen, selbstbewussten Frau zu tun bekommt. Es ist die Geschäftsfrau Lydia, Leiterin eines Kontors für Purpurstoffe, und Paulus trifft sie an einem Flüsschen außerhalb der Stadt, wo sich das Häufchen der Juden von Philippi am Sabbat zum Gebet versammelt. Er setzt sich dazu, man kommt ins Gespräch, und Lydia liefert nun gleich zwei Kostproben ihrer Entschlussfreudigkeit: Sie will umgehend getauft werden, und sie fordert die vier Reisenden auf, in ihrem Haus Quartier zu nehmen – und zwar mit solchem Nachdruck, dass man nach der Darstellung des Lukas fast auf die Idee kommen könnte, der Draufgänger Paulus habe sich von ihrer resoluten Art anfänglich einschüchtern lassen.

Halten wir fest: Der erste Christ in Europa ist eine Frau, und Lukas, der den Frauen bereits in seinem Evangelium besondere Aufmerksamkeit schenkt, räumt ihrer Bekehrung einen prominenten Platz in seiner Apostelgeschichte ein. Genauso bemerkenswert ist, dass sich künftig eine ganze Reihe solcher beherzter, tatkräftiger Frauen wie Lydia dem Missionsunternehmen des Paulus zur Verfügung stellen wird und dass sie alle in ihm einen unvoreingenommenen, kollegialen Freund finden werden. Paulus rechnet sie seinem wachsenden Mitarbeiterstab zu, er vergisst nie, sie namentlich in seinen Briefen zu erwähnen, und er betraut sie genauso mit wichtigen Aufgaben wie seine männlichen Mitstreiter: Eine gewisse Phöbe hat eine leitende Funktion in der Gemeinde von Korinth inne, und der bereits erwähnten Priscilla aus Rom vertraut Paulus sogar die Anfänge der Mission in der kleinasiatischen Metropole Ephesus an. Es deutet also alles darauf hin, dass Paulus seinen Gemeinden in puncto Gleichberechtigung der Geschlechter ein Vorbild ist; es spricht allerdings auch manches dafür, dass er in der Theorie seiner eigenen Praxis hinterherhinkt. »In den Gemeindeversammlungen sollen die Frauen schweigen. Denn es ist ihnen nicht erlaubt, zu reden, sie sollen sich vielmehr unterordnen, wie auch das Gesetz sagt«, weist er die Korintherinnen beispielsweise zurecht und fährt fort: »Wenn sie aber etwas lernen wollen, sollen sie zu Hause ihre Männer fragen.« (1 Kor 14,34–35) Wie verträgt sich denn das, fragt man sich. Paulus, ausgerechnet Paulus pocht auf das Gesetz? Ausgerechnet er will Frauen den Mund verbieten? Ist das vielleicht im Zorn über die chaotischen Verhältnisse in der Korinther Gemeinde gesprochen, ein einmaliges Machtwort mithin? Oder überhaupt nicht Originalton Paulus, sondern ein späterer Einschub von fremder Hand? Beides mag sein. Aber womöglich beweisen solche Rückfälle in das alte Denken nur, dass auch ein Paulus eine Weile braucht, bis er intellektuell verarbeitet hat, was ihm in der Praxis längst selbstverständlich geworden ist.

In Griechenland geht es nun weiter, wie es auf der ersten Missionsreise in Kleinasien angefangen hatte: Paulus erregt Aufsehen und Ärgernis. In Philippi zeigen ihn römische Bürger als Aufrührer an, er setzt sich nach Thessalonich ab, wird durch die massiven Proteste der Juden von dort vertrieben, flieht nach Beröa, kommt auch hier nicht zur Ruhe und gelangt über Athen nach Korinth, wo er endlich sein ideales Arbeitsfeld findet und sich beinahe häuslich niederlässt. Paulus wird in seinen Briefen später so ausführlich auf diese Gemeinde eingehen, dass wir hautnah miterleben, wie es die Christen der ersten Generation zwischen alten Gewohnheiten und neuem Glauben fast zerreißt. Doch bevor wir einen Blick hinter die Kulissen der Gemeinde von Korinth werfen, wollen wir uns mit zwei Reisestationen des Paulus beschäftigen, die in archäologischer Hinsicht besonders ergiebig sind.

Da ist zunächst Philippi, wo sich die Entwicklung von der römischen Kolonie zu einem blühenden Zentrum des christlichen Glaubens in einem atmosphärisch dichten Gesamtbild präsentiert. So lebhaft wie an kaum

Das Theater von Philippi liegt am Hang des steil aufragenden Akropolisfelsens. Es ist das einzige Bauwerk Philippis, das aus griechischer Zeit stammt, und musste für Gladiatorenkämpfe und Tierhatzen umgebaut werden.

einem anderen Ort steht einem hier die antike, heidnische Stadt vor Augen; überall stößt man auf Spuren einer Alltagswirklichkeit, die in der Legionärskolonie Philippi womöglich etwas rauer war als anderswo. Dass Gladiatorenkämpfe und Tierhatzen hoch im Kurs standen, beweisen die Umbauten am Theater. Offenbar musste man hier aber auch mit Ausschreitungen der Bevölkerung rechnen, denn das Pflaster vor der Rednertribüne auf dem Forum weist eine gerade Reihe von Löchern auf, für die es nur eine Erklärung gibt: Hier war ein Gitter im Boden verankert, das den Redner vor Wurfgeschossen oder auch tätlichen Übergriffen schützen sollte. Lebhaft wird es in jedem Fall zugegangen sein, und vor allem der südliche Teil des Forums ist eine Fundgrube für Zeugnisse eines regen Markttreibens. Aus einem der Geschäfte unter den Kolonnaden stammt der trapezförmige Maßtisch, mit dem Hohlmaße kontrolliert wurden – er liegt heute zwischen den Trümmern an der Südwestecke des Forums. In Stufen und Bodenplatten fällt eine ungewöhnlich große Zahl von eingeritzten Spielfeldern auf, für Murmel- und Würfelspiele, die eine willkommene Abwechslung zwischen den Einkäufen boten. Und etwas abseits des Forums liegt ein geselliger Treffpunkt anderer Art, nämlich eine gut erhaltene öffentliche Toilette mit etwa fünfzig Plätzen.

Oben links erkennt man die Einlasslöcher für das Schutzgitter vor der Rednertribüne auf dem Forum von Philippi.
Das Bild daneben zeigt die öffentliche Toilette am Rande
des Forums. Links ist ein Maßtisch zur Kontrolle von Hohl-
maßen zu sehen, der vom Markt an der Südseite des
Forums stammt.

Beeindruckende Zeugnisse des christlichen Philippi in byzantinischer Zeit: die sogenannte Basilika B aus der ersten Hälfte des sechsten Jahrhunderts mit ihren kunstvoll bearbeiteten Korbkapitellen (rechts und unten). Ihre Kuppel stürzte allerdings noch vor der Vollendung ein – offenbar hatten sich die Architekten hier an eine allzu kühne Lösung gewagt. Ganz unten eine Inschrift im Bodenmosaik der ersten Kirche von Philippi. Sie lautet: »Bischof Porphyrios hat das Mosaik der Paulusbasilika legen lassen in Christus«. Da Porphyrios 344 an der Synode von Sofia teilnahm, lässt sich der Bau dieser Kirche auf die erste Hälfte des vierten Jahrhunderts datieren.

Von diesem heidnisch-römischen Hintergrund heben sich die Reste von drei byzantinischen Kirchen ab, allesamt eindrucksvolle Beweise für den Aufschwung, den die kleine Gemeinde des Paulus in den nächsten Jahrhunderten nahm. Am Fuß der Akropolis wurden die Grundmauern einer der größten frühchristlichen Kirchenanlagen Griechenlands freigelegt, mit einer Basilika aus dem fünften Jahrhundert. Besser erhalten ist die sogenannte Basilika B südlich des Forums, ein Kuppelbau aus dem sechsten Jahrhundert – die Westwand sowie zwei Arkadenbögen mit prächtigen Kapitellen vermitteln hier noch eine Ahnung von der kühnen Architektur dieses Bauwerks. Und im Boden eines dritten Kirchenkomplexes, ebenfalls aus dem fünften Jahrhundert, wurde sogar das Mosaik eines Vorgängerbaus entdeckt. Seither wissen wir, dass es bereits im frühen vierten Jahrhundert eine Kirche in Philippi gab, und kennen auch den Heiligen, dessen Namen sie trug. An einer Stelle des Mosaiks nämlich bilden die farbigen Steinchen eine Inschrift, aus der hervorgeht, dass die Philipper ihre erste Kirche Paulus geweiht haben.

Lag Philippi etwas abseits des Weltgeschehens, so versetzt uns Korinth mitten hinein. Für Jahrhunderte zählte diese Stadt zu den reichsten und mächtigsten Griechenlands. Am Isthmus, der sechs Kilometer breiten Landenge zwischen dem Golf von Korinth und dem Saronischen Golf gelegen, beherrschte Korinth den Seehandel zwischen Italien und Kleinasien. Heute nehmen Schiffe, die vom einen Golf in den anderen wollen, den Weg durch den Kanal von Korinth; in der Antike wurden sie auf Walzen über Land gezogen. Zu diesem Zweck hatte man eine gepflasterte Bahn zwischen den Häfen auf beiden Seiten des Isthmus angelegt, den sogenannten Diolkos, von dem heute noch ein Rest an der westlichen Kanaleinfahrt zu sehen ist. Die Erfolgsgeschichte dieser Handelsmetropole wurde 146 vor Christus jäh unterbrochen, als die Soldaten des römischen Generals Mummius sie einnahmen, zerstörten, ihre männliche Bevölkerung ermordeten und Frauen und Kinder in die Sklaverei verschleppten. Hundert Jahre lang war sie ein Trümmerfeld, dann ließ Cäsar sie nach römischem Muster wieder aufbauen. Als Paulus in Korinth eintraf, hatte sich die Stadt längst erholt, und sie scheint ganz nach seinem Geschmack gewesen zu sein, nämlich eine elektrisierende Mischung aus Glanz und Elend, ungezügeltem Kommerz und wüstem Vergnügen, aus Römern, Griechen und Juden, aus Händlern und Handwerkern, Matrosen und Prostituierten – in vieler Hinsicht also dem heimatlichen Antiochia ähnlich.

Die Ruinen des antiken Korinth verraten auf den ersten Blick nicht viel über die große Vergangenheit dieser Stadt. Sie bieten zunächst ein verwirrendes Bild und scheinen auch für die Biografie des Paulus wenig herzugeben. Doch das täuscht. So abweisend sich das Trümmerfeld des antiken Korinth zunächst gibt, es lässt sich hier doch einiges mit dem zur Deckung bringen, was die Apostelgeschichte erzählt, was auch Paulus selbst an Angaben macht.

Eine bloße Vermutung ist, Paulus könnte sich in einem der Handwerkerläden auf dem außergewöhnlich weitläufigen Forum von Korinth eine Werkstatt mit dem befreundeten Ehepaar Aquilas und Priscilla geteilt haben. Die Möglichkeit bestand, denn außer der üblichen Ladenfront auf der Längsseite des Forums gibt es in Korinth Spuren einer zweiten Ladenzeile, und es hätte der Neigung des Paulus entsprochen, hier im Mittelpunkt des Geschehens seiner Arbeit nachzugehen. Fest steht allerdings nur, dass Aquilas und Priscilla denselben Beruf wie er ausübten, also ebenfalls Zeltmacher waren, und dass sie ihn als Mitarbeiter bei sich aufgenommen haben. Paulus finanzierte seine Reisen ja weitgehend selbst; er ließ sich ungern von seinen Gemeinden aushalten, und gerade in großen Hafenstädten wie Korinth oder Ephesus wird es einen Bedarf an Segeltuch und Zeltplanen gegeben haben – Produkte, auf deren Herstellung er sich verstand.

An der westlichen Einfahrt zum Kanal von Korinth heute noch sichtbar: ein Stück des Diolkos, jener gepflasterten Bahn, auf der die Schiffe in der Antike über die sechs Kilometer breite Landenge des Isthmus gezogen wurden. Das Bild darunter vermittelt den verwirrenden Eindruck, den das Forum von Korinth auf den ersten Blick erweckt.

Im Zentrum des Forums von Korinth hat sich der Unterbau der Gerichtstribüne erhalten, auf der der römische Statthalter Gallio stand, als er die Anklage gegen Paulus zurückwies. Dahinter ragt der 575 Meter hohe Akropolisfelsen von Korinth auf.

Mit ziemlicher Sicherheit hingegen lässt sich der Ort feststellen, an dem es zur Konfrontation zwischen Paulus und dem römischen Statthalter Gallio kam. Wie die Apostelgeschichte erzählt, war Paulus von den Juden Korinths angezeigt worden; es war zum Prozess gekommen, und Lukas erwähnt ein Bema als Schauplatz der Gerichtsverhandlung, also eine steinerne Tribüne für die öffentlichen Auftritte hochrangiger Vertreter der Staatsgewalt. Und ein solches Bema gibt es hier tatsächlich. Genau in der Mitte des Forums unterbricht ein rechteckiger Mauersockel die zentrale Ladenzeile, der unansehnliche Rest einer einstmals reichverzierten, marmorverkleideten Rednertribüne, wie sie für Verlautbarungen und Gerichtsverhandlungen genutzt wurde. Für diese Zweckbestimmung sprechen auch die Reste von zwei Eckbänken, auf denen bei solchen Gelegenheiten Würdenträger oder Ordnungskräfte Platz genommen haben dürften. Zuschauer konnten die Verhandlung vom Forum aus verfolgen, aber nicht stören, denn die ursprüngliche Höhe dieser Plattform betrug drei Meter.

Die Existenz einer jüdischen Gemeinde in Korinth ist übrigens ebenfalls durch einen Fund bezeugt. Unweit der Prachtstraße von Korinth, einem der vornehmsten Boulevards der ganzen antiken Welt, ist bei Aus-

Der Stein mit der eingeritzten Inschrift oben links stammt aus der jüdischen Synagoge von Korinth. Rechts der Stein mit der Erastusinschrift im Pflaster vor dem Theater. Der hier genannte Ädil Erastus ist höchstwahrscheinlich mit dem im Neuen Testament mehrfach erwähnten Paulusmitarbeiter Erastus identisch.

grabungen eine Inschrift mit dem Wortfragment »...agoge Ebr...« zum Vorschein gekommen – unzweifelhaft kennzeichnete sie die Synagoge der Hebräer oder wies den Weg zu ihr. In die allernächste Nähe zu Paulus aber geraten wir durch eine Entdeckung, die amerikanische Archäologen 1929 nordwestlich des Theaters machten. Im Straßenpflaster dort stießen sie auf eine Inschrift, die ursprünglich an einem repräsentativeren Ort angebracht gewesen sein musste und seinerzeit in schimmernden Bronzebuchstaben einen gewissen Erastus ehrte, dessen Verdienst darin bestanden hatte, als Ädil von Korinth seiner Stadt einen neuen Straßenbelag gestiftet zu haben. Ein Erastus von Korinth nun wird im Neuen Testament gleich mehrfach als Mitarbeiter des Paulus erwähnt, im Römerbrief, im Timotheusbrief und in der Apostelgeschichte. Und dieser biblische Erastus scheint Anspruch auf eine gewisse Sonderbehandlung gehabt zu haben, denn Paulus fügt seinem Namen ausnahmsweise den Titel hinzu und bezeichnet ihn als »oiko-nómos«, als »Beamten der Finanzverwaltung« also. Sollte hier tatsächlich ein Vertrauter des Paulus seine Namensspur im Straßenpflaster des antiken Korinth hinterlassen haben? Es spricht nichts gegen diese Deutung, aber manches dafür. Denn die heute noch gut lesbare Inschrift lässt sich auf die zweite Hälfte des ersten Jahrhunderts datieren, und dass Paulus ihm nicht den Titel eines Ädils beilegt, dürfte einen einfachen Grund haben: Erastus wird erst in späterer Zeit zum Stadtkämmerer aufgestiegen sein.

Die Purpurhändlerin Lydia, der Ädil Erastus – die Gemeinden des Paulus sind eben keine Sammelbecken von kleinen Leuten. Hier sind nicht die Ärmsten der Armen unter sich. Wenn Kelsos später höhnt, nur »Menschen ohne Geist, ohne Ansehen, ohne Verstand, Sklaven, Weiber und Kinder« seien für das Christentum anfällig, mag das auf die Zeit des späten zweiten Jahrhunderts im Großen und Ganzen zutreffen. Auch Paulus bestreitet gar nicht die große Anziehungskraft, die seine Gemeinden auf die Verachteten und Geächteten ausüben, den Bodensatz der Gesellschaft. Doch er erwähnt auch die Gebildeten, Einflussreichen und Vornehmen in der Gemeinde zu Korinth. Es gibt sie, auch wenn sie eine Minderheit bilden, und sie werden gebraucht – wer sonst könnte Versammlungsräume zur Verfügung stellen? Wer sonst könnte als Gastgeber der Gemeinde auftreten?

Und – wer sonst sollte die Briefe des Paulus verstehen, ja, zunächst einmal überhaupt lesen? Nur, diese Mischung aus Arm und Reich macht die Sache nicht einfacher. In den Gemeinden des Paulus prallen krasse gesellschaftliche Gegensätze aufeinander, da sollen sich Sklaven und Sklavenbesitzer, Vertreter der gesellschaftlichen Elite und Angehörige einer rechtlosen Unterschicht mit einem Mal als Ebenbürtige begegnen. Eine Zumutung, und in der Gemeinde von Korinth denken einige gar nicht daran.

Ausgerechnet das Abendmahl artet hier zum Gelage aus. Wer es sich leisten kann, trifft beizeiten an der Versammlungsstätte ein, stopft sich voll, trinkt, feiert, besäuft sich. Wer bis in den Abend hinein schuften muss, steht vor leeren Schüsseln und Karaffen. Mit anderen Worten: Die Reichen schlemmen, die Sklaven haben das Nachsehen. Man lässt sich gehen. Entsetzt muss Paulus zur Kenntnis nehmen, wie gründlich man die christliche Freiheit missverstehen kann, die er verkündigt. Einer schläft mit der zweiten Frau seines Vaters – und niemand stellt ihn zur Rede. Andere verstehen die neue Freiheit als Freibrief für Hurerei und machen auch gar kein Geheimnis daraus, dass sie mit Prostituierten verkehren – was hat der Körper mit der Seele zu tun? Und Paulus – hat er selbst nicht immer wieder einen Widerwillen gegen alle moralischen Normen geäußert? Gegen Vorschriften überhaupt? Auch in den Gottesdiensten geht es drunter und drüber. Das Zungenreden nimmt überhand; vor allem Frauen neigen zur Schwärmerei und trällern, lallen, jubilieren in unverständlichen Wortfetzen, wann immer die Begeisterung sie überkommt. Und dann: Es wird ein regelrechter Starkult um bestimmte Prediger betrieben, Fanclubs bilden sich, die einen schwören auf Paulus, die anderen auf dessen Nachfolger Apollos, wieder andere auf den Apostel Petrus, der offenbar auch in Korinth war. Die Gemeinde droht in Parteien zu zerfallen. Und Paulus sieht sich veranlasst, einiges richtigzustellen.

Er tut das in Briefen. So regiert Paulus sein kleinasiatisch-griechisches Gemeinde-Imperium – durch Briefe und den Einsatz von Mitarbeitern, die Aufträge ausführen, selbst heikelste Missionen übernehmen, die unablässig als seine Partner, Emissäre und Stellvertreter unterwegs sind und auch seine Briefe übermitteln – sechsundzwanzig Männer und neun Frauen aus diesem Kreis erwähnt er namentlich. Paulus will über die Entwicklung seiner Gemeinden informiert sein, muss deshalb ständig Kontakt halten und bewahrt die Übersicht auch dank der ausgezeichneten Verkehrsverbindungen: Viele Häfen werden regelmäßig auf festen Routen angefahren, und das römische Straßennetz erlaubt ein rasches und relativ sicheres Vorwärtskommen über Land. Dennoch – die neuen Christen müssen sich auf Denkweisen und Lebensformen umstellen, die ihren alten Gewohnheiten radikal zuwiderlaufen, und was da an Problemen zusammenkommt, das wäre aus der Ferne kaum lösbar – würde Paulus das Briefschreiben nicht im wahrsten Sinne des Wortes neu erfinden.

Auf dieser Miniatur in der »Bible historiale« (Anfang vierzehntes Jahrhundert) von Guiart Desmoulins greift der Apostel Paulus selbst zur Feder. In Wirklichkeit pflegte er seine Briefe einem Sekretär zu diktieren. (Ashmolean Museum, Oxford)

Seine Briefe haben mit der antiken Kunstform des geschliffenen, durchkomponierten Gedankenelaborats nichts mehr zu tun. Sie sind imaginäre Dialoge von einzigartiger Sprachkraft und Wortgewalt, impulsiv, oft aus der Erregung des Augenblicks heraus verfasst, Ausbrüche eines Menschen, dem keine Gefühlsregung fremd ist, der mit keiner hinter dem Berg hält, der so direkt und offen redet, als hätte er seine Leser vor sich, als wollte er sie packen und auf- und durchrütteln. Er zieht alle Register, und er beherrscht alle Register, kann charmant umwerben und Standpauken halten, cholerisch poltern und mit Engelsgeduld erklären. Mal wirft er seine ganze Autorität als »Mitarbeiter Gottes« in die Waagschale, dann wieder ist er sich nicht zu schade, Rechenschaft abzulegen und sich als Mensch zu entblößen. Mal schwingt er sich zu theologischen Höhenflügen auf, und mal handelt er Probleme mit der Gelassenheit eines Menschen ab, der nur an das Nächstliegende erinnern, nur für das Vernünftigste plädieren will – wie im Fall der Korinther, denen er nun in zwei Briefen auseinanderlegt, dass die christliche Freiheit gerade nicht mit Verantwortungslosigkeit zu verwechseln ist, denn: »Alles ist mir erlaubt, aber nicht alles ist zuträglich. Alles ist mir erlaubt, aber nichts soll Macht haben über mich.« (1 Kor 6,12) Und deshalb: »Meidet den Weg zur Dirne! ... Oder wisst ihr nicht, dass euer Leib ein Tempel des Heiligen Geistes ist?« (1 Kor 6,18–19) Und an die gerichtet, die sich beim Abendmahl nicht beherrschen: »Habt ihr keine Häuser, in denen ihr essen und trinken könnt? Oder missachtet ihr die Gemeinde Gottes und wollt die beschämen, die nichts haben?« (1 Kor 11,22) Also: »... wenn ihr zum Essen zusammenkommt, wartet aufeinander!« (1 Kor 11,33) Und was das Zungenreden angeht, schließlich der nachvollziehbare Einwand: Außenstehende müssen euch für verrückt halten, wenn sie das Durcheinander in eurem Gottesdienst erleben! Darum würde er, Paulus, »... lieber fünf Worte mit Verstand sagen als tausend Worte in Zungen«. (1 Kor 14,19)

Wie viele solcher Briefe Paulus verschickt hat, ist nicht bekannt. Sieben der dreizehn Paulusbriefe des Neuen Testaments gelten als echt, der Rest wird von einem Großteil der Forschung seinen Mitarbeitern zugeschrieben und auf die Zeit seiner Gefangenschaft in Rom datiert. Aber die Zahl sieben besagt gar nichts, weil etliche davon offensichtlich Zusammenfassungen darstellen, aus mehreren kürzeren Schreiben in späterer Zeit kombiniert. Außerdem muss Paulus im Verlauf der neun oder zehn Jahre, in denen alle Fäden seines Unternehmens bei ihm zusammenliefen, noch weit produktiver gewesen sein. Und schließlich wird auch der Leserkreis deutlich größer als der Adressatenkreis gewesen sein, denn manche Briefe waren wohl von vornherein als Rundschreiben gedacht, und andere dürften sehr bald als Abschriften in Umlauf gebracht worden sein – man hatte ja sonst nichts Schriftliches. Paulus war der Vorreiter, auch in dieser Hinsicht.

Die dritte Reise
des Paulus

Sicher ist: Der Römerbrief ist der letzte in der Reihe der erhaltenen Paulusbriefe. Und der erste, in dem ihn auf einmal der Mut verlässt. Ja, er hat große Pläne, er will nach Rom, er will sogar nach Spanien, aber vorher muss er nach Jerusalem, und beim Gedanken daran überkommen ihn düstere Ahnungen. Er hat ja nie viel auf die Jerusalemer gegeben, aber überwerfen will er sich mit ihnen auch nicht, weshalb er bei seinen Gemeinden Geld gesammelt hat, das er in Jerusalem zunächst persönlich übergeben will – eine Geste der Solidarität, ein Versöhnungsangebot. Und jetzt, gegen Ende seiner dritten Missionsreise, im Jahr 58 wahrscheinlich, spürt er: Jerusalem könnte zur Falle werden. Er traut ihnen nicht – nicht den Juden, aber noch weniger womöglich den Christen dort und am wenigsten ihrem Gemeindeleiter, dem Jakobus, dem Herrenbruder. Das Ende des Römerbriefs beweist: Paulus befürchtet das Schlimmste.

Schon auf der Rückreise häufen sich die unheilvollen Vorzeichen. Eigentlich will Paulus von Griechenland aus auf dem schnellsten Weg nach Antiochia oder Cäsarea segeln. Noch in Korinth aber erfährt er von einem jüdischen Mordkomplott gegen ihn – vielleicht will man ihn während der Überfahrt über Bord gehen lassen – und wendet sich stattdessen nach Norden, reist über Land nach Philippi, wo Lukas wieder dazustößt, und setzt nach Troas über. Dann geht es, als wollte man Verfolger abschüt-

teln, im Zickzackkurs zwischen dem kleinasiatischen Festland und den vorgelagerten Inseln hin und her, Generalrichtung Süden, von Samos nach
Milet, von dort über Kos und Rhodos in die Hafenstadt Patara an der Süd-
westküste Kleinasiens, und nun endlich auf einem phönizischen Schiff
geradewegs nach Tyros. Spätestens jetzt weiß Paulus: Es braut sich etwas
zusammen. Denn die Christen von Tyros warnen ihn, raten ihm davon ab,

Die sogenannte Paulus-
bucht an der Ostküste von
Rhodos. Darunter die heute
versandete Hafeneinfahrt
von Patara an der Südwest-
küste Kleinasiens mit den
Resten eines Leuchtturms.
Er wurde während der
Regierungszeit von Kaiser
Nero erbaut und gilt damit
als der älteste erhaltene
Leuchtturm der Welt.

nach Jerusalem zu gehen. Und dasselbe wiederholt sich Tage später in Cäsarea, wo sie bei Philippus zu Gast sind – erneute Warnung, diesmal sehr eindringlich vorgetragen von einem Christen aus Jerusalem selbst. Woher sind sie so gut informiert, die Christen? Droht aus dieser Ecke wirklich Gefahr?

Paulus mag ahnen, was ihn erwartet, aber einschüchtern lässt er sich nicht. Der Empfang in Jerusalem ist frostig. Er übergibt das Geld, er legt Rechenschaft ab, und Jakobus antwortet ihm mit Unterstellungen, konfrontiert ihn mit Verleumdungen, bringt die Sprache auf Leute, die ihm am liebsten die Hölle heiß machen würden. Der drohende Unterton ist nicht zu überhören, wenn er jetzt als Unterwerfungsgeste von Paulus verlangt, im Tempel zu opfern. Vier Männer begleiten – oder muss man sagen: eskortieren, bewachen? – ihn auf diesem Weg, vier Vertrauensleute des Jakobus, und dann passiert es: Juden aus Kleinasien erkennen Paulus im Tempel wieder. Stürzen sich auf ihn. Erheben ein Geschrei – das sei er, der Mensch, der alle Welt gegen ihr Volk und sein Gesetz aufhetze! Rufen andere zu Hilfe. Zerren ihn auf die Straße. Und hätten ihn wohl gelyncht, würden nicht im letzten Moment römische Soldaten einschreiten, die ihn in die Burg Antonia schaffen. Paulus ist in Sicherheit, einstweilen wenigstens, aber außer Gefecht.

Ein Zufall? Oder hat hier jemand die Schlinge zugezogen? Wenn ja, wer? Lukas lässt das offen, spickt seinen Text aber mit Hinweisen auf ein abgekartetes Spiel. Zunächst einmal: Wer Paulus in den Tempel schickt, setzt ihn auf jeden Fall einer erheblichen Gefahr aus. Und dann: Wer sind diese Juden aus Kleinasien, die ihn im Gewühl der Tempelpilger ausmachen – und später, im Prozess, nicht mehr als Zeugen zur Verfügung stehen? Und warum haben sie ihn unbehelligt gelassen, als sie ihm vorher auf der Straße begegnet sind, warum denunzieren sie ihn an einem Ort, an dem Provokateure mit besonders gereizten Reaktionen zu rechnen haben? Und die vier Männer, seine Eskorte? Sie scheinen sich diskret im Hintergrund zu halten, sind vielleicht plötzlich verschwunden. Doch selbst wenn Jakobus hier nicht diskret nachgeholfen haben sollte – unglücklich wird er über den Gang der Ereignisse nicht sein. Es ist jedenfalls nichts davon zu lesen, dass sich die Urgemeinde jetzt oder später für den erfolgreichsten Missionar des frühen Christentums verwenden würde. Alles in allem eine undurchsichtige Geschichte, aber eins lässt sich sagen: Paulus muss in diesen Tagen der meistgehasste Mann in Jerusalem gewesen sein.

Von jetzt an läuft alles auf Rom hinaus. Nachdem ein weiterer Anschlag auf sein Leben vereitelt werden konnte, verlegen die Römer ihren Gefangenen in einer Nacht- und Nebelaktion von Jerusalem nach Cäsarea, wo Paulus bis auf Weiteres im Klippenpalast des Herodes festgehalten wird, unter erträglichen Bedingungen, wie es aussieht, als Privatgefangener des römischen Gouverneurs gewissermaßen. Angesichts der Gefahr, doch noch an ein jüdisches Gericht ausgeliefert zu werden, beruft sich Paulus auf den Kaiser in Rom – dieses Recht steht ihm als römischer Bürger zu – und wird damit zum Fall für die römische Justiz. Irgendwann im Jahr 59 oder 60 tritt er seine letzte Reise an, von einem Kommando römischer Soldaten begleitet. Noch ist Paulus zuversichtlich. Seit dem Jahr 54 herrscht Nero in der Hauptstadt der Welt, und bisher hat man viel Gutes über ihn gehört – er lässt sich von Philosophen beraten, er fördert die Kultur, es gibt für Paulus jeden Grund zu der Annahme, in Rom einen fairen Prozess zu bekommen. Und vermutlich sieht er sich schon bald wieder in Freiheit.

Wir haben in diesem zweiten Teil erlebt, wie sich das Christentum innerhalb von dreißig Jahren aus seiner provinziellen Enge befreit und in einem Großteil des Mittelmeerraums Stützpunkte gebildet hat. Allerdings hat sich die Spurensuche in diesem Zeitabschnitt schwierig gestaltet, denn aus der Anfangsphase des Christentums erreichen uns eher Stimmen als Bilder. Zwar gibt es Schauplätze genug, aber alle materiellen Zeugnisse dort sprechen die Sprache der heidnischen Antike. Bei Jesus war es eine ganze Kultur, eine lebendige Zivilisation, die sich um seine Gestalt herum rekonstruieren ließ, doch das Christentum bleibt in der Frühzeit beinahe unsichtbar – keine Tempel, keine Altäre, keine Monumente werden dem christlichen Gott errichtet, Kirchen bis auf Weiteres ebenso wenig. Der Erfolg des Christentums und die Vitalität der Gemeinden beruhen zunächst allein auf der Kraft des Wortes, und als die erstaunlichste Entdeckung aus dieser Zeit muss eigentlich gelten, wie viel an Worten uns erhalten geblieben ist.

Teil 3

Durchbruch

Über eintausendfünfhundert Jahre hat dieser Ort seine
Aura der Heiligkeit bewahrt – das Simeonskloster in Syrien,
ein Kirchenkomplex, der im fünften Jahrhundert um die
Säule des berühmtesten aller Säulenheiligen errichtet wurde.

11. Eine Sekte, die überall auf Widerspruch stößt

Das Christentum erreicht Rom – und stößt in kürzester Zeit auf Widerstand. Oben das Innere der Kirche Tre Fontane im Süden Roms, erbaut über dem Richtplatz, an dem Paulus enthauptet wurde. Auf der rechten Seite das Kolosseum. Zum Tod durch wilde Tiere verurteilt, verloren hier im Lauf von zweihundertfünfzig Jahren viele Christen ihr Leben.

»Um dieses Gerede aus der Welt zu schaffen, schob Nero die Schuld auf andere und bestrafte sie mit ausgesuchten Martern. Es waren jene Leute, die bei der ungebildeten Menge ›Christianer‹ heißen und sich durch ihr skandalöses Verhalten mehr als unbeliebt gemacht hatten. Dieser Name leitet sich von Christus ab, der unter Tiberius durch den Prokurator Pontius Pilatus hingerichtet worden war. Der für den Augenblick unterdrückte verhängnisvolle Aberglaube griff von Neuem um sich, nicht nur in Judäa, wo dieses Übel entstanden war, sondern auch in Rom, wo alle Scheußlichkeiten und Gemeinheiten sich ein Stelldichein geben und freudigen Anhang finden.« (Tacitus, Annalen, XV)

Eine Tragödie als Auftakt – der erste Auftritt der Christen in der römischen Literatur. Was war geschehen? Der römische Historiker Tacitus schreibt hier – ein halbes Jahrhundert nach den Ereignissen – über den Brand von Rom im Jahr 64. Seinerzeit waren rund viertausend Wohnblocks in dem Flammenmeer eingestürzt, und Kaiser Nero brauchte dringend einen Sündenbock, denn in der verwüsteten Stadt hielt sich das Gerücht, er selbst habe zu der Katastrophe angestiftet. Nero verfiel auf die Christen und inszenierte ihre Hinrichtung als grausiges Volksfest, wie Tacitus weiter berichtet: »Man hüllte sie in Tierhäute und ließ sie von Hunden zerfleischen. Nach Einbruch der Dunkelheit wurden sie als nächtliche Fackeln abgebrannt. Für dieses Schauspiel hatte Nero seinen eigenen Park zur Verfügung gestellt ... So kam es, dass sich gegen die, die doch schuldig waren und schwerste Strafen verdient hatten, Mitleid regte, als würden sie nicht dem Gemeinwohl, sondern der Grausamkeit eines Einzelnen geopfert.« Wohlgemerkt: Tacitus hält die Christen keineswegs für die wahren Brandstifter. Er findet aber, dass sie den Tod gleichwohl verdient hatten, als Präventivmaßnahme, um das Gemeinwesen vor ihrem zersetzenden Einfluss zu schützen und die Gesellschaft vor einer weiteren Ansteckung mit derlei

krankhaftem Gedankengut zu bewahren. Genaueres allerdings scheint Tacitus über diese Leute so wenig zu wissen, wie Nero fünfzig Jahre zuvor eine Vorstellung davon gehabt haben dürfte, was tatsächlich in den Köpfen und Häusern der Christen vor sich ging. Es kann seinerzeit nur einige Tausend Anhänger dieser merkwürdigen Sekte in Rom gegeben haben. Wahrscheinlich hatte sich Nero einfach die Wehrlosesten herausgegriffen, eine Bewegung von kleinen Leuten und Ausländern, unpopulär schon deshalb, weil sie irgendwie mit den ohnehin als Menschenfeinde verschrienen Juden zusammenhingen. Eine Splittergruppe in jedem Fall und so unbedeutend, dass Tacitus noch zu Beginn des zweiten Jahrhunderts bei seinen Lesern offenbar keine Kenntnis des Christentums voraussetzen kann und zum besseren Verständnis erklären muss, von wem da die Rede ist.

Niemand scheint Genaueres über die Christen zu wissen. Jedenfalls nicht in der Welt derer, die die Geschicke des Römischen Reichs lenken und kommentieren. Im Jahr 112 bereist der römische Schriftsteller Plinius der Jüngere (um 61 bis 115) in einer politischen Mission den Nordwesten Kleinasiens, sieht sich dort mit Anzeigen gegen Christen konfrontiert – und gesteht in einem Brief an Kaiser Trajan seine völlige Ratlosigkeit ein: Wie soll man mit diesen Leuten verfahren? Und worin besteht eigentlich deren Verbrechen? Ist die Bezeichnung »Christ« für sich genommen schon strafbar? Er habe, schreibt er, zwei christliche Frauen foltern lassen, um herauszufinden, was es mit dieser Bewegung überhaupt auf sich habe, und stellt konsterniert fest: »Ich fand nichts anderes als einen wüsten, maßlosen Aberglauben.« Umso weniger begreiflich, wer alles auf diesen Unsinn hereinfalle. »Denn viele jeden Alters, jeden Rangs, auch beiderlei Geschlechts sind jetzt und in Zukunft gefährdet«, fährt Plinius fort. »Nicht nur über die Städte, sondern auch über die Dörfer und das flache Land hat sich die Seuche dieses Aberglaubens ausgebreitet.« Immerhin vermag er darin weniger ein Verbrechen als eine Geistesverwirrung zu erkennen, von der die meisten Befallenen durch Androhung der Todesstrafe wohl zu kurieren wären.

Stets ist eine gewisse Fassungslosigkeit zu spüren in den Texten derer, die als Römer oder Griechen die Ideale der antiken Zivilisation gegen das Christentum verteidigen. Fassungslosigkeit angesichts dieser Mixtur aus Anmaßung, Heimlichtuerei und Unbeugsamkeit, dieser für Heiden unerklärlichen Gewissheit, die Wahrheit und sogar die Zukunft gepachtet zu haben. Das Irritierendste daran aber: Diesen Christen ist nicht einmal mit nackter Gewalt beizukommen. Sie sind resistent, gegen Vernunftgründe wie gegen Todesdrohungen, und bringen es so von einer verachteten, verfolgten Minderheit schließlich zu einer religiösen Massenbewegung, deren Lebenskraft allen übrigen Religionen, den neuen wie den längst etablierten, überlegen ist. Ein Nachgeschmack der antiken Fassungslosigkeit ist uns bis heute geblieben, denn auch wenn der Durchbruch des Christentums aus dem Abstand von zwei Jahrtausenden plausibler erscheint als dem zeitgenössischen Beobachter – er bleibt ein einmaliger historischer Vorgang und letztlich nicht restlos erklärlich.

Leider schweigen die Quellen des Neuen Testaments von nun an – die Apostelgeschichte bricht ab, kaum dass Paulus Rom erreicht hat. Wir werden aber durch eine Vielzahl anderer Quellen dafür entschädigt, denn vom zweiten Jahrhundert an wird der Streit um Werte und Wahrheit zwischen Heiden und Christen auch literarisch ausgetragen. Die heidnischen Philosophen sehen sich jetzt gezwungen, das geschmähte Christentum als Gegner ernst zu nehmen, und gehen zum Angriff über; die führenden Christen eignen sich Denken und Sprache der verachteten Philosophie an, um sich öffentlichkeitswirksam verteidigen zu können. Keine Seite benutzt dabei Samthandschuhe – wüste Polemik und rüde Verbalattacken gehören zum Stil antiker Auseinandersetzungen. Wir können für diesen dritten Teil des Buchs also auf Streitschriften, Briefe und auch Prozessakten zurückgreifen, in denen uns ungeschminkte Wirklichkeit begegnet – und schon am Ende der Apostelgeschichte fällt ein Satz, der blitzartig erhellt, was die junge Kirche an Widerstand erwartet. Kehren wir also noch einmal zum Ausgangspunkt zurück, zu dem Augenblick, in dem Paulus die raue Realität der Welthauptstadt zu spüren bekommt.

Der Apostel hat nach einer Irrfahrt durchs Mittelmeer endlich Italien erreicht. Er wandert in Begleitung seiner Wachmannschaft über die Via Appia auf Rom zu, wird bei Tres Tabernae auf der Höhe des heutigen Velletri von einer Delegation römischer Christen begrüßt und, in Rom angekommen, als Angeklagter einstweilen unter Hausarrest gestellt. Als Erstes trifft er nun mit den Leitern der jüdischen Synagogen Roms zusammen, gibt sich in etwas gewundenen Formulierungen als Christ zu erkennen, und nun lässt uns die Reaktion seiner jüdischen Besucher aufhorchen: »Wir würden ... gerne von dir hören, wie du denkst«, entgegnen sie ihm, »von dieser Sekte ist uns nämlich bekannt, dass sie überall auf Widerspruch stößt.« (Apg 28,22) Das also ist das Image der Christen: Sie provozieren, sie fordern Gegenstimmen und Gegenmaßnahmen heraus. Und wenn Lukas bei diesem Treffen anwesend ist, wie es die Wir-Form der letzten Kapitel nahelegt, dann gibt er an dieser Stelle höchstwahrscheinlich Originalton wieder, dann vernehmen wir hier das Echo einer epochalen Kontroverse, die sich schon im Rom der frühen Sechzigerjahre anbahnt. Die historischen Bücher des Neuen Testaments enden also mit der ersten objektiven Einschätzung des Christentums, die uns überliefert ist, und eröffnen damit die Perspektive auf eine konfliktträchtige Zukunft.

Und mit den letzten Worten der Apostelgeschichte verblasst Paulus vor unseren Augen. Zwei Jahre habe er unbehelligt in Rom gelebt und gewirkt, lässt uns Lukas noch wissen, dann wird es still und dunkel um ihn. Hat er mit Petrus in Rom zusammengearbeitet? Wahrscheinlich, aber nicht zu beweisen. Ist er zwischenzeitlich wieder freigekommen und doch noch,

Die antike Straße, die von der Via Laurentiana zum traditionellen Richtplatz Roms führte, wurde im neunzehnten Jahrhundert freigelegt.

wie beabsichtigt, nach Spanien gereist? Unwahrscheinlich, aber nicht auszuschließen. Wie und wann ist er gestorben? Es gibt kaum Anhaltspunkte für die Umstände seines Todes. Vermutlich hatte Paulus erst auf dem Weg nach Rom vom Persönlichkeitswandel Neros erfahren; jedenfalls geriet er nun in eine Stadt, wo seine Chancen als Christ schlecht standen. Wurde er gleich nach dem Ende seines Appellationsverfahrens hingerichtet? Oder im Anschluss an den Brand von Rom? Oder in der Folgezeit, in der Nero weiterhin gegen die Christen der Hauptstadt vorging? Sicher ist nur: Paulus hat in Rom den Märtyrertod erlitten. Das erwähnt Clemens, Bischof von Rom, in einem Brief rund dreißig Jahre danach, das gibt auch Ignatius von Antiochia weitere zwanzig Jahre später in einem Schreiben an die römischen Gemeinden zu verstehen. Und sicher ist auch: Als römischer Bürger genoss Paulus den Vorzug, nicht gekreuzigt, sondern enthauptet zu werden. Die Richtstätte des antiken Rom lag dort, wo sich heute der Kirchen- und Klosterkomplex Tre Fontane erhebt, seinerzeit also ein ganzes Stück weit außerhalb der Mauern im Süden der Stadt, und eine Stichstraße führte dorthin, eine Abzweigung von der Via Laurentiana. Sie wurde bei Ausgrabungen im neunzehnten Jahrhundert freigelegt und endet genau am ehemaligen Richtplatz. Viele Köpfe sind hier gerollt, darunter wohl auch der brillanteste des frühen Christentums – einer alten christlichen Tradition zufolge am 29. Juni des Jahres 67.

Das venezianische Mosaik in der Apsiswölbung von Sankt Paul vor den Mauern (San Paolo fuori le Mura, um 1220) zeigt zur Linken des thronenden Christus den Evangelisten Lukas und den Apostel Paulus, zu seiner Rechten die Jünger Petrus und Andreas.

Der Sarkophag des Paulus unter dem Hochaltar der Kirche Sankt Paul vor den Mauern ist heute durch ein vergittertes Fenster sichtbar. Ausgrabungen in jüngster Zeit haben darunter Fundamente der ersten Kirche aus dem vierten Jahrhundert ans Licht gebracht.

Verloren hat sich seine Spur damit nicht. Sie führt ein kurzes Stück weiter nördlich in Richtung Tiberufer zu der mächtigen Basilika von San Paolo fuori le Mura, Sankt Paul vor den Mauern. Die gegenwärtige Kirche ersetzte Mitte des neunzehnten Jahrhunderts einen Vorgängerbau vom Ende des vierten Jahrhunderts, der durch einen Brand fast vollständig zerstört worden war. Liegen hier die sterblichen Reste des Apostels? Birgt der Sarkophag aus unbearbeitetem Marmor, den man heute durch eine vergitterte Öffnung in der Mauer unter dem Hochaltar sieht, tatsächlich den echten Sarg des Paulus? Aus archäologischer Sicht spricht alles dafür. Einmal die Nähe zur Hinrichtungsstätte. Dann das antike Gräberfeld, das beim Wiederaufbau unter der Kirche entdeckt wurde. Des Weiteren die

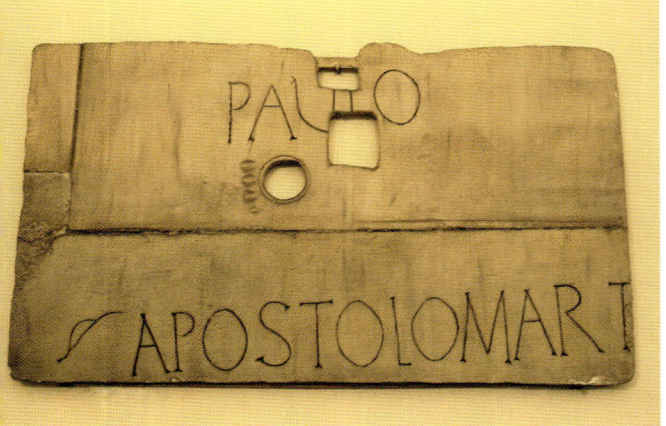

Das Bild zeigt die Sarkophagplatte des Paulusgrabs mit der verstümmelten Inschrift »PAULUS APOSTOLOMART …« Durch die runde Öffnung in der Platte konnte ein Weihrauchfass ins Grab hinabgelassen werden, durch die rechteckigen Öffnungen brachten Gläubige Tücher oder andere Gegenstände mit dem Leichnam in Berührung. (Museum von San Paolo fuori le Mura, Rom)

Die Bronzeskulptur des Petrus im Petersdom zu Rom.

Sarkophagplatte aus der Zeit Kaiser Konstantins, die bei derselben Gelegenheit ans Licht kam, in vier Teile zersprungen. Sie trägt in lateinischer Sprache die Aufschrift »Paulus Apostel Märtyrer« und weist Öffnungen auf, durch die man Bänder oder Tücher hinunterließ und mit dem Sarg des Heiligen in Berührung brachte. Schließlich – was nach einer Massenhinrichtung unmöglich war, das ließ sich bei einer Einzelhinrichtung machen, nämlich den Leichnam von den Behörden zu erbitten. Und nichts ist plausibler, als dass die römischen Christen Paulus seinerzeit auf dem Gräberfeld unweit des Richtplatzes bestatteten, nichts unwahrscheinlicher, als dass die Grabstätte des Mannes aus Tarsus danach je wieder in Vergessenheit geraten sein könnte.

Und Petrus? Die Nachrichten über ihn sind schon lange vor seinem Ende spärlich; Lukas verliert ihn im zweiten Teil der Apostelgeschichte ganz aus den Augen. Als Paulus in Rom eintraf, muss Petrus jedenfalls längst dort gewesen sein. Und alles deutet darauf hin, dass er ebenfalls ein Opfer Neros wurde. Die bereits erwähnten Briefe der Bischöfe Clemens von Rom und Ignatius von Antiochia lassen keinen Zweifel: Auch Petrus starb als Märtyrer in Rom – und kein späterer Autor bestreitet das, keine andere Stadt hat je das Petrusgrab für sich beansprucht. Mehr noch: Die Ausgrabungen, die in den Vierziger- und Fünfzigerjahren des zwanzigsten Jahrhunderts unterhalb des Petersdoms durchgeführt wurden, haben die Aussage eines gewissen Gaius bestätigt, eines römischen Priesters, der zu Beginn des dritten Jahrhunderts ein Apostelgrabmal im Bereich der Vatikanischen Gärten erwähnt, dort also, wo sich der Zirkus des Nero befand. Das wiederum erlaubt den Schluss, dass Petrus nicht im Verlauf der Hinrichtungen nach dem Brand von Rom ums Leben kam – niemand und erst recht kein Christ hätte seinen Leichnam bei dieser Gelegenheit bergen können. Vermutlich wurde er später als Einzelner dort gekreuzigt, im Zirkus des Nero, und dann, wie Paulus kurze Zeit zuvor, ordentlich bestattet.

Die Sechzigerjahre markieren einen tiefen Einschnitt in der Geschichte des Christentums. Die Urgemeinde in Jerusalem büßt nach der Ermordung des Jakobus ihre Sonderstellung ein und verliert jeden Einfluss auf die Entwicklung des Christentums. Mit Paulus und Petrus werden die beiden einzigen Männer ausgeschaltet, die über alle Gemeindegrenzen hinweg ihre Autorität geltend machen konnten. Die ganze Generation derer, die sich für die historische Wahrheit der Glaubensgrundlagen verbürgen konnten, stirbt aus. Und aus Rom kommen erste Signale einer unerbittlichen Gegnerschaft. Einen noch tieferen Einschnitt aber bedeuten diese Jahre für das jüdische Volk. Jetzt kommt es zu der von vielen, auch von Jesus, befürchteten Katastrophe – in all ihren grausigen Details beschrieben von Josephus, der selbst zunächst als jüdischer Kommandeur den Widerstand gegen die Römer in Galiläa organisierte und rechtzeitig die Seiten wechselte.

Für die Römer ist Judäa längst zu einem beständigen Ärgernis geworden, und ihre einzige Antwort lautet: gewaltsame Unterdrückung. Seit den Fünfzigerjahren befindet sich das Land in einem latenten Kriegszustand. Gouverneure vom Schlag eines Pontius Pilatus drangsalieren die Zivilbevölkerung, lassen ihre Truppen vor allem in Galiläa Jagd auf die zahllosen Guerillabanden machen und unterdrücken Aufstände mit aller Härte. In Jerusalem nimmt derweil eine Terrororganisation den Kampf gegen alle auf, die im Verdacht romfreundlicher Gesinnung stehen, die Sikarier. Sie entführen Angehörige der Priesteraristokratie, um eigene Gefangene freizupressen, sie morden mit ihren kurzen Dolchen auf offener Straße – mit Vorliebe im dichten Menschengewühl der Festtage –, sie versetzen die ganze Stadt in Panik. In dieser hass- und angstgeladenen Atmosphäre lässt der römische Gouverneur Florus im Jahr 66 Jerusalem durch seine Soldaten plündern, und jetzt bricht die Rebellion offen aus. Die Burg Antonia wird gestürmt, die dort eingeschlossenen römischen Soldaten werden massakriert. Der römische Legat in Syrien, Cestius Gallus, taucht mit einer Armee vor Jerusalem auf, scheitert aber mit dem Versuch, die Stadt einzunehmen, und erleidet beim Rückzug hohe Verluste. Auf jüdischer Seite laufen die Kriegsvorbereitungen an. Die herodianischen Festungen Machairos, Herodeion und Masada werden von Aufständischen besetzt, landesweit die Städte befestigt, Rekruten ausgebildet. Da nähert sich von Norden Vespasian, der fähigste General der Römer, und von Süden sein Sohn Titus, beide mit einer ansehnlichen Streitmacht und schwerem Kriegsgerät, Belagerungsmaschinen, Katapulten.

Drei Jahre später brennt der Tempel, steht Jerusalem in Flammen. Der Rest des Landes ist verwüstet. Eine Million Juden hat bei den Kampfhandlungen den Tod gefunden, Zehntausende haben bei antijüdischen Ausschreitungen in Ägypten und Syrien ihr Leben gelassen. Eine weitere Million jüdischer Gefangener überschwemmt die Sklavenmärkte des Imperiums, Tausende werden in den Arenen von Tieren zerfleischt oder bei Schaukämpfen niedergemetzelt. Die eingestürzten Reste des Tempels werden systematisch abgetragen und selbst riesige Steinquader zur Umfassungsmauer geschleift und hinuntergekippt – die Steinhaufen am Fuß des Tempelbergs zeugen noch heute von der Gründlichkeit, mit der die Römer ihr Vorhaben verwirklichten, den Widerstand der Juden ein für alle Mal zu brechen. Doch noch ist der Aufstand nicht vollständig niedergeschlagen. In der größten Wüstenfestung des Herodes, in Masada am Toten Meer, haben sich an die tausend Sikarier mit ihren Familien verschanzt, zur äußersten Gegenwehr bereit.

Kein Filmregisseur hätte sich eine spektakulärere Kulisse für den letzten Akt dieses mörderischen Dramas ausdenken können. Schon der Blick vom Hochplateau des Masadafelsens ist überwältigend: die türkisblaue Wasserfläche des Toten Meers, die Berge des gegenüberliegenden Ufers in

Am Fuß der westlichen Tempelmauer liegen seit fast zweitausend Jahren die Steinquader der eigentlichen Tempelgebäude, die von römischen Soldaten nach der Eroberung Jerusalems über die Brüstung des Tempelbergs hinuntergestürzt worden waren.

Abbildung auf der folgenden Doppelseite:
Blick auf die Landschaft am Toten Meer vom Masadafelsen aus. Oben links sind Mauerreste der herodianischen Festung zu erkennen.

253

Rekonstruktion des Pavillons am Sporn des Masadafelsens.

Dunst und Staub verschwimmend, ansonsten gelbbraune Einöde, zerklüftet, lebensfeindlich, brütend heiß, Felskanten und Bergkegel bis zum Horizont, im gnadenlosen Sonnenlicht flirrend. Doch das Leben hier oben muss für Herodes und seine Nachfolger das reine Vergnügen gewesen sein. Der König und seine Gäste hatten damals in farbig ausgemalten Schwimmhallen gebadet und diniert oder die Abendkühle bei italienischem Wein auf der Terrasse eines Pavillons am Sporn des Felsens genossen, das Panorama dieser einzigartigen Landschaft vor Augen. Als Glücksfall für die Verteidiger von Masada erweist sich jetzt allerdings ein anderer Umstand: Herodes hatte die Festung für eine lange Belagerung herrichten und riesige Lagerhallen bauen lassen. Josephus hält diese Warenspeicher für das

Ausschnitt aus dem Lagerhauskomplex, in dem die Verteidiger von Masada unter anderem Lebensmittelvorräte für ein ganzes Jahr vorfanden (oben).

Noch immer deutlich erkennbar: das Feldlager der 10. Legion im felsigen Gelände unterhalb von Masada (rechts).

Was heute wie ein schmaler Bergrücken aussieht, ist der Rest der Rampe, die die Römer anlegten, um ihre Kriegsmaschinen bis vor die Festungsmauern von Masada zu schaffen. Das Bild links zeigt diese Rampe aus der Perspektive der Verteidiger.

Unten der Triumphzug des Titus, Relief am Titusbogen auf dem Forum Romanum. Als Kriegsbeute wird der siebenarmige Leuchter aus dem Tempel in Jerusalem mitgeführt.

eigentliche Wunder von Masada – man könne sich nicht vorstellen, welche Mengen an Korn, welcher Überfluss an Wein und Öl, welche enormen Vorräte an Datteln dort lagerten. Hinzu kommen ein Waffendepot sowie ein Lager für das Rohmaterial zur Waffenherstellung. Die Verteidiger sind bestens gerüstet.

Die römischen Angreifer gehen systematisch vor. Sie kreisen Masada mit einem Ring aus acht Heerlagern ein, sie legen einen Wall rings um den Felsen an, sie schütten am westlichen Hang eine Rampe aus Erde und Felsbrocken auf bis zur Höhe der Kasematten. Sie schaffen Belagerungsmaschinen hinauf, durchbrechen die Festungsmauern und nehmen Masada ein, nachdem sämtliche Verteidiger Selbstmord begangen haben. Im Jahr 73 ist der letzte jüdische Widerstand erloschen, ist die Ära des jüdischen Tempelkults für alle Zeiten vorbei. Und die Römer kosten ihren Sieg aus. Der Triumphzug, den Titus als Eroberer Jerusalems in Rom veranstaltet, ist nicht nur eine Demonstration militärischer Überlegenheit, er feiert auch den Sieg der eigenen Götter über den jüdischen Gott. Kaiser Domitian wird seinem Bruder Titus später einen Triumphbogen auf dem Forum Romanum errichten lassen und diesen Aspekt besonders hervorheben. Auf einem Innenfries präsentieren die Teilnehmer des Triumphzugs als wichtigstes Beutestück den siebenarmigen Leuchter aus dem zerstörten Tempel in Jerusalem, und jeder Betrachter versteht: Der jüdische Gott hat sich den Römern beugen müssen. Er hat sich als machtlos erwiesen.

Nachzutragen ist, dass der Jüdische Krieg auch für die christliche Urgemeinde das Ende bedeutet. Sie verlässt Jerusalem offenbar vollzählig rechtzeitig vor Beginn des Aufstands und bringt sich jenseits des Jordans in Sicherheit. In Pella soll sie Zuflucht gefunden haben, heißt es, einer blühenden griechischen Stadt der Dekapolis, die keinen Grund hatte, sich am Krieg gegen Rom zu beteiligen, und von den schrecklichen Ereignissen unberührt blieb. Warum die Wahl auf Pella fiel, wissen wir nicht, denn gesetzestreuen Judenchristen dürfte das Leben in einer griechischen Stadt kaum behagt haben. Vielleicht war Pella auch lediglich Zwischenstation auf einem längeren Wanderweg, der sich heute nicht mehr nachvollziehen lässt. Von einer Urgemeinde kann künftig jedenfalls nicht mehr die Rede sein, auch wenn sich später wieder Christen in Jerusalem ansiedeln werden.

Das antike Pella ist nur zum geringen Teil ausgegraben. Die Stadt war Mitglied im Städtebund der Dekapolis, und die Jerusalemer Judenchristen, die hier Zuflucht suchten, fanden sich unter Griechen, Römern und Nabatäern in einem völlig anderen kulturellen Umfeld wieder. Pella war seinerzeit eine blühende Stadt, die vom Export von Zuckerrohr und Wagenrädern aus Eichenholz lebte. Das Bild zeigt die Ruinen einer Kirche in Pella aus byzantinischer Zeit.

Die Sechzigerjahre des ersten Jahrhunderts sind also für Juden wie für Christen eine Zeit erschütternder Erfahrungen und gewaltsamer Veränderungen. In denselben Zeitraum fällt aber auch eine stille Revolution von welthistorischer Bedeutung: die Umstellung der christlichen Überlieferung von der mündlichen auf die schriftliche Weitergabe. Die ersten Evangelien entstehen. Der dramatische Urstoff des Abendlandes wird in seine endgültige Form gebracht. Es ist höchste Zeit dafür. Aus Sicht der noch lebenden Apostel, weil angesichts des eigenen Missionserfolgs eine verbindliche Glaubensgrundlage geschaffen werden muss, bevor sich die Fantasie der Fakten und ihrer Deutung bemächtigt. Und aus Sicht der einfachen Christen, weil man endlich Genaues über die Lebensgeschichte Jesu wissen möchte. Die hatte Paulus in seinen Briefen ja ausgespart und seine Gemeinden stattdessen mit schwerer theologischer Kost beliefert, seine Leser hingegen dürften von ihm eher handfeste Informationen über das Leben Jesu als theologische Spezialabhandlungen erwartet haben. Denn schließlich – wenn Gott durch seinen Sohn wirklich in die Weltgeschichte eingegriffen hatte, dann musste an dieser Gestalt doch alles, jeder Ausspruch, jede Handlung, bedeutsam gewesen sein und nicht bloß Tod und Auferstehung, die Paulus als einzige Lebensdaten von Belang gelten lassen wollte. Es könnte also durchaus sein, dass Paulus unfreiwillig zum Geburtshelfer der Evangelien wurde.

Wer schrieb als Erster? Wann schrieb er? Wo schrieb er? Mit diesen Fragen betritt man einen Kampfplatz, auf dem sich zurzeit noch diejenigen Exegeten behaupten, die die Evangelien als Werke anonymer Autoren aus der Zeit zwischen dem Ende des Jüdischen Kriegs und der Jahrhundertwende einschätzen – als Gemeinschaftsproduktionen, denen erst nachträglich prestigeträchtige Verfassernamen angeheftet worden sein sollen. Aber hätte man tatsächlich Verfassernamen durchsetzen können, die mit den Erinnerungen an die Apostel oder andere bekannte Christen unvereinbar gewesen wären? Und wenn es wirklich um prestigeträchtige Namen gegangen sein soll, wieso dann Markus und Lukas? Matthäus und Johannes können als Autoren natürlich die Autorität und Glaubwürdigkeit von Jesusjüngern beanspruchen. Doch Markus und Lukas gehörten nicht zur ersten Garnitur, sie waren Mitarbeiter und Reisebegleiter, Männer der zweiten Reihe und zweifellos nicht allgemein bekannt – kein Grund also, sich von diesen beiden Namen eine Aufwertung der Texte zu versprechen. Und schließlich: Spätestens das zweite Evangelium, das in Umlauf kam, muss auch als Werk eines zweiten Verfassers kenntlich gemacht worden sein, um Verwechslungen auszuschließen. Undenkbar, dass jahrzehntelang diverse anonyme Evangelien in den Gemeinden kursiert wären.

Wenn wir uns an das halten, was Irenäus, der Bischof von Lyon, gegen Ende des zweiten Jahrhunderts und Papias, ein kleinasiatischer Bischof, um 130 schreiben, kam es folgendermaßen zum ersten Evangelium: Markus begleitete Petrus in den Vierzigerjahren nach Rom – derselbe Markus, der Paulus und Barnabas auf ihrer ersten Missionsreise bereits in Perge im Stich gelassen hatte. Die beiden, Petrus und Markus, kannten sich schon lange – der Jünger war ein häufiger Gast im Haus von Markus' Mutter in Jerusalem gewesen, wo sich vermutlich eine der allerersten Gemeinden versammelte. Papias nun bezeichnet Markus als »Interpreten des Petrus«, das heißt: Er notierte, was Petrus den römischen Christen erzählte, er gab dessen Vorträgen eine schriftliche Form, er war, um es mit einem modernen Wort zu sagen, der Ghostwriter des Petrus und diente ihm vielleicht auch als Dolmetscher. Durch Irenäus wissen wir, dass Markus die Erstfassung seines Evangeliums dann während der Abwesenheit des Petrus niederschrieb, also in den Fünfzigerjahren, und zwar auf Wunsch der Gemeinden von Rom. Petrus korrigierte diesen Entwurf nach seiner Rückkehr Ende der Fünfzigerjahre, Markus überarbeitete daraufhin sein Werk, und in den Sechzigerjahren dürften die ersten Abschriften dieser Endfassung zu den Gemeinden gelangt sein. Diesen Hergang vorausgesetzt, ergeben sich zwei bemerkenswerte Schlussfolgerungen: Es ist der knappe und kernige Erzählstil des Fischers Petrus, der uns im Markusevangelium begegnet. Und zu der ungewöhnlichen Form des historischen Berichts wird Markus ebenfalls durch Petrus inspiriert worden sein, der im Gegensatz zu Paulus Geschichten erzählte, wenn er über Jesus sprach. Es ist demnach wohl nicht abwegig, die Evangelien als »Memoiren der Apostel« zu bezeichnen, wie es Justin der Märtyrer in der Mitte des zweiten Jahrhunderts tut.

Matthäus und Lukas benutzten dieses Urevangelium dann als Vorlage, reicherten ihre eigenen Darstellungen der Lebensgeschichte Jesu aber mit Stoff aus Aufzeichnungen und Spruchsammlungen an, die Markus in Rom nicht zugänglich waren. Lukas verweist am Anfang seines Evangeliums auf eigene Recherchen; Matthäus könnte im Besitz einer früh geschaffenen Zusammenstellung von Jesusworten in aramäischer Sprache gewesen sein, der Muttersprache Jesu. Manches deutet darauf hin, dass er sein Evangelium in Antiochia verfasste, der Geburtsstätte des modernen Christentums, und fest steht, dass sein Werk den Erfolg des eher derben Markusevangeliums rasch in den Schatten stellte. Matthäus schrieb eleganter, und er bot einfach mehr, nämlich eine umfangreichere Sammlung von Gleichnissen, längere Jesusreden – unter anderem die Bergpredigt – und nicht zuletzt eine dramatisch aufbereitete Auferstehungsgeschichte. Seine Beliebtheit war auch ausschlaggebend dafür, dass er die Reihe der Evangelien im Neuen Testament anführt.

Bleibt Johannes, die geheimnisvollste Figur unter den Evangelisten. Der Autor des ausgefallensten Evangeliums. Niemand ist so umstritten wie er. Verweist seine anspruchsvolle Theologie auf eine späte Entstehungszeit gegen Ende des ersten Jahrhunderts? Oder ist sein Denken nicht vielmehr dem des Paulus so eng verwandt, dass eine viel frühere Entstehungszeit angenommen werden darf? Und legt die Präzision seiner Beobachtungen nicht tatsächlich einen Augenzeugen als Informanten nahe – wenn Johannes selbst schon nicht dieser Zeitzeuge gewesen sein soll? Hat also vielleicht das kleine Häufchen derjenigen Theologen Recht, die sein Evangelium ebenfalls auf die Sechzigerjahre datieren? Viele Fachleute sträuben sich auch noch aus einem weiteren Grund gegen diese Annahme: In allen Evangelien sagt Jesus die Zerstörung des Tempels voraus, wie sie im Jahr 70 eingetreten ist. Legen die Autoren hier Jesus nicht ihre eigene Erfahrung in den Mund? Müssen nicht alle Evangelien darum später als 70 verfasst worden sein, nach dem Untergang Jerusalems, aber auch nach dem Tod der wichtigsten Augenzeugen? Keineswegs. Denn die Möglichkeit eines katastrophalen Gewaltausbruchs war schon lange zuvor absehbar, und spätestens zu Beginn der Sechzigerjahre lag der Krieg in der Luft. Jesus musste kein Hellseher sein, um den Untergang Jerusalems warnend zu beschwören, und zur Zeit der Evangelisten haben ihn viele kommen sehen.

Die weitere Geschichte der Evangelien wirft ein Licht auf das Selbstverständnis der Christen jener Zeit. Mochten die Heiden sie für verbohrte Kleingeister halten, sie selbst verstanden sich offenbar als moderne, zukunftsorientierte Menschen und machten sich ohne zu zögern eine revolutionäre Erfindung zunutze: den Kodex. Das Buch. Zweifellos wurden die ersten Evangelien als Papyrus-Schriftrollen publiziert. Doch noch im Verlauf des ersten Jahrhunderts – lange, bevor es in Mode kam – gingen die Christen zu diesem brandneuen Medium über, das den zehnfachen Inhalt einer Schriftrolle fassen konnte. Jedenfalls sind von den ältesten christlichen Texten bis auf wenige Ausnahmen nur Kodizes erhalten. Ein einziges kleines Buch also statt fünf Rollen für Evangelien und Apostelgeschichte – das war ein Fortschritt, der wesentlich zur schnelleren Verbreitung christlicher Schriften beigetragen haben dürfte. Das Erstaunlichste daran: Man dachte bei den Christen offensichtlich voraus, man ergriff Chancen, man ging zielstrebig ans Werk. Erwartete man denn nicht in naher Zukunft die Rückkehr Jesu Christi, das Ende der Welt und das Weltgericht? Erblickte man in dieser Welt nicht bloß ein Provisorium, das in Kürze dem himmlischen Gottesreich weichen müsste? Dennoch – die junge Kirche scheint diese Aussicht in keiner Weise gelähmt zu haben. Sie war offenbar entschlossen, die verbleibende Zwischenzeit zu nutzen. Sie glaubte an das Ende, richtete sich aber nicht darauf ein.

Deshalb werden von Anfang an große Anstrengungen unternommen, dem, was da heranwächst, eine feste Form, eine dauerhafte Verfassung zu geben. Worauf immer das Unternehmen Jesus hinauslaufen wird, es soll Bestand haben, einstweilen jedenfalls, und das bedeutet: alles daransetzen, sich als Fremdkörper in einer feindseligen Umgebung zu behaupten. Mit den Evangelien hat man jetzt eine solide, identitätsstiftende Grundlage – damit ist eine Voraussetzung fürs Überleben geschaffen. Die zweite Voraus-

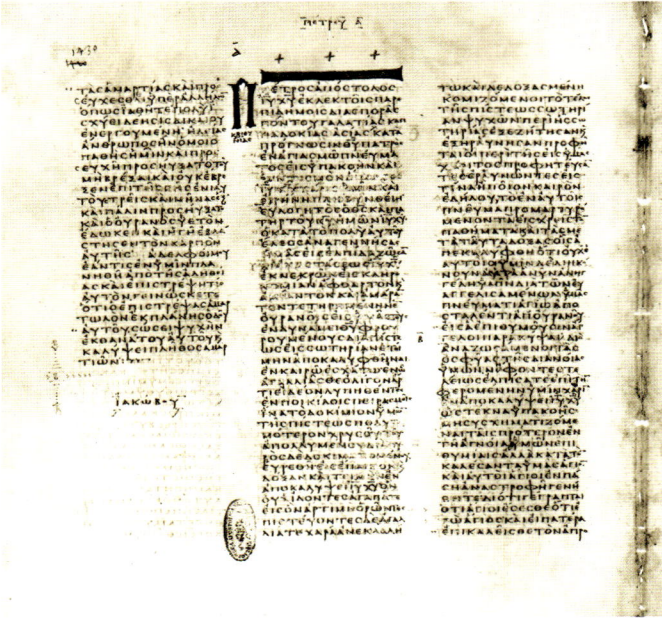

Eine Seite aus dem Codex Vaticanus. Dieser Kodex aus dem frühen vierten Jahrhundert ist die älteste Handschrift mit dem vollständigen Text des Alten und des Neuen Testaments. Seit dem fünfzehnten Jahrhundert wird er in der Bibliothek des Vatikans aufbewahrt.

setzung besteht im Aufbau einer stabilen Organisation, und auch die entsteht sehr bald. Es ist ja kein Gedanke daran, dass die Gemeinden sich selbst überlassen bleiben. Inspektionsreisen sind von der ersten Stunde an üblich, das heißt: Neu gegründete Gemeinden werden besucht und belehrt, von Petrus persönlich oder anderen. Auch in den Briefen des Neuen Testaments äußert sich ein besorgtes Interesse der christlichen Prominenz an den Zuständen in anderen Gemeinden. Man pflegt den Kontakt, man nimmt auch seine Aufsichtspflicht ernst. Und schon die Urgemeinde geht zur Arbeitsteilung über, schafft Ämter, gibt sich eine Struktur, schon Paulus ernennt in seinen Gemeinden Älteste, Vorsteher, und regelt den Gemeindealltag. Da wird nicht improvisiert, da gibt es Funktionen und Dienste, da wird eine innere Organisation geschaffen. Auffällig ist dabei: Die Ämterbezeichnungen werden nicht dem heiligen Bereich des religiösen Kults entlehnt. Weder begrifflich noch inhaltlich übernimmt man Elemente der synagogalen Struktur. Die Bezeichnungen stammen vielmehr aus dem nüchternen Vokabular der politischen Verwaltung. Der Bischof, der an der Spitze des Ältestenrats steht, ist eigentlich nichts anderes als ein verantwortlicher Aufseher oder Verwalter. Und der Diakon ist derjenige, der den Tischdienst versieht, also für die Versorgung zuständig ist. Im frühen Christentum wird offenbar ganz pragmatisch gedacht, es herrscht ein Widerwille gegen das Weihevolle. Mit anderen Worten: Die Christen vernetzen und organisieren sich schon in der ersten Generation. Sie werkeln nicht in isolierten Vereinen vor sich hin, sie setzen sich auch nicht aus Grüppchen verträumter Individualisten zusammen, sie gehen mit bemerkenswerter Nüchternheit an die Aufgabe heran, das fortzusetzen, was als das Unternehmen Jesus begonnen hatte.

Organisation scheint überhaupt ihre Stärke zu sein. Im Lauf des zweiten Jahrhunderts werden die Christen es zu einer stabilen inneren Ordnung bringen, mit eigener Leitung und eigenen Gesetzen. Genau das macht sie so widerstandsfähig, genau das macht sie aber in den Augen ihrer Gegner auch gefährlich. Die Christen imitieren den Staat, integrieren sich aber nicht. Sie bauen staatsähnliche Strukturen auf, verweigern aber das Bekenntnis zur Grundordnung des heidnischen Staats, ja, sie sinnen auf seine Überwindung. Sie organisieren sich als internationale Gemeinschaft ähnlich dem Römischen Reich, verstehen ihre Bewegung aber als Gegenmodell zu den herrschenden Verhältnissen. Kein Wunder, dass die Christen die römische Führungsschicht in Alarm versetzen. Und wenn sich Kelsos, die lauteste Stimme im Chor der Christentumskritiker, Ende des zweiten Jahrhunderts darüber empört, dass sich die Christen »von den anderen absperren und sich von der Gemeinschaft losreißen wollen«, also eine Parallelgesellschaft anstreben, dann trifft er den Nagel auf den Kopf. Die Kirche bildet tatsächlich einen Staat im Staate, und ebendies will sie auch sein: die Keimzelle einer besseren, menschlicheren, friedlicheren Gegenwelt, die im Idealfall dereinst alles umfassen und alles prägen soll – die Politik, die Kultur, die Gesellschaft. Angesichts der Bedrohung, die eine solche Einstellung für den römischen Staat und die hellenistische Kultur darstellt, lässt sich Kelsos zu der giftigen Aufforderung an die Christen hinreißen: »Alle miteinander sollen sie weit von hier weggehen und nicht den kleinsten Spross zurücklassen, damit dieses Geschlecht von der Erde vertilgt werde!«

Eine Sekte, die überall auf Widerspruch stößt ... Für den erregten Kelsos jedenfalls steht fest: Das Christentum ist mit den antiken Vorstellungen von Staat und Religion nicht vereinbar. Die Christen sind Feinde der Menschheit. Und ihre Religion eine Beleidigung der Götter, auf deren Gunst die Römer so gewissenhaft bedacht sind. Denn jedes Unglück, das den römischen Staat ereilt, wird auf den Unwillen der Götter zurückgeführt, und was den göttlichen Unwillen auslöst, ist die Vernachlässigung des Opferkults. Opfer und andere Kulthandlungen sind im Römischen Reich daher fester Bestandteil des täglichen Lebens – wer sich dem verweigert, verweigert das Bekenntnis zur römischen Identität. Mit anderen Worten: Die römische Religion ist eine öffentliche Angelegenheit, und sie ist staatstragend. Das Christentum hingegen schleicht sich ein, es sickert unmerklich in die ethischen und philosophischen Hohlräume der antiken Gesellschaft, es unterwandert und untergräbt sie in einem stillen, heimlichen, unheimlichen Prozess. Es ist revolutionär, ohne im Mindesten ge-

Kaum ein anderer Ruinenkomplex Roms vermittelt ein derartig eindrucksvolles Bild von Pracht und Macht der einstigen Welthauptstadt wie die imposanten Reste der Palastanlagen auf dem Palatin. Seit Augustus residierten hier die römischen Kaiser.

263

Relief am Galeriusbogen in Thessalonich. Es zeigt Kaiser Galerius beim öffentlichen Dankopfer für seinen Sieg über die Perser im Jahr 298. Galerius lebte noch ganz in der heidnischen Vorstellungswelt, ließ sich als Abkömmling des Mars feiern und verstand sich selbst als Reinkarnation Alexanders des Großen.

waltsam zu sein. Es greift um sich, aber es greift nicht an. Es operiert im Verborgenen, es hat keine Geschichte, kein Zentrum, keinen öffentlichen Kult. Und das Wenige, das man über die Christen weiß, ist nicht vertrauenerweckend: Sie treffen sich zu geheimen Zusammenkünften, Männer und Frauen gemeinsam. Sie begrüßen einander mit einem Kuss. Es ist viel von Liebe die Rede. Und ihr Held ist ein hingerichteter Verbrecher, obendrein aus Judäa, der Heimstätte jeglichen Aufruhrs. Stoff genug immerhin für Schauergeschichten, wie sie in der heidnischen Gesellschaft tatsächlich kursieren.

Das bereits erwähnte Streitgespräch des römischen Autors Minucius Felix liefert in einer furiosen Schmährede gegen die Christen, die er dem Heiden Natalis in den Mund legt, eine ganze Sammlung solcher Schauergeschichten. Der Verteidiger des Heidentums nimmt hier kein Blatt vor den Mund; alles, was den Christen angehängt wird, kommt zur Sprache. Mit welcher Art Menschen hat man es also zu tun? »Es sind Leute, welche aus der untersten Hefe des Volks Unwissende und leichtgläubige Weiber ... sammeln und eine ruchlose Verschwörerbande bilden ... Ein duckmäuseriges und lichtscheues Volk, stumm in der Öffentlichkeit, nur in den Winkeln gesprächig.« (VIII) Was treibt dieses Gesindel? »Höre ich doch, dass sie den Kopf des Esels, dieses verächtlichen Tieres, weihen und ich weiß nicht in welchem Wahn verehren ... Andere erzählen, sie verehrten sogar die Genitalien ihres Vorstehers oder Priesters und beteten so gleichsam ihres Vaters Schöpferkraft an ... Nun gar die Geschichte von der Weihe neuer Mitglieder; sie ist ebenso abscheulich wie bekannt. Ein Kind, mit Teigmasse bedeckt, um die Arglosen zu täuschen, wird dem Einzuweihenden vorgesetzt. Dieses Kind wird durch Wunden getötet, die sich dem Auge völlig entziehen ... Das Blut des Kindes – welch ein Gräuel – schlürfen sie gierig, seine Gliedmaßen verteilen sie mit wahrem Wetteifer ... Bekannt sind auch ihre Schmausereien ... An einem festlichen Tag versammeln sie sich mit allen Kindern, Schwestern, Müttern, Leuten jeglichen Geschlechts und Alters zum Schmause. Ist hierauf nach einem reichlichen Gastmahl die Tischgesellschaft erhitzt und die Glut unreiner Lust durch Trunkenheit entbrannt, so wird ein Hund, der an den Leuchter gebunden ist, durch einen vorgeworfenen Bissen gereizt. Er stürzt los und springt zum Fang über die Länge der Schnur, mit welcher er gebunden ist, hinaus. Dadurch wird das verräterische Licht umgestoßen und erlischt. Nun schlingen sie in einer der Schamlosigkeit günstigen Finsternis die Bande unsagbarer Leidenschaft, wie es gerade der Zufall fügt.« (IX) Und was ist schließlich von dem Gott dieser verruchten Gesellschaft zu halten? »Nur das elende Judenvölkchen hat auch bloß einen Gott verehrt ... Aber seine Gewalt und Macht war so klein, dass er samt seinem Volk der Gefangene der Römer, also von Menschen, ist.« (X) »Er kann oder will den Seinigen nicht helfen; also ist er entweder machtlos oder ungerecht! ... Euch treffen drohende Erlasse, Hinrichtungen, Folter und Kreuze – aber nicht, um sie anzubeten, sondern um sie zu besteigen –, auch Feuersgluten ... Wo ist da jener Gott, welcher den Wiederauflebenden helfen kann, aber nicht den Lebenden? Herrschen und regieren nicht die Römer ohne euren Gott, sind sie nicht ohne ihn im Genusse des ganzen Erdkreises und auch eure Gebieter?« (XII)

Hier kommt also alles zusammen, das ganze Arsenal von Verleumdungen, das wahrscheinlich seit jeher zur Abwehr unheimlicher, ungreifbarer und unbegreiflicher Phänomene aufgeboten wird: Die Geheimgesellschaft, das zwielichtige Gesindel, die Orgien, der Kannibalismus. Und als Besonderheit noch ein Gott, der auf den Schlachtfeldern Palästinas schon seine Glaubwürdigkeit eingebüßt hat und sich täglich weiter diskreditiert, indem er seine Anhänger im Stich lässt, wenn sie gefoltert, gekreuzigt und verbrannt werden. Überraschend ist nun die Entgegnung, die Minucius Felix dem Verteidiger des Christentums in den Mund legt. Er demonstriert damit, dass die Feindschaft zwischen Heiden und Christen nicht – wie für Kelsos – unerbittlich sein muss, dass Verständigung durchaus möglich ist. Der Christ nimmt nun nämlich eine besonnene, aufgeklärte Haltung ein und verweist darauf, dass die Vorwürfe gegen die Christen nie bewiesen und nie gerichtlich geklärt wurden. Jeder Vatermörder, jeder Tempelschänder habe ein Recht darauf, vor Gericht angehört zu werden – nur den Christen werde dieses Recht verweigert. Ressentiment sei die Ursache, Diskriminierung die Folge. Im Übrigen trage die ganze Welt die Handschrift ihres Gottes, sei die gesamte Schöpfung das Werk einer einzigen planvoll gestaltenden Kraft. Weltliche Macht dagegen sei nun gerade kein Gottesbeweis. Sie beruhe auf Waffengewalt – die Christen würden deshalb den Mächtigen nicht schmeicheln und die Macht nicht anbeten. Sodann führt er die ethische Überlegenheit der Christen ins Feld, ihre eheliche Treue, ihre Bescheidenheit, ihren Respekt vor dem Leben – undenkbar sei bei ihnen, was bei den Heiden gang und gäbe sei, nämlich Neugeborene auszusetzen oder umzubringen. Und schließlich verteidige der gefolterte und gekreuzigte Christ seine innere Freiheit und triumphiere dadurch über seine Peiniger. »Bei uns«, so der Sprecher, »spotten Knaben und schwache Frauen der Galgenkreuze und der Qualen der Folter, der wilden Tiere und aller sonstigen Schrecken der Hinrichtung!« Und das sei doch der überzeugendste Beweis für die göttliche Kraft, die die Christen erfülle.

Minucius Felix dreht den Spieß hier um. Bei ihm ist der Heide ein Opfer törichter Vorurteile und seiner eigenen Leichtgläubigkeit, der Christ hingegen nicht nur der moralisch Bessere, sondern auch der Vernünftigere. Mit solchen Menschen, so die unterschwellige Botschaft des Minucius Felix, ist Verständigung durchaus möglich. Allerdings kein Kompromiss. Kein Sowohl-als-auch. Unversöhnt bleiben die gegensätzlichen Positionen bestehen und fordern zur Entscheidung heraus. Für oder wider, das ist die klassische Frage, wenn es um den christlichen Glauben geht. Auch der Verteidiger des Heidentums sieht sich am Ende des Streitgesprächs zu einer Entscheidung herausgefordert – und wird Christ.

Dieselbe Entscheidung haben um das Jahr 300 herum etwa zehn bis fünfzehn Prozent der Bewohner des Römischen Reichs getroffen, und das heißt: Von den fünfzig Millionen Menschen, auf die die Bevölkerung des Imperiums geschätzt wird, bekennen sich zweihundertsiebzig Jahre nach

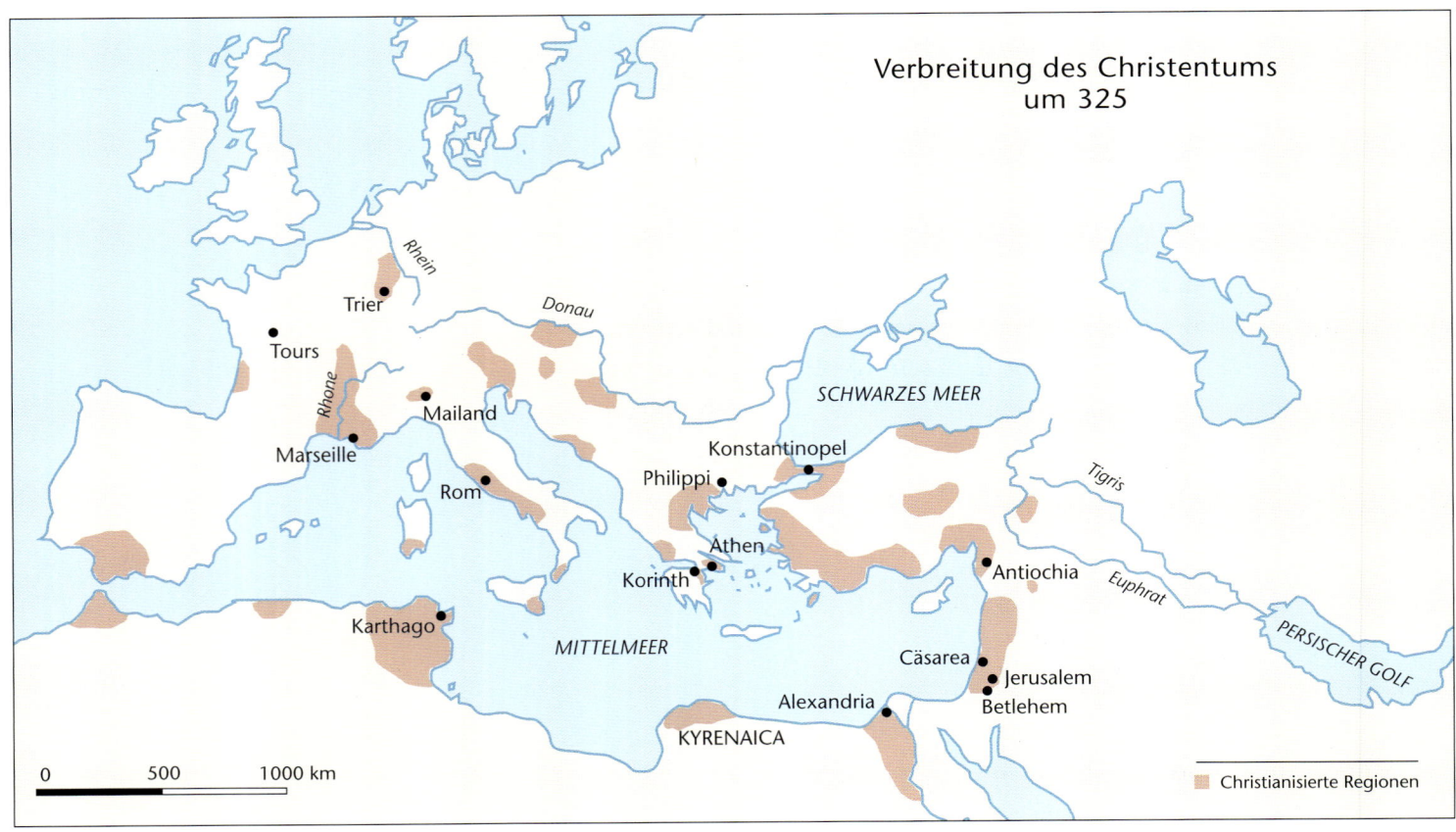

In den Jahren der Verfolgung kam es immer wieder zu Szenen wie dieser: Verwandte suchten ihre christlichen Angehörigen im Kerker auf, um sie zum Widerruf zu überreden und so vor dem Tod zu bewahren. Dieses Fresko aus dem fünfzehnten Jahrhundert von Giovanni Baleison zeigt die beiden Märtyrer Markus und Marcellianus, die von ihren Frauen angefleht werden, ihrem Glauben abzuschwören. (Chapelle Sainte-Claire, Venanson, Frankreich)

der Kreuzigung Jesu etwa fünf bis sieben Millionen zum Christentum. Wobei sich die Christen ungleich über das Reichsgebiet verteilen – in großen Städten sowie entlang der Küsten und Flüsse sind sie stärker vertreten, im Landesinneren und in abgelegenen Gegenden dagegen kaum präsent. Fünf bis sieben Millionen – damit sind sie weit davon entfernt, die Mehrheit zu bilden. Aber es ist doch eine erstaunlich hohe Zahl angesichts der Tatsache, dass man sich bis dahin als Christ auf das Schlimmste gefasst machen muss.

Zwar wird bis zum Jahr 249 kein Versuch unternommen, das Christentum systematisch im gesamten Reich auszurotten. Doch wer Christen anzeigt, darf sicher sein, dass sie auch zum Tod verurteilt werden, und von dieser Möglichkeit wird weidlich Gebrauch gemacht. Es kommt dabei eine Art Sonderrecht zur Anwendung: Christ zu sein ist für sich genommen schon ein Straftatbestand, ähnlich wie in unseren Tagen die Mitgliedschaft in einer terroristischen Vereinigung. Vergehen brauchen im Einzelnen nicht nachgewiesen zu werden, das Bekenntnis genügt. Man kann den Christen daher kurzen Prozess machen – so wie es am 17. Juli des Jahres 180 geschieht, als sich sechs afrikanische Christen in Karthago vor dem Prokonsul Saturninus verantworten müssen. Das Protokoll dieser Gerichtsverhandlung ist das älteste Aktenstück in lateinischer Sprache zur christlichen Geschichte, das uns erhalten ist, und es gibt den Wortlaut dieser Verhandlung wieder, sodass wir hier tatsächlich Zeugen eines typischen Schnellverfahrens vor einem römischen Gericht werden:

Zunächst fordert Saturninus die sechs Angeklagten auf, zur Vernunft zu kommen und auf den Kaiser zu schwören. Die Beschuldigten weigern sich. Ihr Wortführer Separatus bietet Saturninus stattdessen an, ihn in das Mysterium ihrer Religion einzuweihen, doch der Prokonsul will nichts davon hören. Und nun der Originalton, wie ihn der Gerichtsschreiber seinerzeit festgehalten hat:

Saturninus wandte sich wieder an Separatus: »Bleibst du bei dem Bekenntnis, ein Christ zu sein?«

Separatus: »Ich bin ein Christ!« Und alle bekannten das Gleiche wie er.

Saturninus sagte: »Wollt ihr Bedenkzeit haben?«

Separatus: »In einer so gerechten Sache gibt es nichts zu bedenken!«

Saturninus: »Was ist da in dem Kasten drin?«

Separatus: »Bücher, und zwar Briefe des Paulus, eines gerechten Mannes.«

Saturninus: »Ich biete euch dreißig Tage Bedenkzeit an. Überlegt es gut!«

Aber Separatus wiederholte: »Ich bin ein Christ!« Und alle stimmten ihm bei.

Da verlas der Prokonsul von einer Wachstafel das Endurteil: »Separatus (und die anderen) haben bekannt, nach Christenweise zu leben. Man hat ihnen die Wege geebnet zur Rückkehr in die römische Religion. Aber sie haben sich hartnäckig geweigert. Das Urteil lautet darum: Sie sollen enthauptet werden!«

Separatus sagte: »Dank sagen wir Gott!«

Nartzalus sagte: »Heute noch, ihr Märtyrer, sind wir im Himmel. Gott sei Dank!«

Keine Bedenkzeit, kein Zögern. Im Fall dieser sechs zumindest nicht. Leiden und gewaltsamer Tod werden mit der Entscheidung für das Christentum offenbar bewusst in Kauf genommen. Allerdings – andere werden schwach und widerrufen, noch im Verhör oder unter der Folter. Entweder-oder, das bedeutet ja nicht nur: enthauptet werden oder am Leben bleiben. Das heißt auch oft genug: von Raubtieren in der Arena zerrissen werden oder diesem schrecklichsten aller denkbaren Schicksale entgehen. Sarkastisch bemerkt der afrikanische Kirchenvater Tertullian Ende des zweiten Jahrhunderts, jede Missernte, jedes Tiberhochwasser würde reflexhaft von der Forderung begleitet, die Christen den Löwen vorzuwerfen. Als hätte es Naturkatastrophen nicht schon gegeben, bevor es Christen gab. Wer sich zu diesem Glauben bekennt, muss also stets damit rechnen, das Programm der Kampfspiele zu bereichern – wie jene Perpetua, deren Hinrichtung am 17. März des Jahres 203 in zeitgenössischen Akten beschrieben wird. Perpetua ist Christin, aus vornehmem Haus, kurz zuvor erst Mutter geworden und soll an diesem Tag zusammen mit ihrer Sklavin Felicitas und drei Männern in der Arena sterben.

»Für die jungen Frauen aber hat der Teufel eine sehr wilde Kuh bestimmt ...«, heißt es. »Die beiden Frauen wurden also entkleidet und mit Netzen umhüllt vorgeführt. Das Volk aber schauderte, da es in der einen

Spielleiter, Gladiatorenausbilder und Aufseher betreten eine Arena. Der Mann mit dem Fleischerhaken wird nach dem Kampf die Leichen hinausschleifen. (Bodenmosaik aus Köln, um 300, Römisch-Germanisches Museum, Köln)

ein zartes Mädchen, in der anderen eine junge Mutter mit noch milchtropfenden Brüsten sah. Darum wurden sie zurückgerufen und mit losen Gewändern bekleidet. Zuerst wurde Perpetua hingeworfen und fiel auf die Lenden ... So stand sie auf, und als sie die Felicitas am Boden liegen sah, trat sie zu ihr hinzu, reichte ihr die Hand und hob sie auf. Nun standen beide da und wurden, da die Grausamkeit des Volkes besiegt war, zum sanavivarischen Tore zurückgebracht ... [Saturus wurde] am Ende des Schauspieles, als ein Leoparde losgelassen worden war, durch einen einzigen Biss desselben so mit Blut übergossen, dass das Volk ihm bei seiner Rückkehr Zeugnis von seiner zweiten Taufe gab ... Darauf wurde er, schon fast entseelt, mit den Übrigen an die gewohnte Stelle geworfen, um den Todesstreich zu erhalten ... Die Übrigen empfingen regungslos und lautlos den

Todesstoß ... Perpetua aber ... schrie auf, als sie zwischen die Rippen getroffen wurde, und führte die schwankende Hand des noch unerfahrenen Gladiators zu ihrer Kehle.«

Der Bericht lässt erahnen, welchen Eindruck diese in ständigen Wiederholungen vorgeführte Todesverachtung der Christen auf das heidnische Publikum gemacht haben muss. Es erlebte hier eine unbekannte und irritierende Form des Heroismus, ein Heldentum, das sich nicht wie gewohnt als aggressive Tapferkeit äußerte, sondern als Standhaftigkeit bis zum Äußersten und Letzten. Dieser christliche Heroismus wurde sicherlich von der Hoffnung beflügelt, durch den Tod zum ewigen Leben zu gelangen. Aber er entsprang auch der in frühester christlicher Tradition verwurzelten Überzeugung, seine nicht christlichen Zeitgenossen am ehesten durch das eigene Vorbild gewinnen zu können. Makellose Selbstdarstellung in der Öffentlichkeit, das war schon für Paulus das wirkungsvollste missionarische Argument gewesen, und die Unerschütterlichkeit von Christen wie Perpetua muss den Besuchern der Spiele imponiert haben. Ganz abgesehen davon galten die Märtyrer natürlich der Christenheit selbst als Helden des Widerstands, weshalb sich aus ihren Reihen sämtliche Heiligen der Frühzeit rekrutierten. Heilig gesprochen zu werden, ohne den Märtyrertod gestorben zu sein, das widerfuhr erst dem Bischof Martin von Tours, unserem Sankt Martin, gestorben 397. Man kann also sagen: Die gnadenlose Verfolgung durch die Behörden des Römischen Reichs war nicht die geringste Ursache für die Vitalität der jungen Kirche.

Dazu kommen die belebenden Impulse eines beispiellos fruchtbaren theologischen Denkens. Fruchtbar, weil der christliche Grundgedanke alles Nachdenken einer fast unerträglichen Spannung aussetzt – zwischen dem Glauben an einen Gott der Liebe und der tagtäglichen Erfahrung, dass sich diese Liebe nicht als Lebensglück im herkömmlichen Sinne auswirkt, nicht als materielles Wohlergehen und nicht als Verschonung von Leiden. Fruchtbar, weil sich der Verstand an den Paradoxien, die das Denken Jesu bestimmen, abmühen kann, ohne zu einem Ende zu kommen. Fruchtbar auch, weil die Frage: Wer war dieser? – das Leitmotiv des Markusevangeliums – niemals abschließend zu beantworten ist. Es sind Männer wie Ignatius von Antiochia, wie Justin der Märtyrer, wie Origenes von Alexandria, die im zweiten und dritten Jahrhundert dafür sorgen, dass dieses Denken auch in der heidnischen Öffentlichkeit zur Kenntnis genommen, gewissermaßen salonfähig wird. Sie sind philosophisch gebildet, sie bedienen sich einer Ausdrucksweise, die in den Ohren römischer und griechischer Intellektueller vertraut klingt, sie verschaffen sich Gehör bei Leuten, die sich eine Auseinandersetzung mit dem Christentum außerhalb von Gerichten und Amphitheatern nicht vorstellen können. Sie stehen dabei vor der Aufgabe, einen Abgrund zu überbrücken. Denn für sie ist Wahrheit keine philosophische Idee, sondern geschichtliche Wirklichkeit, während die Wahrheit nach heidnischem Verständnis aus Ideen abgeleitet werden muss, aber nicht erfahren werden kann.

Alle drei verkörpern sie das christliche Ideal in dieser Zeit offener Feindseligkeit. Da ist als Erster der Bischof Ignatius von Antiochia. Vierzig Jahre nach dem Tod des Paulus leitet er jene Gemeinde, die längst das Erbe der Jerusalemer Urgemeinde angetreten hat. Aus den sieben Briefen, die von ihm erhalten sind, spricht ein Mensch, der sich ganz gegen sein angeborenes Temperament zu Bescheidenheit und Geduld durchgerungen hat und im entscheidenden Moment diesen einzigartigen christlichen Heroismus an den Tag legt. Unter Kaiser Trajan (98 bis 117) wird er zum Tod durch Raubtiere in der Arena verurteilt, und zwar in Rom, wo man Anspruch auf die Hinrichtung dieses berühmten Kirchenlehrers erhebt – woraufhin Ignatius die Gemeinde von Rom in einem Brief bittet, keine Schritte zu seiner Rettung zu unternehmen. Seine letzte Reise durch Kleinasien und Griechenland wird zum Triumphzug: In jeder Stadt wird er, der Gefangene, von einer Abordnung der jeweiligen Gemeinde empfangen und gefeiert.

Da ist als Zweiter Justin der Märtyrer. Er stammt aus dem heutigen Nablus in Palästina, studiert Philosophie, wird im Jahr 130 Christ, lebt als einfaches Gemeindemitglied in Rom und gründet dort 150 eine Schule für christliche Philosophie. Ihm ist es zu verdanken, dass sich die heidnische Philosophie von nun an nicht mehr damit begnügen kann, das Christentum zu belächeln. Wohl aus Konkurrenzneid von einem heidnischen Philosophen angezeigt, wird er um 165 enthauptet. Und schließlich als Dritter Origenes, das größte christliche Genie dieser Zeit. Schon sein Vater starb den Märtyrertod. Origenes hält theologische Vorlesungen in seiner Heimatstadt Alexandria und macht sich gleichzeitig mit der griechischen Philosophie vertraut, weil er einsehen muss, dass er seinen heidnischen Herausforderern sonst nicht gewachsen wäre. Er fährt nach Rom, bereist Arabien, lässt sich dann in Cäsarea nieder und lebt und lehrt dort als gefeierter und allseits gefragter Theologe. Er beschäftigt sieben Stenografen, ebenso viele Kopisten sowie eine unbekannte Zahl von Schönschreiberinnen und bringt es auf ein Lebenswerk von rund zweitausend Schriften. Und auch er bezahlt seine Standhaftigkeit mit dem Leben: Im Zuge der ersten staatlich organisierten Christenverfolgung unter Kaiser Decius wird er im Jahr 253 gefoltert und stirbt an den Folgen der Torturen.

Persönlichkeiten von Rang also, dazu das Vorbild zahlloser Märtyrer, eine hervorragende innere Organisation und eine enorme theologische Produktivität – es gibt genug objektive Gründe dafür, warum dem Christentum auch mit roher Gewalt nicht beizukommen ist. Mittlerweile versteht es sich nicht mehr nur als Gegenmacht, es formiert sich als Gegenmacht. Und die beiden großen Verfolgungswellen unter Decius und Diokletian in der zweiten Hälfte des dritten Jahrhunderts sind wohl auch eine Reaktion auf die Erfahrung, dass man bei diesen Christen nicht von

Dialogbereitschaft auf Kompromissbereitschaft schließen darf. Sie bleiben eine »Verschwörerbande«, wie der Vertreter des Heidentums bei Minucius Felix sie nennt. Aus Sicht der römischen Behörden bilden sie die fünfte Kolonne eines Gottes, den sie längst besiegt geglaubt haben. Eine Schattenarmee, die es auf einen geistigen Machtkampf abgesehen hat. Eine Bewegung, die ständig Zulauf erhält, aber nicht in Erscheinung tritt, solange man ihre Anhänger nicht vor Gericht stellt und dazu zwingt, Farbe zu bekennen. Kaiser Decius verlangt aus diesem Grund von allen Einwohnern des Römischen Reichs das Kaiseropfer und lässt dafür Bescheinigungen ausstellen. Wer diese Bescheinigung nicht vorweisen kann, ist als Christ enttarnt.

Besondere Kennzeichen: Unscheinbarkeit. Unauffälligkeit. Zu diesem Ergebnis kommt auch die Archäologie. Wie es aussieht, bleibt das Christentum bis zum Beginn des vierten Jahrhunderts tatsächlich weitgehend unsichtbar; es gibt sich weder in großen Auftritten noch in weithin sichtbaren Gebäuden oder öffentlichen Symbolen zu erkennen. Sicher, es wird neben den privaten Hauskirchen später auch größere Versammlungsräume gegeben haben, die Vorläufer von Kirchen, aber auch sie scheinen keinerlei typische Merkmale aufgewiesen zu haben. Mit anderen Worten: So deutlich wahrnehmbar sich das Christentum jener Jahrhunderte in der Litera-

Nur im Verborgenen findet das frühe Christentum zu eigenen Ausdrucksformen, zum Beispiel in den Katakomben, den christlichen Grabanlagen vor den Mauern Roms. Bemerkenswerterweise spielt das Kreuz in den Wandgemälden der Katakomben kaum eine Rolle, der Gekreuzigte kommt gar nicht vor. Typisch für die christliche Kunst des dritten und vierten Jahrhunderts sind solche eher idyllischen Szenen wie auf dieser Abbildung: Rechts sieht man Jesus als Guten Hirten, links die Auferweckung des Lazarus.

Das Gemach im Obergeschoss eines Hauses in Herculaneum mit dem Abdruck eines christlichen Kreuzes im Wandverputz. Möglicherweise diente dieser Raum als Hauskirche.

tur, in schriftlichen Zeugnissen präsentiert, so wenig fällt für die Archäologen bei der Suche nach materiellen Spuren des christlichen Glaubens ab. Bisweilen gelingt es ihnen aber doch, den Schleier über dieser Anfangszeit ein wenig zu lüften.

Wann ist zum ersten Mal in der Geschichte etwas nachweisbar, ein Gegenstand, eine Darstellung, irgendetwas Greifbares, das unzweifelhaft von der Existenz des Christentums zeugt? Bei Ausgrabungsarbeiten in den Ruinen der verschütteten Stadt Pompeji stieß man 1813 auf einen Bäckerladen. Der Raum wurde freigelegt, und die Ausgräber trauten ihren Augen nicht: An der Wand gegenüber der Eingangstür hing ein großes Kreuz. Wie alles in Pompeji musste es aus der Zeit vor dem verheerenden Vesuvausbruch im Jahr 79 stammen. Man stand hier also vor einer Rarität sondergleichen, denn nach allem, was man bis dahin wusste, hatte sich das Kreuz als christliches Symbol erst in späteren Jahrhunderten durchgesetzt. Das Kreuz im Bäckerladen wurde seinerzeit umgehend in einer Zeichnung festgehalten; es ist mittlerweile zerfallen, aber die Nägel, mit denen es befestigt war, haben ihre Spuren in der Wand hinterlassen. Handelte es sich

Das Graffito oben zeigt ein Spottkruzifix, einen Gekreuzigten mit Eselskopf. Es stammt aus einem Gebäude auf dem Palatin, das vermutlich als Schule genutzt wurde, und greift das Gerücht auf, dass Christen einen Eselskopf anbeten würden.

Auf diesem Bild ist die wahrscheinlich älteste christliche Darstellung des Gekreuzigten an der Tür der römischen Kirche Santa Sabina zu sehen. Sie vermeidet jeden Hinweis auf das Leiden des Gekreuzigten.

überhaupt um ein christliches Kreuz? Das mochte bezweifelt werden, bis Archäologen 1938 in der Nachbarstadt Herculaneum einen ähnlichen Fund machten: In dem kleinen Obergemach eines Hauses hatte sich im Verputz unverkennbar die Kontur eines Kreuzes erhalten, das ebenfalls mit Nägeln befestigt gewesen und offenbar gewaltsam, wie in großer Hast, heruntergerissen worden war – wohl im letzten Augenblick, bevor der Bewohner dieses Raums auf der Flucht vor dem Ascheregen des Vesuvs das Haus verließ. Diente das Gemach im Obergeschoss als Hauskirche? Gab es also in der Bucht von Neapel schon vor 79 christliche Gemeinden? Fest steht wohl eins: Das Kreuz – für uns das christliche Symbol schlechthin – gehört zu den ältesten Erkennungszeichen des Christentums.

Auch die Heiden brachten das Kreuz sehr früh mit den Christen in Verbindung. Das beweist ein Graffito an der Wand eines antiken Schulgebäudes auf dem Palatin in Rom. Es wurde 1856 entdeckt und zeigt ein Spottkruzifix, einen Gekreuzigten mit Eselskopf, sowie einen Jungen, der diesem komischen Mischwesen eine Kusshand zuwirft, ihm also auf heidnische Weise seine Ehrerbietung bezeugt. Darunter steht in ungelenken Buchstaben »Alexamenos betet seinen Gott an«. Diese Schülerkarikatur wird auf den Beginn des dritten Jahrhunderts datiert und fällt damit in den Zeitraum, in dem auch Minucius Felix das populäre Gerücht kolportiert, die Christen seien Eselsanbeter. Der Bezug, den die Heiden zwischen Kreuz und Esel herstellen, mag auch ein Grund dafür sein, dass das Kreuz in den christlichen Abbildungen dieser Zeit keine Rolle spielt. Jedenfalls sind die Motive der Wandgemälde, mit denen die römischen Katakomben im dritten Jahrhundert ausgeschmückt werden, allesamt sozusagen aus dem blühenden Leben gegriffen. Da begegnen wir Christus als Gutem Hirten, als Lehrer, als Wundertäter und im Kreis seiner Jünger oder einzelnen Aposteln wie Petrus und Paulus.

Erstaunlicherweise dauert es bis 420, bevor sich christliche Künstler an die Darstellung des Gekreuzigten wagen. Aus dieser Zeit stammen die beiden ältesten Kruzifixe der Welt: eine recht grobe Holzschnitzarbeit an der Tür der römischen Basilika Santa Sabina auf dem Aventin und ein kunstvolles Relief auf der Seitenwand eines Elfenbeinkästchens. Offenbar hatte man bis dahin vor der Aufgabe kapituliert, die Vorstellung eines schmählichen Tods und die Idee des Sieges miteinander in einem Bild zu verbinden. Wie sollte man einen Gekreuzigten darstellen, der gleichzeitig als Gottessohn erkennbar sein musste? Wie einen leidenden Helden, der nun wirklich aller heroischen Züge entbehrte? Die Lösung für dieses Problem muss uns überraschen: In beiden Darstellungen hat der gekreuzigte Christus nichts Jämmerliches, nichts Mitleiderregendes an sich. Auf der Bildtafel von Santa Sabina fehlt jeder Hinweis auf Qual und Tod. Da tritt uns eine kräftige, fast nackte Gestalt entgegen, beinahe doppelt so groß wie die zwei Mitgekreuzigten, die Füße fest am Boden, die Arme zwar aus-

gebreitet, aber wie in Gebetshaltung, die Augen weit geöffnet – alles in allem viel eher ein Bild strotzender Lebenskraft als elenden Leidens. Das Kreuz selbst ist hier nur angedeutet, und auch in der Szene auf dem Elfenbeinkästchen verschwindet es weitgehend hinter dem schönen Körper eines triumphierenden, mehr schwebenden als hängenden Gekreuzigten mit völlig entspanntem, souverän-entrücktem Gesichtsausdruck. Alle schrecklichen Erinnerungen an das Kreuz werden hier also überlagert von seiner christlichen Interpretation: Aus dem Hinrichtungsinstrument ist der Ort des endgültigen Siegs über den Tod geworden. Und vielleicht bringen beide Darstellungen auch die Erfahrung zum Ausdruck, die die Kirche gut ein Jahrhundert zuvor selbst gemacht hatte: dass sie mit dem gekreuzigten Christus nun ihrerseits über alle Gegner gesiegt hat.

Auch diese Elfenbeinschnitzerei aus dem frühen fünften Jahrhundert zeigt den Gekreuzigten als gleichsam über den Ereignissen schwebende, kraftvolle Siegergestalt. Absolut ungewöhnlich ist hier die Verbindung des gekreuzigten Christus mit dem Verräter Judas, der den Freitod gewählt und sich erhängt hat.

12. Von Kirchenvätern, Säulenheiligen und Eremiten

Im Jahr 313 endet die Zeit der Verfolgung, und es dauert nicht lange, bis sich über den Gräbern der Märtyrer Kirchen erheben. Eines der eindrucksvollsten Beispiele dafür ist Santa Prassede in Rom. Die heutige Kirche ersetzte im neunten Jahrhundert einen Vorgängerbau aus dem vierten Jahrhundert. Das Bild oben zeigt Märtyrersarkophage unter dem Altarraum von Santa Prassede, das Bild auf der rechten Seite die Zenonkapelle mit den schönsten byzantinischen Mosaiken Roms, ebenfalls in Santa Prassede.

»Genommen war nun den Menschen jede Furcht vor denen, die sie einst bedrängt. In Glanz und Prunk begingen sie festliche Tage. Alles war von Licht erfüllt«, jubelt Bischof Eusebius von Cäsarea (um 260 bis 340) in seiner Geschichte der frühen Kirche. Er hatte den Anbruch der neuen Ära unter Kaiser Konstantin selbst miterlebt und wird Bilder fassungslosen Glücks vor Augen haben, wenn er fortfährt: »Und die zuvor niedergeschlagen einander anblickten, sahen sich an mit freudelächelndem Antlitz und strahlenden Auges.« (Kirchengeschichte 10,9,7)

Es ist ja auch kaum zu fassen. Praktisch von heute auf morgen ist die Welt eine andere geworden. Im Jahr 311 gesteht Kaiser Galerius widerwillig ein, dass der Versuch, die Christen in die Knie zu zwingen, gescheitert ist, und zieht resigniert einen Schlussstrich unter die letzte reichsweite Christenverfolgung. Und nur zwei Jahre später ist der christliche Glaube die privilegierte Religion des Römischen Reichs. Nicht Staatsreligion wie der alte Götterglaube, aber doch eindeutig die Religion, von der sich der neue Kaiser Konstantin in Zukunft das Glück des Imperiums verspricht.

Denn in der Vergangenheit konnte von Glück nicht die Rede sein. Seit 235 hatten sich Barbareneinfälle und Bürgerkriege abgewechselt. Die Kaiser entstammten dem Militär und wurden meist nach kurzer Regierungszeit gewaltsam beseitigt. Verschiedentlich drohte das Reich zu zerbrechen. Seit dem Ende des dritten Jahrhunderts teilten sich mehrere Kaiser die Herrschaft und regierten von Hauptstädten in der Nähe der bedrohten Grenzen aus. Zu den äußeren Feinden kam der innere Feind. Kaiser wie Decius (249 bis 251) und Diokletian (284 bis 305) gaben den Christen die Schuld an den chaotischen Zuständen – ihretwegen hätten die Götter das Imperium im Stich gelassen – und versuchten mit drakonischen Maßnahmen, die Christen wieder auf Linie zu bringen. Noch 312 griff Daia, einer der Mitherrscher Konstantins, zum Mittel der psychologischen Kriegsfüh-

Kolossalstatue des Kaisers Konstantin, eine 3-D-Rekonstruktion auf Basis der zehn erhaltenen Teile der Statue. Sie wurde in die rekonstruierte Maxentiusbasilika platziert. (ArcTron 3D GmbH/Universität von Virginia)

rung und ließ gefälschte Pilatusakten mit Vorwürfen gegen Jesus in Umlauf bringen. Doch die große Wende bahnte sich da bereits an.

Im Oktober desselben Jahres besiegt Konstantin seinen Mitkaiser und Konkurrenten Maxentius in der Schlacht an der Milvischen Brücke nördlich von Rom. Vor der Schlacht hatte er einigen seiner Soldaten das Christusmonogramm ☧ (die griechischen Buchstaben für »chi« und »rho«) auf die Schilde malen lassen. Nach seinem Sieg ist er von der Überlegenheit des Christentums überzeugt und sicher, dass das Reich von einer Stärkung der Kirche nur profitieren könne. Von nun an wird Konstantin sie mit allen Mitteln fördern. Es mag ihn beeindrucken, wie gut diese Christen organisiert sind. Aber vor allem scheint er auf Christus als Schlachtenhelfer nicht mehr verzichten zu wollen. Dem persischen König schreibt er, es sei das Kreuzzeichen, das sein Heer unschlagbar mache. Künftig wird er die Waffen seiner Soldaten mit Kreuzen versehen lassen und mit einem Gebetszelt in Begleitung von Bischöfen und Feldpredigern in den Krieg ziehen. Ist Konstantin Christ?

In jedem Fall ist seine Entscheidung zugunsten des Christentums eine politische. Für ihn als Kaiser ist Religion in erster Linie Mittel zum Zweck, und der Zweck ist die Wohlfahrt des Reichs, also Macht, Frieden und Sicherheit. Mit der Kirche glaubt er wohl einen Verbündeten gefunden zu haben, der imstande ist, das Reich im Inneren zu stabilisieren. Der die besten Vorraussetzungen für die Wiederbelebung einer religiösen Identität seiner Untertanen mitbringt, nämlich außer der straffen Organisation auch eine pulsierende geistige Vitalität. Vielleicht kann man es so sagen: Möglich, dass Konstantin nicht an Jesus Christus glaubt, doch an das Christentum glaubt er ohne jeden Zweifel. Im Übrigen gehen die Vertreter der Kirche ähnlich pragmatisch an die Sache heran. Frieden und Eintracht waren ja von Anfang an Kennzeichen des Gottesreichs – und wie ließe sich dieses Ziel einfacher erreichen als in enger Zusammenarbeit mit dem Herrscher des römischen Weltreichs? Als Christen kann ihnen genauso wenig am Zerfall des Imperiums gelegen sein wie Konstantin als Kaiser. Der bedeutendste Kirchenlehrer des vierten Jahrhunderts, Augustinus, erkennt zwar die Gefahren einer solchen Liaison, hält es aber gleichfalls für illusorisch, Frieden ohne eine starke Zentralgewalt schaffen zu wollen. Eine politische Alternative zum Römischen Reich ist auch für ihn undenkbar. Kurzum: Beide Seiten können einem Freundschaftspakt zwischen Staat und Kirche etwas abgewinnen.

Konstantin ein Christ? Als Herrscher ist er eine ähnlich widersprüchliche Gestalt wie Herodes. Den brachialen Regeln des Machterhalts unterwirft er sich bedenkenlos und lässt Verwandte wie Gegner reihenweise ermorden. Seine Taufe zögert er hinaus bis kurz vor seinem Tod. Andererseits schafft er den Kaiserkult ab und erlässt zahlreiche Gesetze, die eine durchaus christliche Handschrift tragen. Um den üblichen Notverkäufen der Kinder in die Sklaverei und den ebenso üblichen Kindestötungen entgegenzuwirken, befiehlt er bereits 315, bedürftige Familien aus der kaiserlichen Kasse mit Nahrung und Kleidung zu versorgen – arme Familienväter können sich nun also erstmals an die öffentliche Hand wenden. Von 316 an dürfen Sklaven von einem Bischof rechtsgültig in die Freiheit entlassen werden. Andere Bestimmungen erleichtern das Los von Verurteilten und verfügen, Gefangenen einmal täglich die Sonne zu zeigen, oder verbieten das Brandmarken im Gesicht. Auch die Kreuzigung wird offiziell abgeschafft, allerdings bei Gelegenheit immer noch praktiziert. 321 gibt Konstantin gar der Zeit einen christlichen Rhythmus, indem er die Sonntagsruhe einführt – ein absolutes Novum. Und in seinen letzten Regierungsjahren setzt er das Verbot der freien Ehescheidung durch, die von den Römern bis dahin hochgehalten wurde wie ein Menschenrecht. Gewissen christlichen Grundideen verschließt sich Konstantin also keineswegs. Er zieht praktische Konsequenzen aus dem neuen Menschenbild, das dem Einzelnen die Menschenwürde eben nicht nur in Abstufungen zuerkennt, je nach Status und Herkunft, oder gleich gänzlich abspricht, sondern als Grundausstattung eines jeden menschlichen Wesens ansieht. Insofern, könnte man sagen, hat das Bündnis zwischen Kirche und Staat erstaunlich rasch Früchte getragen. Dennoch – mag die erste Bilanz dieser Zusammenarbeit gar nicht so schlecht ausfallen, mag auch die Erleichterung der Christen angesichts der gründlich gewandelten Verhältnisse nur zu verständlich sein, es stellt sich an diesem Punkt der Geschichte doch ein Unbehagen ein.

Denn jetzt soll das Christentum plötzlich funktionieren. Soll die Rolle spielen, die ihm von einem Kaiser zugedacht ist, soll stabilisieren und weltliche Macht garantieren. Es lässt sich in Dienst stellen, es lässt sich vor den Karren des Staats spannen. Natürlich besteht auf christlicher Seite die Hoffnung, fortan die Richtung zu bestimmen. Aber bestimmt der Karrengaul die Richtung? Wie groß ist die Chance, dass das Römische Reich dem Gottesreich immer ähnlicher wird, wie groß das Risiko, dass das Gottesreich mit der Zeit die Züge des Römischen Reichs annimmt? Gewiss, die Kirche ist mit dem Gottesreich nicht identisch. Aber sie setzt doch mit ihren Mitteln fort, was Jesus begonnen hat, als er seine Zuhörer für die Logik der Liebe zu gewinnen trachtete, als er Jünger berief und ihnen ein Gebet, ein Erinnerungsmahl und das Vermächtnis eines gnädigen Gottes mit auf den Weg gab. Und dieses Gottesreich ist nun einmal von grundsätzlich anderer Natur als jeder irdische Staat. Es beruht nicht auf Macht und schließt daher den Einsatz von Machtmitteln aus, es lässt sich auch nicht an konkreten Erfolgen wie siegreichen Feldzügen oder wachsendem Wohlstand messen, es zielt auf einen grundlegenden Wandel in den Beziehungen der Menschen untereinander und in ihrem Verhältnis zu Gott ab. Muss das Christentum deshalb nicht stets auf Abstand zur weltlichen Macht bedacht sein? Muss es sich nicht unter allen Umständen als Gegenmodell verstehen? Können die Christen von Spielverderbern zu Mitspielern werden und gleichzeitig weiterhin das beherzigen, was Jesus zu diesem Thema gesagt hat, nämlich: »Wer unter euch der Größte sein will, der sei euer aller Diener«? Oder sind die Christen zum Erfolg verdammt? Hat Jesus nicht selbst größten Wert auf Fruchtbarkeit gelegt? Wollte er nicht Ergebnisse sehen? Und außerdem – soll man sich jetzt den Wünschen des Kaisers verweigern, auf die Gefahr hin, seine Gunst wieder zu verlieren?

Fest steht: Wer sich auf Jesus beruft, der darf das Gottesreich nicht erzwingen, der darf der Ausbreitung des Gottesreichs nicht mit Gewalt nachhelfen. Der darf vor allem nicht jener Triumphgesinnung verfallen, die aus der Sicht Jesu das größte Hindernis für das Gottesreich darstellt. Genau dieser Versuchung aber setzt sich die Kirche nun aus, und nach dem Spießrutenlauf der letzten zweihundertfünfzig Jahre steht ihr jetzt eine Gratwanderung bevor: Sie muss die Möglichkeiten der Macht nutzen, wenn sie zur mitgestaltenden Kraft werden will, und gleichzeitig den Verlockungen der Macht widerstehen. Gelingt ihr das? Schon für den Zeitraum dieses Kapitels, also die zwei Jahrhunderte nach der konstantinischen Wende, fällt das Ergebnis zwiespältig aus. Da verfasst bereits Papst Siricius (394 bis 399) Briefe an seine bischöflichen Amtsbrüder im hochfahrenden Stil kaiserlicher Erlasse, erteilt ihnen Befehle und spricht Verbote aus, ohne sie auch nur zu begründen. Und da scheut Bischof Athanasius von Alexandria

(328 bis 373) nicht davor zurück, seinem theologischen Standpunkt durch prügelnde Mönchshaufen Nachdruck zu verleihen. Andererseits bringt der Gärungsprozess, in dem sich das Christentum dieser beiden Jahrhunderte befindet, immer wieder Gestalten hervor, die sich in bisweilen spektakulärer Manier der Verweltlichung der Kirche widersetzen, und vor allem diese unabhängigen Geister sollen uns später beschäftigen. Im Übrigen können wir uns jetzt endlich ein anschauliches Bild vom frühen Christentum machen, denn kaum ist der Zwang zur Unauffälligkeit entfallen, tritt es überall und in kürzester Zeit auch architektonisch in Erscheinung.

Wieder ist Konstantin die treibende Kraft. Den verfolgten Christen bietet er nicht nur üppige Entschädigungen an, er erstattet ihnen nicht nur ihren konfiszierten Besitz zurück, er setzt auch ein groß angelegtes

Gesamtansicht des größten erhaltenen antiken Bodenmosaiks in der Basilika von Aquileia, Norditalien, vor 319.

Kirchenbauprogramm in Gang, auf Staatskosten. Doch – was heißt das überhaupt? Was ist denn eine Kirche? Etwas nie Dagewesenes auf jeden Fall. Ein Bauwerk völlig neuen Typs. Etwas, das nun, da die Zahl der Christen sprunghaft ansteigt, dringend benötigt wird, aber zunächst einmal erfunden werden muss. Allerdings hat die Geschichte des Kirchenbaus ein Vorspiel. Die allererste Kirche, von der wir wissen, entsteht in Aquileia an der Nordküste der Adria, heute eine Kleinstadt zwischen Venedig und Triest, und sie lässt noch nichts von der stürmischen architektonischen Entwicklung erahnen, die kurze Zeit später einsetzen wird.

Zu Beginn des vierten Jahrhunderts ist Aquileia die neuntgrößte Stadt des Römischen Reichs, eine Seehandelsstadt und Umschlagplatz für Sklaven und Rinder, Öl, Wein und Luxusgüter. Man hat Geld und einen energischen Bischof, Theodorus (308 bis 319), und kaum ist das Schlimmste vorüber, kaum hat Kaiser Maxentius im Jahr 308 seinen Frieden mit den Christen der westlichen Reichshälfte gemacht, nimmt dieser Theodorus den Bau einer Kirche in Angriff. Noch traut er sich allerdings nicht, groß aufzutrumpfen, noch orientiert er sich am Vorbild der schlichten Saalkirchen, von denen es früher schon etliche gegeben haben muss, ohne dass wir genauere Kenntnis davon hätten. Und auch bei dem kostbaren Mosaikfußboden seiner Kirche hält er sich zumindest insoweit zurück, als er auf christliche Motive und Symbole verzichtet – noch ist Vorsicht angesagt, der Wind könnte ja wieder drehen. Doch kurz nach Vollendung lässt Theodorus gleich neben der ersten eine zweite Kirche mit einem ebenso prächtigen Mosaikfußboden errichten. Offenbar steht dieses Projekt nun unter völlig neuen Vorzeichen, denn hier tauchen die christlichen Motive auf, die man in der ersten Kirche noch vermisst. Zwar handelt es sich wieder um einen einfachen, rechteckigen Saal, aber die Mosaikkünstler greifen diesmal in den Fundus der biblischen Geschichten, stellen den Guten Hirten, den großen Fischzug, die Jonasgeschichte dar – und setzen aus ihren farbigen Steinchen obendrein die Porträts hochgestellter Herrschaften zusammen. Wer sind diese ernst dreinblickenden Männer und Frauen? Märtyrer? Oder Mitglieder der kaiserlichen Familie? Doch was hätten die im Fußboden einer Kirche zu suchen?

Die Archäologen, die den antiken Kirchenkomplex von Aquileia seit 1893 ausgraben, haben lange gerätselt. Mittlerweile gilt als sicher, dass diese Porträts tatsächlich Kaiser Konstantin, seine Frau Fausta sowie Prinzen und weitere Angehörige des Kaiserhauses abbilden. Man darf also davon ausgehen, dass Konstantin diese zweite Kirche selbst gestiftet hat – die Porträts wären dann ein Zeichen der Dankbarkeit und gleichzeitig ein Ausdruck der Hoffnung, auch in Zukunft den Schutz des Kaisers zu genießen. In jedem Fall stellt dieses Bodenmosaik ein Kleinod sondergleichen dar – mit 750 Quadratmetern ist es zum einen das größte zusammenhängende Mosaik, das uns aus der Antike erhalten geblieben ist. Zum

Ausschnitt aus dem Bodenmosaik in der Südkirche von Aquileia mit der Jonasgeschichte und der Inschrift, die den Bischof Theodorus in der ersten Zeile erwähnt.

Die beiden oberen Porträts im Mosaikboden der Südkirche zeigen links Helena, die Gemahlin von Konstantins Sohn Crispus, und rechts den Kaiser selbst, in eine purpurverbrämte Toga gekleidet. Darunter ein Detail aus dem früheren Mosaikfußboden der Nordkirche, wo sich die Künstler auf die Darstellung von Pflanzen und Tieren beschränkten.

anderen haben wir hier das erste christliche Dokument vor uns, in dem sich das Bewusstsein des Siegs nach überstandener Gefahr Geltung verschafft.

Die beiden profanen Prototypen der christlichen Basilika: oben die römische Ratsbasilika von Bosra in Syrien mit ihrer teilweise zerstörten, aber noch gut erkennbaren Apsis. Darunter die dreischiffige Marktbasilika in der kleinasiatischen Stadt Aspendos.

Saalkirchen wie in Aquileia haben allerdings gravierende Nachteile. Sie lassen sich nicht beliebig vergrößern. Und sie wirken mit einem Mal allzu bescheiden. Sie erlauben keine Monumentalität. Künftig sollen die christlichen Versammlungsstätten ja auch den Ruhm des Christentums verkünden, sollen den öffentlichen Raum prägen, wie es bisher die Tempel getan haben, sollen als Wahrzeichen des Glaubens weithin sichtbar und erkennbar sein. Eine neue, spektakulärere architektonische Formensprache muss gefunden werden. Und wieder gehen die Christen dabei so vor, wie sie es schon bei der Wahl der kirchlichen Amtsbezeichnungen getan haben: Sie orientieren sich nicht an Vorbildern aus dem religiösen Bereich, sondern greifen auf unvorbelastete profane Bauformen zurück. Vermutlich von kaiserlichen Baumeistern beraten, entscheiden sie sich für den Typus eines Zweckbaus, der schon seit Jahrhunderten üblich ist: die Basilika.

Derartige Basiliken sind im Reich allenthalben anzutreffen – als Marktbasilika, also Warenhaus und Einkaufszentrum, und als Gerichtsbasilika im Verwaltungsbezirk der Foren. Sie bestehen meist aus einem dreischiffigen Saal, dessen Mittelschiff die beiden Seitenschiffe um einiges überragt, sodass zwei zusätzliche Fensterreihen im oberen Mauerbereich Platz finden – ein Konstruktionsprinzip, durch das man zu weiten, hohen und ausreichend hellen Räumen gelangt. Besonderes Merkmal der Gerichtsbasilika ist die Apsis, eine halbkreisförmige Ausbuchtung in der Stirnwand des Saals, die nach oben mit einer muschelartigen Wölbung abschließt. In dieser Apsis thront der Richter, gegebenenfalls auch der Kaiser selbst, vom Rest der Anwesenden geschieden und wie entrückt in seiner eigenen

Sphäre. Die Raumaufteilung der Basilika erweist sich nun als ideal für die Zwecke eines Gottesdienstes, der immer stärker die Züge eines höfischen Zeremoniells annimmt, denn die Apsis bringt den Bischof gegenüber der Masse der Gottesdienstbesucher zur Geltung, so wie sie früher die erhabene Aura des Richters oder des Kaisers betonte. Außerdem lässt sich auf der Grenze zwischen Apsis und Langhaus ein Altar als kultischer Mittelpunkt aufstellen. Und schließlich erhält der Gottesdienst hier eine klare Ausrichtung, weil die ganze Aufmerksamkeit der Gemeinde im Langhaus auf das feierliche Geschehen zwischen Altar und Apsis gelenkt wird.

Die Entscheidung für die Basilika ist aber auch aus einem weiteren Grund wohlüberlegt – diese Bauform ermöglicht nämlich Kirchen von außerordentlichen Dimensionen. Gleich die erste christliche Basilika, mit deren Bau wohl im Jahr 314 begonnen wird, die monumentale, fünfschiffige Laterankirche in Rom, besitzt ein Langschiff von 90 Metern. Auf Pracht und Größe legt Konstantin auch bei jenen Kirchen wert, die er im Heiligen Land bauen lässt, wo er die Orte der christlichen Heilsgeschichte mit Kirchen markiert: Golgata mit der Grabeskirche, den Ölberg mit der Himmelfahrtskirche und Betlehem mit der Geburtskirche. Von den Kir-

Die Form der Kirche Santa Sabina in Rom, erbaut um 420, stellt eine perfekte Kombination der beiden profanen Vorbilder auf der linken Seite dar. Die Seitenschiffe sind hier wesentlich niedriger als das Hauptschiff, sodass im oberen Mauerbereich genügend Platz für große Fenster bleibt.

Der Innenraum der wohl ältesten erhaltenen Kirche der Welt, der Mar-Sarkis-Kirche in Maalula. Die in Syrien entwickelte christliche Architektur gab dem Kuppelbau gegenüber der Basilika den Vorzug.

Abbildung auf der rechten Seite:
Das Gebirgsstädtchen Maalula nördlich von Damaskus ist bis heute ein Zentrum des christlichen Glaubens. Hier wird auch im Alltag noch Aramäisch gesprochen, die Muttersprache Jesu.

chenbauten aus konstantinischer Zeit ist allerdings keiner mehr im Originalzustand erhalten – sei es, dass sie zerstört wurden wie die Saalkirchen von Aquileia, sei es, dass sie völlig umgestaltet wurden wie die Laterankirche in Rom. So darf als älteste, durchgehend und unverändert bis auf diesen Tag bestehende Kirche der Welt eine kleine Klosterkirche im heutigen Syrien gelten: die Mar-Sarkis-Kirche in Maalula 50 Kilometer nördlich von Damaskus. Keine Saalkirche, auch keine Basilika, sondern ein Kuppelbau, in dessen Mauern sich noch Bruchstücke des heidnischen Tempels finden, der zuvor an dieser Stelle stand. Als man das Gebälk dieser Kirche auf sein Alter hin untersuchte, kam man auf eine Entstehungszeit um das Jahr 320.

Wir befinden uns hier in einer Weltgegend, die aus unserem christlichen Blickfeld fast gänzlich entschwunden ist. Längst haben wir uns daran gewöhnt, das Christentum als ein abendländisches Phänomen mit Rom als Mittelpunkt zu betrachten. Auch die Stoßrichtung der Apostelgeschichte mit ihrer konsequenten Ost-West-Bewegung von Jerusalem

nach Rom verführt zu dieser Sichtweise. Dabei dehnt sich das Christentum in den ersten Jahrhunderten gleichfalls nach Süden aus, bis an die Quellen des Blauen Nils in Äthiopien, und ebenso in östlicher Richtung, über Euphrat und Tigris hinaus bis nach Armenien und Georgien. Und gerade Syrien, das ehemals auch den Libanon, Teile Jordaniens und die südlichen Gebiete im Osten der Türkei umfasste, beliefert uns mit unerschöpflichem Anschauungsmaterial aus der Anfangszeit des Kirchenbaus. Ja, man kann hier sogar immer noch in ein christliches Universum eintauchen, das Berührungspunkte mit der Welt Jesu aufweist. In Maalula beispielsweise, einer christlichen Stadt mit etlichen Kirchen und Klöstern, ist die Muttersprache Jesu, das Aramäische, nicht allein bei der Feier der Liturgie und in den alten Hymnen während des Gottesdienstes zu hören, sondern auch draußen in den Straßen.

Aramäisch ist auch im Tur Abdin, dem »Berg der Gottesknechte«, noch als Alltagssprache gebräuchlich. Heute ist diese karge, sanft gewellte Landschaft jenseits des Tigris im Südosten der Türkei nur noch dünn besiedelt, eine abgelegene Region, von der Außenwelt fast vergessen. Einst aber war der Tur Abdin ein berühmtes Zentrum des syrischen Christentums mit

Keine Landschaft des alten christlichen Kulturkreises dürfte so viele Baudenkmäler aus frühchristlicher Zeit aufweisen wie der Tur Abdin im Südosten der Türkei. Auf der linken Seite ist die Marienklosterkirche von Hah aus dem sechsten Jahrhundert zu sehen, darunter die festungsartige Anlage des Mor-Had-Bschabo-Klosters in Inwardo. Auf dieser Seite links der archaische Altarraum der Mor-Barsaumo-Kirche in Kafro Elayto, oben der sehr viel kunstvoller komponierte Altarraum der Klosterkirche von Hah.

zahllosen Klöstern. Schon im vierten Jahrhundert ließen sich hier Mönche und Einsiedler nieder; jede Stadt, beinahe jedes Dorf hatte ein eigenes Kloster, und in der Glanzzeit des Tur Abdin müssen viele Tausende von Mönchen hier gelebt haben. Anfang des zwanzigsten Jahrhunderts sind diese Stätten christlichen Geisteslebens untergegangen. Das Hauptkloster Mor Gabriel bei Midyat ist heute ein isolierter Außenposten, der immerhin noch von fünfundsiebzig Mönchen und Nonnen bewohnt wird; andere Klöster werden nur noch von einem einzigen Mönch bewirtschaftet, oder sie stehen leer. Zusammen bilden die etwa hundert erhaltenen Klöster des Tur Abdin aber auch in unseren Tagen noch ein beeindruckendes, weltweit einzigartiges Ensemble frühchristlicher Architektur.

Rechts die Mor-Yakub-Kirche in Nusaybin, das Herzstück einer der ersten christlichen Universitäten, deren Grundmauern im Umkreis der Kirche heute freigelegt werden. Darunter das mit prachtvollen Ornamenten verzierte Portal am Durchgang zwischen Nord- und Südkirche.

Vom Tur Abdin aus eröffnet sich ein weites Panorama christlicher Kultur im vierten Jahrhundert. Nur 50 Kilometer südlich, unmittelbar an der türkisch-syrischen Grenze, liegt die Stadt Nusaybin. Dem Ort wäre von seiner glanzvollen Vergangenheit heute nichts mehr anzusehen, gäbe es da nicht in einer Seitenstraße den großen, äußerlich völlig unscheinbaren Sandsteinkubus der Mor-Yakub-Kirche. Die große Überraschung wartet im Inneren: eine Doppelkirche mit Kuppeln und Gewölben, mit kunstvoll bearbeiteten Pfeilerkapitellen und reich verzierten Portalen. In der Krypta befindet sich sogar noch der Sarkophag des heiligen Jakob, gestorben 338, der dieses Bauwerk als Bischof von Edessa zwischen 313 und 326 errichten ließ. Da hieß Nusaybin noch Nisibis, war die stärkste Festung an der Ostgrenze des Römischen Reichs und eine der reichsten Handelsstädte am Königsweg zwischen Persien und der Mittelmeerküste. Sein Schüler Ephraim der Syrer machte die Stadt außerdem zum geistigen Zentrum der syrischen Kirche. Was die Archäologen heute im Umkreis der Mor-Yakub-Kirche freilegen, sind die Grundmauern eines weitläufigen Gebäudekomplexes, der nach 326 entstanden ist und die berühmte Schule von Nisibis beherbergte. Ephraim war ihr Gründer. Aus schriftlichen Quellen wissen wir, dass diese christliche Schule während ihrer Glanzzeit im sechsten Jahrhundert an die tausend Studenten hatte und ihr Lehrprogramm einer Universität würdig war: Unter anderem wurden hier Philosophie, Logik, Literatur, Medizin und Jura unterrichtet. Ephraim selbst gilt als einer der sprachmächtigsten christlichen Dichter überhaupt, Dante vergleichbar; seine Hymnen wurden aus dem Aramäischen in nahezu alle Sprachen der damaligen christlichen Welt übersetzt. Leben und Gott loben, das war für ihn eins – in einer seiner Hymnen hat er diese Einstellung auf die kurze Bekenntnisformel gebracht: »Ich will loben, solange ich bin; ich will nicht

Der Sarkophag des heiligen Jakob (Mor Yakub) in der Kirche von Nusaybin. Der Raum hat zwei Zugänge, was auf große Pilgerströme in der damaligen Zeit hindeutet.

sein, als wäre ich nicht. Ich will loben, solange ich lebe; ich will nicht tot sein, während ich lebe.« (Nisibenische Hymnen 50,1) Als Kirchenlehrer hebt sich der Syrer Ephraim im Übrigen wohltuend von manchen anderen Kirchenvätern seiner Zeit und ihrer theologischen Verbissenheit ab. Vom Geist der jüdischen Akademien Syriens und Mesopotamiens beeinflusst, vertrat er die Ansicht, dass es zahllose mögliche Bibelauslegungen gebe. Die Texte der Heiligen Schrift seien vieldeutig, und kein Mensch dürfe Anspruch auf das allein gültige Verständnis des göttlichen Worts erheben.

Verweilen wir noch für einen Augenblick in dieser Region. Zwei weiter westlich gelegene Städte sollte man auf dieser Tour durch das Syrien des vierten Jahrhunderts wenigstens streifen, nämlich Mardin und Edessa, auf Türkisch Urfa. Wie keine andere vermittelt die alte Bischofsstadt Mardin

Abbildung auf der folgenden Doppelseite:
Die Stadt Mardin im Südosten der Türkei war einst Bischofssitz. Heute gibt es hier noch vier Kirchen und ein Kloster.

Relief eines zelebrierenden Bischofs mit Inschriften in aramäischer Sprache in der Kirche der Vierzig Märtyrer in Mardin.

heute noch eine Vorstellung von der einstigen Bedeutung dieser christlichen Städte Nordsyriens. Die Stadt ist in jeder Hinsicht eine Rarität: wegen ihrer traumhaften Lage am Hang eines steil aufragenden Felsens, wegen der Menge ihrer alten Stadtpaläste, ihrer verwinkelten Treppen und engen, streckenweise überbauten Gassen und nicht zuletzt wegen ihrer Zeugnisse aus einer Zeit, als sich Islam und Christentum noch nicht gegenseitig ausschlossen. Auch wenn die letzten Christen von Mardin heute so etwas wie bestaunte Fabelwesen sind – das Stadtbild wird nach wie vor von Moscheen wie von Kirchen geprägt. Und in einer dieser Kirchen findet sich ein besonders anrührendes Dokument der christlichen Stadtgeschichte: eine Relieftafel aus dem achtzehnten Jahrhundert mit der naiven Darstellung eines Bischofs, der die Messe zelebriert, und einer Inschrift in aramäischer Sprache. Sehr viel weniger ist Urfa von seiner christlichen Vergangenheit anzusehen. Doch schon im dritten Jahrhundert muss es hier mehrere keineswegs unauffällige Kirchen gegeben haben, damals, als die Stadt noch Edessa hieß, ein Zentrum des Karawanenhandels war und Geschäftsbeziehungen bis Indien unterhielt. Und als Ephraim 363 von den Persern aus Nisibis vertrieben wurde, gründete er hier erneut eine Schule, die Edessa bald den Ruf einer Hochburg christlicher Gelehrsamkeit mit reichsweiter Ausstrahlung verschaffte.

Wenn wir nun das Römische Reich als Ganzes in den Blick nehmen, stellen wir fest: Die Gelassenheit eines Ephraim legen wenige Kirchenväter an den Tag. Was an ihnen auffällt – unabhängig von ihrem Charakter, ihrem Temperament –, ist ihre Unbeugsamkeit, ihre Strenge auch sich selbst gegenüber. In der Regel sind sie Kämpfer, kompromisslos und unbestechlich. Ihre Radikalität, ihr Eifer, auch ihre Geradlinigkeit wirken heute befremdlich. Und zu verstehen sind sie nur, wenn wir uns klarmachen, dass sich seit dem Durchbruch des Christentums eine ganze Zivilisation im Umbruch befindet. Dass von den Menschen nun ein Bruch mit nahezu allem verlangt wird, was bis dahin als sicher, wahr und richtig galt. Plötzlich zieht ein ungekannter Ernst in diese antike Welt ein, plötzlich soll der Einzelne nicht mehr als Bürger im Dienst einer politischen Gemeinschaft stehen, sondern als Individuum im Dienst Gottes. Das bedeutet eine Umwälzung großen Stils, und die Kirchenväter sehen sich vor die gewaltige Aufgabe gestellt, eine regelrechte Revolution des Denkens in Gang zu setzen und voranzutreiben. Dabei ist es nicht, wie in der Vergangenheit, der Widerstand des Heidentums, gegen den sie all ihre Kräfte mobilisieren müssen, es sind Krisen und Verfallserscheinungen des Christentums selbst.

Erstes Problem: Es ist so leicht geworden, Christ zu sein. Es kostet keine Überwindung mehr, es setzt keine Überzeugung mehr voraus, es ist kaum noch eine Überlegung wert. Es ist gesellschaftlich opportun und sogar ökonomisch lukrativ geworden. Aus den Spitzenämtern der Verwaltung werden die Heiden verdrängt, Christen rücken nach. Die einzelnen

Gemeinden dürfen mit kaiserlichen Finanzhilfen rechnen. Und die Priesterschaft befreit Konstantin von allen Steuern und Abgaben, mit der unerfreulichen Nebenwirkung, dass viele aus recht unchristlichen Erwägungen in das attraktive Klerikeramt drängen. Dadurch büßen die Priester bei ernsthaften Christen rapide an Autorität ein – Benedikt von Nursia (um 480 bis 547) beispielsweise, der Vater des abendländischen Mönchtums, würde in seinem Kloster am liebsten überhaupt keine Priester sehen, sie stehen bei ihm grundsätzlich im Verdacht der Überheblichkeit. Der Kirchenvater Hieronymus (347 bis 419) bringt das Dilemma auf den Punkt, wenn er sagt, die Kirche habe nach dem Ende der Verfolgung an Macht gewonnen, aber an Kraft verloren. Es sind die Kirchenväter insgesamt, die nun gar nicht daran denken, sich mit sichtbaren Erfolgen zufriedenzugeben oder sich von Zahlen beeindrucken zu lassen, die vielmehr alles daransetzen, der oberflächlichen Christianisierung eine zweite, tiefergreifende folgen zu lassen. Und es sind die Mönche, die Eremiten, die Säulensteher, die den alten Widerstands- und Widerspruchsgeist des Christentums in noch weit radikalerer Weise neu beleben und sich dem Zeitgeist entgegenstellen, indem sie sich das Christsein so schwer wie möglich machen – von ihnen vor allem wird noch zu reden sein.

Zweites Problem: die Umklammerung der Kirche durch den Staat. Konstantin und seine Nachfolger auf dem römischen Kaiserthron verstehen sich nicht nur als Schutzherr, sondern auch als geistiges Oberhaupt der Christenheit und greifen ungeniert in die Belange der Kirche ein. Es ist für sie undenkbar, dass es Bereiche des öffentlichen Lebens geben soll, in denen sie nichts mehr zu sagen haben. Zwar ist die moderne Idee einer Trennung von Kirche und Staat auch den Kirchenvätern noch fremd, aber die mutigsten unter ihnen weisen die Vertreter der Staatsmacht in ihre

Der heilige Ambrosius war Bischof von Mailand und Lehrer des Kirchenvaters Augustinus. Sein Leichnam liegt, von zwei Märtyrern flankiert, unter dem Hauptaltar von Sant'Ambrogio in Mailand.

Schranken; Bischof Ambrosius von Mailand (374 bis 397) widerspricht Kaiser Theodosius I. (379 bis 395) sogar öffentlich, und Basilius der Große (370 bis 379) provoziert den Abgesandten des Kaisers Valens (364 bis 378) zu dem Protest, so kühn habe noch keiner mit ihm zu sprechen gewagt. »Dann hast du wohl noch nie einen Bischof gesehen«, gibt Basilius ungerührt zurück. »Man muss Gott mehr gehorchen als den Menschen«, hatte Petrus seinerzeit geantwortet, als der Hohe Rat in Jerusalem den Aposteln Redeverbot erteilen wollte. In diesem Sinne arbeiten nun auch die Kirchenväter an einer Einschränkung der weltlichen Macht.

Drittes Problem: Das Christentum droht in verschiedene Richtungen auseinanderzutreiben. Die christliche Theologie eröffnet der Interpretation, der Spekulation und der Intuition einen weiten Spielraum, und die Fruchtbarkeit dieses Denkens hat mittlerweile zu einer enormen Vielfalt von Anschauungen und Standpunkten geführt, die den Kernbereich des Glaubens betreffen. Die Kirchenväter sehen sich in erbitterte theologische Debatten verwickelt; Irrlehren müssen definiert und bekämpft, immer präzisere Formulierungen für die Wahrheit gefunden werden. Jesus hatte sich der Wahrheit des Gottesreichs noch auf Umwegen genähert und mit Gleichnissen versucht, der Vorstellungskraft seiner Zuhörer auf die Sprünge zu helfen. Auch Paulus hatte, wo immer möglich, auf Anschaulichkeit gesetzt und sich populärer Bilder und Vergleiche bedient, wenn er theologische Sachverhalte erläutern wollte. Die christlichen Denker des vierten Jahrhunderts aber ringen unentwegt um exakte Formulierungen mit dem Ziel, endgültige Aussagen über das Göttliche zu treffen, und bekämpfen Spekulationen mit Definitionen, die hauchfeine Bedeutungsunterschiede erfassen. Das heikelste Problem dieses Jahrhunderts und noch für lange Zeit wirft die Natur Jesu Christi auf. Es ist die alte Frage, die schon das Markusevangelium durchzieht – wer ist dieser? –, nur dass sie jetzt auf der theoretischen Ebene philosophischer Ableitungen behandelt wird. Nun lautet sie so: Ist Christus ein Geschöpf Gottes und damit Gott untergeordnet oder Gott gleich? Ist er ein göttlicher Mensch? Oder ein menschlicher Gott? Wie verhält sich das Göttliche an ihm zum Menschlichen seiner Natur – besteht es unvermischt nebeneinander oder geht es eine unzertrennliche Verbindung ein? Und natürlich die Frage: Wie rettet man den Monotheismus, wenn Jesus als Gott gedacht wird?

Kaiser Konstantin bemerkt zu spät, mit welcher zerstrittenen Gesellschaft er sich da eingelassen hat. Er beschwört die verfeindeten Parteien, von ihren Spitzfindigkeiten abzulassen – jeder möge über solche Fragen denken, wie er wolle. Und als das nichts nützt, beruft er im Jahr 325 eine allgemeine Kirchenversammlung nach Nizäa ein, dem heutigen Iznik im Nordwesten der Türkei. Dergleichen hat es noch nie gegeben. Und Derartiges haben die Bischöfe auch noch nie erlebt. Schon die Wahl des Tagungsorts beweist, mit welcher Umsicht der Kaiser alles in Betracht zieht,

was besänftigend auf die Gemüter, was stimulierend auf die Kompromiss-
freudigkeit wirken könnte, denn Nizäa liegt in einer anmutigen, heiteren
Hügellandschaft am Ufer eines großen Binnensees, und wenn man von
dem modernen Iznik auf den antiken Ort schließen darf, dann ist es eine
charmante Stadt. Dieser Rückschluss fällt übrigens nirgendwo in der Türkei so leicht wie hier, denn die römische Stadtmauer von Nizäa mit ihren
einhundertvierzehn Wehrtürmen und ihren Stadttoren ist fast unversehrt
erhalten; auch das Theater gibt es noch, das Plinius der Jüngere seinerzeit
bauen ließ, als er sich zum ersten Mal mit Anzeigen gegen Christen konfrontiert sah. Nur der Palast, in dem der Kaiser die Kirchenvertreter um sich
scharte, ist bis auf ein Stück Grundmauer am Seeufer vollständig verschwunden. Aus der Kirchengeschichte des Eusebius wissen wir immerhin,
was dort im Jahr 325 vor sich geht, wie Konstantin die Bischöfe hofiert und
bewirtet, wie er sie mit diplomatischem Geschick und sanftem Druck zur
Einmütigkeit bewegt und welche Mühe ihn das kostet: »Da begannen die
einen die anderen anzuklagen«, schreibt Eusebius, »diese aber verteidigten
sich und erhoben Gegenbeschuldigungen. Als nun so von beiden Seiten
sehr viel vorgebracht wurde und anfänglich ein großer Streit tobte, hörte
der Kaiser langmütig allen zu und nahm mit gespannter Aufmerksamkeit
das Vorgebrachte entgegen, und indem er sich in einzelnen Punkten für
das aussprach, was von einer jeden Partei gesagt wurde, brachte er allmählich die streitsüchtigen Gemüter einander näher.«

Iznik, das antike Nizäa, Veranstaltungsort des ersten ökumenischen Konzils im Jahr 325. Oben ein Blick auf die Stadt
mit dem Iznik-See im Hintergrund. Unten das nördliche
Stadttor in dem fast vollständig erhaltenen römischen
Mauergürtel von Iznik.

Der Kaiser übernimmt hier also die Rolle, die in späterer Zeit dem Papst zufällt, und es ist womöglich seinem Krisenmanagement zu verdanken, dass die Kirche nicht in unversöhnliche Splittergruppen zerfällt. In Nizäa wird ein langes Programm abgearbeitet, vor allem aber um ein Glaubensbekenntnis gerungen und schließlich eine Formel gefunden, auf die sich die Versammelten verständigen können: Gott Vater und Gott Sohn sind wesensgleich, Jesus also im selben Sinne Gott wie der, den er zu Lebzeiten als Vater im Gebet angerufen hat. Der Streit wird damit jedoch nicht beigelegt. Er geht mit unverminderter Heftigkeit weiter, und man wird die Verbissenheit der Kontrahenten nur verstehen, wenn man ihnen zubilligt, dass es ihnen tatsächlich um die Wahrheit geht und um das ewige Heil der Seele, das sie durch die jeweilige Gegenposition ernsthaft bedroht sehen. Im Übrigen werden die dogmatischen Debatten dieser Zeit nicht hinter verschlossenen Türen geführt, sondern unter großer Anteilnahme der Öffentlichkeit. Sie sind Tagesgespräch auf den Gemüsemärkten und können dort zu hitzigen Auseinandersetzungen führen, sie sorgen in Metzgereien und Barbierstuben für lautstarke Debatten. »Fragst du jemanden, wie viele Obolen du zu zahlen hättest«, schreibt Gregor von Nyssa (um 335 bis nach 394, Bischof seit 372), ein Bruder des Basilius, »philosophiert er über das Erschaffene und das Nichterschaffene; als ich den Preis des Brotes erfragte, antwortete der Verkäufer, dass der Vater größer ist als der Sohn, und wenn du fragst, ob das Bad gerichtet sei, wird dir erzählt, dass der Sohn aus dem Nichts erschaffen wurde.«

Was man dabei nicht vergessen darf: Hinter der Wand aus erregten Worten verbirgt sich oft eine ungeheure moralische Stärke. Viele unter den Kirchenvätern sind nicht nur Theoretiker, sondern auch Praktiker, durchaus machtbewusst, aber nicht verhärtet. Als Anwälte der Armen scheuen sie sich nicht, die Gier der Reichen öffentlich anzuprangern. »Die Tugend, die den Reichen am leichtesten fallen sollte, die Mildtätigkeit, erscheint ihnen am schwersten«, schreibt Basilius der Große. Er fasst seine Kritik in Worte, die heute unverändert provozierend klingen: »Wer einem ein Kleid wegnimmt, der wird Dieb genannt, wer aber den Nächsten nicht kleidet, ob er's gleich könnte, verdient der eine andere Bezeichnung? Dem Hungernden gehört das Brot, das du zurückhältst, dem Unbekleideten das Kleid, das du im Kasten hütest, dem Barfüßigen der Schuh, der bei dir vermodert, dem Bedürftigen das Geld, das du vergraben birgst.« Und er belässt es nicht bei deutlichen Worten. Während der Hungersnot von 368, als viele sich nicht mehr anders zu helfen wissen, als ihre Kinder in die Sklaverei zu verkaufen, gibt Basilius durch die Verteilung seiner Güter ein Beispiel für christliches Handeln. Später, als Bischof von Cäsarea an der kleinasiatischen Schwarzmeerküste, geht er noch weiter und betreibt den Bau eines ganzen Stadtviertels für Arme und Kranke. Auf seine Initiative hin entstehen im Hafengebiet seiner Heimatstadt Fremdenherbergen,

Der Kirchenvater Basilius der Große auf einem
Wandgemälde aus der Mitte des elften Jahrhunderts.
(Sophienkirche in Ehrid, Mazedonien)

Hospitäler, Altenheime, Armenhäuser, Wohnstätten für Seuchenkranke
und darüber hinaus alle Einrichtungen, die für ihren Betrieb gebraucht
werden, nämlich Werkstätten sowie Wohnungen für Ärzte und Pfleger, ja
selbst Stallungen für Lasttiere und Unterkünfte für Maultiertreiber. Auf
ähnliche Weise nehmen sich bereits im vierten Jahrhundert auch viele andere Bischöfe der gesellschaftlichen Verlierer und Ausgestoßenen an.

Kirchenführer wie Basilius bringen es fertig, ihre theologischen Positionen mit einer Entschiedenheit zu vertreten, die in unseren Tagen als
radikale Einseitigkeit, womöglich als Engstirnigkeit verstanden werden
könnte, und gleichzeitig wie der barmherzige Samariter im Gleichnis des
Lukasevangeliums zu handeln. Das mag uns irritieren. Doch bevor man sie
zu finsteren Ideologen stempelt, sollte man sie einmal im Licht ihrer Zeit
und durch die Augen ihrer Zeitgenossen betrachten – sie stehen dann an-

ders da, nämlich als Vorkämpfer eines sozialen Verantwortungsbewusstseins, das uns heute nur deshalb selbstverständlich erscheint, weil es für sie selbstverständlich war. Davon abgesehen brachten diese Männer durchaus Toleranz auf, solange es nicht um zentrale Glaubenswahrheiten ging. Eines der akuten Probleme jener Tage ist die Frage, wie man es mit der heidnischen Literatur halten soll, die weiterhin im Schulunterricht verwendet wird: in Bausch und Bogen verurteilen und schnellstmöglich durch christliche Schriften ersetzen? Wieder ist es Basilius, der vom Standpunkt praktischer Vernunft aus argumentiert und dazu rät, wie die Biene den Blütenstaub das Nützliche aus den heidnischen Texten herauszusaugen und sich vom Übrigen nicht stören zu lassen – eine Einstellung, der sich das Überleben der klassischen Literatur verdankt.

Letztlich kann man den Kirchenvätern wohl nur gerecht werden, wenn man sie als Protagonisten eines kulturellen Umsturzes, einer geistigen Revolution ungekannten Ausmaßes begreift. Im Christentum verbinden sich mit Gott ja Verheißungen und Hoffnungen, die alles übersteigen, was die heidnische Antike von ihren Göttern erwartete, und im selben Maß wachsen die Ansprüche an den Einzelnen, an seine Moral, an seine Spiritualität. Das setzt die menschliche Existenz einer ebenfalls nie dagewesenen Grundspannung aus, die den Kirchenvätern häufig anzumerken ist. Gelassenheit ist unter solchen Bedingungen eine seltene Tugend. Nichtsdestoweniger bleibt genug, was uns für diese Männer immer noch einnehmen kann: Sie schwimmen nicht mit dem Strom. Sie reden niemandem nach dem Mund. Sie sind unbequem und schonen andere so wenig wie sich selbst. Und was immer sie betreiben, sie tun es mit Leidenschaft, furchtlos und ohne Rücksicht auf persönliche Konsequenzen. In noch weit höherem Maß trifft all dies allerdings auf eine Bewegung zu, die sich zu Beginn des vierten Jahrhunderts am äußersten Rand der Kirche formiert. Die Rede ist von jenen, die für ihre Gotteserfahrung jeden Preis zu zahlen bereit sind, die in ihrem Glauben bis an die letzten Grenzen gehen, die der Kirche auf diese Weise seither und durch alle Jahrhunderte hindurch immer neue Energie zugeführt haben – die Rede ist von den Mönchen, den Asketen und Eremiten.

Die Geschichte des Mönchtums nimmt ihren Anfang um das Jahr 270. Ein junger Ägypter namens Antonius, von Haus aus begütert, vernimmt während der Evangeliumslesung den Ausspruch Jesu »Willst du vollkommen sein, so gehe hin, verkaufe, was du hast, und gib es den Armen, und du wirst einen Schatz im Himmel haben ...«. Dass sich Antonius diesen Satz zu Herzen nimmt, wäre zu wenig gesagt. Tatsächlich trennt er sich von seinem Besitz, zieht dann aber Konsequenzen, die weit über die Radikalität dieses Jesusworts hinausgehen, entfernt sich zunehmend von der menschlichen Gesellschaft und betritt in jeder Hinsicht Neuland. Er nimmt in einer schlichten Behausung am Stadtrand Quartier. Er erlegt sich immer

Höhlen oder Felsengräber wie dieses vor den Toren der antiken Stadt Ulla in Kleinasien gehörten zu den bevorzugten Wohnstätten der Eremiten.

härtere Lebensbedingungen auf. Er durchwacht ganze Nächte, nimmt nur noch einmal täglich Nahrung zu sich und lebt ausschließlich von Brot, Salz und Wasser. Wechselt dann von seiner Kammer in ein Felsengrab außerhalb der Stadt und zieht sich schließlich noch weiter aus der Welt zurück, geht tief in die ägyptische Wüste hinein, lebt fortan in einer kleinen Oase und bestellt ein Stück Land, um in keiner Beziehung mehr auf Menschen angewiesen zu sein. Und dort, in seiner Wüste, stirbt er auch als über hundertjähriger Greis, wohl im Jahr 356 – der erste uns bekannte Mensch, der das Eremitentum zu seiner Lebensweise gemacht hat. Ein neuer Typ von Christ.

»Willst du vollkommen sein ...« Antonius strebt tatsächlich Vollkommenheit an, und er sucht ihr auf dem Weg absoluten Widerspruchs und radikalen Widerstands nahezukommen. Des Widerspruchs gegen alle Glücksversprechen der Gesellschaft, des Widerstands gegen alle Regungen seiner Natur. Größtmögliche Gottesnähe im fortwährenden, ungestörten Gebet ist für ihn das vollkommene Glück. Und in der vollständigen Selbstüberwindung erlebt er die völlige Freiheit. Durch Entbehrung zur Fülle gelangen – das ist durch und durch christlich gedacht, das heißt, die christliche Paradoxie im eigenen Leben mit letzter Konsequenz zu verwirklichen. Für seine Zeitgenossen ist Antonius eine Gestalt von unbegreiflicher Exotik. Nichts widerstrebt dem hellenistischen Lebensgefühl mehr als die Wüste, die trostlose Ödnis, der Ort grenzenloser Monotonie fern aller Lebensfreude. Und deshalb beschäftigt dieser Antonius die Menschen. Neugierige pilgern zu ihm hinaus, bestaunen ihn, suchen auch seinen Rat, bleiben, werden seine Schüler. Die Wüste bevölkert sich, Einsiedeleien entstehen im weiten Umkreis, Antonius wird berühmt, Kaiser Konstantin schreibt an ihn. Bemerkenswert auch: Es ist kein Kleriker, kein Kirchenmann, der jetzt zum Vorbild für viele Tausende wird – Antonius ist Laie, ein Mensch ohne nennenswerte Bildung und obendrein jemand, der nicht bloß sein Heil außerhalb der Gesellschaft sucht, sondern Priester und Kirche dabei ebenfalls weit zurücklässt. In den folgenden Jahrzehnten kommt es zu einer regelrechten Auswanderung aus den Städten in die Wüste. Nicht nur in Ägypten, auch in Syrien und Palästina tauschen Bürger ihre Häuser mit Erdlöchern, Grabhöhlen, alten Zisternen oder winzigen Hütten, die kaum Platz für den ausgestreckten Körper bieten, und verbringen ihr Leben im Gebet. Und kaum einer der großen christlichen Denker des Ostens tritt seine Kirchenlaufbahn an, ohne zuvor jahrelange Erfahrung mit der asketischen Lebensweise gesammelt zu haben.

Mit anderen Worten: In der Wüste schöpft das Christentum wieder die Kraft, die es in der Zivilisation mittlerweile eingebüßt hat. Hier entsteht es ein weiteres Mal als Sonderweg und Gegenwelt. Hier bricht sich aufs Neue die Wahrheit Bahn, die im Zeitalter der Theologen in Vergessenheit zu geraten droht: dass das Christentum keine theoretische Angelegenheit ist, keine Spielart der Philosophie, sondern eine Erfahrungsreligion. Allerdings – wie jede Bewegung, die sich Extrembereiche der menschlichen Existenz erschließt, steht auch das Eremitentum in der Gefahr, bizarre Auswüchse hervorzubringen. Wo verläuft die Grenze zwischen strenger Askese und grotesker Rekordsucht? Manche Einsiedler essen nur Verschimmeltes, andere leben ausschließlich von Mehl und Wasser, wieder andere begnügen sich mit einer einzigen Mahlzeit pro Woche. Etliche behängen sich mit Gewichten, schleppen Tag und Nacht schwere Eisenketten mit sich herum oder wählen die spektakulärste Form des Eremitentums und besteigen Säulen, die sie bis zu ihrem Tod nicht mehr verlassen. Von einem solchen ist nun noch die Rede, nämlich von Simeon dem Säulensteher, einer der sonderbarsten Gestalten, die das Christentum je hervorgebracht hat.

Die Ruine des Sankt-Daniel-Klosters im Gebiet der Toten Städte im Nordwesten Syriens (sechstes Jahrhundert). Die ganze Region ist reich an frühchristlichen Kirchen und Klöstern. Den großartigen architektonischen Höhepunkt bildet zweifellos das Simeonskloster in der Nähe von Aleppo. Unten ein Ausschnitt aus der Fassade der Hauptkirche mit dem Stumpf der ehemals 18 Meter hohen Simeonssäule in der Bildmitte. Auf der rechten Seite sieht man das monumentale Baptisterium des Simeonsklosters (fünftes Jahrhundert).

Wer seine Bedeutung ermessen will, muss von Aleppo im Nordwesten Syriens aus einen Abstecher nach Qala'at Sama'an machen. Dort stehen auf einem lang gestreckten Hügelrücken, je nach Tageslicht mal ocker-farben, mal zartrosa schimmernd, die erstaunlich gut erhaltenen Ruinen einer der großartigsten Kirchenanlagen der christlichen Welt. Woran es auch immer liegen mag, an der beinahe unwirklichen Schönheit der Archi-tektur, ihrer fast schwebenden Leichtigkeit trotz der riesigen Ausmaße oder der Feierlichkeit der Landschaft, über die sich diese Ruinen erheben – eine unzerstörbare Aura von Heiligkeit haftet dem Ort an. Die vier Kirchen-schiffe der kreuzförmigen Anlage streben auf das zentrale Oktogon zu, und dort, genau im Mittelpunkt, heute unter freiem Himmel, steht sie, die Säule des heiligen Simeon. Oder das, was von ihr übrig geblieben ist, nach-dem Hunderttausende von Pilgern nach seinem Tod ein Bruchstück davon weggetragen haben, nämlich ein eiförmiger Stummel. Den muss man in

Das Simeonskloster mit dem zentralen Oktogon, das einst
die Kuppel trug, die die Säule des Heiligen überwölbte.

seiner Fantasie auf 18 Meter Höhe verlängern und sich alles andere umher
wegdenken, sodass nur die weiße Säule auf dem Hügel und die feierliche
Landschaft ringsum übrig bleiben. Auf der Spitze dieser Säule stelle man
sich dann eine kleine Plattform mit einer Balustrade und einem Dach gegen
die sengende syrische Sonne vor und einen Mann, der dort stundenlang
reglos mit ausgebreiteten Armen steht, sich dann plötzlich Hunderte, Tausende Mal zu seinen Füßen hinunterbeugt und endlich aufrichtet und zu
einer Rede ansetzt, mit gewaltiger Stimme aus schwindelerregender Höhe.
Man hätte dann in etwa das Bild, das Simeon den Menschen bot, die seine
Säule dreißig Jahre lang tagein, tagaus in hellen Scharen umlagerten.

Was suchten sie dort? Weshalb zog es solche Massen von Gläubigen
und Schaulustigen hier in die syrische Wüste? Offenbar hatte es sich bis
Äthiopien, bis Spanien und Britannien herumgesprochen, dass niemand
die Kunst, sich das Leben schwer zu machen, so vollendet beherrschte wie

Simeon. Vierzig Tage ohne zu essen und zu trinken hatte er überlebt, unvorstellbare Torturen und Strapazen überstanden. Dieser Mann schien tatsächlich allein aus der Kraft des Glaubens heraus zu leben. Und diese jede Vorstellung übersteigende, scheinbar alle natürlichen Grenzen sprengende und auf jeden Fall alles Bisherige überbietende Kraft verschaffte seinen Worten ein derartiges Gewicht, dass nicht einmal die wechselnden Kaiser in Konstantinopel sie ignorieren konnten. Elf Jahre nachdem er 459, immerhin siebzigjährig, gestorben war, wurde mit dem Bau des Kloster- und Kirchenkomplexes begonnen, dessen eindrucksvolle Ruinen bis heute den kümmerlichen Rest seiner Säule einfassen – es war die größte Kirchenanlage der Welt bis zum Bau der Hagia Sophia und jahrhundertelang noch das Ziel gewaltiger Pilgerströme.

Oben links der eiförmige Rest der Simeonssäule. Oben rechts das Taufbecken im Baptisterium mit kreisförmigem Bodenmosaik. Links eine der zahlreichen Herbergen, die rings um das Simeonskloster angelegt werden mussten, um die Pilgerscharen unterzubringen.

Ein Blick auf die unwirtlichen Sabiner Berge, wo Benedikt jahrelang als Einsiedler in einer Höhle lebte (rechts). Im zwölften Jahrhundert wurde über der Wohnhöhle Benedikts eine Abtei errichtet (unten).

Ein Christentum, dem an Ordnung so viel und an Unterordnung immer mehr liegt, bereichern Gestalten wie Simeon um ein Element grandioser Selbstverschwendung. Doch der Geist des Mönchtums wäre nicht zur Inspirationsquelle der abendländischen Kultur geworden, hätte er sich in ihrem glaubensglühenden und weltverachtenden Extremismus erschöpft. Dazu bedarf es eines Menschen, der die frei fluktuierenden Energien des Mönchtums bündelt und ihnen Form und Richtung gibt, indem er Glaubenseifer mit dem Ideal eines produktiven Lebens verbindet. Dieser Mensch ist Benedikt von Nursia. Und seine Wirkung auf die europäische Geschichte ist durchaus mit dem Einfluss zu vergleichen, den 450 Jahre zuvor Paulus auf die Entwicklung des Christentums ausgeübt hat.

Benedikt wird in eine Zeit der Auflösung hineingeboren. Das Weströmische Reich ist im Niedergang begriffen, die Völkerwanderung stürzt Italien ins Chaos. Benedikt beabsichtigt, ein Studium in Rom aufzunehmen, ist vom allgemeinen Niedergang jedoch dermaßen entsetzt, dass er die Flucht ergreift und sich in einer Höhle in den Sabiner Bergen östlich von Rom buchstäblich verkriecht. Eigentlich ist er alles andere als ein Exzentriker, und das Exhibitionistische des syrischen Asketentums geht ihm völlig ab. Aber er will für diese Welt des Verfalls unerreichbar sein und überlässt sich einer derartigen Verwahrlosung, dass Hirten ihn eines Tages für ein wildes Tier halten. Es ist, als ob Benedikt für sich persönlich radikal mit allem abschließen wollte, was einmal als der Inbegriff höchster Zivilisation gegolten hat.

Nach diesem Schlussstrich ist er bereit und fähig zu einem völligen Neuanfang. Als Mensch verkörpert er nun, da das innere Drama des Eremiten ausgetragen und ausgestanden ist, den Typus des souveränen Individuums, wie er uns in Europa bis heute als Ideal vorschwebt: selbstbeherrscht und verantwortungsbewusst, respektvoll im Umgang mit anderen, nachsichtig mit ihren Schwächen, verständnisvoll gegenüber ihren Fehlern und zuvörderst stets und bei allem um ein vernünftiges, menschliches Maß bemüht. Mit der Mönchsgemeinschaft, die er jetzt nach dem Vorbild eines Familienverbands in den Sabiner Bergen ins Leben ruft, gründet er die Keimzelle einer Organisation, die zu den beständigsten und erfolgreichsten in der Geschichte des Abendlands überhaupt gehört. Mönche des Benediktinerordens haben vom frühen Mittelalter an entscheidend zur ökonomischen Entwicklung und zur kulturellen Blüte Europas beigetragen. Sie haben Wirtschaftsunternehmen, Hospitäler und Schulen betrieben, haben unserem Kontinent im Lauf von anderthalb Jahrtausenden in vieler Hinsicht ihren Stempel aufgedrückt. Dieser Erfolg beruht auf einem einfachen Grundgedanken, für den sich die Kurzformel »ora et labora« – »bete und arbeite« – eingebürgert hat. Benedikt führt seine Regeln für das Zusammenleben einer Gemeinschaft, in der alles zur Geltung kommen soll, was das Christentum im besten Sinne ausmacht, natürlich gründlicher aus, aber hier soll die Feststellung genügen: Das Bekenntnis zur Eigenverantwortung und die Vorstellung, dass die Arbeit genauso wie das Gebet zu einem sinnerfüllten Leben gehört, werden von den Benediktinern aus den Trümmern des Römischen Reichs hinübergerettet in die neue Zeit, die mit dem Mittelalter anbricht. Und dieses benediktinische Vermächtnis wirkt bis heute nach.

Benedikt und seine Schwester Scholastika auf einem Fresko in der Oberkirche der Benediktinerabtei von Subiaco.

Gegenüber der Kirche mit ihrer Tendenz zur großen, festen Form im ästhetischen wie im spirituellen Bereich beweisen die zahlreichen Orden, in die sich das Mönchtum mit der Zeit auffächert, was auch noch möglich, was auch noch christlich ist. Ähnlich wie die Ketzer setzt jeder Ordensgründer neu an, und es gibt immer Gründe dafür, weil die Texte des Neuen Testaments die Erinnerung an einen Jesus Christus bewahren, der alle herrschenden Verhältnisse, innerhalb und außerhalb der Kirche, grundsätzlich und zu allen Zeiten in Frage stellt. Wäre es anders, würde die Gründergestalt des Christentums nicht eine fortwährende Provokation darstellen – die Bibel hätte nicht diese ungeheure, einzigartige Wirkung entfaltet, die sie im Lauf von zwei Jahrtausenden gehabt hat. Kein anderes Werk hat auch nur annähernd einen derartigen Einfluss auf das europäische Denken ausgeübt. Nur – kann man dem Text trauen? Schließlich wurde auch kein anderes Werk der Antike so häufig abgeschrieben wie das Neue Testament. Und jeder Text läuft beim Kopieren Gefahr, fehlerhaft zu werden – aus Fahrlässigkeit oder weil Abschreiber den sprachlichen Ausdruck ihrer Vorlage verbessern, Erzählungen ergänzen oder Widersprüche beseitigen wollen. Da liegt der Verdacht nahe, dass die Evangelien uns aus ebendiesen Gründen doch ein verfälschtes Bild von Jesus liefern. Ist der Jesus, von dem dieses Buch handelt, also in Wirklichkeit das Produkt absichtlicher Entstellungen und tausendfacher Nachlässigkeiten? Ein Phantom?

Gesamtansicht des Katharinenklosters am Sinai, wo Konstantin Tischendorf die zweitälteste Bibelhandschrift entdeckte. Es wurde im sechsten Jahrhundert gegründet, erhielt seine heutige Gestalt aber erst im fünfzehnten Jahrhundert.

Tatsächlich konnte man sich lange Zeit der ursprünglichen Textgestalt nicht sicher sein. Auch Martin Luther lagen bei seiner Bibelübersetzung keine zuverlässigen Ausgangstexte vor. Seither aber ist viel geschehen. Der deutsche Wissenschaftler Konstantin Tischendorf entdeckte Mitte des neunzehnten Jahrhunderts im Katharinenkloster auf dem Sinai eine fast vollständig erhaltene Bibelhandschrift aus dem vierten Jahrhundert. Und die sensationellen Funde, die Mitte des letzten Jahrhunderts in Palästina und Ägypten gemacht wurden, förderten eine große Zahl noch weit älterer Bibeltexte zutage. Eine kurze Bestandsaufnahme sähe so aus: Den Wissenschaftlern stehen heute rund fünftausendvierhundert griechische Handschriften des Neuen Testaments für Vergleiche zur Verfügung. Darunter befinden sich die älteste überlieferte Handschrift mit nur wenigen Versen aus dem Johannesevangelium, vermutlich aus dem Jahr 125, und zwei beinahe vollständige Bibelhandschriften, nämlich der Codex Vaticanus, der in der ersten Hälfte des vierten Jahrhunderts entstand, und der Codex Sinaiticus, der um 350 angefertigt worden sein muss. Beide Kodizes enthalten das gesamte Neue Testament, sodass sich zumindest jener Evangelien- und Brieftext rekonstruieren lässt, der im vierten Jahrhundert in den Gottesdiensten benutzt wurde. Der lässt sich wiederum mit den älteren Fundstücken aus Palästina und Ägypten vergleichen und auf Abweichungen hin überprüfen. Und hier lautet der eindeutige Befund: keine gravierenden Unterschiede. Innerhalb der ersten drei Jahrhunderte haben die Abschriften den originalen Text erstaunlich genau überliefert.

Es gibt eine plausible Erklärung dafür. Den Gemeinden gehörten seinerzeit Berufsschreiber an, Leute, die die besondere Urkundenschrift beherrschten, die für derartige Texte verlangt wurde. Diese Schreiber waren einfache Menschen, Handwerker, nicht gebildet genug, um in die Texte einzugreifen. Stilistische Verbesserungen oder theologische Umdeutungen lagen ihnen fern. Man darf sogar davon ausgehen, dass jene vier Schönschreiber in Alexandria, die sich die Kopierarbeit am Codex Sinaiticus teilten, der griechischen Sprache gar nicht mächtig waren und die Buchstaben einfach stur übertrugen. Dieses Verfahren schloss keine Flüchtigkeitsfehler aus, bewahrte die Texte aber vor eigenmächtigen Sinnveränderungen, sodass man heute feststellen kann: Sprachliche Unterschiede zwischen den frühen Abschriften treten auf, theologisch bedeutsame Abweichungen sind selten. Dem Argument, schon der Kopistenfehler wegen sei Jesus für uns nur noch in verstümmelter Gestalt greifbar, haben die Forscher in den letzten einhundertfünfzig Jahren den Boden entzogen.

Sind damit alle Zweifel an der Wahrheit des Neuen Testaments ausgeräumt? Natürlich nicht. Auch dieser Befund bestätigt lediglich die Vertrauenswürdigkeit der Grundlagen, auf denen der christliche Glaube beruht. Aber er fügt sich als Mosaikstein ins Gesamtbild einer Religion, der es wie keiner anderen um die Wahrheit zu tun ist. Um die spirituelle Wahrheit ihres Glaubensinhalts natürlich, aber eben auch um die historische Wahrheit der Ereignisse, die zu ihrer Entstehung geführt haben, und um die Wahrheitstreue, mit der diese Ereignisse in den Schriften des Neuen Testaments überliefert werden. Zahlreiche weitere Befunde von Archäologen und Historikern sind für dieses Buch hinzugezogen worden, die zeigen, dass dieser Anspruch auf Wahrheit nicht so unbegründet ist, wie eine weit verbreitete Skepsis uns glauben machen will.

Vielleicht aber lässt sich aus einer letzten Beobachtung sogar ein Argument für die tiefere Wahrheit der christlichen Gründungsurkunden gewinnen: Diese Texte haben ihre Sprengkraft in den letzten zwei Jahrtausenden nie eingebüßt. Auf dem Grund des Christentums brodelt es weiter, und was darauf errichtet wurde, bleibt in Bewegung. Der Glaube hätte sich längst von selbst erledigt, würde uns das Neue Testament nicht eine radikal andere Sichtweise der Welt liefern, würde es nicht Maßstäbe setzen, die die jeweils herrschenden Verhältnisse radikal in Frage stellen. Es ist diese göttliche Perspektive Jesu, aus der das Kleine groß und das Große klein, der Mächtige machtlos und der Machtlose mächtig erscheint, die zu allen Zeiten neue Kräfte freigesetzt und die stets drohende Verkrustung verhindert hat, von der immer wieder beunruhigende und verstörende, belebende und befruchtende Impulse ausgegangen sind. Dass auf den Durchbruch des Christentums noch so viele Aufbrüche folgten – was sonst könnte man als Argument für die Wahrheit des Neuen Testaments gelten lassen, wenn nicht diese historische Erfahrung?

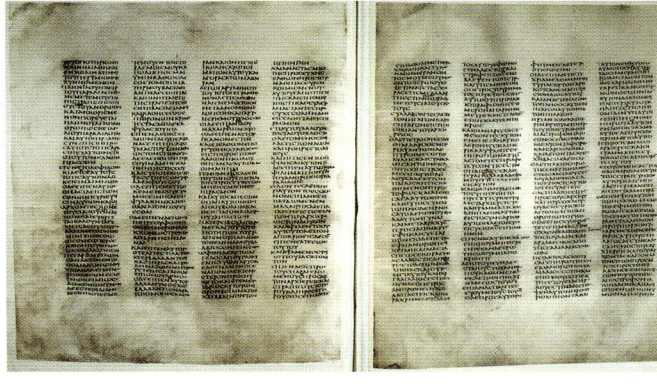

Zwei Seiten aus dem Codex Sinaiticus. Das dichte Schriftbild ergibt sich dadurch, dass der Text ohne Satzzeichen und ohne Wortzwischenräume geschrieben wurde. Auch die uns geläufige Einteilung in Kapitel und Verse gab es damals noch nicht – sie wurde erst 1551 durch einen Pariser Buchdrucker eingeführt. (British Library London)

Anhang

Danksagung

Vielen Menschen, die mir über lange Zeit und in mancherlei Hinsicht bei den Vorarbeiten zu diesem Buch zur Seite gestanden haben, schulde ich Dank.

Ganz besonderer Dank gebührt *Prof. Dr. Ehud Netzer*, Israel, der mich in großzügiger Weise an den Ergebnissen seiner Forschung teilhaben ließ und seine Fotos zur Verfügung stellte; *Abtprimas Notker Wolf*, OSB, der mir viele Einsichten in das Wesen und die Geschichte des Mönchtums und darüber hinaus einen lebhaften Eindruck von der christlichen »Fruchtbarkeit« vermittelte; *Dr. Anton Deutschmann*, München, der ein stets anregender Gesprächspartner war, mich mit konstruktiver Kritik unterstützt und die Endfassung des Manuskripts geprüft hat; *Annette Gebbers*, Studienstelle Christen und Juden der Evangelischen Kirche im Rheinland, für ihre sachkundige Begleitung in Israel und ihre ausdauernde Ermutigung; *Prof. Havva Iskan*, Mittelmeeruniversität Antalya, der ich wertvolle Informationen zu Ausgrabungen in der Türkei verdanke; *PD Dr. Martin Vahrenhorst,* Deutsches Evangelisches Institut für Altertumswissenschaft des Heiligen Landes, Jerusalem, der mich mit der archäologischen Forschung in Israel vertraut gemacht hat; *Erzbischof Timotheos Samuel Aktas*, Mar Gabriel, für seine Gastfreundschaft und die großzügige Unterstützung meiner Recherchen im Tur Abdin; *Birgit Kaspers*, Beirut, von deren profundem Wissen über den Nahen Osten ich profitiert habe, und *Bettina Dürr*, Bologna, die mir eine kenntnisreiche und angenehme Begleiterin in Italien war.

Mein herzlicher Dank gilt ebenfalls den *Archäologischen Museen* in Jerusalem, Damaskus, Antakya, Ephesus, Iznik, Amphipolis, Thessalonich und Korinth, die freundlicherweise die Erlaubnis zum Fotografieren erteilt haben.

Für ihre wertvollen Anregungen und Hinweise bedanke ich mich bei *Adnan Mermertas*, Bochum, *Gamal Moukabary*, Berlin, und *Nassif Jebeili-Fröhlich*, Düsseldorf.

Schließlich stehe ich in der besonderen Schuld von *Dr. Frank-Lothar Hinz*, der dieses Projekt aus der Taufe gehoben hat; von *Dr. Thomas Hauffe*, Fackelträger Verlag, der es mit großem Engagement verlegerisch begleitet hat, und nicht zuletzt von *Dr. Doris Mendlewitsch*, die die Produktion dieses Buchs übernommen und dabei wiederholt das Unmögliche möglich gemacht hat.

Literaturverzeichnis

Quellen

Das Neue Testament und frühchristliche Schriften. Übersetzt und kommentiert von Klaus Berger und Christiane Nord. 5., revidierte Auflage. Frankfurt/Main: Insel 2001.

Evangelische Haupt-Bibelgesellschaft zu Berlin und Altenburg (Hg.): *Die Bibel oder die ganze Heilige Schrift des Alten und Neuen Testaments nach der Übersetzung Martin Luthers.* 5. Auflage 1981. Stuttgart: Württembergische Bibelanstalt 1970.

Hainz, Josef/Schmidl, Martin/Sunckel, Josef (Hg.): *Münchener Neues Testament.* Studienübersetzung, erarbeitet vom Collegium Biblicum München e. V. 6. Auflage 2002. Nachdruck der 5., durchgesehenen und neu bearbeiteten Auflage. Düsseldorf: Patmos 1998.

Kirchenrat der Evangelisch-reformierten Landeskirche des Kantons Zürich (Hg.): *Zürcher Bibel.* Neuübersetzung 1987–2007 im Auftrag der Synode der Evangelisch-reformierten Landeskirche des Kantons Zürich. Zürich: Genossenschaft Verlag der Zürcher Bibel beim Theologischen Verlag Zürich 2007.

Basilius der Große: überliefert durch Gregor von Nazianz, zitiert nach Nigg, Walter: *Vom Geheimnis der Mönche.* Zürich: Diogenes 1990.

Ephraim: *Nisibenische Hymnen.* Zitiert nach Klein, Wassilios (Hg.): Syrische Kirchenväter. Stuttgart: Kohlhammer 2004.

Eusebius von Cäsarea: *Kirchengeschichte,* herausgegeben und eingeleitet von Heinrich Kraft, übersetzt von Philipp Haeuser (1932) und neu durchgesehen von Hans Armin Gärtner. München: Kösel 1981.

Flavius Josephus: *Geschichte des Jüdischen Krieges. Kleinere Schriften.* Übersetzt und mit Einleitung und Anmerkungen versehen von Heinrich Clementz. Neu gesetzt und überarbeitet nach der Ausgabe Berlin 1900. Wiesbaden: Marix 2005.

Flavius Josephus: *Jüdische Altertümer.* Übersetzt und mit Einleitung und Anmerkungen versehen von Heinrich Clementz. Neu gesetzt und überarbeitet nach der Ausgabe Halle an der Saale 1899. Wiesbaden: Marix 2004.

Frühchristliche Apologeten. Band II. Aus dem Griechischen übersetzt von J. Leitl (Autolycus). Aus dem Lateinischen übersetzt von Alfons Müller (Octavius). Bibliothek der Kirchenväter, 1. Reihe, Band 14. München: Kösel 1913. Enthält: die Akten der Perpetua und Felizitas. Für das Internet bearbeitet von Ursula Schultheiß. Zur Verfügung gestellt von der Universität Fribourg, Schweiz, Griechische Patristik und orientalische Sprachen.

Gregor von Nyssa: zitiert nach Brentjes, Burchard/Mnazakanjan, Stepan/Stepanjan, Nona: *Kunst des Mittelalters in Armenien.* Aus dem Russischen übersetzt von Sergej Daniltschenko. Wien und München: Anton Schroll & Co 1982.

Hagemeyer, Oda: *Ich bin Christ. Frühchristliche Martyrerakten.* Düsseldorf: Patmos 1961. Enthält die auf Seite 268 zitierten Gerichtsakten.

Minucius Felix: *Frühchristliche Apologeten und Märtyrerakten.* Band 2, Minucius Felix, Octavius. Übersetzt von Alfons Müller. Bibliothek der Kirchenväter, 1. Reihe, Band 14. München: Kösel 1913.

Origenes: *Acht Bücher gegen Celsus.* Aus dem Griechischen übersetzt von Paul Koetschau. Bibliothek der Kirchenväter, 1. Reihe, Band 52 und 53. München: Kösel 1926. Für das Internet bearbeitet von Daniel Noti. Zur Verfügung gestellt von der Universität Fribourg, Schweiz, Griechische Patristik und orientalische Sprachen.

Plinius der Jüngere: zitiert nach Merrill, Elmer Truesdell (Hg.): *C. Plini Caecili Secundi, Epistularum.* Leipzig: 1922. Für das Internet übersetzt von Ingo Broer, Matthias Gräff, Stefan Groß, Ute Minker. Zur Verfügung gestellt von der Universität Siegen, Theologie, Fachbereich 1.

Tacitus, Cornelius: *Annalen.* Band XV, 38. Übersetzt von Wilhelm Bötticher/Andreas Schäfer (lateinisch-deutsch), herausgegeben von Erich Heller. Düsseldorf-Zürich: Artemis & Winkler 2002.

Literatur

Adam, Konrad: *Die alten Griechen.* Berlin: Rowohlt 2006.

Assaf, Ursula und S. Yussuf (Hg.): *Khalil Gibran.* Sämtliche Werke. Düsseldorf: Patmos 2003.

Atila, I. Akan: *Aspendos.* Aus dem Türkischen übersetzt von Erhan Gür. Antalya: Güney Books 2007.

Augustinus, Aurelius: *Bekenntnisse.* Übertragen von Herman Hefele. Düsseldorf/Köln: Eugen Diederichs 1958.

Baudler, Georg: *Das Kreuz. Geschichte und Bedeutung.* Düsseldorf: Patmos 1997.

Berger, Klaus: *Die Urchristen.* München: Pattloch 2008.

Berger, Klaus: *Im Anfang war Johannes. Datierung und Theologie des vierten Evangeliums.* 3. Auflage. Gütersloh: Chr. Kaiser/ Gütersloher Verlagshaus 2004.

Biser, Eugen: *Das Antlitz. Christologie von innen.* Düsseldorf: Patmos 1999.

Biser, Eugen: *Der unbekannte Paulus.* Düsseldorf: Patmos 2003.

Biser, Eugen: *Jesus. Sein Lebensweg in neuem Licht.* Regensburg: Friedrich Pustet 2008.

Biser, Eugen: *Paulus. Zeugnis, Begegnung, Wirkung.* Darmstadt: Wissenschaftliche Buchgesellschaft 2003.

Bounni, Adnan/Al-Ascad, Khaled: *Palmyra. Geschichte, Denkmäler, Museum.* 3. Auflage. Damaskus: o. V. 2000.

Boyle, Leonard: *Kurzer Führer durch die San Clemente.* Neubearbeitung. Rom: Collegio San Clemente 1989.

Brentjes, Burchard/Mnazakanjan, Stepan/Stepanjan, Nona: *Kunst des Mittelalters in Armenien.* Aus dem Russischen übersetzt von Sergej Daniltschenko. Wien und München: Anton Schroll & Co 1982.

Bühlmann, Walter: *Wie Jesus lebte. Palästina vor 2000 Jahren. Wohnen, essen, arbeiten, reisen.* 4. Auflage, Totalüberarbeitung. Luzern: Rex 2001.

Charpentier, Etienne/Burnet, Régis: *Führer durch das Neue Testament.* Aus dem Französischen übersetzt und bearbeitet von Michael Hartmann. Düsseldorf: Patmos 2006.

Crossan, John Dominic/Reed, Jonathan L.: *Jesus ausgraben. Zwischen den Steinen – hinter den Texten.* Aus dem Englischen übersetzt von Claudia Krülls-Hepermann. Düsseldorf: Patmos 2003.

Czermak, Gerhard: *Christen gegen Juden. Geschichte einer Verfolgung. Von der Antike bis zum Holocaust, von 1945 bis heute.* Aktualisierte Neuausgabe. Reinbek: Rowohlt 1997.

Demandt, Alexander/Engemann, Josef (Hg.): *Imperator Caesar Flavius Constantinus. Konstantin der Große.* Mainz: Philipp von Zabern 2007.

Deutschmann, Anton: *Synagoge und Gemeindebildung. Christliche Gemeinde und Israel am Beispiel von Apg 13,42–52.* Regensburg: Friedrich Pustet 2001.

Die Benediktsregel: eine Anleitung zu christlichem Leben. Übersetzt und erklärt von Georg Holzherr Abt von Einsiedeln. 4., überarbeitete Auflage. Zürich: Benziger 1993.

Donner, Herbert: *The Mosaic Map of Madaba. An Introductory Guide.* Kampen: Kok Pharos 1992.

Dumm, Demetrius R.: *A Mystical Portrait of Jesus. New Perspectives on John's Gospel.* Collegeville, MN: The Liturgical Press 2001.

Elliger, Winfried: *Mit Paulus unterwegs in Griechenland. Philippi, Thessaloniki, Athen, Korinth.* Stuttgart: Verlag Katholisches Bibelwerk 2007.

Grabr, André: *Dora Europos. Euphrat Salhiye.* Paris: Gallimard 1966.

Halbfas, Hubertus: *Das Christentum.* Düsseldorf: Patmos 2004.

Halbfas, Hubertus: *Die Bibel.* 4. Auflage. Düsseldorf: Patmos 2003.

Hamann, Adalbert/Fürst, Alfons: *Kleine Geschichte der Kirchenväter.* 2., durchgesehene Auflage. Freiburg: Herder 2004.

Hatay. Museum und Umgebung. Ankara: Dönmez Ofset o. J.

Hildebrandt, Dieter: *Saulus Paulus. Ein Doppelleben.* München: Deutscher Taschenbuch Verlag 1999.

Hollerweger, Hans: *Lebendiges Kulturerbe. Turabdin. Wo die Sprache Jesu gesprochen wird.* Linz: Freunde des Tur Abdin 1999.

Janzin, Marion/Güntner, Joachim: *Das Buch vom Buch. 5000 Jahre Buchgeschichte.* Hannover: Schlütersche Verlagsbuchhandlung 1995.

Kähler, Heinz: *Die frühe Kirche. Kult und Kultraum.* Berlin: Ullstein 1982.

Keller, Hiltgard L.: *Reclams Lexikon der Heiligen und der biblischen Gestalten. Legende und Darstellung in der bildenden Kunst.* 8., durchgesehene Auflage. Stuttgart: Philipp Reclam jun. 1996.

Khalidi, Tarif: *Der muslimische Jesus. Aussprüche Jesu in der arabischen Literatur.* Aus dem Englischen übersetzt von Claudia Krülls-Hepermann. Düsseldorf: Patmos 2002.

Klein, Wassilios (Hg.): *Syrische Kirchenväter.* Stuttgart: Kohlhammer 2004.

Klynne, Adam und Cecilia: *Das Buch der antiken Rekorde.* Aus dem Schwedischen übersetzt von Holger Wohlandt. München: C. H. Beck 2007.

Kraft, Heinrich: *Die Entstehung des Christentums.* Darmstadt: Wissenschaftliche Buchgesellschaft 1981.

Leppin, Hartmut: *Die Kirchenväter und ihre Zeit. Von Athanasius bis Gregor dem Großen.* 2., durchgesehene und aktualisierte Auflage. München: C. H. Beck 2006.

Mason, Steve: *Flavius Josephus und das Neue Testament.* Aus dem Amerikanischen übersetzt von Manuel Vogel. Tübingen: A. Francke 2000.

Mavromataki, Maria: *Paulus. Der Apostel der Völker. Reisen in Griechenland.* Aus dem Griechischen übersetzt von Ingrid Livieratou. Athen: Haitalis 2003.

Nigg, Walter: *Vom Geheimnis der Mönche.* Zürich: Diogenes 1990.

Ohler, Annemarie: *dtv-Atlas Bibel.* 3., durchgesehene und korrigierte Auflage. München: Deutscher Taschenbuch Verlag 2006.

Pesch, Rudolf: *Simon-Petrus. Geschichte und geschichtliche Bedeutung des ersten Jüngers Jesu Christi. Päpste und Papsttum.* Stuttgart: Anton Hiersemann 1980.

Pixner, Bargil: *Mit Jesus durch Galiläa nach dem fünften Evangelium.* Rosh Pina: Corazin 1992.

Pixner, Bargil: *Mit Jesus in Jerusalem. Seine ersten und letzten Tage in Judäa.* Rosh Pina: Corazin 1996.

Pixner, Bargil: *Wege des Messias und Stätten der Urkirche. Jesus und das Judenchristentum im Licht neuer archäologischer Erkenntnisse.* Hg.: Rainer Riesner. 3., erweiterte Auflage. Gießen: Brunnen 1996.

Ratzinger, Joseph: *Jesus von Nazareth.* Freiburg: Herder 2007.

Ratzinger, Joseph: *Einführung in das Christentum.* München: Kösel 1968, 3. Auflage 2005.

Ritter, Adolf Martin: *Alte Kirche. Kirchen- und Theologiegeschichte in Quellen.* Neukirchen-Vluyn: Neukirchener Verlag, 4. Auflage 1987.

Rosenkranz, Eva (Hg.): *Türkei-Impressionen. Reisen durch ein unbekanntes Land.* Bergisch Gladbach: Lübbe 1990.

Sasse, Markus: *Geschichte Israels in der Zeit des Zweiten Tempels. Historische Ereignisse, Archäologie, Sozialgeschichte, Religions- und Geistesgeschichte.* Neukirchen-Vluyn: Neukirchener Verlag 2004.

Schefzyk, Jürgen (Hg.): *Alles echt. Älteste Belege zur Bibel und aus Ägypten.* Mainz: Philipp von Zabern 2006.

Schick, Alexander: *Faszination Qumran. Wissenschaftskrimi, Forscherstreit und wahre Bedeutung der Schriftrollen vom Toten Meer.* 2. Auflage. Berneck: Schwengeler 1999.

Schmied, Wieland: *Bilder zur Bibel. Maler aus sieben Jahrhunderten erzählen das Leben Jesu.* Stuttgart: Radius 2006.

Schneller, D. Ludwig: *Tischendorf-Erinnerungen. Merkwürdige Auffindung der verlorenen Sinaihandschrift.* Lahr-Dinglingen: Verlag der St.-Johannis-Druckerei C. Schweickhardt 1954.

Schwaiger, Georg (Hg.): *Mönchtum, Orden, Klöster. Von den Anfängen bis zur Gegenwart.* München: C. H. Beck 2003.

Seppelt, Franz Xaver/Schwaiger, Georg: *Geschichte der Päpste. Von den Anfängen bis zur Gegenwart.* München: Kösel 1964.

Störig, Hans Joachim: *Kleine Weltgeschichte der Philosophie in zwei Bänden.* Band 1. Frankfurt/Main: Fischer 1974.

Thiede, Carsten Peter/d'Ancona, Matthew: *Der Jesus-Papyrus. Die Entdeckung einer Evangelien-Handschrift aus der Zeit der Augenzeugen.* Reinbek: Rowohlt 1997.

Thiede, Carsten Peter: *Ein Fisch für den römischen Kaiser. Juden, Griechen, Römer: Die Welt des Jesus Christus.* 2. Auflage. Bergisch Gladbach: Lübbe 2005.

Weidner, Stefan: *Mohammedanische Versuchungen.* Zürich: Ammann 2004.

Yadin, Yigael/The Israel Exploration Society (Hg.): *Jerusalem Revealed. Archaeology in the Holy City 1968–1974.* Jerusalem: Mercaz Press 1975.

Yousef, Yousef: *A Research about the Churchs and Monasteries in Damascus and its Country.* Damaskus: o. J.

Zambon, M. Grazia/Bertogli, Domenico/Granella, Orinao: *Antioch on the Oronte. »Where the Disciples were first called Christians«.* Parma: Edizioni Eteria o. J.

Register

Die Schreibweise der Namen folgt im Wesentlichen dem Ökumenischen Verzeichnis der biblischen Eigennamen nach den Loccumer Richtlinien. In einigen Fällen wird davon abgewichen, wenn sich in der Literatur, vor allem der jüngeren Zeit, andere Formen eingebürgert haben. Die Ziffern geben die Seitenzahl an, kursive Seitenzahlen verweisen auf Abbildungen.

Orte, geografische Namen, Bauwerke

Gotteshäuser, Klöster

Bildnachweis

Verzeichnis der Karten:

Karten:

Kommunikationsdesign Petra Soeltzer, Düsseldorf
Die Karten auf den Seiten 39, 90 und 142 beruhen auf Vorlagen
von Bargil Pixner, OSB.

Fotos und Abbildungen:

akg-images, Berlin: 159, 238, 274 o., 299; Orsi Battaglini 47;
    Bildarchiv Steffen 269, 273; British Library, London, 309;
    CDA/Guillemot 20 und Umschlag unten rechts;
    Hervé Champollion 308; Electa 129; François Guénet 267;
    Suzanne Held 75; Erich Lessing 25, 87, 95 r. o., 95 r. u., 111, 132;
    Garo Nanbaldian 158; Pirozzi 272
ArcTron 3D GmbH, ©2007, www.arctron.de: 278
Artothek/Blauel: 115
Bildarchiv des Kommissariats des Heiligen Landes, München: 95 l. o.
Herzog August Bibliothek Wolfenbüttel, Cod. Guelf. 105 Noviss. 2°.
    112v: 163
Doris Mendlewitsch, Düsseldorf: 83
Ehud Netzer und Mitarbeiter, Jerusalem: 40
picture-alliance: Bildagentur Huber/R. Schmid 60; Photoshot 64 o.;
    dpa-Report/Peer Grimm 141
Zev Radovan, Bible Land Pictures, Jerusalem: 64 u.
Giovanni Rinaldi, Rom: 178
Römisch-Germanisches Zentralmuseum, Mainz: Volker Iserhardt 62
Josef Schelbert, Olten: 177
Soprintendenza Speziale per i Beni Archeologici di Roma,
    mit freundlicher Genehmigung des Ministero per i Beni e le
    Attività Culturali: 210
Jane Taylor, Amman: 85
The Israel Museum, Jerusalem: 73 u., 140
The Trustees of the British Museum, London: 275
The Yigal Alon Center – The Jesus Boat Museum: Ran Arda 96 o.
UllsteinBild: TopFoto 261

Alle übrigen Fotos: Leo G. Linder, Düsseldorf